Hans-Josef Fritschi

Kräuterspagyrik

Paracelsische Pflanzen-Essenzen in der Naturheilkunde

HUGENDUBEL

Bildnachweis:
S. 11 aus: S. Klossowski de Rola, *Alchemie. Die geheime Kunst.* München 1974
S. 15 aus: G. Wehr, *Jakob Böhme.* Reinbeck 1980
S. 39 aus: H. Schipperges, *Der Garten der Gesundheit. Medizin im Mittelalter.* München 1985
S. 93 aus: J. Huibers, *Gesund sein mit Metallen.* Freiburg 1979
S. 157 aus: A. Rosenberg, *Zeichen am Himmel.* München 1984

CIP-Titelaufnahme der Deutschen Bibliothek
Fritschi, Hans-Josef:
Kräuterspagyrik : paracelsische Pflanzen-Essenzen in Theorie und Anwendung / Hans-Josef Fritschi. – München : Hugendubel, 1990
(Irisiana)
ISBN 3-88034-464-7

Umschlaggestaltung: Zembsch' Werkstatt, München
Produktion: Tillmann Roeder, München
Satz: Uhl+Massopust, Aalen
Druck und Bindung: Wiener Verlag, Himberg

ISBN 3-88034-464-7

Printed in Austria

Inhalt

Gedanken vorweg

Sicher gehört die Kräuterspagyrik zu den alternativen Heilmethoden, kann vielleicht auch als esoterisch bezeichnet werden wenn man möchte. In der Kräuterspagyrik begegnet uns eine alte Form des Heilens, deren letzter großer Vertreter Paracelsus war. Seine heilkräftigen Essenzen waren spagyrisch aufbereitete Heilmittel.

Paracelsus war ein streitbarer Arzt. Nichts verabscheute er mehr, als das Fähnchen in den Wind zu hängen und den Leuten nach dem Mund zu reden. Vor einen Karren ließ er sich nicht spannen. Er verurteilte die damalige Schulmedizin ebenso wie die geschäftstüchtigen Kurpfuscher. Wenn man ihn heute hin und wieder als Vater der modernen Chemotherapie bezeichnet, so ist dies eine Verkennung seiner Ideen. Ebenso ist er nicht ohne weiteres als Astromediziner oder Esoteriker zu bezeichnen. Er hatte seine eigenen Auffassungen, auch wenn sie manchen zwiespältig oder paradox vorkamen und heute noch vorkommen. Manchmal erscheint Paracelsus deshalb so widersprüchlich, weil er das uniforme Denken ablehnte, keine billigen Lösungen akzeptierte, konsequent das Ganze im Auge hatte, nie dem rein Irdischen und Materiellen verhaftet war, ebensowenig aber über dem Boden der Realitäten schwebte.

In diesem echt paracelsischen Geist habe ich versucht, die Kräuterspagyrik aus dem Dunkel des Vergessens herauszuholen und sie allen Interessierten vorzustellen. Paracelsus war kein Theoretiker. Somit soll dieses Buch sich auch nicht im Theoretischen erschöpfen, sondern gezielt auf die heute möglichen praktischen Anwendungen spagyrischer Pflanzenessenzen hinweisen. Medizinische Ratgeber für Laien gibt es unzählige, für die Kräuterheilkunde, die Kneipptherapie und mittlerweile auch für die Homöopathie. Wie mit solchen Heilmethoden verantwortungsbewußt im Hausgebrauch und in der medizinischen Selbsthilfe umgegangen werden kann, zeigen viele Bücher und Schriften. Für die wiederentdeckte Kräuterspagyrik allerdings fehlte bislang ein solches Werk. Mein Buch soll diese Lücke schließen.

Es geht also darum, nicht das Meer an Veröffentlichungen über esoterische Methoden noch mehr zu füllen, sondern einer vergessenen alternativen Heilmethode den Platz einzuräumen, der ihr zusteht. Dieser ist an der Seite so bedeutender Therapieformen wie Homöopathie, anthroposophischer Medizin, Akupunktur oder Kräuterheilkunde. Spagyrische Pflanzenessenzen gibt es seit vielen Jahrzehnten.

Jede Apotheke kann sie besorgen. Doch bisher war diese Heilmethode eher ein Buch mit sieben Siegeln, etwas für Eingeweihte, deren es nicht viele gab. In der letzten Zeit ist das Interesse an der Spagyrik wieder erwacht, nicht zuletzt durch die umfassenden Forschungen von Ulrich Heinz, der die traditionelle Spagyrik weiterentwickelte und zu einer eigenständigen therapeutischen und auch diagnostischen medizinischen Richtung machte.

Ich behaupte nicht, in der Kräuterspagyrik den Stein der Weisen gefunden zu haben. Ich sehe in ihr vielmehr einen Mosaikstein im Gesamtbild der künftigen Heilkunde. Wenn es einmal zu der Synthese der Schulmedizin mit der Alternativheilkunde gekommen ist, werden Homöopathie, Kräuterspagyrik und andere heute noch offiziell nicht anerkannte Heilweisen zu einem Fundament der Medizin geworden sein. Sie werden chemische Arzneien, Operationen oder Bestrahlungen nicht ersetzt haben, aber jede der einzelnen Methoden wird den ihr zustehenden Platz einnehmen. Dann werden die heute in jeder Arztpraxis, jeder Klinik und jedem Krankenhaus üblichen und routinemäßig eingesetzten Verfahren zu den nur noch relativ selten benötigten Therapien gehören, die natur- und menschengemäßen Heilweisen aber werden die Basis sein und die Ganzheitsmedizin die Standardbehandlung aller Krankheiten.

I
Spagyrische Theorie

Auf griechisch heißt »spao« soviel wie »ich trenne« und »ageiro« bedeutet »ich verbinde«. Spagyrik ist somit nichts anderes als etwas in seine einzelnen Bestandteile zu zerlegen und dann wieder zusammenzubauen.

Eigentlich ist es ganz einfach: Kräuter werden nach verschiedenen Verfahren »aufgeschlossen«, dadurch von »Schlacken« befreit, und die so entstandenen Produkte werden wieder zusammengefügt. Natürlich darf man sich nicht vorstellen, es entstehe dabei eine neue Art von Pflanze. Das spagyrische Endprodukt der Aufbereitung von Kräutern sieht einer Pflanze wahrhaftig nicht mehr ähnlich. Es ist eine schwach alkoholische Essenz, die zum Einnehmen bestimmt ist und Heilwirkungen am erkrankten Menschen erzeugen kann. Es geht um die innere Qualität, das heißt die verborgene Heilkraft der Pflanze. Diese durch den spagyrischen Prozeß freizusetzen ist das eigentliche Ziel der Spagyrik.

Das spagyrische Aufbereitungsverfahren

Ich will nun diese Technik näher beschreiben, die der Kräuterspagyrik zugrunde liegt. Es geht darum, Pflanzen aufzuschließen, dadurch zu »verfeinern« und das daraus Entstandene wieder zusammenzufügen. In der Spagyrik geschieht dies in drei Schritten. Zuerst werden die wildgewachsenen Pflanzen in frischem Zustand gesäubert und zerkleinert. In der Regel wird die ganze Pflanze verwendet, von der Blüte bis zur Wurzel, da wir die Kräuter ja als Gesamtheit betrachten und nicht, wie die Spezialisten der Schulmedizin es beim Menschen machen, als Ansammlung einzelner, voneinander unabhängiger Teile. Zu diesem zerquetschten Pflanzenbrei kommen besondere Hefearten, unter deren Einfluß es recht bald zu einer Gärung kommt. Gärung – das ist der Aufschließung erster Teil. Ist diese abgeschlossen, kommt der nächste Schritt. Die vergorene Masse wird in besonderen Apparaten destilliert. Nach diesem zweiten Aufschließungsschritt, der Destillation, bleibt noch der letzte Vorgang übrig: Die im Destillationskessel zurückgebliebenen Bestandteile werden getrocknet und derart erhitzt, daß sie schließlich veraschen. Durch die drei Schritte, Gärung, Destillation, Veraschung, wurde die Pflanze aufbereitet, was in der Spagyrik auch als »Läuterung« bezeichnet wird; das soll besagen, daß hiermit die verborgenen Arzneikräfte freigesetzt worden sind.

Endresultat dieses dreiteiligen Prozesses sind zwei Substanzen, eine flüssige und eine feste. Diese werden nun zusammengefügt, indem der veraschte Rückstand im Destillat gelöst wird. Anschließend wird das Endprodukt noch filtriert, und es steht nun die fertige spagyrische Pflanzenessenz vor uns. Ehe sie zur medizinischen Anwendung kommt, ruht sie jedoch noch längere Zeit und macht – wie ein echter Weinbrand – eine Reifung durch.

Die Frage ist berechtigt, weshalb die Spagyrik die Pflanze einer solchen umständlichen Prozedur unterzieht, wenn doch auch eine normale Kräutertinktur schon heilend wirken kann. Um diese Frage beantworten zu können, muß man etwas ausholen und die der Spagyrik zugrunde liegende Philosophie etwas näher betrachten.

Die Dreigliedrigkeit der Geschöpfe

Wie denkt ein Spagyriker?

Zunächst einmal versucht er hinter die Kulissen zu schauen, hinter das, was seine Augen sehen, seine Ohren hören und seine Nase riecht. Er gibt sich nicht damit zufrieden, eine Pflanze lediglich als Ansammlung unterschiedlicher chemischer Substanzen zu betrachten. Auch er weiß, daß der Wermut durch seinen hohen Gehalt an Bitterstoffen die Magensäfte anregt oder der Weißdorn durch Flavonoide das Herz stützt. Aber diese Stoffe sind für den Spagyriker nur die ausführenden Handwerkszeuge. Die lenkende Kraft, die hinter allem steht, ist es, die er aufspüren will.

Der Spagyriker glaubt an eine Art Lebenskraft, die die Pflanzen durchpulst wie Tiere und Menschen auch. Diese Kraft ist es, die heilt, ohne sie hätte z. B. der Baldrian keine Alkaloide, keine Estern, kein ätherisches Öl, keine Gerbstoffe, keine Polysaccharide und erst recht keine Valepotriate aufgebaut. Jede pflanzentypische Lebenskraft hat ihre eigenen stofflichen Substanzen entstehen lassen, sie sind das materielle Bild einer leitenden Kraft. Diese Kraft aber ist verborgen. Deshalb macht sich der Spagyriker auf den Weg, die tief im Wesen der Pflanze ruhende Heilkraft zu suchen und nutzbar zu machen.

Natürlich sind Kamille, Johanniskraut, Holunder und Rosmarin an sich heilkräftig. Jeder Kräutertee hat Heilkräfte in sich. Doch der

Darstellung der kosmischen Schöpfung

Spagyriker möchte sie reiner, unmittelbarer, kräftiger. Um dies zu erreichen hat er sich ein Denkschema gebaut, das es ihm erlaubt, in diesem Sinne mit Heilkräutern zu arbeiten.

Der Spagyriker hat erkannt, daß alles Lebendige drei Wesenszüge hat: einen leiblichen, materiellen, erdhaften, dann einen geistigen, in eine andere Welt hinausdrängenden Teil und eine Kraft, die zwischen den Polen vermittelt und für Austausch sorgt. Am Menschen ist diese Dreigliedrigkeit deutlich sichtbar. Der leibliche, erdverbundene Teil ist der Körper, der geistige, dem Jenseits zugewandte ist die unsterbliche Seele. Dazwischen arbeitet die sogenannte »sterbliche Seele« oder »natürliche Seele«, wie Paracelsus sie nannte. Es ist jene »Seele«, die sich in Gefühlen, Emotionen, Trieben äußert.

Wohin der Spagyriker schaut, findet er diese Dreigliedrigkeit, zwar nicht in der Form wie beim Menschen (denn nur er hat eine unsterbliche Seele), aber doch in entsprechender Art. Auch die Pflanze kennt diese Aufgliederung. Sie hat ein erdverbundenes Wesen, das ist die Wurzel, und einen entgegengesetzten, in die Luft strebenden Teil, das ist die Blüte. Dazwischen vermitteln Stengel und Blätter Nährstoffe, Energie und Wasser. Der Spagyriker hat diese drei Prinzipien mit Namen bezeichnet.

Das Erdverbundene nannte er »sal«, so wie Salz ja eine typisch erdverbundene Substanz ist, anorganisch, tot. Das entgegengesetzte Prinzip nennt er »sulphur«, so wie Schwefel etwas von Flüchtigem, nach außen Drängendem hat. Dazwischen steht »mercurius«, ein Prinzip das an den Götterboten Hermes oder Merkur erinnert, der Vermittler zwischen oftmals ganz unterschiedlichen Göttern war.

Diese Dreigliederung ist eng mit der ganzen Schöpfung verknüpft. Mit etwas Phantasie läßt sie sich in allem erkennen. Selbst beim höchsten Wesen, dem Schöpfer der Welt, den wir Gott nennen, zeigt sich diese Aufteilung. Wenn Gott sich in einer dreifachen Weise zeigt, dann muß sich auch seine Schöpfung dreigliedrig erweisen. Dies haben die alten Weisen erkannt, von denen die Spagyriker ihr Wissen haben. Der Spagyriker hat also erkannt, daß die Dreigliedrigkeit ein wesentliches Merkmal der Schöpfung ist. Wenn eine Pflanze Heilkraft besitzt, so denkt er weiter, müßte auch diese mit der Dreigliedrigkeit in Zusammenhang stehen. Diese Erkenntnis ist ein wichtiges Fundament zum Verständnis der spagyrischen Heilkunst.

Ein weiterer Gedanke war der: jede Kraft verbraucht sich. Die Kraft der Arnika z. B. verausgabt sich im Bau von Wurzel, Stengel, Blättern und Blüte, ist also an die »Verkörperlichung« gebunden. Wenn es nun, so die Gedanken des Spagyrikers, gelingen könnte, die Kraft vom stetigen Aufbau des Pflanzenkörpers abzukoppeln, ohne daß sie dabei verloren ginge, dann müßte eine wesentlich höhere Heilkraft erreichbar sein, als mit herkömmlichen Pflanzenzubereitungen. Der Spagyriker will somit der Pflanze ihre Lebensenergie, hinter der die Heilkraft steckt, entlocken, um so diese in der spagyrischen Essenz konservierte Kraft zu Heilzwecken anzuwenden.

Das ist eine zugegeben kühne Idee. Doch der Spagyriker ist ausgefallene Gedankengänge gewohnt. Er setzt sich das Ziel, die Pflanze in ihre drei Wesensglieder aufzuspalten, sie dadurch zu »verfeinern«, damit sie anschließend wieder zusammengefügt werden kann. Den drei Prinzipien gemäß entsteht dadurch eine vollkommene Pflanze, nur auf einer höheren, nicht mehr materiellen Ebene.

Diesen Überlegungen zufolge geht er ans Werk. Im ersten Schritt zersetzt er den Pflanzenkörper durch Gärung, wodurch er den »mercurius« der Pflanze lösen kann. Nach der Gärung hat er eine undefinierbare, seltsam riechende Masse vor sich. Für den Spagyriker ist dies nun die Pflanze, die zwar ihr »sal« und ihren »sulphur« noch am sterblichen, verfaulenden Leib gebunden hat, doch deren »mercurius« schon gelöst in dieser Mischung vorhanden ist. Mit der darauf folgenden Destillation wird der »sulphur« gelöst und gereinigt. Das Destillat, das dabei entsteht, ist nun der verfeinerte »mercurius« und »sulphur« der Pflanze. Nur das dritte Prinzip, das »sal« ist noch nicht aufgeschlossen und befindet sich im Destillationsrückstand. Dessen Reinigung geschieht nun durch Veraschung. Ist auch dieser Prozeß abgeschlossen, sind nach dem spagyrischen Denkmodell alle drei Lebensprinzipien losgelöst und aufgeschlossen. Dieser Teil des spagyrischen Werkes ist das »spao«, das Trennen. Das »ageiro« – Vereinen also – ist wesentlich einfacher: das flüssige Produkt wird mit dem festen Veraschungsrückstand gemischt, wobei sich die Mineralien und Salze der Asche größtenteils in der Flüssigkeit lösen. Nur die unlöslichen Bestandteile werden ausgefiltert.

Stellt man dem Spagyriker die Frage, was genau er denn da gemacht habe, wird er vielleicht antworten, daß er die verborgene Heilkraft der Pflanze in dieser klaren, seltsam duftenden Flüssigkeit konserviert habe. Möglicherweise wird er noch weitergehen und erklären, er werde diese Flüssigkeit weiterhin als Pflanze ansehen. Sie sei für ihn eine Pflanze auf höherer Stufe, eine Pflanze in verklärtem Leib.

So dachte Paracelsus

Theophrastus Bombastus von Hohenheim, der sich selbst kurz Paracelsus nannte, als Vater dieser spagyrischen Idee zu bezeichnen, ist ebenso richtig wie falsch. Richtig ist diese Auffassung deshalb, weil er für uns das spagyrische Denken und Arbeiten in die Neuzeit herübergerettet hat und unsere spagyrischen Verfahren auf viele seiner Anweisungen zurückgehen. Falsch ist diese Aussage, weil schon Jahrtausende vor Paracelsus die spagyrische Idee blühte. Paracelsus hatte den Mut, in einer Zeit, die mit Riesenschritten großen Wandlungen entgegenging, nicht in »überkommenen« Mustern zu denken und zu handeln.

Geboren 1493 in Einsiedeln im Kanton Schwyz war Theophrastus rein körperlich ganz und gar nicht heldenhaft ausgezeichnet. Er wuchs nicht größer als 1,50 Meter heran, hatte einen ausgeprägten Buckel und einen Sprachfehler. Dennoch oder gerade deswegen wollte Paracelsus es zu etwas bringen. Wie sein Vater wollte er Arzt werden. Er besuchte die Universitäten in Wien und Ferrara und ließ sich in die ganze Kunst der damaligen Medizin einweihen. Doch all dies genügte ihm nicht. Er verspürte den Drang zu reisen, wollte in die Welt hinaus um zu lernen, was für diesen Beruf wichtig war und das man, so seine Überzeugung, an den Universitäten nicht gelehrt bekommt.

Zeitlebens blieb er dieser Wanderer und Sucher. Oft freiwillig, nicht selten aber auch gezwungenermaßen zog er von Ort zu Ort, durchquerte fast ganz Europa. Er scheute sich nicht, den Wurzelseppen, Kräuterweibchen und sonstigen naturkundigen Leuten über die Schulter zu schauen. Hier beim einfachen Volk, so bekannte er später, habe er ungemein viel gelernt. Er begann Bücher zu schreiben, nicht nur über Medizin. Über soziale Mißstände ereiferte er sich, und über Theologie schrieb er ebenso wie über Politik.

Am 24. September 1541 starb er in Salzburg, in ärmsten Verhältnissen. Er fand seine letzte Ruhe auf dem Armenfriedhof der Stadt.

Was machte ihn so bekannt und zum Vorbild für viele spätere Lehren, auch in der heutigen Alternativmedizin? Sein Denken war es. Einerseits war er seiner Zeit Jahrhunderte voraus, andererseits knüpfte er an ein Wissen an, das einer jahrtausendealten Vergangenheit entstammt. Paracelsus schrieb aus all seinen Erkenntnissen und Erlebnissen eine eigene Naturphilosophie. Gerade sie ist es, die uns heute wieder so aktuell erscheint. Man hat seine Gedanken und Schriften schon als Bausteine für eine zukünftige Philosophie der Medizin genannt.

Paracelsus sah den Menschen als ein Abbild der Schöpfung, einen Mikrokosmos im Makrokosmos – wie oben, so unten; wie außen, so innen; wie in der Natur, so im Menschen. Deshalb muß man nach Paracelsus die ganze Schöpfung studieren, will man den Menschen begreifen. Der Mensch ist aus »limus terrae« gemacht und ist deshalb das getreue Abbild der Welt, die Quintessenz der Schöpfung. Und in diesem Geschöpf will Gott wohnen, hier will er seine Behausung nehmen. Nur mit diesem Weltbild könne ein Arzt wirklich Arzt sein. Dieser Gedanke bildete den Grundstock, auf dem Paracelsus seine Medizin aufbaute. Das Gebäude der Medizin hat bei ihm vier tragende Säulen: Philosophie, Astrologie, Alchemie und die ärztliche Tugend.

Die Alchemie war die Kunde von der Zubereitung der Stoffe, die nach gezielten, oft schwierigen und umfangreichen Prozessen zu Heilmitteln wurden. Paracelsus war davon überzeugt, daß die Dinge dieser Welt nicht bis zum Ende bereitet sind, also nicht so vollkommen erscheinen, wie sie sein könnten. Die strahlende Heilkraft sah er von Schlacken verborgen. Das Freilegen der eigentlichen Heilkraft war für ihn die Aufgabe des Schöpfers an den Menschen. Paracelsus erklärte diese These anhand schöner Beispiele. Er zählte beispielsweise das Holz auf, das in seiner natürlichen Gestalt wächst. Scheite oder Kohle

Paracelsus-Porträt

aber muß der Mensch daraus machen. »Der Lehm wächst, aber der Topf nicht«, heißt es an anderer Stelle. So sei es mit allen Gewächsen. Der Mensch könne die wahren Kräfte vervollkommnen – mit Hilfe der Alchemie.

Alchemie war auch zu Paracelsus' Zeiten eine schon ziemlich verrufene Sache. Es waren die »Goldmacher« und Zauberer in ihren Hexenküchen, die nach dem »Stein der Weisen« suchten. In seinem Buch über Alchemie entschuldigt sich Paracelsus förmlich, daß er dieses Gebiet anwende und verteidigt die »wahre« Alchemie. Weshalb, so schreibt er, laste man der Alchemie alles nur erdenklich Böse an. Nicht sie, sondern einige, die sich an ihr vergriffen hätten, wären schlecht. Alchemie bezeichnet Paracelsus als für den Arzt unbedingt vonnöten.

Für gewöhnlich gebraucht er das Wort Alchemie, doch einmal heißt es auch »Alchemie, die man Spagyrik nennt«. Seither wird die Alchemie in der Arzneimittelzubereitung als Spagyrik bezeichnet. Wenn bei Paracelsus also von Alchemie die Rede ist, so entspricht dies der heutigen Spagyrik, die sich ja auf ihn beruft. Paracelsus glaubt an eine Art »Geheimkraft« der Dinge, gerade auch der Pflanzen als lebendiger Wesen. So nennt er diese Heilkraft, die durch die alchemistische Kunst hervorgelockt wurde »Arcanum«, was so viel wie Geheimnis bedeutet. Auch heute nennen sich noch manche Arzneien Arcana, Geheimmittel.

Erst eine von Schlacken gereinigte Pflanze hat die höchste Heilkraft, ist zum Arcanum geworden. Paracelsus geht sogar soweit, Gott, den Schöpfer der Welt, als praktisches Vorbild zu nehmen. Die Schöpfung sei reine Alchemie, so Paracelsus. Das Chaos des Urzustandes, den er »prima materia» nennt, wurde durch die Schöpfung zur »ultima materia«. Alle Geschöpfe sind »geläuterte Urmaterie«. Doch hat Gott diese Geschöpfe nicht bis zum Ende geschaffen. Dies sei die Aufgabe des Menschen, sagt Paracelsus. Hierzu solle er sich der Alchemie bedienen, die die Geschöpfe wieder in die »prima materia» zurückführt und neu, gereinigt, wieder zusammenfügt. So kommt die »geheime Heilkraft« zum Vorschein, so wird ein einfaches Kraut zum heilsamen »Arkanum«.

Auch die spagyrischen Kräuteressenzen sind, ebenso wie die homöopathischen Potenzen oder die Blütentropfen Bachs, Träger einer imateriellen Energie, einer Kraft, die verborgen in den Pflanzen angelegt ist, durch die Kunst der Alchemie frei wird und im flüssigen Körper der fertigen Arznei gebunden ist. Das ist die Lebenskraft. Auch sie hat noch kein noch so ausgeklügelter, computergesteuerter Apparat messen können, und doch gibt es sie. Das Leben beweist sich selbst!

Urzeitliche Traditionen

Paracelsus gilt heute für sehr viele als Begründer der modernen Pharmakologie. Er sei der Wegbereiter für die Chemotherapie gewesen, heißt es.

Wer Paracelsus für den Vater der Chemotherapie hält, hat ihn gründlich mißverstanden. Seine chemischen Prozeduren hatten nicht das Ziel, einen toten Stoff herauszukristallisieren, sondern eine Arzneikraft von hoher energetischer Potenz, die verborgen in Kräutern, Mineralien und Metallen angelegt ist, freizusetzen. Das entspricht genau dem, was fast dreihundert Jahre später Samuel Hahnemann mit der Homöopathie erreichen wollte. Beide verbindet die Überzeugung: Nicht im materiellen Stoff liegt die Arzneikraft, sondern in einer Art Energie hinter den materiellen Dingen. Sicher haben Alkaloide, Flavone und Saponine Wirkungen auf den Körper, manchmal recht drastische sogar. Doch sie beziehen sich lediglich auf das rein körperliche Gefüge des Menschen, während die wahre Arzneikraft auf die gestörte Lebenskraft des Erkrankten Einfluß hat. Dies ist rein chemischen Verbindungen nicht möglich.

Paracelsus hatte diese Erkenntnisse nicht durch Überlegungen oder Erforschungen gewonnen, vielmehr hat er aus alten Quellen geschöpft. Er beließ es jedoch nicht beim kritiklosen Übernehmen dieser Weisheiten. Er hat mit der alchemistischen Therapie gearbeitet, wollte sie in der Praxis beweisen. Dabei erkannte er: Es stimmt, die alchemistische Aufschließung bringt tatsächlich enorm heilkräftige Substanzen hervor.

Die alchemistischen Vorstellungen gehen zurück bis in die graue Vorzeit. Dort finden wir den Namen Hermes Trismegistos, den man in die Zeit Abrahams datiert hat. Eigentlich war dieser »dreimal große Hermes» ein ägyptischer Gott mit dem Namen Thoth, der seine Hauptkultstätte in Hermopolis in Mittelägypten hatte.

Man vermutete, daß diese ägyptische Gottheit wiederum von einem anderen Gott hergeleitet wurde, dem indischen Affengott Hanuman. Im Epos Ramayana wird berichtet, wie dieser Affengott den verwundeten Helden Rama rettet, indem er auf seinen Schultern einen ganzen Berg, auf dem Tausende von heilenden Kräutern wuchsen, zu seinem verwundeten Freund trug. Thoth war im alten Ägypten für die geistigen und intellektuellen Leistungen zuständig. Die Schrift, die Mathematik, die Zeit, die Gesetzeskunde, das waren nur einige Dinge, die Thoth unterstanden. In den Bibliotheken seines Tempels in Hermopolis wurden seine eigenhändig geschriebenen Papyrusrollen aufbewahrt.

Mit dem Hellenismus wurde aus Thoth kurzerhand Hermes Trismegistos, der Hüter einer im Dunkel der Urzeit ruhenden Weisheit. Die heute noch bekannten 17 Bücher des Hermes Trismegistos waren noch für die Alchemie des Mittelalters von großer Bedeutung. Doch war die Alchemie in den nachchristlichen Jahrhunderten bis hin in die Zeit des Paracelsus mehr und mehr dekadent geworden. Es ging vielen Alchemisten lediglich um das »Goldmachen«. Von einer Weisheit mit hoher Ethik war nichts mehr zu spüren. Der Begriff Alchemie bekam somit bald den zweifelhaften Ruf, ein bloßes Täuschungsmanöver zu sein, ein großer Bluff. So betrachtet bewies Paracelsus wirklich Mut, als er die Alchemie zu den tragenden Säulen der Medizin erhob, wenngleich er sich immer wieder deutlich von den unlauteren Machenschaften so mancher seiner alchemistischen Zeitgenossen distanzierte. Vor diesem Hintergrund ist das Wort Spagyrik vielleicht nur als Deckname zu sehen, um den medizinischen Teil der Alchemie verklausuliert zu beschreiben. Dies ändert hingegen nichts daran, daß unsere heute praktizierten spagyrischen Verfahren ihre wahre Wurzel in den Überlieferungen vieler Jahrtausende haben. Wir knüpfen damit an ein Urwissen an, das wir heute vielleicht noch gar nicht imstande sind, völlig zu erfassen und zu entschlüsseln.

Spagyrik heute

Paracelsus und später auch Hahnemann vermochten es nicht, die Medizin aus dem Sog des Materialismus herauszuziehen. Sie ging weiter diesen Weg und scheint heute in der hochtechnisierten Apparatemedizin ihren Gipfelpunkt erreicht zu haben. Dennoch wirkten diese beiden Ärzte so nachhaltig, daß sich im stillen eine andere Richtung bildete, die heute nun wie ein Same, der lange unter der Erde schlummerte, aufzubrechen beginnt. Heute kennt die Alternativmedizin zahlreiche homöopathische Mittel, aber auch die noch wesentlich unbekanntere Methode der Spagyrik findet wieder neues Interesse.

Wie kam nun die Spagyrik von Paracelsus in die heutige Zeit, war es doch praktisch ein Endpunkt, nachdem dieses System sehr schnell in der Versenkung verschwand? Die französische Revolution überstanden nur sehr wenige, streng geheim gehaltene Schriften alter Alchemisten. Allein daraus war eine Neubelebung der Spagyrik nicht möglich. Es bedurfte zweier Umwege, um diese Heilkunst wieder aufzufrischen. Den einen ging im 19. Jahrundert der Arzt Graf Mattei, der stark vom Magnetismus des Franz Anton Mesmer beeinflußt war. Über die Beschäftigung mit Mesmer und der Od-Lehre des Herrn von Reichenbach stieß Mattei auf das spagyrische Aufbereitungsverfahren.

Mattei entwickelte nun eine Methode, die der Alchemie ähnelte, jedoch in einigen Punkten von der Überlieferung abwich. Er nahm die frische Planze, zerkleinerte sie, gab sie in einen Glasbehälter und fügte Wasser und Hefe bei. In diesem Gefäß kam es bei einer Temperatur von 36 Grad innerhalb von etwa 14 Tagen zu einer Gärung. War diese abgeschlossen, wurde der verbliebene Rückstand für etwa ein bis zwei Tage mit Alkohol angesetzt. Auch dieser Ansatz wurde schließlich abgegossen. Nun waren zwei flüssige Produkte entstanden, das eine durch Gärung, das andere durch Alkoholextraktion. Beide hat Mattei dann nach homöopathischem Muster dreimal verdünnt und schließlich miteinander gemischt. Die spagyrische Essenz war fertig. Noch heute werden verschiedene spagyrische Mittel nach diesem Verfahren hergestellt (ISO-Werk, Regensburg).

Einen anderen Weg ging der Homöopath Carl Friedrich Zimpel (1800–1878). Als Anhänger Hahnemanns praktizierte er zunächst die Homöopathie, stieß dabei jedoch auf die Schriften des Paracelsus, die ihn faszinierten. Besonders die spagyrische Art der Arzneimittelherstellung hatte es ihm angetan. Nach langem Studium der Paracelsus-Werke und ebenso langwierigen Versuchen entwickelte er ein eigenes Herstellungsverfahren mit drei verschiedenen Stufen der Aufschließung. Die frische Arzneipflanze, die man während der Blütezeit gesammelt hat, wird zunächst gründlich gesäubert und von faulen Blättern befreit. Es werden alle Teile der Pflanze benutzt, also auch die Wurzel. Zerschnitten und zerquetscht fügt man der Pflanzenmasse eine besondere Hefeart bei, unter deren Einfluß das Ganze allmählich zu gären beginnt. Ist diese Gärung abgeschlossen, wird die Masse in besonderen Gefäßen destilliert, der im Kessel verbleibende Rückstand getrocknet und verascht. Die Asche löst man sodann im Destillat, filtert das Ganze ab und erhält so die fertige spagyrische Essenz. Nach einer gewissen Lagerungszeit ist sie gebrauchsfertig. Die drei Stufen dieses Verfahrens: Gärung, Destillation, Veraschung, lehnen sich an die Dreigliederung der Schöpfung an: Sal, Sulphur und Mercurius einer jeden Pflanze werden herausgelöst, während dieser Prozesse verfeinert und wieder zusammengefügt.

Dieses »Zimpel-Verfahren« hat sich ebenso wie die Methode des Grafen Mattei bis in unsere Tage erhalten. Die Herstellungsvorschriften sind in das amtliche Homöopathische Arzneibuch (HAB) aufgenommen worden, so daß die »Zimpel-Spagyrik« auch zukünftig erhalten bleiben wird. Über jede Apotheke kann man heute spagyrische Essenzen von rund 500 Pflanzen beziehen, die alle nach dieser Methode hergestellt wurden (Hersteller: Staufen-Pharma, Göppingen).

Doch nicht nur diese beiden Ärzte nahmen sich der vergessenen Lehre der Spagyrik an. Seit dem Ersten Weltkrieg befaßte sich der anthroposophisch denkende Alexander von Bernus (1880–1965) mit dem Studium der paracelsischen Schriften. Er wagte sich an ein Gebiet, das weder Graf Mattei noch Carl Friedrich Zimpel aufgegriffen haben, der spagyrischen Aufschließung von Metallen und Mineralien. Die erwies sich in der Praxis als noch wesentlich komplizierter als die »Kräuterspagyrik«. Nach den von ihm benutzten Aufbereitungsverfahren stellt das Soluna-Laboratorium in Donaumünster noch heute spagyrische Arzneimittel her.

Einen anderen Weg ging etwa zur selben Zeit Johann Conrad Glückselig (1864–1934), der ebenso ein besonderes spagyrisches Verfahren entwickelte, das heute die Firma Phönix-Laboratorium, Bondorf einsetzt. Eine sich aus der traditionellen Spagyrik abhebende neue Richtung beschreibt seit einigen Jahren Ulrich Heinz mit seinem Spagyrik-Institut, worüber später noch zu sprechen sein wird.

Wir sehen anhand dieses Überblicks, daß es die überlieferte Spagyrik auch heute noch gibt, wenn auch in verschiedenen Verfahrens- und Anwendungsweisen. All diesen Methoden ist eines gemeinsam: die Pflanze wird aufgelöst, in verschiedenen Schritten von Schlacken befreit und die entstandenen Produkte wieder vereint, ganz nach dem Wahlspruch des großen Paracelsus: »Spagyrik ist die Kunst, das Falsche vom Richtigen zu scheiden«. Entscheidend für den Erfolg der spagyrischen Medizin ist ihr gezielter Einsatz. Dies kann auf verschiedene Arten geschehen. Ich werde später erklären. wie die Kräuterspagyrik nach pflanzenheilkundlichen, homöopathischen, astromedizinischen und signaturischen Methoden Anwendung finden kann. Welchen Weg man mit den spagyrischen Pflanzenessenzen auch gehen mag, stets müssen wir über das Wesen der Krankheit Bescheid wissen, über ihre Phasen und über die Reaktionen der Gesundung, wenn das spagyrische Mittel seine Kraft entfaltet.

Krankheit und Heilung

Krankheiten können viele Ursachen haben. Manchmal entstehen sie durch äußere Einwirkungen, manchmal durch innere Funktionsstörungen, die Seele kann eine Krankheit auslösen oder aber eine ungesunde Lebensweise ist der Ausgangspunkt eines Leidens. Wir in der heutigen Zeit sehen in der Krankheit oftmals nichts anderes als eine Betriebsstörung, die es gilt so schnell wie möglich wieder zu beheben. Und für diese Ruck-Zuck-Heilung haben wir uns immer neue Therapien ausgedacht. Diese funktionieren zumeist auch recht gut, man kann wie ein Steh-auf-Männchen ohne langes Krankenlager wieder Leistung bringen.

Ein Paradebeispiel solch einer Behandlungsmethode ist die Antibiotikatherapie. In einem Rundumschlag wird alles vernichtet, was auch nur anscheinend die Gestalt eines Krankheitserregers hat. Die Wirkung setzt häufig sehr rasch ein: Die Krankheit ist besiegt. Daß sich der Kranke nach solch einer Therapie meistens irgendwie schlechter fühlt als vor dem Kranksein, erzeugt bei den Schulmedizinern lediglich Achselzucken. Vitaminmangel wird es wohl sein oder ein Zuwenig an Mineralien. Auch dem ist leicht abzuhelfen.

Keiner kommt auf die Idee, die Krankheit könne gar nicht richtig ausgeheilt sein. Vielleicht wurde sie nur verdrängt, unter die Oberfläche gedrückt, damit man sie nicht mehr sieht. Ein Schulmediziner darf so nicht denken, weil sich diese Thesen nicht wissenschaftlich beweisen lassen. Was ist denn das schon, eine unterdrückte Krankheit? Sind die Symptome verschwunden, hat der Patient als geheilt zu gelten. Dieser wird sich ja schließlich selbst als wieder gesund bezeichnen, wenn ihm nichts mehr wehtut, die Nase nicht mehr läuft, der Hautausschlag verschwunden ist oder der Durchfall nicht mehr besteht.

Die Lehre von der Unterdrückung der Symptome ist ein fester Bestandteil im Gedankengebäude dieser unterschiedlichen Behandlungsmethoden. Hier wäre es schier ein Kunstfehler, die Krankheitszeichen mit aggressiven Mitteln zu bekämpfen anstatt sie vielleicht sogar zunächst zu unterstützen, um die ganze Krankheit auszutreiben. Das mag für die Universitätsärzte wie purer Exorzismus klingen, es ändert aber nichts an der Tatsache, daß diese biologischen Anschauungen des Krankheitsgeschehens schon Jahrtausende alt sind und sich bis heute gehalten haben, trotz computertechnisierter Medizin.

Die Heilkunde hat in den letzten Jahren und Jahrzehnten eine drastische Entwicklung genommen. Alle Errungenschaften der Wissenschaft wurden in sie aufgenommen. Eigentlich dürfte es demnach fast gar keine kranken Menschen mehr geben. Mancher wird sich fragen, wie die armen Menschen früherer Zeiten überhaupt alt werden konnten, da sie doch all der Segnungen der Neuzeit entbehren mußten und die Medizin hilflos in den Kinderschuhen steckte. Wer so denkt, der irrt gewaltig. Noch in keinem Jahrhundert hat es so viele chronisch Kranke gegeben, wie in unserem. Dies kann man nicht allein mit der gestiegenen Lebenserwartung erklären, wenn man Kinder sieht, die sich wundkratzen, weil sie an einer schweren Neurodermitis erkrankt sind oder denen die Haare ausfallen, weil ein Krebs zu einer intensiven Chemotherapie zwang. Das Immunsystem ist selbst bei Kindern und Jugendlichen angegriffen oder krank, das Heer der chronisch Kranken wächst von Jahr zu Jahr. Dabei steigen die Ausgaben für Diagnostik und Therapie ins Astronomische. Je höher sie steigen, desto kränker werden wir, so scheint es. Woran liegt es, daß wir immer kränker werden, obwohl der medizinische Standard stets weiter steigt?

Die Naturheilkunde kennt die Antwort auf diese Frage. Für sie beginnt das Problem beim Unterdrücken der Krankheiten, selbst einfachster Erkältungen. Sie vertritt die Auffassung, jede Krankheit müsse nach außen abgeheilt werden. Geschieht dies nicht, so greift sie unbemerkt weiter um sich, bis sie sich eines Tages von neuem zeigt, vielleicht sogar mit neuem Gesicht und an einer ganz anderen Stelle. Wird sie nun wiederum unterdrückt, geht es weiter, bis sie sich so tief eingefressen hat, daß sie niemand mehr aus dem Organismus herausbringt. Eine rechtzeitige biologische Therapie hätte dies verhindern können.

Krankheiten sind Kobolde

Einem homöopathischen Arzt unserer Tage gebührt das Verdienst, die Verlaufsformen der Krankheiten im menschlichen Körper systematisch erforscht zu haben. Dr. Hans-Heinrich Reckeweg, der seine von der Homöopathie abgeleitete Therapie »Homotoxikologie« nennt, sieht Krankheiten als Ausdruck der körperlichen Reaktion auf Gifte. Für Reckeweg sind Erkrankungen Vorgänge, die eine biologisch zweckmäßige Abwehrmaßnahme gegen solche von außen oder innen kommenden Stoffe darstellen. Haben diese Abwehrmaßnahmen nicht den gewünschten Erfolg, dann versucht der Körper die erlittenen Giftschädigungen so lange und so gut wie möglich auszugleichen, um das Leben zu erhalten. Beim Wort »Gift« denken wir heute zunächst an Umweltgifte: Insektizidrückstände in Obst und Gemüse, Schwermetalle im Salat, radioaktive Isotope in Pilzen und im Rehragout, aber auch Arzneimittel- und Hormonrückstände im Fleisch. Diese Belastung ist nachgewiesen, keiner kann sie bestreiten, der Körper aber muß sie unschädlich machen – soweit dies möglich ist – und aus dem Körper ausscheiden. Es ist nur eine Frage der Zeit, wie lange dies gut geht. Irgendwann wird es zuviel, wird der Körper der Giftbelastung nicht mehr Herr, und die Gifte können ihr zerstörerisches Spiel ungehindert weitertreiben.

Doch damit nicht genug. In jeder Sekunde erzeugt jede unserer Körperzellen Abbauprodukte, früher lapidar Schlackenstoffe genannt, die oft nicht minder giftig sind, als die schädlichen Substanzen, die durch die Nahrung aufgenommen werden. Solche Stoffe sind jedoch physiologisch, d. h. nichts anderes als normal, genauso wie es »normal« ist, daß ein Automotor Abgas erzeugen muß. Über ein ausgeklügeltes System macht der Körper diese Stoffe unschädlich und scheidet sie aus. Dafür ist ein gut funktionierender Stoffwechsel notwendig. Falsche Ernährung, Bewegungsmangel und unzureichende Abhärtung schwächen jedoch die körpereigene Entgiftung.

Wir brauchen nur einmal die heutige Situation zu betrachten, um unschwer zu erkennen, wie unzureichend unsere Entgiftungsleistung sein muß, wenn wir eine ungesunde Lebensweise pflegen und uns ungeschützt äußeren Giftstoffen aussetzen. Vor diesem Hintergrund ist es nur zu verständlich, wenn Reckeweg die Giftwirkung als die Krankheitsursache schlechthin ansieht. Sicher bleibt bei dieser Sichtweise die große Welt der Psyche scheinbar unberücksichtigt, die ja ebenfalls eine ungeheuere Anzahl an Krankheitserscheinungen erzeugen kann. Man sollte jedoch nicht das eine vom anderen getrennt sehen. Nie wird es »die eine« Krankheitsursache geben, vielmehr entsteht jede Krankheit wohl aus einem Komplex vieler Ursachen, die sich gegenseitig beeinflussen. Für das Verständnis der Wirkung spagyrischer Pflanzenessenzen im Körper ist es nützlich, das Schema der Krankheitsverläufe im Körper zu kennen, das Reckeweg beschrieben hat. Damit lassen sich auch die Heilreaktionen erklären und richtig einschätzen, die bei der Behandlung chronischer Krankheiten nicht selten auftreten.

Nach Reckeweg werden die Krankheiten in sechs Phasen eingeteilt, die er durch den sogenannten »biologischen Schnitt« in zwei Kategorien trennt. Die ersten drei Phasen sind noch relativ leicht zu behandeln, bei den letzten drei wird dies zunehmend schwieriger. Die erste Phase nennt Reckeweg die Ausscheidungsphase. In diesem Stadium wehrt sich der Körper direkt gegen krankmachende Erreger. Er öffnet die natürlichen Schleusen, um den Eindringling wieder zu entfernen. Dabei entstehen Erbrechen, Durchfall, Schweißausbrüche, Schnupfen usw. Unterstützt man solche Selbstheilungstendenzen durch Maßnahmen wie Fasten, Abführen, Schwitzpackungen usw., dann kann die ganze Angelegenheit von kurzer Dauer sein. Sind die krankmachenden Substanzen entfernt, verschwinden auch die Symptome.

Diese Ausscheidungsphase ist eine gesunde und natürliche Sache. Der Körper reinigt sich selbst von innen. Für die Gesunderhaltung kann so eine »Reinigungskrankheit« sehr wichtig sein. Sind die Krankheitserreger jedoch zu stark, so daß die Ausscheidungsmaßnahmen nicht genügen, tritt die Krankheit in ihre zweite Phase, die Reaktionsphase. Nun muß der Körper energischer reagieren. Der Organismus erkennt, daß zuviel Gift- und Schlackenstoffe in ihm kreisen, aus diesem Grund erzeugt er einen speziellen »Ofen«, wo er diese Stoffe verbrennt und damit unschädlich macht. Dies zeigt sich in einer akuten Entzündung mit Eiter, Schleim, Abszessen, Halsentzüngungen, Hautausschlägen, und, und, und. All diese akuten Prozesse dienen der Vernichtung von krankmachenden Substanzen und Giften.

Die Verschiebung der Krankheit von der ersten in die zweite Phase tritt jedoch nicht nur dann auf (und das ist für das Verständnis der gesamten biologischen Medizin wichtig), wenn zu viele oder zu starke Gifte sich anhäufen. Wenn die Ausscheidungsbemühungen des Körpers in der ersten Phase unterdrückt wurden, kann es ebenfalls zum Abrutschen in die zweite Phase kommen. Ein Beispiel: Wird ein akuter Durchfall abrupt gestoppt, sieht es zwar so aus, als sei die Krankheit schnell geheilt worden, doch ist sie in Wirklichkeit nur unterdrückt. Dem Körper fehlt nun das nötige Ventil, die Giftstoffe auszuschleusen, folglich gleitet er unwillkürlich in die nächste Phase und erzeugt eine Entzündung. So kann es von Phase zu Phase weitergehen.

Gelingt es auch der zusätzlichen »Verbrennungsanlage« nicht, alle krankmachenden Stoffe auszuscheiden und zu eliminieren, oder aber werden diese Entzündungsprozesse erneut widernatürlich abgeblockt, schlittert der Organismus in die dritte Phase, die sogenannte Verschlackungsphase. Nun hat er also gemerkt, daß er es nicht schafft, die Gifte aus dem Körper zu bringen. Es bleibt ihm nur noch die Möglichkeit, sie irgendwo auf Halde zu legen, wo sie so wenig wie möglich Schaden anrichten können. Er richtet sich also eine eigene »Müllhalde« her. Am ungefährlichsten sind diese Schlacken und Gifte im Binde-, Fett- und Unterhautzellgewebe.

Von dieser Phase spürt der Kranke zunächst nicht viel. Er ist zwar nicht krank, fühlt sich aber auch nicht gesund. Diesen Zustand nennt man »Halbgesundheit«. Viele naturheilkundliche Behandler sind der Überzeugung, daß in der heutigen Zeit viele Menschen in diesem Zustand sind. Es können Jahre vergehen, bis sich eine diagnostizierbare Krankheit entwickelt. Diese Phase ist die Ruhe vor dem Sturm. Auch der Körper kann die laufend von neuem anfallenden Schlackenstoffe und Gifte nicht mehr schadlos lagern. Ist das Binde-, Fett- und Unterhautzellgewebe voll, kommen andere Gewebe dran.

Zunächst wird dies mit weniger lebenswichtigen Geweben geschehen. Die Schadstoffe lagern sich beispielsweise in den Gelenken ab. Plötzlich kann ein Rheumatismus auftreten. Auch die Gefäße dienen als Deponie. Durchblutungsstörungen sind die Folge, ebenso Herzleiden und Arterienverkalkung. Die Erscheinungen, die hier nun auftreten können, haben viele Gesichter. Wird nichts im Sinne einer biologischen Entschlackung unternommen oder werden sogar auch jetzt noch Krankheitssymptome unterdrückt, setzt sich die Krankheit jenseits des biologischen Schnittes fest.

Bisher zeigte sich das Geschehen mehr in den Körpersäften, nun nimmt es von den Körperzellen mehr und mehr Besitz. Je mehr die Zellen geschädigt werden, desto schwieriger ist die Heilung. In der vierten Phase, Reckeweg nennt sie Rückvergiftungsphase, kommt es zu einer allgemeinen Giftwirkung auf die Zellen, da der Giftspiegel zu hoch geworden ist, als daß der Organismus dies noch länger tolerieren könnte. Nun kommt es zu ausgeprägten Entzündungsprozessen mit Zellschädigung. So kann jetzt eine schwere Magenschleimhautentzündung auftreten, eine Dickdarmschleimhautentzündung, ein Leberschaden, Herzklappenfehler, Asthma, Entkalkung der Knochen und jede Menge anderer Leiden. Unterbleibt auch jetzt noch eine grundlegende Entgiftung, entsteht unwillkürlich die fünfte Phase, die Entartungsphase. Nun sind die Körperzellen derart geschädigt, daß sie nicht mehr repariert werden können. Es entsteht beispielsweise eine Schrumpfniere, ein Knochenschwund, eine Leberzirrhose, aber auch eine Erblindung oder Ertaubung sind nun nicht selten, ebenso wie viele andere unheilbare Zustände. Am Ende steht der Krebs. Die sechste Phase hat Reckeweg denn auch Krebsbildungsphase genannt. Die entarteten Körperzellen geraten in ein unkontrolliertes Wachstum und zerstören letztendlich den ganzen Körper.

Was sagt uns diese Theorie der sechs Krankheitsphasen?

Die Antwort ist recht einfach. Krankheiten können niemals isoliert betrachtet werden. Meist sind sie eng miteinander verknüpft. Vielleicht gibt es auch nur die *eine* Krankheit, die mit einem Schnupfen begann, den ein Schnupfenspray schnell stoppte. Nach einiger Zeit des »Untertauchens« meldet sie sich wieder als Halsentzündung. Nach dem eifrigen Lutschen von antibiotischen Tabletten ist jahrelang Ruhe, nur merkt der Betreffende, daß mehr und mehr die Gelenke weh tun und er sich immer müder und erschöpfter fühlt. Eine Spritzenkur verbannt die Krankheit nun erneut in den Untergrund. Nun ist sie aber nicht mehr aufzuhalten und meldet sich in einigen Jahren als Schrumpfniere. Am Ende kann der Krebs kommen, falls der Kranke diesen noch erlebt. Ist dies der Fall, dann ist dieser Krebs nichts anderes als der Schnupfen vor Jahrzehnten, an den man sich höchstwahrscheinlich gar nicht mehr erinnern kann. So springen die Krankheiten im Körper hin und her wie Kobolde, die immer neue und schrecklichere Masken aufsetzen. Wer dies nicht erkennt und stets nur versucht, eine Krankheit so schnell wie möglich wieder loszuwerden, kann das Gegenteil erreichen, er kann sich noch kränker machen. Das ist Unterdrückung. Heilung sieht anders aus. Aber auch sie geht in Phasen vor sich.

Biologische Gesetze der Heilung

Wir nehmen einmal an, jemand leidet seit geraumer Zeit an einem Zwölffingerdarmgeschwür, einer Krankheit, die häufig als vierte Phase eines Krankheitsprozesses auftritt, da hier die vielleicht über Jahre oder gar Jahrzehnte gelagerten Giftstoffe nun »zurückschlagen« und die Zellen zu schädigen beginnen, hier eben die Schleimhäute des Zwölffingerdarms. Natürlich kann der Chirurg nun sein Skalpell ansetzen. Eine Routineoperation heilt den Patienten scheinbar. Aber nach der naturheilkundlichen Theorie war dieses Geschwür nur ein Anzeiger dafür, daß im ganzen Körpergefüge etwas nicht stimmt. Das Geschwür ist der sichtbare Ausdruck eines tieferliegenden Prozesses, nicht aber die Krankheit an sich.

Wenn nachts an einer Villa die Alarmanlage heult, kann man zwei Dinge tun: Entweder man verfolgt die Einbrecher oder man zieht an der Anlage den Stecker heraus. Was ist wohl sinnvoller? Eine dumme Frage, natürlich. Kein vernünftiger Mensch würde auf die Idee kommen, die Alarmanlage abzuschalten, wenn sie heult, und dann wieder in aller Ruhe ins Bett zu gehen. Warum aber überträgt die Schulmedizin nicht diesen treffenden Vergleich auf die Heilkunde? Weshalb unterdrückt sie Fieber lediglich, schneidet Erkranktes nur heraus, schmiert die Hautausschläge einfach zu, ohne daran zu denken, welcher tiefere Sinn hinter all dem krankhaften Geschehen steckt?

Jemand, der sich in der alternativen Heilkunde gut auskennt, wird vielleicht mutig sagen, der Körper könne ein solches Geschwür selbst heilen, wenn man ihm hilft, seine Reaktionsfähigkeit ankurbelt und in die richtige Richtung lenkt. Kühne Worte, gewiß. Aber sie treffen zu, was Tausende von naturheilkundlichen Heilungen beweisen. Doch geht diese »Selbstheilung« nicht nach Art eines Wunders vor sich – für gewöhnlich wenigstens nicht. Die biologische Heilung geht – wie die Krankheit auch – durch die einzelnen Phasen, nur nicht in Richtung zur sechsten Phase hin, sondern umgekehrt zur ersten Phase zurück. Dies ist eine biologische Gesetzmäßigkeit, die viele der alternativen Heilweisen ganz unabhängig voneinander erkannt haben.

Kehren wir zu dem Beispiel des Zwölffingerdarmgeschwüres zurück. Die Frage, die immer zuerst gestellt werden muß ist: Wie kam es zu diesem Zustand? Ein Geschwür tritt nie von sich aus auf, d. h. als erste Manifestation eines Krankheitsprozesses, sondern es hat Vorstufen, die wir in den Phasen eins bis drei finden können. Deshalb muß man sich zunächst auf die Suche nach diesen Vorstadien machen, die Jahre oder selbst Jahrzehnte zurückliegen können.

Der Kranke berichtet vielleicht von Verdauungsschwierigkeiten, die er schon seit der Kindheit immer wieder gehabt hat, mal mehr, mal weniger stark. Damit ist zu vermuten, daß die Verdauungsorgane, zu denen ja auch der Zwölffingerdarm gehört, eine Art anlagebedingte Schwachstelle sind. Das sagt noch nichts über die Vorstadien aus, kennzeichnet jedoch den Zwölffingerdarm als sensible Stelle. Wenn im Körpergefüge irgend etwas disharmonisch ist, reagieren solche Schwachstellen am ehesten, da sie nicht abwehrstark genug sind. Einmal angenommen, der Patient hat vier Jahre, bevor das Zwölffingerdarmgeschwür sich bemerkbar machte, eine Gallenkolik durchgemacht. Er mußte ins Krankenhaus und man hat ihm damals einige Gallensteine entfernt, zugleich auch die ganze Gallenblase mit herausgenommen. Solche Steinbildungen im Körper, häufig in Gallenblase und Niere vorkommend, sind eindeutige Zeichen eines Krankheitsprozesses des dritten Stadiums, der Verschlackungsphase, in der der Körper Gifte und Schlacken ins Körpergewebe ablagert und »Müllhalden« entstehen. Die Naturheilkunde sieht Gallen- oder Nierensteine als Ablagerungen solcher Giftstoffe in Form von harten Zusammenklumpungen an. So gesehen ist das Zwölffingerdarmgeschwür von heute nichts anderes als die Gallensteinerkrankung von damals, besser gesagt, die Krankheit hatte vor vier Jahren das Gesicht einer Gallensteinerkrankung. Damals war der Prozeß in der dritten Phase, heute ist er bereits in das vierte Stadium weitergewandert.

Verfolgen wir die einzelnen Leiden des Erkrankten nun weiter, so erfahren wir, daß er Jahre vor der Gallensteingeschichte schon einmal stationär im Krankenhaus lag. Damals war es eine Dickdarmschleimhautentzündung, eine Colitis, mit der er in der Jugend lange Jahre zu kämpfen hatte. Phasenweise traten gehäuft Durchfälle auf, oft mit blutigem Stuhl und das fünf- bis sechsmal am Tag, zeitweise noch häufiger. In solch einer akuten Phase steckte man ihn in eine Klinik und pumpte ihn mit allen möglichen Pillen, Tropfen, Infusionen und Spritzen voll. Es wurde dadurch zwar etwas besser, doch ganz verschwand diese üble Sache erst nach und nach. Ein halbes Jahr nachdem er aus dem Krankenhaus entlassen wurde, hatte er keine Durchfälle mehr. Der Alternativmediziner erkennt gleich, was da los war. Der Körper schaffte irgendwo einen zusätzlichen »Verbrennungsherd« für Gifte und Schlacken. Der Verdauungskanal war ja ohnehin eine schwache Stelle, weshalb es nicht verwunderlich war, daß es die Dickdarmschleimhaut erwischt hatte.

So läßt sich nun das Zwölffingerdarmgeschwür über die Gallensteinerkrankung bis zur Colitis aus der Jugend zurückverfolgen. Eine

Krankheit ist förmlich aus der anderen entstanden. Doch es geht noch weiter. Wo eine zweite Phase ist, muß auch eine erste gewesen sein. Möglicherweise war diese so unscheinbar, daß sie gar nicht auffiel. Oftmals finden wir sie in der Kindheit. In unserem Fall war es ein einfacher Sommerdurchfall, den der Kranke als Kleinkind einige Tage durchgemacht hatte. Die besorgte Mutter ließ unverzüglich den Doktor holen, der auch gleich das richtige parat hatte und am nächsten Tag war die Sache vergessen – scheinbar. Denn dieser unterdrückte Durchfall im Kindesalter ist für das Zwölffingerdarmgeschwür von heute verantwortlich.

Dieses Zurückverfolgen der Krankheit bis zu ihrem Ursprung nützt dem Kranken auf den ersten Blick wenig. Er will von dem schmerzenden Geschwür befreit werden. Für die biologisch richtige Therapie aber ist das Erkennen der Vorstadien von großer Wichtigkeit. So lassen sich Heilreaktionen einschätzen oder gar vorhersehen. Das Herausschneiden des Geschwürs ist keine biologisch richtige Behandlung, wenn man von der Phasentheorie Reckewegs ausgeht. Zwar kann dies in einigen Fällen durchaus notwendig sein, folgt jedoch keine biologische Entgiftungsbehandlung, steht die Entartungsphase als nächster Schritt schon vor der Tür.

Was geschieht nun während einer biologischen Therapie? Einen Krankheitsprozeß in Nichts auflösen kann sie nicht, dazu wäre ein Wunder notwendig. Sie drängt den fortschreitenden Krankheitsprozeß jedoch in die umgekehrte Richtung, d. h. sie dreht ihn um. Somit geht der Prozeß wieder zu den Stadien zurück, die er durchlaufen hat. Es müssen längst nicht alle Phasen nacheinander ablaufen. Der Gesundungsprozeß kann auch Phasen überspringen. Früher einmal Durchgemachtes kann aber während einer biologisch richtigen Behandlung wieder auftauchen, oder es zeigt sich eine ähnliche Erscheinung, die einer vorhergehende Phase angehört. Solche scheinbaren Krankheitsverschlimmerungen nennt man in der Naturheilkunde Heilreaktionen.

Unser Patient mit dem Zwölffingerdarmgeschwür braucht nun nicht mehr seine Gallensteine zu bekommen. Es kann jedoch etwas anderes auftreten, das ebenfalls der dritten Phase angehört, beispielsweise eine kurzfristige Neuralgie, Verstopfung, Muskelverhärtungen oder rheumatische Schmerzen. Möglich ist aber auch das Überspringen dieser Phase hinein in ein akut-entzündliches Geschehen der zweiten Phase: Ein Hautausschlag, ein Schnupfen, eine Bronchitis oder eine Angina können sich für kurze Zeit melden. Oder es tritt wieder ein Dickdarmkatarrh auf, der an die Colitis der Jugendjahre erinnert, oder auch nur ein einfacher Durchfall, genauso wie im

Säuglingsalter. Reagiert der Körper auf eine biologisch richtige Therapie mit solchen Erscheinungen, dann ist der Behandler auf dem richtigen Weg. Ein geduldiges Weiterbehandeln kann nun die Ausheilung bringen.

Die Heilreaktionen des Körpers können aber auch noch anders aussehen. Manchmal hat man Mühe, dieses Zurückspulen des Krankheitsprozesses zu erkennen. Einmal ist dies dann der Fall, wenn sich lediglich die bereits vorhandenen Symptome kurzzeitig oder unterschwellig verschlimmern, aber keine Rückführung in eine andere Phase zu erkennen ist. Zum anderen kann es auch eine Heilung ohne feststellbare Heilreaktionen geben. Dann würde in unserem Fall das Geschwür nach und nach abheilen, ohne daß es dem Patienten auffällt. Dies widerspricht nicht der Regel des »Zurückspulens«. Hier ist eine zu schwache Reaktionskraft des Körpers anzunehmen. Er hat nicht die Möglichkeit, aktiv durch die zurückgelegten Phasen hindurchzugehen, verharrt in der gegenwärtigen Phase und baut diese nun recht langsam ab. Aus diesem Grunde sind Heilungen, bei denen Reaktionen auftreten, in der Regel schneller und gründlicher als solche, bei denen keinerlei körpereigene Maßnahmen feststellbar sind. Demnach faßt man eine solche Heilung auch nicht als »hundertprozentig« auf, sondern als ein Stehenbleiben in der derzeitigen Phase. Dabei wird es immer wieder nötig sein, neue Behandlungen durchzuführen, da die Symptome gerne nach einiger Zeit wiederkommen oder eine andere Erscheinung derselben Phase auftritt. Soviel ist aber auch hier gewonnen, daß ein Fortschreiten der Krankheit aufgehalten werden kann, wozu eine ständige naturheilkundliche Therapie notwendig ist.

Die Heilungen des Paracelsus

Die ärztliche Tätigkeit des Paracelsus war oft von sensationell wirkenden Heilungen begleitet. So erregte er überall Aufsehen. Sogar Erasmus von Rotterdam zählte zu seinen überzeugten Patienten. Für seine Erfolge waren hauptsächlich spagyrisch aufbereitete Arzneien verantwortlich. Doch in seiner Weitsicht erkannte er auch, wie vielgestaltig das Feld der Therapie ist.

Er betrachtete den ganzen Menschen, Gesundheit und Krankheit von fünf Aspekten aus. Ebenso differenzierte er fünf unterschiedliche Arten zu heilen. Den ersten Bereich nannte er *Ens astrale*. Zwar war er vorsichtig mit der Beurteilung kosmischer Einflüsse auf den Menschen, wollte er sich doch von einer ins Primitive abgeglittenen

Astrologie distanzieren, doch außerirdische Einflüsse leugnete er nicht. Dies ist nicht verwunderlich, war er doch vom Mikro-Makrokosmos-Gedanken durchpulst. Seiner Auffassung nach haben alle Planeten des Firmamentes ihr Gegenstück im Menschen, denn der Mensch ist nach dem Himmel und der Erde geschaffen. So gebe es auch gewisse Tendenzen zu beachten, die der Himmel anzeigt. Dies gelte für das Entstehen von Krankheit und das Gelingen von Heilung. Der zweite Aspekt, den Paracelsus angibt, nannte er *Ens veneni*. Hiermit bezeichnete er die Wirkung von Giftstoffen auf den menschlichen Organismus. Paracelsus hatte erkannt, daß im Stoffwechsel giftige Stoffe eine große Rolle spielen. Ständig muß der Körper artfremde Stoffe aufnehmen, um existieren zu können. Damit diese Aufnahme erst möglich wird, besitzt der Mensch in sich einen »inneren Alchemisten«. Damit meint Paracelsus nichts anderes als das, was die Medizin schlicht und einfach Stoffwechsel nennt. Im Stoffwechselprozeß werden aus körperfremden Substanzen körpereigene Stoffe hergestellt. Dieser Stoffwechsel spielt für das Entstehen von Krankheiten eine bedeutende Rolle und hier insbesondere Stoffe, die auf den Körper schädigend wirken. Sie entstehen bei jedem Verbrennungsvorgang in den Körperzellen und müssen über die Ausscheidungsorgane wieder entfernt werden, soll der Körper nicht erkranken. Auf diesem paracelsischen »Ens-veneni-Aspekt« beruht die Sechs-Phasen-Theorie der Homotoxinlehre von Dr. Hans-Heinrich Reckeweg, von der zuvor die Rede war. Paracelsus hat also damals schon Erkenntnisse in seine Heilslehre integriert, die erst in unserem Jahrhundert schematisch dargestellt wurden.

Der dritte Aspekt ist das *Ens naturale*. Hiermit soll die ureigene Individualität eines jeden Menschen angesprochen werden. Das »Ens naturale« hat nichts zu tun mit unserem heute schlagwortartig gebrauchten Begriff »Natur«, sondern bezeichnet den Menschen als Gesamtheit. Hier fällt wiederum auf, daß Paracelsus den Menschen als Kosmos im Kleinen auffaßt. Für das Verständnis dieses Aspektes ist die Lebenskraft, die den Organismus durchströmt, von großer Bedeutung. Die »energetische Individualität« ist es, die Paracelsus hier ansprechen will. Diese vitalenergetische Komponente spielt auch beim Krankwerden und Wiedergesunden eine wichtige Rolle.

Mit dem *Ens spirituale*, dem vierten Bereich, bezeichnet Paracelsus den Menschen als geistiges Wesen. Gedanken und Gefühle spielen in der Therapie eine wichtige Rolle, meinte er, als habe er Freud, Adler, Jung und wie sie alle noch hießen, bereits in sein Denken integriert. Das Schwergewicht legt Paracelsus auf die Seele. Sie ist es, die den

Menschen vom Tier unterscheidet. Daß gerade aus diesem Aspekt heraus viele Krankheiten entstehen können, ist erst heute wissenschaftlich nachgewiesen. Paracelsus wußte dies bereits. So darf auch diese Seite der Therapie in der ganzheitlichen Medizin nicht vernachlässigt werden.

Der letzte Aspekt, unter dem Paracelsus den Menschen in seinem Gesund- und Kranksein sieht, ist das *Ens dei*. Hier geht es eindeutig um eine Art religiöse Sicht der Heilkunde. »Ens dei« ist für Paracelsus eine Wesenheit, die göttliche Impulse, die auf uns einwirken, aufnimmt und bewußt macht. Diese Impulse sind die höchsten Energiearten, denen der Mensch ausgesetzt ist, stehen folglich auch über allen anderen Teilbereichen. Für Paracelsus kann es göttlicher Wille sein, wenn jemand erkrankt, ebenso aber auch, wenn jemand gesundet. Krankheiten, die durch das »Ens dei« entstanden sind, können nur durch von Gott Erwählte geheilt werden. Ob der Betreffende einen medizinischen Doktorhut hat oder nicht, ist dabei völlig belanglos.

Wenn diese fünf Aspekte das Krankwerden, aber auch das Gesunden beeinflussen, muß es entsprechend auch fünf Arten der Heilung geben. So unterscheidet Paracelsus auch fünf Gruppen von Ärzten. Zuerst nennt er die *Naturales*. Sie beachten die Ordnung im Menschen, seine ganzheitliche Individualität. Vor allem richten sie ihre Aufmerksamkeit auf die Zusammensetzung der Körpersäfte und den Stoffwechsel. Heute würden den paracelsischen »Naturales« die Naturheilkundler und Humoralpathologen entsprechen, die durch Wasser, Licht, Luft und Wärme heilen, ebenso durch Ernährungstherapie und Ausleitungsverfahren wie Abführen, Schwitzen, Schröpfen und Aderlaß.

Die zweite Gruppe nennt er *Specifici*. Sie suchen ein spezifisches Medium, das die Krankheit an sich zieht und unschädlich macht, so wie der Magnet das Eisen anzieht. Jede Krankheit hat ihr eigenes spezifisches Medium, das die »Specifici« zu finden suchen. Zu dieser Gruppe würden heute die Kräuterheilkundigen, die Homöopathen und Spagyriker zählen. Aber auch andere esoterische Therapien zählen hierzu, wie beispielsweise die Bach-Blüten-Therapie oder die Edelsteintherapie.

Mit *Charakterales* bezeichnet Paracelsus Ärzte, die durch die Wirkung ihres Wortes zu heilen vermögen. Dies würde heute in etwa den Psychotherapeuten entsprechen, die u. a. Hypnose oder autogenes Training anwenden.

Spirituales sind nach Paracelsus Menschen, die die Gabe besitzen, dem Geist der Wurzeln und Kräuter zu gebieten. Diese Art zu heilen findet man in der heutigen Medizin nur noch sehr selten. Es ist die magische Volksmedizin, die Medizin der weisen Frauen, Kräuterweiblein und Wurzelseppen.

Letztendlich führt Paracelsus die *Fideles* an, jene, die von Gott erwählt sind, durch den Glauben zu heilen. Heute entsprechen diesen die Geistheiler, die sich mit Gebetsheilungen befassen. Früher hatten Priester diese Aufgabe zu übernehmen, waren »von Amts wegen« »Fidelis«. Doch diese haben den therapeutischen Aspekt ihrer Berufung längst vergessen. Nur vereinzelt melden sich heute wieder Geistliche, die die Gebetsheilung als priesterlichen Akt herausstellen und auch praktizieren.

Die verschiedenen Arten der Heilung, wie sie Paracelsus auflistet, sind für den, der sich mit der Kräuterspagyrik beschäftigt, von großer Bedeutung, wie für jeden anderen, der therapeutisch wirken will. Denn ohne zu wissen, von welcher Seite man das Kranke angeht, gelingt keine Heilung und tritt auch keine Linderung ein.

Die Spagyrik steht auf einer anderen Stufe der Therapie als die übliche Naturheilkunde, die sich der Naturkräfte bedient, über richtiges Essen und Trinken heilt, oder den Körper aktiv von innen her reinigt. Sie hat auch nichts zu tun mit einer Art »Geistheilung«, auch nicht mit dem Besprechen oder ähnlichem. Sie steht mit einigen anderen Methoden auf der Stufe des »Specifici«, ist eine spezifische Therapie, die für die jeweilige Krankheit das genau passende Mittel sucht, das bildlich gesehen die Krankheit an sich zieht. Diese unterschiedlichen Heilungsstufen sind keineswegs einer Wertung unterworfen. Keiner kann behaupten, daß beispielsweise Psychotherpie höher stehe als die einfache Naturheilkunde. Alle Ebenen haben ihren eigenen Wert. Sie wirken am eindrucksvollsten dort, wo die Krankheit am ehesten der jeweiligen Heilungsweise entspricht. Kommen Krankheiten überwiegend aus dem »Ens veneni«, dem Stoffwechsel und durch Gifte, kann der »Naturales« häufig am besten helfen. Die anderen vier Therapiestufen sind seine Helfer, er aber der Meister. Eine Krankheit aus dem »Ens spirituale« spricht wahrscheinlich auf die »Charakterales« mit ihren psychotherapeutischen Methoden am besten an. Bei Krankheiten, die auf Einflüsse des »Ens astrale« zurückzuführen sind, mögen magische Volksmedizinen der »Spirituales« zweckmäßiger sein als andere Methoden. Die Krankheiten der Individualität durch Störungen der Lebenskraft, die jede Körperzelle durchströmt, wird eine Domäne der »Specifici«, also auch der Spagyriker sein, denn sie wenden Arzneien an, die energetisch so aufbereitet wurden, daß sie auf die subtile, nicht meßbare Lebensenergie einwirken können. Schließlich wird eine Erkrankung durch das »Ens dei«

einen Priester benötigen oder einen anderen von Gott auserwählten Menschen, der diese tiefste aller Ursachen beheben kann, falls sie behoben werden darf.

Paracelsus zeigt, wo die Spagyrik ihren Platz im Heilsystem hat. Ihr zur Seite stehen auf derselben Stufe so bewährte Behandlungsmethoden wie die Homöopathie, die dasselbe erreichen will wie die Spagyrik, nur auf anderem Weg. Beide haben sie das Ziel, die individuelle Lebenskraft des jeweils Erkrankten anzuregen. Denn nur diese Kraft, das sagt auch Paracelsus, kann letztendlich die Heilung vollziehen. Die Arzneikraft ist lediglich der gezielte Reiz, den die geschwächte Lebenskraft benötigt, um selbst mit der Erkrankung fertig zu werden. Man darf nun aber nicht denken, Kräuterspagyrik heile nur Krankheiten, die durch eine geschwächte Lebenskraft entstanden sind. Die Spagyrik heilt vielmehr *über* die geschwächte Lebenskraft. Jedes Leiden schwächt die Lebenskraft, den Stoffwechsel, die psychische Verfassung. Aus diesem Grund ist es eigentlich gar nicht wichtig, ob eine Krankheit durch eine geschwächte Lebenskraft oder einen verminderten Stoffwechsel entstanden ist.

Entscheidend ist, ob die Krankheit eher über die Beeinflussung der Lebenskraft heilbar ist oder über einen anderen der von Paracelsus angegebenen Wege.

Was aber gibt uns hier Gewißheit? Die Beobachtung. Wie wir noch sehen werden, zeigt es der Organismus, wenn er durch »Specifici« geheilt werden will. Dann entstehen nämlich Symptome, die für den Kenner sofort auf die richtige Behandlungsart und möglicherweise auch schon auf das betreffende Heilmittel hindeuten. Sind auch nach intensiver Suche keine solchen Krankheitszeichen erkennbar, so soll man getrost eine andere Art des Heilens wählen. Keine Therapie ist besser als die andere, sondern nur im entsprechenden Moment und für den Betreffenden passender als eine andere.

Wie der praktische Umgang mit spagyrischen Pflanzenessenzen aussieht, zeigen die folgenden Kapitel, die die Kräuterspagyrik unter unterschiedlichen Aspekten beleuchten und Wege zur Anwendung im Alltag zeigen.

II
Spagyrische Methoden

Die Herstellung spagyrischer Essenzen ist recht schwierig. Nicht minder kompliziert stellt sich die richtige Anwendung solcher Arzneien am kranken Menschen dar. In früheren Zeiten – und wohl auch bei Paracelsus selbst – mag die Intuition Motiv des Handelns gewesen sein. Doch ist die Gabe der Intuition individuell und nicht jedem in gleichem Maße eigen. Ein gewisser Schwachpunkt der Spagyrik ist das Fehlen spezifischer Anwendungsrichtlinien, so wie sie beispielsweise die Homöopathie kennt. Dies wird wohl auch einer der Gründe gewesen sein, weshalb die Spagyrik lange Zeit scheinbar nur etwas für Eingeweihte war.

Das eigentliche Verfahren, pflanzliche Heilmittel für kranke Menschen zu finden, das konkret der Spagyrik zugeordnet werden kann, ist die Signaturenkunde. Diese schließt vom Äußeren einer Pflanze auf deren Heilkraft und die Indikationsgebiete für ihre Anwendung. Diese signaturische Methode hat in ihrer traditionellen Form allerdings eine große Bandbreite an unterschiedlichen Auffassungen und Erkenntnissen.

Dies macht sie für den praktischen Umgang ziemlich unsicher. Die weiterentwickelte Signaturenlehre in der Spagyrik, so die Kristallographie nach Heinz, bietet hier eine größere Sicherheit und ein gezieltes Vorgehen. Nur ist dieses Verfahren, wie wir noch sehen werden, im Hausgebrauch nicht durchführbar und scheidet somit für die Selbstbehandlung mit spagyrischen Essenzen aus.

Einen erfolgversprechenden Weg, spagyrische Mittel gezielt auszusuchen, bietet die Entlehnung von Anwendungsrichtlinien aus den der Kräuterspagyrik verwandten therapeutischen Gebieten. Hierher gehören in erster Linie die Heilpflanzenkunde – modern Phytotherapie genannt – und die Homöopathie. Ebenso bietet es sich an, astrologische Erkenntnisse zur spagyrischen Anwendung heranzuziehen, vorausgesetzt, man kennt sich in der Astromedizin aus und sieht in der Astrologie nicht eine allumfassende Heilslehre, mit der alles und jedes vorherbestimmbar oder beeinflußbar ist. Auch Paracelsus hatte ein zwar aufgeschlossenes, aber doch recht nüchternes Verhältnis zur Sternenkunde. Immerhin war sie für ihn, in einer ihm eigenen Form, eine tragende Säule seiner Medizin.

Wenn im folgenden Kapitel nun die unterschiedlichen Wege beschrieben werden, Kräuterspagyrik zu betreiben, dann werden die phytotherapeutische und die homöopathische Spagyrik den größten Teil hierin einnehmen. Sie bieten gerade für die Behandlung leichterer Störungen gezielte Hilfen an, zu der oder den richtigen Essenzen zu gelangen. Zwar sollte die astromedizinische Spagyrik der naturheilkundlichen Praxis vorbehalten bleiben – allein um unseriösen Mißbrauch zu vermeiden – doch können »Sternenfreunde« recht einfach eine Vorsorgekur mit spagyrischen Essenzen durchführen, die sich an astrologischen Erkenntnissen orientiert. Signaturische Spagyrik ist eigentlich nur in der Praxis eines Behandlers sinnvoll anzuwenden, zumal das treffsichere kristalloptische Verfahren nur dort praktiziert werden kann. Der Vollständigkeit halber finden Sie im Kapitel über die signaturische Spagyrik Hinweise alter Signaturenkundler, die allein am Äußeren einer Pflanze deren Einsatzgebiete bestimmen konnten.

Phytotherapeutische Spagyrik

Phytotherapie ist Kräuterheilkunde: Tee kochen, Kräuterbäder machen, Salben herstellen, Elixiere und Tinkturen brauen – kurzum, Phytotherapie ist das, was früher die alten Kräuterweiber taten, nur in neuzeitlichem Gewand. Man hat die Phytotherapie von allem magischen und abergläubischen Schnickschnack verstaubter Zeiten befreit. In der heutigen Kräuterheilkunde überläßt man nichts dem Zufall, man weiß um was es geht: um die wirksamen chemischen Bestandteile in den Pflanzen.

Wermut wird deshalb bei Verdauungsproblemen eingesetzt, weil er Bitterstoffe enthält, die die Magensaftproduktion anregen und damit die Verdauung beschleunigen. Maiglöckchen gibt man aus dem Grund, weil es herzwirksame Glykoside enthält, die die Herzschwäche bekämpfen können. Roßkastanie verschreibt die Phytotherapie bei Venenkrankheiten, weil sie das Cumarinderivat Aesculin und das Saponin Aescin enthält, die beide die Venenwände abdichten und deshalb Stauungen und Anschwellungen vermeiden.

Der Internist Rudolf F. Weiss hat mit seinem Werk »Lehrbuch der Phytotherapie« die Basis geschaffen, daß diese wissenschaftliche Form der Kräuteranwendung auch in schulmedizinischen Kreisen eine recht große Verbreitung fand. Mit der Kräuterspagyrik hat diese moderne Phytotherapie allerdings nur den Ausgangsstoff gemein, die Pflanze. Streng genommen handelt es sich bei der modernen Phytotherapie um eine Art »sanfter Chemotherapie«. Wie in der Schulmedizin sucht die Phytotherapie in den verschiedenen Pflanzen nach Stoffen, die eine pharmakologische Wirkung entfalten und deshalb medizinisch genutzt werden können. Der Unterschied besteht darin, daß die Chemotherapie künstlich im Labor hergestellte Substanzen einsetzt, die Phytotherapie natürliche, in den Pflanzen entstandene Arzneistoffe, wobei sie betont, nicht der isolierte Einzelstoff sei am wichtigsten, sondern das natürliche Gemisch unterschiedlichster chemischer Verbindungen, wie es die Pflanze von sich aus darbiete.

Ein fanatischer »Feinstoffler« wird diese wissenschaftliche Phytotherapie als »grobstofflich« in Bausch und Bogen verdammen. Und in der Tat ist es so, daß die Phytotherapie nicht wie die Homöopathie und die Spagyrik nach der verborgenen, nichtstofflichen Arzneikraft Ausschau hält, sondern nach dem »groben Stoff«, der chemischen Verbindung. Vor solchem Fanatismus sei jedoch gewarnt.

Die an der chemischen Substanz orientierte Phytotherapie hat durchaus ihre Berechtigung und brachte schon vielen Kranken Heilung oder wenigstens doch Linderung vieler Beschwerden. Es gibt Zustände, wo eine ausschließliche Therapie mit substanzarmen oder gar substanzlosen Medikamenten nicht wirkt. Dann nämlich, wenn die Reaktionskraft des Organismus zu schwach ist oder andere Umstände, die später noch angesprochen werden, eine Heilung beispielsweise durch Kräuterspagyrik verhindern. In solchen Phasen kann die am chemischen Stoff ausgerichtete Pflanzenheilkunde oft noch segensreich wirken, weil sie den Körper auf sanfte Art dazu bringt, in Richtung Gesundung hin zu arbeiten. Oft erlebt man es, wie nach einer ausgiebigen Kur mit »grobstofflichen« Pflanzenzubereitungen (zu denen schließlich auch jeder Kräutertee zählt) erst sogenannte »feinstoffliche« Therapien anschlagen und die Heilung vollenden. Die Phytotherapie unterscheidet sich von der üblichen Chemotherapie in erster Linie – und das ist für uns der entscheidende Aspekt – in der Anwendung lebendiger Substanzen, d.h. natürlicher, durch Erde, Wasser und Licht gewachsener Stoffe, die die Pflanzen in sich tragen.

Die Chemotherapie stellt ihre Medikamente künstlich im Labor her, braucht dabei viel Aufwand an Geld und Material, verschleißt Tausende unschuldiger Versuchstiere und glaubt, auf solche Art und Weise produzierte Stoffe könnten Menschen heilen, wirklich heilen an Leib *und* Seele. Nur der chemisch beeinflußbare Körper läßt sich durch solche »Heilmittel« vergewaltigen. Ein wahrhaftes Heilen ist mit solchen Mitteln aber unmöglich. Doch auch hier ist blinder Fanatismus fehl am Platz. Viele verdanken solchen chemischen Mitteln ihr Leben.

Vergessen wird aber, daß ebenso viele diesen Medikamenten ihr chronisches Siechtum »verdanken«. Dies aber nur deshalb, weil die chemotherapeutischen Mittel unkritisch angewandt wurden. In der heutigen Schulmedizin ist es so, daß zunächst die chemische Bombe kommt. Erst wenn das ganze Arsenal dieser Mittel wirkungslos ausgeschöpft wurde, greift man nach unorthodoxen Methoden. Und dies tut der Patient in der Regel selbst, indem er zum Heilpraktiker oder Naturheilarzt geht. In der Medizin der Zukunft muß dies genau umgekehrt sein. Die chemischen Mittel werden dann nicht nutzlos, aber zu relativ selten gebrauchten Notfallmitteln.

Die Pflanze als Urarznei

Schafgarbe, Eibisch, Kreuzkraut, Traubenhyazinthe, Tausendgüldenkraut, Meertäubchen: diese sechs heute noch jedem Heilpflanzenkenner geläufigen Kräuter lagen neben einem Skelett eines Neandertalers, das man in Persien ausgrub. Die Bestimmung ergab ein Alter von 60000 Jahren. In China fand sich ein Heilpflanzenbuch, in dem insgesamt 365 Kräuter systematisch aufgeführt sind: Der »Pen Tsao des Shen Nung«, Entstehungsjahr: etwa 3000 v. Chr. Von 1728–1686 v. Chr. war Hammurabi König von Babylon. In seinem Gesetzbuch waren auch die zu verordnenden Heilpflanzen aufgeführt. Die Ärzte und Apotheker des Zweistromlandes wandten zu jener Zeit mehr als 250 Heilpflanzen an, darunter Safran, Thymian, Knoblauch, Myrrhe, aber auch Giftpflanzen wie Tollkirsche, Bilsenkraut und Hanf. In Ägypten fand sich eine Papyrusrolle aus dem 16. vorchristlichen Jahrhundert, die unter dem Namen »Papyrus Ebers« berühmt wurde, und in der 877 Heilpflanzenrezepte verzeichnet sind. Unter den altägyptischen Kräutern fanden sich Stechapfel, Aloe, Wacholder, Leinsamen, Fenchel und Sennesblätter. Aber auch die Mandragora, auch Alraune genannt, muß den Ägyptern bekannt gewesen sein. Auf einem Relief aus dem 14. Jahrhundert v. Chr. wird König Echnaton von seiner Gemahlin eine solche sagenumwobene Heilpflanze gereicht. In 2500 Jahre alten Inkagräbern in Peru lagen bei den Toten mit Kokablättern gefüllte Beutel. Untersuchungen im Labor ergaben, daß in ihnen noch wirksame Alkaloide vorhanden waren. Die Aufzählung könnte fast unendlich weitergeführt werden. Doch schon aus diesen wenigen Beispielen läßt sich erkennen: Das Verwenden von Pflanzen zu Heilzwecken ist so alt wie das Menschengeschlecht. Die Pflanze war über Jahrtausende hinweg die Arznei schlechthin.

Gewinnung eines Balsams

Das Wissen der antiken Hochkulturen ging verloren. Hauptsächlich jenes Wissen um die verborgenen Heilkräfte der Pflanzen, die nicht an materielle Substanzen gebunden sind und das wir erst heute in noch bescheidenem Maße durch Homöopathie, Spagyrik und ähnliche Methoden wiederzuentdecken scheinen. Was von den Kenntnissen der Urzeit übrigblieb, ist die »einfache« Pflanzenheilkunde, die heute zur modernen Phytotherapie wurde.

Die Griechen traten als erste das Erbe hauptsächlich der Ägypter an, von denen sie auch medizinische Kenntnisse übernahmen. Neben Hippokrates waren es noch Aristoteles, Theophrastus und Dioskorides, die sich ausführlich mit den Heilpflanzen beschäftigten.

Von den Griechen übernahmen die Römer große Teile der Heilpflanzenkunde, doch außer durch Plinius gab es für die Medizin keine nennenswerten neuen Impulse von der neuen Weltmacht. Mehr schon machten die Araber aus dem naturheilkundlichen Erbe der Griechen. Fleißig wurden von ihnen die klassischen Werke übersetzt und deren Anweisungen angewandt. Der wohl berühmteste arabische Arzt, Ibu Sina, besser bekannt unter dem Namen Avicenna, brachte die Heilpflanzenkunde im frühen Mittelalter zu einer neuen Blüte. In Europa wurden die ersten christlichen Mönche zu neuen Trägern der Heilkräuteranwendung. In den aus dem Boden schießenden Klöstern baute man recht bald allerlei Kräuter an und verwendete sie nicht nur zur Likör- und Branntweinherstellung, sondern auch zu Heilzwecken.

Im 12. Jahrhundert erregte eine Nonne Aufmerksamkeit nicht nur unter medizinisch Gebildeten, sondern selbst bei Kaiser und Papst. Auf dem Ruppertsberg bei Bingen leitete die Ordensfrau Hildegard ein Kloster. Sie verfaßte zahlreiche Schriften, vornehmlich über die Natur und die Medizin, aber auch über Kosmologie, wobei Christus das Fundament bildete.

Ihre heute noch zugänglichen Erkenntnisse fallen jedoch aus dem Rahmen der überlieferten Pflanzenheilkunde. Sie betrieb nämlich weder umfangreiche Studien noch hatte sie praktische Erfahrung mit dem, was sie niederschrieb. Hildegard von Bingen sprach stets von Visionen, die sie erhalten habe und die sie lediglich zu Papier brachte oder ihrem Sekretär diktierte. So weichen ihre Angaben und Anwendungshinweise manchmal vom üblichen Schema der damals bekannten Pflanzenwirkungen erheblich ab.

Heute reihen wir Hildegard eher in eine Reihe mit Paracelsus und Hahnemann, dem Begründer der Homöopathie, die nicht am Stofflichen interessiert waren, sondern an der verborgenen Heilkraft energetischer, nichtchemischer Art. Mit Paracelsus verbindet Hildegard ihre kosmologische Sicht des Menschen in der Schöpfung und nicht zuletzt der christliche Glaube, der auch für Paracelsus der Maßstab aller Dinge war.

Schon bald nach der Heiligen vom Ruppertberg begannen immer mehr Ärzte, Botaniker und Apotheker die Pflanzenwelt zu erforschen. Immer neue Kräuterbücher entstanden, immer detaillierter wurde beschrieben.

Durch ein gründliches Mißverstehen der paracelsischen Arzneikunst wandten sich die späteren Ärzte mehr und mehr der chemischen Substanz zu und verließen die jahrtausendealten therapeutischen Pfade der Heilpflanzenkunde. Wie diese Entwicklung weiterging, braucht wohl nicht beschrieben zu werden. Die Auswüchse des materialistischen Denkens in der Medizin treiben gerade in unserer Zeit absonderliche Blüten. Die Kunde von den heilenden Pflanzen wurde lediglich vom ungebildeten Volk weitergetragen, wenn auch oft bunt gemischt mit Aberglauben, Magie und Hexenkult.

Nachdem es die Ärzte als unter ihrer Würde ansahen, sich noch weiterhin mit so altem Kram wie den Kräutern zu beschäftigen, mußten heilkundige Laien die Renaissance der Heilpflanzenkunde in unserer Zeit einleiten. Allen voran können wir den Wörishofener Pfarrer Sebastian Kneipp nennen, der zwar ein eigenes, sehr wirkungsvolles Wasserheilverfahren entwickelte, jedoch stets mit Heilpflanzen arbeitete. Viele Jahre lang waren Wasser und Kräuter seine einzigen Heilmittel. Neben Kneipp waren es noch andere medizinisch nicht gebildete Laien aus dem geistlichen Stand, die die vergessenen Kräuter wieder hervorholten, so beispielsweise Pastor Felke oder Pfarrer Künzle aus der Schweiz. Dem schon erwähnten deutschen Arzt Rudolf F. Weiss gebührt das Verdienst, nach dem Zweiten Weltkrieg die Heilpflanzenkunde, nun Phytotherapie genannt, auch bei interessierten Ärzten zu einem gewissen Grade hoffähig zu machen. Heute ist die Phytotherapie eine Behandlungsform, die bei schulmedizinisch geprägten Ärzten hin und wieder (weil die Patienten es verlangen!), bei Naturheilärzten und Heilpraktikern routinemäßig angewandt wird.

Phytotherapie und Kräuterspagyrik

Eigentlich stehen sie sich so nah, und doch trennt sie eine Kluft. Es ist dieselbe Kluft, die die Heilpflanzenkunde von der Homöopathie trennt. Doch ist sie zur Kräuterspagyrik um einen Schritt kleiner als zur Homöopathie, da in der homöopathischen Heilkunst neben Pflanzen noch Produkte aus dem Mineral-, Metall- und Tierreich benutzt werden, die Kräuterspagyrik hingegen ausschließlich mit Pflanzenessenzen arbeitet. Auch wird in der Homöopathie wenig Wert auf den Wirkstoffgehalt gelegt; in der klassischen Hochpotenzhomöopathie ist er ohnehin belanglos, während die Kräuterspagyrik durchaus noch materielle Wirkstoffe der Pflanzen in ihren Essenzen hat, wenn auch in verwandelter Form. Exakt nachweisbar ist dies zumindest für die Mineralien, die dem Destillat in Form des veraschten Pflanzenrückstandes zugeführt werden. Dennoch sieht die Kräuterspagyrik nicht in diesen stofflichen Substanzen die Arzneikraft, sondern in einem nicht meßbaren energetischen Potential, das durch das spagyrische Verfahren freigesetzt wurde.

Die Verknüpfung von wirkstofforientierter Phytotherapie und energieorientierter Kräuterspagyrik interessiert uns aus einem rein praktischen Grund. Wir suchen nämlich für das noch recht unerforschte Gebiet der Kräuterspagyrik praktikable Formen der Anwendung. Eine solche ist die Verordnung spagyrischer Essenzen nach phytotherapeutischen Erkenntnissen und Erfahrungen. Dies wird dort möglich sein, wo die spagyrische Essenz gleiche oder zumindest ähnliche Wirkungen erzeugt wie die phytotherapeutischen »Schwestermittel«. Dies wird oft der Fall sein, doch kommt es hin und wieder vor, daß die spagyrische und die phytotherapeutische Wirkung voneinander abweichen. Das kennen wir aus der homöopathischen Medizin zur Genüge. Dort ist es sogar in der Regel so, daß homöopathische Verdünnungen einer Pflanze eine grundsätzlich andere Wirkung entfalten als die einfachen phytotherapeutischen Anwendungen wie Tee oder Tinktur. Stoffliche Substanzen scheinen demnach im Grunde keinen Anteil an der energetischen Heilkraft zu besitzen.

Liegen jedoch phytotherapeutische und spagyrische Heilwirkung auf einer Ebene, so kann man getrost statt einer Tinktur, eines Extraktes oder eines Tees die spagyrische Essenz der Pflanze gebrauchen.

Die großen Sieben

Paracelsus war ein Streiter für die heimische Heilpflanzenflora. Mit Vehemenz wandte er sich gegen den zunehmenden Import von Gewürz- und Arzneipflanzen aus exotischen Ländern. Er war der Ansicht, das, was vor unserer Haustüre wachse, könne auch all unsere Krankheiten heilen. »Beim Kranken wächst die Arznei« war seine Losung. So hielt er sich an die altbekannten Heilpflanzen der Heimat und hatte mit ihnen großartige Erfolge, da er wußte, wie man sie aufzubereiten und einzusetzen hat.

Wenn wir die phytotherapeutischen Wirkungen spagyrischer Pflanzenessenzen untersuchen wollen, so gehen wir ganz im Geiste unseres Vorbildes Paracelsus vor und befassen uns hauptsächlich mit den über Jahrtausende genutzten Heilpflanzen unserer Breiten. Die sieben wichtigsten unter ihnen sollen zunächst ausführlich besprochen werden: Johanniskraut, Mistel, Holunder, Schafgarbe, Brennessel, Löwenzahn und Zinnkraut.

Ähnlich der Zwölf ist die Sieben eine alte, heilige Zahl. Die alte Welt kannte sieben Planeten, denen hier – um schon kurz der astromedizinischen Anwendung der Kräuterspagyrik vorzugreifen – diese Heilpflanzen zugeordnet werden: das Johanniskraut der Sonne, die Mistel dem Mond, der Holunder dem Merkur, die Schafgarbe der Venus, die Brennessel dem Mars, der Löwenzahn dem Jupiter und das Zinnkraut dem Saturn.

Alle diese Kräuter sind als Heilpflanzen schon Tausende von Jahren bekannt, vielen wurde vom Volk magische Kräfte zugesprochen. Doch auch die analytische Phytotherapie unserer Tage hat in ihnen Wirkstoffe gefunden, die für die Wirkungen der Pflanzen verantwortlich gemacht werden können. Der Wirkungskreis dieser sieben Pflanzen ist so groß, daß meines Erachtens fast die Hälfte aller alltäglichen Gesundheitsstörungen einzig und allein mit diesen wenigen Arzneien zu beheben sind. Man muß ihre Wirkungen nur genau kennen und über ihre Zubereitungsformen Bescheid wissen. Dann können sie in phytotherapeutischer, homöopathischer oder spagyrischer Form oft Erstaunliches leisten.

In den folgenden Beschreibungen soll nicht nur das wissenschaftlich Bestätigte aufgeführt werden, sondern ebenso die vom Volk überlieferten Erfahrungen mit diesen Pflanzen, die aus einer Zeit stammen, da Mensch und Pflanze noch nahe beisammen wohnten und lebten, wo man mit ihnen sprach und Ehrfurcht vor ihnen hatte. Am Schluß einer jeden Beschreibung wird die phytotherapeutische und die spagyrische Wirkung ausführlich dargestellt und jene Eigenschaften besonders hervorgehoben, die beiden Therapierichtungen eigen sind.

Das Johanniskraut (Hypericum perforatum)

Man sagt von ihm, es blühe am 24. Juni, dem Gedenktag des Täufers Johannes. Ganz streng mag es diese Pflanze mit dem termingerechten Erblühen jedoch nicht nehmen. Schließlich wächst sie ja auch in rauheren Höhenlagen und wird dann erst im Juli ihre goldenen Blüten entfalten. Oder es gibt Jahre mit langem Winter und einem kühlen, feuchten Frühling. Auch dann wird sie wohlweislich ihre Blüten am Johannistag verschlossen halten. Dennoch, für gewöhnlich kann man um die Zeit der Sommersonnenwende die ersten Johanniskrautstauden goldgelb leuchten sehen. Mit der Sonne verbindet sie viel. Sie ist eine Pflanze des Lichtes, was sich nicht zuletzt in ihren Heilwirkungen zeigt. Johanniskraut wächst überall in Europa, aber auch in Asien und Nordafrika. Durch die Kolonialisierung ist es heute über die ganze Welt verstreut.

Dort, wo viel Licht ist, gedeiht es besonders gut: an Böschungen findet man es oft flächenhaft, aber auch an Weg- und Waldrändern, in lichten Wäldern und im Unterholz. 30 bis 60 cm hoch treibt das Kraut seinen aufrechten, recht harten Stengel, der sich oft verzweigt. Dieser Stengel ist eigenartig geformt. Er ist weder rund noch eckig, sondern hat nur zwei Kanten, ähnlich einem zweischneidigen Schwert. Hieran kann man das echte Johanniskraut von seinen vielen weniger heilkräftigen Verwandten unterscheiden. An den Stengeln und Zweigen sitzen viele längliche Blätter. Sie sind recht klein, weisen aber beim Hinschauen eine Besonderheit auf. Quer über das Blatt verstreut findet man viele winzige Punkte, die wie kleine Nadelstiche aussehen. Von diesem Charakteristikum leitet sich der botanische Name Hypericum perforatum ab, was soviel heißt wie das perforierte, durchlöcherte Hypericum.

Diese Punktierung setzt sich in den gelben Blütenblättern fort. Dort erscheinen sie wie kleine dunkle Spritzer. Doch mit diesem auffälligem Äußeren ist das »Wunderhafte« des Johanniskrautes noch nicht erschöpft. Wer schon einmal eine der vielen Blüten einer solchen Pflanze zwischen Daumen und Zeigefinger zerrieben hat, wird vielleicht erschrocken sein ob der plötzlich einsetzenden dunkelroten Verfärbung der Haut. Damit löst sich das Rätsel dieser winzigen Punkte. Sie sind kleinste Bläschen, die ätherisches Öl und den roten Farbstoff Hypericin enthalten. Wie eng die Verwandtschaft des Johanniskrautes mit der Sonne ist, beweist gerade dieses Hypericin. Die moderne Phytotherapie weiß um die sogenannte phytosensibilisierende Wirkung des Johanniskrautes, die auf das Hypericin zurückgeht. Photosensibilisierend heißt, daß dieser Stoff die Aufnahmefähigkeit der Haut für das Sonnenlicht stark erhöht, manchmal so stark, um es zu einem Sonnenbrand kommen zu lassen! Jeder Heilpflanzenkenner weiß, daß Johanniskraut im Sommer mit einer gewissen Vorsicht innerlich gebraucht werden soll. Äußerlich hingegen hat ein aus den zerquetschten Blüten hergestelltes Öl die Wirkung, die Haut zu heilen (auch bei einem Sonnenbrand!) und greift hier hauptsächlich bei den Hautnerven an. Alle Nervenverletzungen sind eine Domäne des Johanniskrautes. Hier kann es manchmal wahre Wunder wirken. Auch innerlich verbreitet das Johanniskraut eine sonnenhafte Wirkung. Es belebt, harmonisiert und hellt auf. Wie die Sonne die Dunkelheit der Nacht verwandelt, so bringt Johanniskraut in jedes trübe Herz den Sonnenschein zurück.

Depressionen sind heute das Hauptanwendungsgebiet des Johanniskrautes in der Phytotherapie. Der antidepressive Effekt der Pflanze wurde schon von Paracelsus beschrieben. Wiederum ist es der lichtaktive Stoff Hypericin, der diesem Kraut eine solche Wirkung verleiht.

Vielleicht waren es auch die nervenausgleichenden Sonnenkräfte, die dem Johanniskraut beim einfachen Volk den Ruf einbrachten, alles Böse zu vertreiben. Insbesondere Teufel und Dämonen sollen vor ihm fliehen. So war Johanniskraut früher ein »fuga daemonum«, ein Teufelsvertreiber par excellence. Selbst Paracelsus wandte es bei »phantasma, eine Krankheit ohne ein corpus und Substanz« an.

Für ihn hatte diese Pflanze eine göttliche Stärke, die »das Gespenst der Natur« hinwegtreibt. Die Macht wider alles Bösen trug dazu bei, daß Johanniskraut auch als Amulett in Gebrauch war. In keinem Kuhstall durfte ein Büschel davon fehlen, das über dem Vieh aufgehängt war. Über Türen und an Fenstern hing es, um vor Blitzschlag zu schützen. Beim Schatzgraben durfte es nicht fehlen, und selbst um eine ganz andere Art von Schatz zu finden, trug man es um den Hals: Junge Mädchen glaubten daran.

Will man Johanniskraut innerlich gebrauchen um das Gemüt aufzuhellen und die Nerven zu stabilisieren, muß man Geduld mitbringen. Diese Pflanze braucht Zeit. Erste positive Wirkungen sind nicht vor zwei bis drei Wochen regelmäßiger Einnahme zu erwarten. Grundlegende Erfolge erlebt man mit dem Johanniskraut meist erst nach mehrwöchiger oder gar monatelanger Anwendung. Das Johanniskraut beweist damit: Geduld ist die Tugend des Heilpflanzenkundigen.

Die Heilung von Nervenverletzungen und Hautschäden, sowie die gute Wirkung bei depressiven Erscheinungen sind die Hauptanwendungsgebiete des Johanniskrautes in der Phytotherapie unserer Tage. Früher hingegen war das Johanniskraut ein Mittel für fast jede Krankheit. Ein Mittel, das so viel Sonnenkraft und damit lebensweckende Eigenschaften hat, muß förmlich alles was lebt, den ganzen Organismus, anregen und Störungen beheben können. Zwei überlieferte Indikationen, die auch heute noch manchmal mit Johanniskraut behandelt werden, sind Gehirngefäßverkalkung im Alter und Bettnässen. Bei beiden Erscheinungen spielen wieder die Nerven mit.

Bei der Arteriosklerose der Hirngefäße kommt es zu einer Unterversorgung der Hirnzellen mit Sauerstoff. Mit fortschreitendem Alter setzt daher bei manchen Menschen eine sogenannte senile Demenz ein. Zunächst versagt das Gedächtnis, dann das Orientierungsvermögen, das Verständnis läßt nach, und schließlich können Symptome wie bei psychiatrischen Erkrankungen auftreten. Hier kann man sich bildlich vorstellen, wie die lebensweckende Sonnenkraft des Johanniskrautes den welkenden Organismus stärkt und aufrichtet. Das Bettnässen ist eine Erscheinung des Kindesalters (kann natürlich auch wieder im Alter auftreten, heißt dann aber Harninkontinenz), dies ist jedoch ebenso mit dem Nervensystem verknüpft wie die Arteriosklerose des Gehirns.

In der Regel stecken psychische Gründe dahinter, wenn ein Kind immer noch nachts einnäßt wie ein Säugling. Hier hat das nervenstärkende Johanniskraut schon in manchen Fällen gut geholfen.

Phytotherapeutische Anwendungen, die auch heute noch hin und wieder dem Johanniskraut zugesprochen werden, sind eine Linderung von Muskel- und Gelenkschmerzen, in der Regel dann, wenn es als erwärmtes Öl angewandt wird. Nervenschmerzen sind ohnehin eine Domäne dieser Heilpflanze. Nicht mehr gebraucht wird Johanniskraut bei folgenden Indikationen, da keine Wirkstoffe gefunden wurden, die eine Heilung hierbei erklären könnten: Bauch- und Unterleibskrämpfe, Blähungen, Leberleiden, Gelbsucht, Blutarmut, Hämorrhoiden, Bluthusten, Asthma, Keuchhusten, Seitenstechen, Nierensteine, Würmer.

Folgende Anwendungen der Phytotherapie hat auch die Kräuterspagyrik, so daß die spagyrische Johanniskrautessenz nach phytotherapeutischen Gesichtspunkten erfolgreich eingesetzt werden kann bei:

- Nervenverletzungen (innerlich und äußerlich)
- Schnitt-, Stich- und Quetschwunden (innerlich und äußerlich)
- Schmerzen entlang der Nervenbahnen (innerlich und äußerlich)
- Nervöse Erschöpfung und depressive Phasen (innerlich)
- Bettnässen (innerlich)

Darüber hinaus wirkt die spagyrische Essenz außerhalb der pflanzenheilkundlichen Erkenntnisse bei:

- Gehirnerschütterung (innerlich)
- Rückenmarkserschütterung (innerlich)
- Schlaflosigkeit (innerlich)
- Blutarmut (innerlich)
- Ameisenlaufen (innerlich und äußerlich)

Die Mistel (Viscum album)

Gibt es in unserer Heimat eine geheimnisvollere, sagenumwobenere Pflanze als die Mistel? Dieses seltsame Stengelknäuel in den Wipfeln von Eichen, Apfelbäumen, Kiefern, Pappeln, Ulmen, Weiden und anderen Bäumen erinnert von weitem eher an ein Vogelnest als an eine Pflanze.

Für sich allein kann die Mistel nicht existieren. Sie braucht eine Wirtspflanze, ist also ein Schmarotzer. Ihre holzartigen Zweige werden bis zu 60 cm lang und gabeln sich zu den Blättern hin immer mehr auf. Am Ende dieser grünen Stengel sitzen zwei auffallende, gelblichgrüne Blätter von derber, fast lederartiger Beschaffenheit. Sie sehen aus wie kleine Propeller. Selbst im Winter bleiben sie grün und ähneln darin den Nadeln von Tannen und Fichten. Im Frühjahr blüht die Mistel, doch ist dies kaum wahrnehmbar, denn die Blüten sind winzig und unscheinbar. Wesentlich auffallender sind die Beeren.

Es sind kleine, weiße Kugeln, die in den Verästelungen der Zweige oder zwischen den Blattflügeln am Ende der Stengel sitzen. Wie ein kleiner Vollmond leuchtet uns eine solche Mistelbeere entgegen. Die Beeren enthalten einen klebrigen, schleimigen Saft, mit dessen Hilfe sie sich an den Füßen und Schnäbeln der Vögel festsetzen und so zum nächsten Baum verbreitet werden. Manchmal jedoch fressen die Vögel die Beeren und scheiden die Samen an einem anderen Plätzchen wieder aus, wo wiederum ein neue Mistel entstehen kann.

Nicht nur die weißen Beeren erinnern an den Mond. Das ganze geheimnisvolle Wesen der Mistel vermittelt den mystischen Charakter einer klaren, lautlosen Vollmondnacht. Mit goldenen Sicheln stiegen die keltischen Druiden einst auf die Bäume und schnitten die Mistelzweige, die nicht unachtsam herunterfallen durften, da sie den Erdboden nicht berühren sollten. Ein weißes Tuch fing sie auf. Wichtig war den Kelten, auf welchen Bäumen die Mistel wuchs. Die größten Heilkräfte besaß wohl die Mistel der Eichen. Diese Bäume galten als Sinnbild für Stärke, Kraft und Ausdauer, Eigenschaften, die die Mistel in sich aufnimmt, wenn sie auf einer Eiche wächst. Eichenmisteln waren den Kelten heilig und galten als Allheilmittel und magische Zauberpflanzen. Im Zimmer aufgehängt, wehrte die Mistel Zauberei ab. An die nahe Verwandtschaft zu den Mondkräften erinnert auch die Tatsache, daß die Kelten die weiße Mistelbeere oder Stücke der Zweige in Silber faßten, dem Metall des Mondes, und sich als glücksbringendes Amulett umhängten oder als Ring am Finger trugen.

Die neuzeitliche Pflanzenheilkunde will von solchen Dingen natürlich nichts wissen. Recht rational eingestellt ging man daran, die Mistel zu untersuchen, um herauszufinden, ob sie Stoffe enthält, welche die vielen Heilanzeigen der Überlieferung erklären konnten. Vom Wunderkraut Mistel blieb bald nicht mehr allzuviel übrig, wenn auch eine Unmenge an Substanzen entdeckt wurden: Viscotoxine, Viscisinol, Proteine, Peptide, Cholin, Acetylcholin, Histamin, Inosid, Saponine, Xanthophyll, um nur einige zu nennen. Doch es blieben wenige

»sichere« Indikationen, die die moderne Phytotherapie der Mistel zubilligen wollte.

Als Haupteigenschaft gilt heute allgemein die blutdruckregulierende Wirkung von Mistelpräparaten. In der Regel wird sie bei Bluthochdruck verordnet, wobei ganz vergessen wird, daß sie ebenso auch einen zu niedrigen Blutdruck anheben kann, auch wenn dieser Effekt nicht ganz so stark ist wie der blutdrucksenkende. Die Wissenschaftler haben auch eine Erklärung für diese Wirkung. Sie liegt in einem Cholinderivat, das dem Acetylcholin verwandt ist und in der Mistel vorkommt. Weitere Untersuchungen ergaben eine Herzwirkung, beweisbar durch eine stickstoffhaltige Substanz. Einen Dämpfer erhielten die Freunde der Mistel, als bekannt wurde, daß nur die Einspritzungen von Mistelextrakten Wirkung zeigen sollten, der innerliche Gebrauch aber erfolglos bleiben soll. Ein Aus für den Misteltee und die Misteltropfen? Kurze Zeit später legten andere Wissenschaftler Beweise vor, die nun eindeutig für den Erfolg der innerlichen Misteltherapie bei Bluthochdruck sprachen. So löste recht schnell eine Meinung die andere ab, die Erfahrung, die man mit der heute so hochgelobten Forschung immer wieder machen kann.

Die blutdrucksenkende Wirkung der Mistel wirkt sich besonders bei Arteriosklerose, der gefürchteten Gefäßverkalkung, aus. Je mehr sich harte Substanzen an der glatten Innenwand der Arterien ablagern, desto enger wird ihr Durchmesser und desto höher steigt der Druck in den Blutgefäßen. Man kann mit einer konsequenten Misteltherapie bei arteriosklerotischem Bluthochdruck häufig recht gute Erfolge sehen. Doch auch hier gibt es einschränkende Hinweise seitens der Wissenschaft. Klinik und Tierversuch hätten erwiesen, daß die Blutdrucksenkung sich bei den Meßwerten in der Mehrzahl der Fälle nur minimal auswirkt. Nur bei etwa 20 % sei eine ausreichende Senkung der Werte erzielbar. Andererseits geben die Forscher zu, daß es bei den meisten Patienten eine rein subjektive Besserung der Beschwerden gebe, ohne daß dabei jedoch die Werte spürbar gesenkt werden. Das bloße Besserfühlen aber zählt nicht. Der Meßwert ist entscheidend – sagt die Wissenschaft. Daher kann sich nach einer Mistelbehandlung zwar der Kopfdruck gebessert haben, der Schwindel verschwunden sein, die Reizbarkeit nachgelassen haben, die Herzbeschwerden aufgehört haben – für die Forscher dürfte dies lediglich ein Placeboeffekt sein, wenn sich nicht gleichzeitig die Blutdruckwerte auf ein Einheits-Soll gesenkt haben. Hier dürfte die Frage angebracht sein, für wen die Medizin eigentlich da ist, obfür die Wissenschaft oder für die Patienten.

Die Überlieferung kennt noch andere Einsatzmöglichkeiten für die Mistel, beispielsweise die Epilepsie. Lange Zeit war dieses Kraut eines der Hauptmittel gegen diese Krankheit. Alle nervösen Krampfanfälle standen unter der Heilwirkung der Mistel, einschließlich psychischer Erkrankungen. Ähnlich dem Johanniskraut schrieb man der Mistel magische Eigenschaften zu, was auch alte Volksnamen bekunden. Während die Mistel bei den Kelten »Allesheilend« hieß, gaben die derben Alemannen diesem Kraut den Namen »Hexennest« oder auch »Hexenbesen«. In Tirol war die Mistel ein »Drudenfuß«, in Holland »Teufelsnest« und in Mecklenburg »Maretakken«, was sich von »Mahr«, einem Nachtgespenst und »Takken« = Zweige ableitet.

So wie diese Namen sind auch die überlieferten Heilwirkungen der Mistel größtenteils vergessen. Neu dagegen ist die Krebstherapie mit Mistelinjektionen. Merkwürdigerweise galt der Krebs in der Überlieferung nicht als Indikation für die Mistel. Höchstens Paracelsus kann hier erwähnt werden, der darauf hinwies, wie mißgestaltete Pflanzen bei Mißformungen, zu denen früher auch krebsartige Wucherungen gezählt wurden, einzusetzen sind. Unter anderem erwähnt er hierbei auch die Mistel. Doch geht der spezielle Einsatz dieser Pflanze als Krebsmittel auf die Anthroposophie zurück. Ihr Begründer Rudolf Steiner erkannte, daß Aussehen und Wesen dieses Krautes sehr an einen Tumor erinnere. Und in der Tat: Gerade in der kalten Jahreszeit, wenn die Bäume kahl dastehen, macht so eine Mistelkugel in den Ästen den Eindruck eines nicht dazu gehörenden Auswuchses, einer Geschwulst.

Die Mistel führt ja ein Eigenleben auf Kosten des Baumes. Aus seinen Ästen saugt sie Mineralien und Wasser, um sich zu ernähren. Hierzu treibt die Pflanze ihre »Senker« genannten Wurzeln durch Löcher in die Astrinde. Immer wieder hört man den Hinweis, mistelbefallene Bäume würden schneller absterben als andere, auch wenn dieser Tatbestand nicht bewiesen ist.

Diese Erkenntnisse, die Steiner aus einer Art Signaturenkunde gewann, brachten ihn dazu, die Mistel in die Krebstherapie einzuführen, obwohl ein erheblicher Mangel an überlieferten Hinweisen hierfür bestand. Doch die moderne Phytotherapie mußte ihm recht geben. Mit Elan suchten die Kräuterforscher nach Krebshemmstoffen in der Mistel – und fanden sie tatsächlich. Paradoxerweise war dieses Ergebnis einigen von ihnen ein Dorn im Auge. Vielleicht waren sie der Anthroposophie nicht wohlgesonnen, jedenfalls wurden die Untersuchungen bald wieder in Frage gestellt. Es kam zu einem Hin und Her der Ansichten. Die einen hoben die Mistel in den Himmel, die anderen kamen mit dem abgedroschenen Placebo-Effekt. Die Skeptiker erkannten zwar an, daß gewisse tumorhemmende Stoffe im Mistelkraut enthalten sind, doch ließen sie einen Beweis für die tatsächliche Wirkung am Erkrankten nicht gelten.

Nichtsdestotrotz zählt die Misteltherapie heute zu den wichtigsten Krebstherapien der Alternativmedizin, und nicht nur der anthroposophisch ausgerichteten.

Wie bei einem »Allheilmittel« zu vermuten, ist die Liste der überlieferten Heilanzeigen ellenlang. Dennoch ist es interessant, einen kurzen Blick auf die Krankheiten zu werfen, bei denen unsere Ahnen dieses Heilkraut erfolgreich anwandten. Epilepsie und Nervenleiden wurden schon erwähnt. Blutungen zählten zu einer wichtigen Indikation, auf die man auch heute noch hin und wieder stößt. Noch Pfarrer Kneipp nannte die Mistel blutstillend. Zu den »veralteten« Heilanzeigen zählen auch: Gicht, Nieren- und Gallensteine, Blutharnen, Mundfäule, Halsleiden, Pollutionen, Ruhr, Spulwürmer, Lungenleiden, Leberkrankheiten, Unfruchtbarkeit, Keuchhusten, Milzleiden, Wassersucht, Asthma, Lähmungen, Gehirnschlag, Gesichtsneuralgien... Will man lediglich die wissenschaftlich bestätigten Eigenschaften anerkennen, so stimmen folgende Indikationen der spagyrischen Mistelessenz mit der modernen, phytotherapeutischen Forschung überein:

- Arteriosklerose mit all ihren Begleiterscheinungen (Bluthochdruck, Schwindel, Herzbeschwerden)
- Kopfschmerzen und Migräne
- Krebs (besonders im Vorstadium und dann nicht innerlich, sondern als Spritzenkur mit z. B. Iscador, Helixor, Isucin)

Zusätzlich gelten für die spagyrische Essenz noch folgende Indikationen:

- Platzangst (innerlich)
- Ameisenlaufen (innerlich und äußerlich)
- Asthma
- Hautleiden mit Brennen und Jucken (innerlich und äußerlich)

Der Holunder (Sambucus nigra)

»Alter Freund« nennt ihn Pfarrer Kneipp liebevoll, diesen bekannten Strauch mit seinen gelblich-weißen, eigenartig duftenden Blütendolden. Etwas wehmütig klingt seine Beschreibung des Holunders, denn er bemerkte schon im vergangenen Jahrhundert ein um sich greifendes Ausrotten dieses alten Menschenfreundes unter den Pflanzen: »Vor mehreren Jahren kam ich in ein österreichisches Alpenland. Da sah ich zu meiner großen Freude auch den Holunderbaum noch in Ehren. Ja, daran lassen wir keine Beere zugrunde gehen, sagte mir ein alter Bauer. Wie einfach, wie rationell! Die Vögel selbst suchen, ehe sie ihre Herbstwanderung antreten, noch überall den Holunderbaum auf, um ihr Blut zu reinigen und ihre Natur für die weite Wanderung zu stärken. Wie schade, daß der Mensch alle diese Naturtriebe, den gesunden Sinn vor lauter Kunst und Gekünsteltem nicht mehr fühlt und achtet.« Was würde dieser Kneipp wohl heute sagen, einhundert Jahre nachdem er die Naturferne des Menschen anprangerte? Wieviel würden so manche Naturfreunde dafür geben, den Zustand der Schöpfung, wie er noch im letzten Jahrhundert war, wieder zu erlangen? Einst liebte der Holunderbaum den Menschen, denn immer dort, wo eine menschliche Siedlung war, entwickelte er sich besonders prächtig. Heute noch ein Haus zu finden, bei dem ein alter Holunder wächst, ist schon eine Seltenheit geworden. An Waldrändern, seiner Urheimat, hat der Holunder Zuflucht gefunden. Dort lebt er jetzt einigermaßen sicher, doch einsam. Denn die Liebe zum Menschen bleibt in seinem Wesen verwurzelt. Im Menschen kann die Liebe sterben, in Pflanzen nicht.

Wie so manche anderen Pflanzen, galt der Holunder den früheren Generationen als heilig. Die Germanen sahen in ihm die Wohnstätte der schützenden Hausgöttin, weshalb er an jedem Haus zu finden war. Bei Ausgrabungen fand man selbst in Pfahlbausiedlungen der Steinzeit gesondert gelagerte Holundersamen. Viele Sagen und Legenden ranken sich um den Holunder. So galt es früher als ein schwerer Frevel, Holunderbüsche umzuschlagen. Dies sollte Unglück bringen. Vor einigen Jahren wollte ich Heilpflanzenfreunden bei einer Kräuterwanderung das herrliche Leuchten der Holunderdolden in einem lichten Wald vorführen. Bei der Vorbegehung war der Waldweg von vielen großen und kleinen Holunderstauden umrankt, die in voller Blüte standen und die würzige Waldluft mit ihrem unverwechselbaren Duft durchzogen. Als ich den Wanderern einige Tage später diese herrliche Blütenpracht zeigen wollte, waren alle Büsche feinsäuberlich abgehauen und lagen verwelkt zwischen den Stämmen der Fichten und Buchen. Angeblich sollte einem Überhandnehmen des Holunders vorgebeugt werden, wie ich später erfuhr.

Bis zu sieben Metern kann ein Holunder hoch werden, und noch in 1600 Metern Höhe gedeiht er prächtig. Seine Heimat ist Mitteleuropa.

Der Stamm des kleinen Baumes ist hellbraun und hat eine rissige Rinde. Die jungen Zweige sind grün und mit einem weißen, weichen Mark gefüllt. Die Blätter zeigen eine längliche Form und sind von tiefem Grün durchtränkt. Interessant sind die weißgelblichen Blüten, die in Dolden zusammenstehen und einen eigentümlichen, aashaften Geruch ausströmen, weshalb man auch häufig Aasfliegen auf den schirmförmigen Dolden findet, die für die Befruchtung sorgen. Zwischen Mai und Juli ist die Blütezeit des Holunders. Bald nach dem Verwelken bilden sich dort, wo die kleinen sternförmigen Blütchen saßen, grüne Knötchen, die bis zum Oktober zu schwarzen Beeren heranreifen.

Wie es einer »heiligen« Pflanze zusteht, ist am Holunder alles heilsam, von der Blüte bis zur Wurzel. Für unsere Vorfahren waren die Eigenschaften dieses Baumes wohlbekannt. Die Blüten waren von jeher ein Mittel gegen das Fieber, da sie das Ausschwitzen der Krankheit unterstützen. Alle Brustkrankheiten und Erkältungen wurden mit ihnen kuriert. Die Blätter waren als Reinigungsmittel für Blut und Gewebe bekannt, was man u. a. bei Rheumatismus zu schätzen wußte. Die unter der graubraunen Außenrinde liegende grüne Bastrinde galt als drastisches Säuberungsmittel für den Verdauungskanal. Von unten nach oben abgeschabt, sollte es als Brechmittel den Magen reinigen. Wurde sie hingegen von oben nach unten vom Holz abgezogen, dann putzte es den Darm aus. Eine Abkochung der Holunderwurzel war für unsere Ahnen ein hilfreiches, ausschwemmendes Mittel bei Wassersucht, besonders dann, wenn die Wurzel in Wein gekocht wurde. Die Beeren waren nahrhaft, wärmten den Körper, halfen einem geschwächten Organismus auf und reinigten ihn. Getrocknet wendete man sie bei Durchfall an. Schlecht heilende Wunden umwickelte man mit zerquetschten oder zerriebenen Holunderblättern. Mit Eiklar zu einem Pflaster angerührt, halfen sie den Augen oder bei Hundebiß. Dämpfe mit Holunderblüten wurden bei Hals- und Ohrenleiden gemacht. Mit Kamille gemischt und als heißes Säckchen aufgelegt wirkten sie schmerzlindernd bei Zahnweh, Ohrenschmerzen, Unterleibsschmerzen und rheumatischen Entzündungen. Diese unvollständige Aufzählung beweist, wie heilkräftig der Holunder ist, wie förmlich eine ganze Apotheke in ihm steckt. Dies mag wohl auch der Hintergrund für das alte Sprichwort gewesen sein, daß man vor einem Holunder den Hut ziehen müsse. In der Phytotherapie der Neuzeit ist dieses Sammelsurium an Heilanzeigen gehörig gestutzt worden. Auch dem Holunder blieb die wissenschaftliche Ausdörrung nicht erspart. Mit pharmakologisch wirksamen Stoffen geizt der

Holunder nicht, doch blieben nur noch wenige Heilanzeigen übrig, die das Prädikat »wissenschaftlich anerkannt« erhielten.

In den Blüten fand sich Rutin, ätherisches Öl, Cholin und verschiedene Säuren. Die Rinde enthält ein unbekanntes Alkaloid, Harz und Gerbstoffe. In den Blättern ist Saponin, Sambucin und Sambunigrin enthalten und in der Wurzel neben ätherischem Öl, Thyrosin, Gerbsäure, Bitter- und Farbstoffe. Die Beeren erwiesen sich als vitaminhaltig (Vitamin C, B 1 und B 2). Für einen wissenschaftlichen Phytotherapeuten ist diese Ausbeute an Wirkstoffen nicht atemberaubend. Im De Gruyter-Lexikon der offiziellen Arzneipflanzen findet sich lediglich der Hinweis auf die schweißtreibende Wirkung des Blütenaufgusses bei Erkältungskrankheiten und zur Durchführung von Schwitzkuren. Andere Heilpflanzenkundler waren weniger rigoros und ließen den Blättern eine »unspezifisch blutreinigende Wirkung«.

Vielleicht werden die ihn wieder ehren, denen seine Heilkräfte zur Gesundung verhalfen, ob nun nach den strengen Regeln der Phytotherapie oder nicht. Folgende Heilanzeigen spricht die Phytotherapie dem Holunder heute zu, die auch die spagyrische Essenz besitzen:

- Erkältungskrankheiten (Blüten)
- Fieber (Blüten)
- Blutreinigung (Blätter und Beeren)

Ferner läßt sich die spagyrische Holunderessenz einsetzen bei:

- keuchenden Atembeschwerden
- allgemeiner Verschlimmerung der Beschwerden nach Mitternacht
- starkes Schwitzen beim Erwachen
- Harndrang mit wenig Urin
- Schnupfen

Die Schafgarbe (Achillea millefolium)

Grillenkraut, Schafrippe, Mausleiter, Blutstillkraut, Tausendblättchen, Bauchwehkraut, Sichelkraut, Gotteshand, St. Barbarakraut, Frauendank, Heil der Welt – das sind nur einige der volkstümlichen Namen der bei uns so verbreiteten Schafgarbe, einer schon im Altertum bekannten heilkräftigen Pflanze. Der wohl schönste Volksname jedoch ist »Augenbraue der Venus«. Damit wollten unsere Vorfahren die zart strukturierten Blättchen der Schafgarbe beschreiben, die abgezupft verblüffend einer harmonisch geformten Augenbraue gleichen.

Die Schafgarbe ist schon seit jeher bei uns heimisch, obwohl sie aus dem Kaukasus stammen soll und sich von dort fast über die ganze Welt verbreitet hat. Wir finden die Schafgarbe häufig auf Wiesen, an Wegrändern und Böschungen. Sie liebt einen eher trockenen Standort mit viel Sonnenbestrahlung. Sonnenhungrig wie sie ist, findet man die Pflanze selbst in den Alpenregionen, wo das Sonnenlicht eine besonders starke Intensität besitzt. In der Schweiz kennt man allein rund zwanzig Schafgarbenarten, von denen am heilkräftigsten die Moschusschafgarbe, oder kurz Iva genannt, ist. Sie gedeiht bis in eine Höhe von 3000 Meter, wird nicht höher als 15 cm, duftet jedoch besonders würzig. Fast scheint es, dieses winzige Pflänzchen habe die ganze Sonnenkraft gespeichert und ströme sie nun in ihrem moschusartigen Duft wieder aus. Von der Iva stellen die Schweizer einen heilkräftigen Magenlikör her.

Der Wurzelstock der Schafgarbe ist recht kräftig und kriechend, aus dem im Frühjahr die mit den charakteristischen Blättchen versehenen Stengel emporsprießen. Die Pflanze kann bis zu 80 cm hoch werden. An ihrem Ende verzweigt sich der ziemlich harte Stengel mehr und mehr. In einer Trugdolde stehen so dann weißlich-rosa Blüten eng beisammen, die zwischen Mai und Oktober zu sehen sind. Zu Heilzwecken wird das ganze Kraut, außer der Wurzel, verwendet, das man während der Blütezeit sammelt. Da die Schafgarbe zu den ältesten Heilpflanzen zählt, mit der schon Hippokrates, Plinius und Dioscurides Kranke behandelten, untersuchten die Pflanzenforscher dieses Kraut recht bald und ausgiebig. Dabei stießen sie auf folgende Substanzen, die pharmakologisch bedeutsam sind: ätherisches Öl, Azulen, Harz, Phytosterin, Bitterstoffe, verschiedene Säuren, Achillein, Asparagin, Gerbstoff, Inulin sowie Mineralstoffe (hauptsächlich Kalium) und Vitamin-A-ähnliche Substanzen. Dies reichte zwar nicht aus, all die vielfältigen Anwendungsgebiete der Überlieferung wissenschaftlich zu bestätigen, doch blieben einige wenige aber wichtige Indikationen übrig, bei denen auch die moderne Phytotherapie heute noch die Schafgarbe einsetzt, wenn auch in der Regel nicht mehr als Einzelsubstanz, so doch in einer Vielzahl von Pflanzengemischen.

Zum einen wird die Schafgarbe heute als Mittel für die Verdauung benutzt, da sie entzündungswidrig, krampflösend und verdauungsanregend wirkt. Dies bezieht sich hauptsächlich auf das Leber-Gallegebiet. Eine weitere Anwendungsmöglichkeit ist ihr Einsatz bei Venenleiden und Funktionsstörungen der weiblichen Unterleibsorgane. Letztendlich gebraucht man Schafgarbe auch heute noch hin und wieder zur Blutstillung, wenn auch nur in Einzelfällen leichterer Art.

Diese drei Indikationen blieben übrig von einem schier unerschöpflichen Anwendungskatalog, von dem die alten Kräuterbücher berichten. Hier nur die wichtigsten Heilanzeigen, die heute von der modernen Phytotherapie abgelehnt werden, was – um es nochmals deutlich zu betonen – nicht heißen muß, daß das Kraut hierbei wirkungslos ist:

Durchfall, Herzklopfen, Herzschmerzen, Grippe, Erkältungen, Rheumatismus, Wechselfieber, Pest, Weißfluß, Lungenleiden, Hämmorrhoiden, Appetitlosigkeit, Nieren- und Gallensteine, Leistenbrüche, Wunden, Geschwüre, Beulen, Nervenschmerzen ...

Chemische Stoffe können eine Arzneiwirkung bei diesen Leiden nicht erklären, weil sie entweder nicht da sind oder aber für solche Zustände nicht wirksam sind.

Der Name »Schafgarbe« hat nichts mit einer Garbe zu tun. Vielmehr lehnt er sich an das Althochdeutsche »garvan« an, was soviel wie heilen bedeutet. Offensichtlich wurde die Pflanze in früheren Zeiten auch kranken Schafen gegeben, worauf der erste Wortteil deutlich hinweist. In der Tat war die Schafgarbe in der Vergangenheit ein besonders von Hirten gern verwendetes Heilmittel. Was den Schafen gut tut, muß wohl auch dem Menschen helfen, dürften sie sich gedacht haben. Der Botaniker nennt die Pflanze »Achillea millefolium«. Das »millefolium« erklärt sich leicht aus der Beschaffenheit der Blätter, die aus Tausenden von kleinsten Blättchen aufgebaut scheinen (mille = tausend, folium = Blatt). Mit der Bezeichnung »Achillea« weist die Schafgarbe wiederum auf vergangene Zeiten hin.

Diesen Namen trägt sie in Anlehnung an den berühmten griechischen Helden Achilles. Während er um Troja kämpfte, traf ihn ein gegnerischer Pfeil in die Ferse, weshalb die dort verlaufende Sehne auch Achillessehne genannt wird. Von der griechischen Göttin Aphrodite erhielt er den Rat, die Wunde mit Schafgarbe zu behandeln, womit sie schließlich auch heilte. Wir sehen also wie alt die Kenntnis von der blutstillenden und wundheilenden Wirkung der Schafgarbe ist.

Aphrodite ist ein anderer Name für Venus. Sie ist die Liebesgöttin und Beschützerin der Frauen. Seit jeher stellt man der Schafgarbe den Planeten Venus zur Seite, nicht nur ihres volkstümlichen Namens »Augenbraue der Venus« wegen. Ein altes Sprichwort sagt: »Schafgarb' im Leib, tut wohl jedem Weib«. Schafgarbe war schon immer ein Frauenmittel ersten Ranges. Noch Pfarrer Kneipp schrieb seinen Patientinnen ins Stammbuch: »Viel Unheil bliebe den Frauen erspart, würden sie ab und zu einmal nach der Schafgarbe greifen«. Und nach Auffassung des schweizerischen Kräuterpfarrers Johannes Künzle »sollte jede Frau sich einen Vorrat von Schafgarbe anlegen; denn die

Heilkräfte der Schafgarbe stärken die Eingeweide, die inneren Schleimhäute und die Mutterschaftsorgane, sie beheben Krämpfe, zu starken Monatsfluß, Weißfluß und regulieren die Periode, vorausgesetzt, daß der Stuhlgang in Ordnung ist.«

Nicht nur die weiblichen Unterleibsorgane unterstehen der Venus, auch – der Name deutet es ja an – die Venen, jene Blutgefäße, die das verbrauchte, schlackenreiche Blut aus der Peripherie sammeln und wieder zum Herzen zurücktransportieren, von wo aus es zur Lunge geschickt wird, um mit neuem Sauerstoff aufgeladen zu werden. Selbst die Wissenschaftler haben den Einfluß der Schafgarbe auf das venöse System bestätigt. So gehört die Schafgarbe in die moderne Phytotherapie aller Blutkreislaufstörungen mit Stauungen und Schwellungen. Viele heute gebräuchliche Venentees enthalten einen gewissen Anteil an Schafgarbenkraut. Ein weiteres der Venus zugeordnetes Organsystem ist der Harnapparat mit Niere und Blase. Stets war die Schafgarbe ein auch auf diesem Sektor gebräuchliches Heilkraut. Die Phytotherapie jedoch läßt dieses Anwendungsgebiet nicht mehr uneingeschränkt gelten, da spezifische Stoffe fehlen, die eine Wirkung erklären könnten. Der hohe Kaliumgehalt der Schafgarbe, der die Nierenfunktion ankurbelt, genügt dem Wissenschaftler nicht.

Die spagyrische Schafgarbenessenz läßt sich bei folgenden in der Phytotherapie anerkannten Indikationen anwenden:

- hellrote Blutungen (z. B. Nasenbluten)
- Krampfadern
- Magen-Darmkatarrhe
- Bauchkrämpfe
- Unterleibsbeschwerden der Frauen

Darüber hinaus wird die spagyrische Essenz eingesetzt bei:

- Blutstauungen im Leib
- Blutandrang zum Kopf und zur Brust
- Blasenschwäche und Blasenentzündungen
- Nierenleiden
- zur Blutreinigung und Stoffwechselanregung

Die Brennessel (Urtica dioica et urens)

Wenn ein Heilpflanzenfreund das Wort Blutreinigung hört, denkt er an ganz bestimmte Kräuter. Mit dabei ist stets die Brennessel, ein »Blutreiniger« wie er im (Kräuter) Buche steht. Bestens bekannt sind die vielzähligen Frühjahrskuren, mit denen man die im Winter träge und unrein gewordenen Körpersäfte wieder auffrischt und in Schwung bringt. Die Brennessel eignet sich hierfür bestens, denn sie wird in fast jedem Kräuterbuch in dieser Hinsicht beschrieben und gelobt. Zu einer solchen Kur eignen sich die jungen, frischen Triebe vorzüglich. Ob man sie als Saft verwendet oder als Gemüse, Salat oder Frischpflanzentee, stets verleiht die Brennessel dem Körper neuen Schwung, bringt Aktivität, Energie und spornt zu neuen Taten an. Vielleicht liegt dies am Wesen dieser Pflanze.

Stets dem Mars zugeordnet, ist sie Sinnbild für Aufbruch, Neubeginn und energiegeladenes Handeln. Genau das braucht der Körper im beginnenden Frühjahr, wenn die ersten warmen Sonnenstrahlen die Körperkräfte wecken. Dies ist die beste Zeit für eine Generalreinigung. So wie nun im Haus der Frühjahrsputz ansteht, muß auch der Körper innerlich von allem gereinigt werden, was die Gewebe und Säfte verschlackt. Die Brennessel ist ein vorzügliches Mittel, um diese Aufgabe erfolgreich zu bewerkstelligen. Deshalb sollte eine Brennesselkur im Frühjahr obligatorisch sein.

Doch die Blutreinigung ist nur eine der hervorstechenden Eigenschaften dieser zu Unrecht verachteten und als Unkraut verschrieenen Pflanze. Rheumatismus und Gicht zählen ebenso zu den altbewährten Heilanzeigen der Brennessel. Dies ist wohl im Zusammenhang mit der blutreinigenden Wirkung zu sehen, denn eine Entschlackung und Entgiftung ist der erste und wichtigste Schritt zu einer Heilung dieser Leiden. Wissenschaftliche Untersuchungen, die sich mit dieser Brennnesselwirkung beschäftigt haben, zeigten, daß eine konsequente Brennesseltherapie sowohl die für die Gicht verantwortliche Harnsäure aus den Geweben loslösen kann, als auch die so gelöste Säure über die Niere verstärkt ausschwemmt. Die Forscher räumen zwar ein, dieser Effekt sei nur schwach ausgeprägt, bestätigen aber eine nachweisbare Wirkung bei langfristigem Gebrauch in Form einer Brennesselkur, was ja bei der völligen Unschädlichkeit der Pflanze bedenkenlos ist. Nicht leugnen konnten die Wissenschaftler auch einen Einfluß auf Schwächezustände, die von einer Blutarmut herrühren. Da die Brennessel relativ viel Eisen enthält – das klassische Metall des Mars – das für die Blutbildung von ausschlaggebender Bedeutung ist, wird diese Wirkung erklärbar. Besonders wenn man frische Brennesseln z. B. als Saft benutzt, ist dieser Effekt auf das Blut sehr deutlich. Die Niere ist ein weiterer Ort der heilkräftigen Brennesselwirkung. Hier regt sie die Produktion von Urin an und sorgt dafür, daß genügend Schlackenstoffe ausgeschwemmt werden. Die Brennessel spricht weniger die Niere als Organ an, als ihre Funktion der Ausscheidung und die Aufgabe als Reinigungsstelle der Körpersäfte.

Die Brennessel ist bei vielen meist chronischen Krankheiten deshalb heilsam, weil sie den Körper über die Niere von Giftstoffen befreit. Diese Eigenschaft macht die Brennessel nützlich bei einer Vielzahl von Krankheitszuständen, u. a. bei chronischen Hautleiden und den immer verbreiteter werdenden Allergien. Wo die Brennessel insbesondere Hautallergien und Heuschnupfen günstig beeinflussen kann, wird sie regelmäßig als Kräuterkur gebraucht.

Neuerdings hat sich die Forschung mit zwei weiteren Heilanzeigen beschäftigt, für die die Brennessel geeignet ist. Die Brennesselsamen, die in früheren Jahrhunderten ein weitbekanntes Heilmittel waren, sollen nach heutigen Erkenntnissen anregende und stärkende Eigenschaften besitzen.

Die reifen Samen enthalten rund 30% eines Öls, das einen hohen Vitamin-E-Gehalt aufweist. Zudem stieß man bei den Untersuchungen auf Phytostimulantien und Phytohormone, die die kräftigende Wirkung auf das gesamte Körpergeschehen erklären könnten. In der Brennesselwurzel fanden sich Wirkstoffe, die einen Einfluß auf die Prostata haben. Seither werden Präparate aus Brennesselwurzeln gerne bei beginnender Prostatavergrößerung und Harnentleerungsstörungen benutzt.

Äußerlich wird die Brennessel heute noch ebenso benutzt wie zu früheren Zeiten. Allgemein bekannt ist ihr Einfluß auf das Haarwachstum. Kurmäßige Waschungen mit Brennesseltee stärken die Haarstruktur und können Haarausfall verhindern oder gar stoppen, wobei man sich allerdings keine Wunder versprechen darf. Zu den ältesten Brennesselanwendungen zählt das »Auspeitschen« mit dem frisch gepflückten Kraut.

Diese heroische Behandlung, die für sensible Naturen völlig ungeeignet ist, hat schon manchen bei lästigen Rheuma- und Nervenschmerzen geholfen.

Dies sind Wirkungen, die wissenschaftlich abgesichert sind. Unter den Tisch fielen früher verbreitete Anwendungen bei Lungentuberkulose, Darmgeschwüren, Infektionskrankheiten, Blutharnen, Wassersucht, Wechselfieber, Diabetes, Bettnässen, Nervenleiden, Asthma und Augenentzündungen. Bei der Brennessel ließen sich folgende Inhaltsstoffe finden, in denen die Forscher die Heilkraft der Pflanze sehen: Nesselgift, Histamin, Lecithin, Phytosterin, Kieselsäure, Ameisensäure, Mineralstoffe (insbesondere Eisen), viel Chlorophyll, Carotinoide und Gerbstoffe.

Die unliebsame Bekanntschaft mit der aggressiven Brennessel hat schon jeder hautnah erlebt. Unachtsam greift man auf einem Spaziergang ins Gebüsch, und schon läßt einen die Berührung mit einer Nessel ruckartig die Hand zurückziehen. Offensichtlich liebt es diese Pflanze nicht, wenn man ihr zu nahe kommt. Mit ihren unscheinbaren Brennhaaren hält sie sich unliebsame Gäste vom Leib. Hierin scheint sie sich vom menschenfreundlichen Holunder zu unterscheiden. Doch dies sieht nur auf den ersten Blick so aus. Auch die Brennessel sucht den Menschen und seine Nähe, behält jedoch stets eine gewisse Distanz. Überall, wo menschliche Siedlungen sind oder einmal bestanden, findet sich auch die Brennessel. Sie wuchert besonders an jenen Stellen üppig, wo sich der Mensch eine Abfallgrube geschaffen hat, an Komposten und Jauchegruben. Solche nährstoffreichen Böden braucht die Brennessel. Sie benötigt also Mensch und Tier, läuft ihnen deshalb von Siedlung zu Siedlung nach. Und wir? Brauchen wir die Brennessel?

Wer die vielen heilsamen Eigenschaften dieses Krautes kennt, wird die Frage uneingeschränkt bejahen. Auch wir brauchen die Brennessel – als Nähr- und Heilpflanze höchster Ordnung.

Doch nicht nur dem kranken menschlichen Körper hilft die Brennnessel. Dem Boden, auf dem sie wächst, tut sie ebenso Gutes. Mit einer weitverzweigten Wurzel fördert sie die Humusbildung. Sterben im Herbst die oberirdischen Teile ab, dann düngen sie mit ihren verrottenden Blättern den Boden mit einer Vielzahl wichtiger Mineralien. Und im zeitigen Frühjahr sprießt aus dem dünnen unterirdischen Wurzelwerk eine kleine Nessel nach der anderen. Seltsamerweise scheint so eine winzige Brennessel, kurz nachdem sie die Erdkruste durchbrochen hat, in purpurner Farbe. Doch ändert sich dies bald und die Blättchen und Stengel wandeln ihr Äußeres in frisches, leuchtendes Grün.

Die Pflanze wächst recht schnell. Je nach Lage kann sie über einen Meter hoch werden. Die Blätter in ihrer tiefgrünen Farbe sind herzförmig und gezähnt. Die Blüten erscheinen grünlich und sind äußerst unscheinbar. Sie hängen an dünnen Fäden an den Blattachseln herunter. Für jeden Pflanzenkenner ist es wichtig zu wissen, daß es zwei Arten von Brennesseln gibt, die eben beschriebene große Form (Urtica dioica) und die kleine Brennessel (Urtica urens), die aber nicht minder brennfreudig ist. Die kleine Brennessel ähnelt ihrer größeren Schwester, wird jedoch nicht so groß wie sie. Sie ist eine einjährige Pflanze, während die große Brennessel recht ausdauernd ist. Der Stengel der kleinen Brennesselart ist verzweigt und die Blätter sind weniger länglich. Im allgemeinen wird beiden Brennesseln dieselbe Heilwirkung zugesprochen, was im großen und ganzen auch zutrifft. Dennoch gibt es einige feine Unterschiede, die sich auch bei der entsprechenden spagyrischen Essenz zeigen.

Nachfolgende Übersicht verdeutlicht, welche phytotherapeutischen Wirkungen auch für die spagyrischen Brennesselessenzen zutreffen.

Große Brennessel	*Kleine Brennessel*
– blutbildend	– blutbildend
– Rheumatismus und Gicht	– Rheuma
– allergische Hautausschläge	– Milchförderung bei Stillenden

Des weiteren können die spagyrischen Essenzen eingesetzt werden bei:

Große und kleine Brennessel
– Harnwegsentzündungen
– Nierensteine
– Wassersucht
– Hämorrhoiden

Der Löwenzahn (Taraxacum officinalis)

Jedem Kleingärtner ist er ein Dorn im Auge, dieser allgegenwärtige Löwenzahn. Keine noch so spitze Hacke kann dem lästigen Unkraut den Garaus machen, stets bleibt ein kleiner Rest seiner zähen Wurzel im Erdboden, aus dem scheinbar über Nacht neue winzige Blattrosetten der Sonne entgegensprießen. Welche Zähigkeit und welcher Lebenswille mögen wohl in so einer ausdauernden Pflanze stecken? Gerade diese Eigenschaften sind es, die vielen Kranken und Leidenden fehlen. Der Löwenzahn kann sie ihnen geben. Er baut auf, stabilisiert und sorgt für die nötige Entgiftung und Säuberung. So kennt ihn der Kräuterfachmann, und so kannten ihn auch unsere Ahnen und die frühen Ärzte, wie beispielsweise Avicenna. Über all die Jahrhunderte hat sich dieses einfache Kraut in der Pflanzenheilkunde gehalten und gehört heute zu den vielgebrauchten Arzneipflanzen der modernen Phytotherapie.

Auch hier beweist der Löwenzahn seine Ausdauer und Zähigkeit. Er ist sich seiner Stärke bewußt. So leicht kann ihn keine Wissenschaft und keine Weltanschauung verdrängen. Ganz Jupiter, wird der Astromediziner sagen. Tatsächlich gehört der Löwenzahn seit allen Zeiten dem Planeten Jupiter. Doch nicht nur seines Wesens wegen ist er diesem Planeten zugeordnet. Auch das Äußere weist darauf hin. Bereits unter der Erde, dem Auge verborgen, zeigt sich dies. Dort treibt sich eine dicke, walzenförmige Pfahlwurzel tief in den Erdboden hinein und hält die Pflanze fest mit dem Erdreich verbunden.

Außen schwärzlich, hat sie ein helles Mark mit einem milchigen Saft. Nur selten gelingt es, einen ausgewachsenen Löwenzahn mitsamt seiner Wurzel vollständig auszureißen, es sei denn, man bedient sich eines Spatens und gräbt tief. Aus dieser widerspenstigen Wurzel wachsen im zeitigen Frühjahr die charakteristischen Blätter hervor. Wer sich über den Namen »Löwenzahn« wundert, braucht nur einmal diese Blätter genau zu betrachten. Während sie im jungen Zustand nur leicht und weich gezahnt sind, wird diese Zahnung mit zunehmender Blattgröße immer deutlicher.

Schließlich sieht so ein längliches Löwenzahnblatt aus, als wenn links und rechts von einer derben Rispe, die heller erscheint als die Blätter selbst, eine große Zacke an die andere gereiht wäre.

Nachdem sich im März die Blattrosetten gebildet haben, erscheinen im April in deren Zentren die ersten fest verschlossenen Knospen. Die wärmende Sonne läßt sie bald an runden, hohlen, hellgrünen Stengeln emporwachsen und sich in Hunderte von goldgelben Zungenblüten entfalten. Im Nu erstrahlen dann die Wiesen in leuchtendem »Löwenzahngelb«. Wie kleine Sonnen reiht sich eine Blüte an die andere. Diese Blüten reagieren sehr sensibel auf Sonnenschein. Sobald die Sonne am Abend hinter dem Horizont verschwunden ist, schließen sie sich wie auf ein Komando und sehen nun aus wie schmutziggelbe Kegelchen. Doch am nächsten Morgen, nachdem die ersten Sonnenstrahlen sie berührt haben, falten sie sich wieder auseinander und beeindrucken aufs neue mit ihrer goldenen Frische. Ist der Himmel einmal wolkenverhangen, bleiben die Blüten zu.

Mit dem Verblühen macht die Löwenzahnblüte eine auffallende Wandlung durch. Dort, wo noch kurze Zeit vorher eine lichthelle Blüte war, zeigt sich nun eine grauweiße, filigrane Kugel. Beim genauen Hinsehen erkennt man unschwer die vielen kleinen Schirmchen, an deren Grund der Same im ehemaligen Blütenboden verankert ist. Ganz anders als bei der Wurzel ist diese Verbindung jedoch äußerst locker. Das muß sie auch, denn schließlich soll ja der Wind diese Schirmchen mitreißen und so den Samen forttragen, damit im nächsten Jahr wieder neue Löwenzahnpflänzchen gedeihen können. So wird der Löwenzahn nun erst recht zum Freund der Kinder, denn als »Pusteblume« entwickelt sich die Pflanze zu einem beliebten Spielkameraden. Sich an der äußeren Erscheinung des Löwenzahns zu erfreuen ist eine Art, mit diesem Kraut seine Gesundheit zu pflegen. Denn Freude und Humor sind gewaltige Heilmittel, die man heute allgemein zu wenig in der Behandlung einsetzt. Die andere Möglichkeit ist, auf die Tradition der Heilkräuterkunde zu hören und mit dem innerlichen Gebrauch des Löwenzahns die Körperfunktionen zu kräftigen. Die Überlieferung hält eine Menge von Anwendungsmöglichkeiten parat, wie uns der Löwenzahn hilfreich zur Seite stehen kann.

Auch die Phytotherapie konnte die Heilwirkung dieser Pflanze bestätigen, zwar nicht in allen von der Überlieferung aufgezeigten Fällen, immerhin aber in einigen recht bedeutsamen. An Wirkstoffen fanden die Wissenschaftler unter anderem: Taraxin, Flavone, Cholin, Bitterstoffe, Gerbstoffe, Inulin, Enzyme, Vitamine und verschiedene Mineralien (Kalium, Kalzium, Mangan, Kieselsäure).

Ein Hauptanwendungsgebiet für den Löwenzahn früher wie heute sind Leber-Galle-Beschwerden mit all ihren negativen Auswirkungen auf die Verdauung und den Stoffwechsel. Für den Astromediziner ist dies kein Wunder, da die Leber ja das Jupiterorgan schlechthin ist. Ein kurmäßiger Gebrauch der Heilpflanze ist bei allen chronischen oder unterschwelligen Beschwerden des Leber-Galle-Gebietes ratsam. So kann der Löwenzahn langfristig sogar die Bildung von Gallensteinen verhindern. Eine ähnlich anregende Wirkung entfaltet das Kraut auf die Niere. Löwenzahn wirkt stark wassertreibend, weshalb er nicht direkt vor dem Schlafengehen genommen werden soll, um die Nachtruhe nicht zu stören. Gegen Nierensteine verschreibt der Kräuterfachmann sehr häufig Löwenzahntee, dünngebrüht und in großen Mengen als sogenannten Wasserstoß.

Mit der Beeinflussung der großen Körperdrüsen Leber und Niere, die maßgeblich für die Entgiftung und Blutreinigung verantwortlich sind, erklärt sich auch die Heilkraft des Löwenzahns bei chronischen Krankheiten unterschiedlichster Art. Vermutlich regt er zudem den Zellstoffwechsel an, was bei der Behandlung einer jeden chronischen Krankheit von großer Wichtigkeit ist. Schöne Erfolge kann man mit einer Löwenzahnkur bei chronischem Gelenkrheuma, insbesondere der gefürchteten Arthrose, sehen. (Der Gelenkknorpel gehört übrigens ebenfalls zu den von Jupiterkräften beeinflußten Körperteilen.) Eine weitere Drüse, die auf den Löwenzahn gut anspricht, ist die Bauchspeicheldrüse. Diese hat ja bekanntlich zwei wichtige Funktionen. Einmal produziert sie täglich bis zu zwei Liter Bauchspeichel, der für die Verdauung wichtig ist, indem er die Magensäure neutralisiert und für den Eiweiß-, Fett- und Kohlehydratabbau notwendige Enzyme liefert. Des weiteren ist die Bauchspeicheldrüse eine Zentralstelle im Zuckerhaushalt des Körpers. Sie stellt das Hormon Insulin her, welches die Aufnahme des Zuckers in die Zellen fördert. Wenn es bei Diabetes mellitus zu wenig oder gar nicht produziert wird, steigt der Zuckerspiegel des Blutes an, und es entsteht die typische Zuckerkrankheit.

Der Reichtum des Löwenzahns an Inulin (was nichts mit dem Hormon Insulin zu tun hat) macht ihn für Zuckerkranke nützlich, da Inulin den Diabetes indirekt beeinflussen kann. Hierfür eignet sich insbesondere die im Herbst gesammelte Wurzel. Sie kann bis zu 40 % Inulin enthalten, während sie im Frühjahr nur etwa 2 % dieses Stoffes aufweist. Diese Anwendungsgebiete sind heute für den Löwenzahn gesichert, also auch von der phytotherapeutischen Forschung bestätigt. Nicht akzeptieren konnten die Wissenschaftler traditionelle Anwendungen, die auch heute noch in manchen Kräuterbüchern zu lesen sind, wie Augenkrankheiten, Milzleiden, Migräne, Hautausschläge, Geschwüre, Drüsenschwellungen, Verstopfung, Hämorrhoiden, Hypochondrie, Bleichsucht, Bluterbrechen, Altersschwäche und Fettsucht.

Bei der großen stoffwechselanregenden Wirkung des Löwenzahns dürfte es jedoch bei zumindest einigen dieser als überholt geltenden Indikationen durchaus möglich sein, mit dieser Heilpflanze erfolgreich zu sein.

Die spagyrische Löwenzahnessenz kann bei folgenden phytotherapeutisch anerkannten Krankheitszuständen eingesetzt werden:

- Leberleiden
- Bauchspeicheldrüsenschwäche
- Diabetes mellitus
- chronisches Gelenkrheuma
- Blutreinigung

Darüber hinaus weist die spagyrische Essenz noch folgende Einsatzmöglichkeiten auf:

- Begleitmittel bei Leberkrebs
- Durchfälle, gelblich-grünlich, erschöpfend
- Hämorrhoiden
- Venenstau im Bauchbereich (Pfortaderstauung)
- Kopfschmerzen mit bitterem Mundgeschmack (besonders bei gleichzeitiger Leber-Galle-Schwäche)

Das Zinnkraut (Equisetum arvense)

Der naturverbundene und biologisch denkende Gartenliebhaber kennt das Zinnkraut (oder Ackerschachtelhalm, wie es auch genannt wird) als wirkungsvolles und unschädliches Mittel gegen den Pilzbefall seiner Gartenpflanzen. Die Herstellung einer »Zinnkrautjauche« ist recht einfach, weshalb der Gärtner sie in der Regel selbst zubereitet, indem er ein Gefäß mit frisch gepflücktem Zinnkraut füllt und Regenwasser darübergießt. Diesen Ansatz läßt er mehrere Tage zur Gärung stehen, die bei warmem Sommerwetter auch schnell einsetzt. Nach zwei bis drei Wochen kann er die dunkle Brühe gebrauchen und über die pilzbefallenen oder pilzgefährdeten Pflanzen sprühen. So schützt das Zinnkraut beispielsweise die Tomaten vor Braunfäule oder Rosen und Beerensträucher vor Mehltau. Auch für die Zimmer- und Balkonpflanzen eignet sich eine regelmäßige Dusche mit dieser Jauche. Das Zinnkraut stärkt die Abwehrkraft der Pflanzen und schützt sie so vor Schädlingen und Pilzen.

Verantwortlich für diesen Effekt ist ein Wirkstoff, der im Zinnkraut hochprozentig enthalten ist, die Kieselsäure (Silizium). Der überwiegende Teil der Erdkruste besteht aus Silizium. Es gibt wohl nichts, in dem nicht dieses Mineral in irgendeiner Form enthalten ist. Seine reinste Form ist das Bergkristall, der Quarz. Doch fast unermeßlich sind die Gesteinsarten, in denen Silizium für den Aufbau enthalten ist.

Im Amethyst beispielsweise ist die Kieselsäure mit Mangan, Eisen und organischen Substanzen verbunden. Im Carneol ist Kieselsäure mit Eisenoxid vergesellschaftet. Dem Dioptas gibt Kupfer, das dem Silizium beigegeben ist, eine smaragdgrüne Farbe. Granitblöcke bestehen aus Quarz, Feldspat und Glimmer, und der Edeltopas ist ein Tonerdefluorsilikat. Obwohl die Kieselsäure in der anorganischen Welt eine so dominante Rolle spielt, ist sie auch für das organische Leben unerläßlich. Es gibt Pflanzen, Tieren und Menschen stützende und festigende Kräfte – auch Kräfte des Widerstands gegen schädigende Einflüsse von außen. Kieselsäure hält die Struktur aufrecht, die z. B. krankmachende Keime auflösen und zerstören können. Dies erklärt die Schutzwirkung der kieselsäurereichen Zinnkrautjauche gegenüber Pflanzenschädlingen.

Was für die Pflanzen gilt, findet seine Bestätigung auch beim Menschen. Die Heilkraft des Zinnkrautes zeigt sich hier in einer Festigung, Stabilisierung und Kräftigung, kurz im Widerstandsfähigmachen. Ein Körpergewebe, das besonders viel Kieselsäure braucht, ist das Bindegewebe, das sich zwischen den einzelnen Organen und

Geweben ausbreitet, diese einhüllt und ihnen Form gibt. Es ist reich an diesem Mineral, damit es seine formgebende Wirkung entfalten kann. Fehlt es dem Bindegewebe an Kieselsäure, zeigen sich recht bald die typischen Zeichen einer Bindegewebsschwäche. Dabei können die verschiedensten Organe sprichwörtlich »aus dem Leim gehen«. Sie halten sich nicht mehr in ihrer normalen Verankerung und geben verschiedenen Kräften nach, etwa der Erdschwerkraft, dem Druck innerhalb der Bauchhöhle oder Blutgefäßen oder der Muskelkraft. Bindegewebsschwäche kann für folgende Krankheitsbilder verantwortlich sein:

Die Sehnen und Bänder können die Gelenksfunktion nicht mehr aufrecht erhalten, die Gelenke werden schwach, knicken leicht um und werden aus ihren natürlichen Verbindungen gerissen. Knorpel und Bandapparat erkranken. Die dünnwandigen Venen halten dem Blutdruck nicht mehr stand, sie erweitern sich, das Blut wird gestaut, Krampfadern entstehen oder am After Hämorrhoiden. Innere Organe drängen, der Schwerkraft folgend, nach unten, eine Eingeweidesenkung entwickelt sich, die besonders gerne Magen, Darm und Gebärmutter erfaßt. Wenn die Bauchdecke zu schwach wird, drücken innere Organe nach außen, was man dann an einem »Bruch« erkennt. Sehr häufig ist der Leistenbruch, bei dem ein Teil des Dünndarms nach außen dringen kann und was in schweren Fällen einen Darmverschluß hervorruft. Eine Operation ist dann unumgänglich.

Dies sind nur einige Zeichen einer Bindegewebsschwäche, die durch einen Kieselsäuremangel bedingt sind. All diese Krankheitserscheinungen bilden auch einen wesentlichen Anteil der Heilanzeigen für das Zinnkraut, das bis zu 90% aus Kieselsäure besteht. Der wissenschaftlichen Phytotherapie ist es nicht schwergefallen, das Zinnkraut als bei Bindegewebsschwäche wirksam anzuerkennen, da der außerordentlich hohe Kieselsäuregehalt doch auffallend war. Dennoch gab und gibt es noch immer Stimmen, die zur Zurückhaltung mahnen, wenn es um den therapeutischen Einsatz dieses Heilkrautes geht. Nur etwa 10% der im Zinnkraut enthaltenen Kieselsäure lasse sich aus ihm herauslösen, sagen sie, weshalb sie reine Kieselsäure für zweckmäßiger halten.

Hier sind wir an einem Punkt, wo man aufpassen muß, nicht wieder von einem verdeckten materialistischen Denken eingeholt zu werden. Wir haben zwar bisher lediglich von der Kieselsäure gesprochen, doch dürfen wir nie vergessen, daß es sich um die Pflanze Zinnkraut als Ganzes handelt, die für Heilzwecke gebraucht wird. Zu dem hohen Kieselsäuregehalt kommen noch andere wirksame Substanzen hinzu.

So wurden im Zinnkraut auch organische Säuren, Bitterstoffe, Equisetsäure, Peptinsäure, Schwefel, Eisen, Kalzium, Magnesium, Kalium und zahlreiche andere Mineralstoffe gefunden. Die Pflanzenwirkung ist nie von einem einzigen Stoff abhängig, stets ist die natürliche Zusammensetzung unterschiedlichster Wirkstoffe für die pharmakologische Kraft verantwortlich. Dies erkennt die Phytotherapie an, wenn auch einige Vertreter dieser Therapierichtung dies nicht immer berücksichtigen.

Somit zeigt das Zinnkraut zwar viele Kieselsäurewirkungen, doch ist dies noch lange nicht alles, was diese Heilpflanze zu bieten hat. Man braucht nur einmal einen Blick in einige alte Kräuterbücher zu werfen, um noch ganz andere Heilwirkungen zu finden.

Da wäre zunächst der positive Einfluß auf Niere und Blase zu nennen, der schon lange Zeit bekannt ist. Für diesen Effekt läßt sich die Kieselsäure nicht verantwortlich machen. Welche Stoffe hinter dieser Wirkung stecken (sollten es überhaupt stoffliche Substanzen sein), ist den Forschern noch nicht ganz klar.

Nach alter Überlieferung soll das Zinnkraut bei Nieren- und Blasenentzündungen helfen und die Harnproduktion anregen. Genau hieran scheiden sich die phytotherapeutischen Geister. Während die einen von Rattenversuchen berichten, die eine Steigerung der Nierenleistung um bis zu 68 % erbrachten, lehnen die anderen das Zinnkraut zur Behandlung von Nieren- und Blasenleiden mit der Begründung ab, alle Versuche hätten erwiesen, daß das Zinnkraut keinerlei Einfluß hierauf habe. Da nun die Wissenschaftler zu keiner einheitlichen Meinung kamen, ist es durchaus gerechtfertigt, sich an die Überlieferung zu halten und das Zinnkraut zu den Nieren-Blasen-Mitteln zu zählen.

Eine früher sehr häufig gebrauchte Heilanzeige für das Zinnkraut ist die Blutstillung. Doch diese Eigenschaft konnte die Phytotherapie ebenfalls nicht eindeutig bestätigen. Plinius jedoch berichtet im 1. Jh. n. Chr. davon, wie allein das Anfassen einer Zinnkrautpflanze genüge, Blutungen zu stillen. Hiermit läßt sich darauf schließen, daß die blutstillende Wirkung weniger mit den Inhaltsstoffen des Zinnkrautes zusammenhängt als mit heute noch verborgenen, energetischen Kräften der Pflanze. Zumindest findet sich (zur Ehrenrettung der Phytotherapie) im »Lexikon der offizinellen Heilpflanzen« der Hinweis auf eine blutstillende Wirkung des frischen Zinnkrautsaftes.

Gleichgültig, ob man dem Zinnkraut nur die wissenschaftlich exakt bestätigten Eigenschaften zugestehen will, oder ob man sich an die alte Überlieferung hält, eines ist bei dieser Pflanze unverkennbar: Man kann ihr Wesen von außen recht gut erkennen. Eigentlich trägt sie ja zwei Gesichter: Das eine ist der Frühlingstrieb, etwa 20 cm hohe, blaßbräunliche Halme, die im März und April sichtbar werden und aus einer bis zu zwei Metern tiefen, weitverzweigten Wurzel sprießen.

Sie enthalten Sporen, die der Wind davonträgt. Die Sommertriebe, die nach dem Absterben der Sporenhalme emporwachsen, stellen das eigentliche Zinnkraut dar, das zu Heilzwecken genutzt wird (oder aber früher zum Putzen von Zinngeschirr, was den Namen erklärt). Die Triebe sind reich an Blattgrün und zeigen eine eigentümliche Struktur.

Wie kleine Tannenbäumchen stehen die einzelnen Pflanzen an Acker- und Wegrändern nebeneinander. Im Wald finden wir den Waldschachtelhalm und den Winterschachtelhalm, in Sümpfen auch den Sumpf- und Schlammschachtelhalm. Diese jedoch können Giftstoffe in sich tragen, weswegen nur der Ackerschachtelhalm den Namen Zinnkraut trägt und zu den Heilpflanzen gezählt wird. Wenn man ein Zinnkrautpflänzchen in die Hand nimmt und schüttelt, dann hört man ein deutliches knisterndes Rascheln. Schon dies allein kann als Hinweis gelten, wie hart und stabil die Kieselsäure das Zinnkraut macht. Aber auch das Auge erkennt unschwer die starken formenden Kräfte in der strengen Struktur der Stengel, geformt wie eine Art Kristall. Schon im Altertum unterstellte man das Zinnkraut dem Saturn als dem verhärtenden, formgebenden Planeten. Wohl selten findet man die Signatur dieses Planeten so deutlich sichtbar wie im Zinnkraut.

In der heilkundlichen Praxis setzt man die spagyrische Zinnkrautessenz bei folgenden phytotherapeutischen Indikationen ein:

- Nieren-Blasen-Entzündungen
- Nieren-Blasen-Schmerzen
- Bettnässen
- alle Beschwerden der Bindegewebsschwäche

Zusätzliche Einsatzmöglichkeiten der spagyrischen Essenz sind:

- chronische Atemwegserkrankungen
- Hautleiden
- schlecht heilende Wunden

Eigenschaften spagyrischer Pflanzenessenzen nach phytotherapeutischen Erkenntnissen

Das Wirkungsspektrum der im vorigen Kapitel beschriebenen sieben großen heimischen Heilpflanzen ist so umfassend, daß der Kenner allein mit ihnen schon eine ausreichende Basistherapie betreiben kann. Dennoch weiß jeder, der therapeutisch mit Heilkräutern umgeht, wie oftmals das sogenannte »Tüpfelchen auf dem i« des phytotherapeutischen Behandlungskonzeptes, eine ganz andere, vielleicht weit weniger bekannte Pflanze ist. Hier lehrt die Erfahrung, daß diese Pflanze aber weit schwächer wirken kann, wenn ihr die Begleitung durch die hier aufgezeigten Hauptkräuter fehlt. Umgekehrt wird man sich aber nur in manchen Fällen ausschließlich auf die »Großen Sieben« beschränken können, da sie für die Vielzahl verschiedener Krankheitsbilder allein zu unspezifisch sind. Für die Praxis ist daher ein ausreichendes Wissen auch über die übrigen Heilpflanzen notwendig. Folgendes Verzeichnis bringt die Hauptwirkungen der verbreitetsten Heilkräuter, die als spagyrische Essenzen angewandt werden können.

Alphabetisch geordnet sind die wichtigsten Arzneieigenschaften aufgeführt und die jeweiligen Pflanzen erwähnt, deren spagyrische Essenzen die entsprechende Wirkung entfalten. Zu jeder Pflanze sind außerdem ihre spezifische Wirkung innerhalb jener arzneilichen Eigenschaft angegeben, um eine gezielte Auswahl der Essenzen zu ermöglichen.

Pflanze	*spezifische Wirkung*
	Abführend
Aloe	unwillkürlicher Stuhlabgang mit Blähungen
Amerikanischer Faulbaum	Leberleiden, Gelbsucht
Engelwurz	chronische Verstopfung bei Nervenschwäche
Falsche Akazie	Verstopfung mit Magenübersäuerung
Faulbaum	Leberschwäche, Gallensteine, Herzklopfen einige Stunden nach dem Essen
Kanadische Gelbwurzel	Verstopfung mit knolligem, schleimbedecktem Stuhl
Kanadische Grießwurzel	Verstopfung mit Hämorrhoiden
Kleblabkraut	blutreinigend, chronische Leiden
Sandsegge	Magen-Darm-Katarrh
Tausendgüldenkraut	chronische Magenleiden mit Verstopfung
Wermut	chronische Verstopfung bei Magenschwäche

Pflanze	*spezifische Wirkung*

Anregend

Berberitze	Erschöpfung bei Nieren, Blasen-, Gallenbeschwerden, Rheuma
Bingelkraut	kräftigend bei grippalen Infekten, Zerschlagenheitsgefühl
Bitterklee	Verdauungsstörungen mit Kopfschmerz
Chinesischer Götterbaum	nach Infektionskrankheiten
Eisenkraut	Erschöpfungszustände, Blutarmut, Depressionen
Gelbe Teichrose	Schwäche in den Wechseljahren, vorzeitiges Altern
Ginsengwurzel	vorzeitiges Altern
Hafer	Nerven, Nervenschwäche, Erschöpfung
Hopfen	Mattigkeit, Schläfrigkeit, Nervosität
Ignatiusbohne	Hysterie, Nervenkrämpfe, Frauenmittel
Johanniskraut	stimmungsaufhellend bei Depressionen
Kaffeestrauch	Herz, Kreislauf, Blutdruck
Kalmus	nervöse Verdauungsschwäche
Katzenkraut	nervöse Schwäche mit chronischen Entzündungen des Rachenraumes, Polypen
Kokkelskörner	nervöse Zustände bei Frauen, Reisekrankheit
Kolanuß	Stärkungsmittel, Atemnot, Erschöpfung
Paraguay-Mate	Nerven, Kreislauf, Arbeitsunlust, Schlafsucht
Pfefferminze	Schwächeanfälle, Verdauungsstörungen
Potenzholz	männliche Impotenz
Vergißmeinnicht	Schwäche durch chronische Lungenleiden
Waldmeister	Leber, Nervenschwäche
Weißer Germer	Ohnmachtsneigung
Yohimbewurzel	männliche Sexualschwäche, vorzeitiges Altern
Zwergpalme	Schwäche bei Blasen- und Prostataleiden

Antiasthmatisch

Amerikanische Narde	Allergie der Atemwege, Kurzatmigkeit, Entzündungen der Nasennebenhöhlen, Bronchialkatarrhe
Brechwurzel	Luftmangel, stark schleimiger Husten
Eukalyptus	trockener Husten mit Rasseln
Flachs	Schleimhautentzündungen der Atemwege
Grindeliakraut	Atemnot im Liegen, Lungenemphysem
Großblütige Königskerze	Bronchitis, Heiserkeit, Fieber
Gundelrebe	chronische Atemwegsleiden
Heilziest	schmerzhaftes Asthma

Pflanze	*spezifische Wirkung*
Holunder	Atemnot, keuchender Atem, schlimmer nach Mitternacht
Lobelie	Asthma mit Übelkeit, Erbrechen
Meerrettich	Entzündungen der Atemwege, Bronchialkatarrh, Nasennebenhöhlenentzündung
Schierling	Husten schlimmer nachts, in Ruhe und durch Kälte
Schlüsselblume	Asthma mit festsitzendem Schleim
Senega-Kreuzblume	Asthma, Lungenemphysem, chronische Bronchitis
Sternanis	Krampfhusten, Darmbeschwerden
Sonnentau	Kitzel- und Bellhusten mit nächtlicher Verschlimmerung
Sumpfdotterblume	schmerzhafter Krampfhusten
Wasserfenchel	Asthma mit schleimigem, stinkendem Auswurf
Wasserlinse	Asthma durch Nasenverstopfung
Weißer Quebracho	Asthma mit Herzschwäche

Antidepressiv

Bingelkraut	allgemeine Erschöpfung bei chronischen Leiden
Christrose	Nervenreizung, Zuckungen, Lähmungen
Eisenkraut	Erschöpfungszustände bei Depression, Blutarmut
Ignatiusbohne	Krampfanfälle durch Kummer, Angst, Hysterie
Johanniskraut	vegetative Dystonie, Melancholie, Depressionen
Milchstern	Nervenschwäche bei chronischem Magenleiden
Paraguay-Mate	Kräftigungsmittel bei Schwermut
Stechapfel	Nervenkrankheiten, Lähmungen, Krämpfe
Weißer Germer	Melancholie, Kräfteverfall

Antineuralgisch

Amerikanisches Wintergrün	Nervenschmerzen in den Gliedern, jede Bewegung schmerzt
Beinwell	nach Knochen- und Bänderverletzungen
Berglorbeer	Neuralgien bei Herzerkrankungen, Rheuma der Gelenke
Bitterklee	Trigeminusneuralgie, Verdauungskrämpfe, Migräne
Deutscher Bertram	Nervenschmerz, allgemein
Giftsumach	Nervenschmerz, allgemein
Ginsengwurzel	Ischias, Lendenwirbelsäule
Goldlack	Nervenschmerz nervöser Frauen
Großblütige Königskerze	Gesichtsnervenschmerzen

Pflanze	*spezifische Wirkung*
Guajakholz	Neuralgien bei Rheuma, Gicht, chronischen Lungenleiden
Kermesbeere	Nervenschmerzen nach Mandelentzündungen
Läusesamen	Erkältungskrankheiten, Migräne, Magen-Darm-Beschwerden
Lebensbaum	chronische Krankheiten, Folgen von Impfungen, Warzen, Polypen
Passionsblume	Migräne, Ischias
Potenzholz	Nervenschmerzen, impotente Männer
Schlüsselblume	bei Bronchialkatarrhen, Asthma
Schwertlilie	Kopfschmerz, Migräne, besonders rechts
Seidelbast	Gürtelrose, Ischias, Trigeminus, Zwischenrippenneuralgie
Wilder Jasmin	plötzlicher, stechender Schmerz: Trigeminus, Ischias, Kopfnerven
Wurmkraut	Kopfneuralgien, Herzleiden
Yamswurzel	durch Neuralgien erzeugte Koliken und Krämpfe

Antirheumatisch

Alpenrose	Knochenhautschmerzen, stoffwechselanregend
Amerikanisches Wintergrün	akutes und chronisches Gelenkrheuma, heftige Schmerzen
Beinwell	Verletzungen von Knochen, Sehnen und Bändern
Berberitze	Gicht, Rheuma, Nieren-, Leber-, Gallenbeschwerden
Birke	zu viel Harnsäure, Nierenreizung, Hautausschläge
Bittersüßer Nachtschatten	Rheuma, Hautausschläge, Erkältungen
Brennessel	blutreinigend, Rheuma, Gicht, Blutarmut
Eukalyptus	Rheuma mit Atemwegserkrankungen
Feldrüster	Rheuma der Hand- und Fußgelenke
Gänsefingerkraut	Muskelkrämpfe
Giftsumach	allgemeines Rheumamittel
Ginsengwurzel	chronisches Rheuma alter Menschen, Zittern, Steifheit der Gelenke
Guajakholz	stechende Muskelschmerzen, übelriechende Schweiße
Herbstzeitlose	Gelenkentzündungen mit Herzbeschwerden und Wassersucht
Johanniskraut	nach Nervenverletzungen, Schmerzen längs der Nerven nach oben ziehend
Judenkirsche	schmerzlindernd, entwässernd
Kermesbeere	chronisches Rheuma durch nicht ausgeheilte Mandelentzündungen, Herde, Schmerzen nachts schlimmer

Pflanze	*spezifische Wirkung*
Klette	Gicht- und Rheumamittel bei Hautausschlägen
Läusesamen	Gelenk- und Wirbelsäulenschmerzen
Lebensbaum	chronisches Rheuma, übelriechende Schweiße, Warzen, Polypen
Löwenzahn	blutreinigend bei Arthrose
Potenzholz	bei impotenten Männern
Purpurweide	Gicht, Fieber
Schwarze Johannisbeere	zu viel Harnsäure
Wacholder	blutreinigend, Nierenschwäche
Weinraute	Knochen- und Gelenkverletzungen
Wohlriechendes Veilchen	Rheuma der Handgelenke
Yamswurzel	Muskelkrämpfe, Magen-, Darm-, Herzkrämpfe

Auswurffördernd

Aronstab	Entzündungen: Mandeln, Rachen, Kehlkopf
Bibernell	Heiserkeit, Mandelentzündungen, Bronchitis
Engelsüß	schleimige Bronchitis, schwer löslicher Schleim
Fenchel	bei Bronchialkatarrh, Keuchhusten
Ochsenzunge	Verkrampfungen und Verschleimungen der Atemwege
Schlüsselblume	festsitzender Schleim bei Bronchialkatarrhen
Seifenkraut	chronische Bronchialleiden
Süßholz	Atemwegskatarrhe, blutreinigend
Wohlriechendes Veilchen	starke Verschleimung der Atemwege, Krampf- und Keuchhusten

Blähungswidrig

Baldrian	nervöse Verdauungsprobleme
Benediktendistel	Leber-Galle-Leiden, Venen
Bitterholz	Leberkrankheiten, Bauchwassersucht
Ceylonzimt	Magen- und Nervenschwäche, zuviel Magensäure
Condurangorinde	chronische Magenleiden
Dill	Magen-Darm-Mittel
Engelwurz	Schleimhauterkrankungen im Magen-Darm-Trakt, Appetitlosigkeit
Falsche Akazie	Übersäuerung des Magen-Darm-Kanals
Fenchel	Blähkoliken, Atemwegserkrankungen, Nervenschwäche
Gelber Enzian	allgemeines Verdauungsmittel
Herzgespann	aufgetriebener Bauch, Herzbeschwerden

Pflanze	*spezifische Wirkung*
Kamille	Entzündungen im Magen-Darm-Kanal, Krämpfe
Kolombowurzel	Blähsucht mit Durchfall
Kümmel	verdauungsfördernd, magenstärkend, Krämpfe
Lavendel	Krämpfe, Nervosität, Schlaflosigkeit
Majoran	Magenschwäche, krampflösend
Melisse	nervöse Störungen des Verdauungskanals
Pfefferminze	Bauchkrämpfe, Leber-Galle-Beschwerden, Schwächeanfälle
Quendel	Magenschwäche, Nervenschwäche
Rainfarn	Magen-Darm-Entzündungen mit Wurmbefall
Sternanis	Darmentzündungen mit Gasbildung, Koliken
Wermut	chronische Magen-Darm-Leiden

Blutbildend

Beifuß	Nervenschwäche, Hysterie, Frauenmittel
Brunnenkresse	blutreinigend, Blutarmut, Haut
Eisenkraut	Nervenleiden, Erschöpfung
Fuchs-Kreuzkraut	chronische Unterleibsleiden
Gelber Enzian	chronische Magenschwäche
Riesenbovist	nach längeren Blutungen

Blutdrucksenkend

Bärlauch	chronische Darmkrankheiten
Knoblauch	Arteriosklerose
Mistel	allgemeines Hochdruckmittel
Rauwolfie	nervöse Erregbarkeit
Seckelblume	Milzleiden
Virginischer Wolfsfuß	Schilddrüsenstörungen
Weißdorn	Herzleiden, Altersmittel

Blutdrucksteigernd

Besenginster	Herzrhythmusstörungen
Herzgespann	Herzschwäche, Blutarmut
Rosmarin	Erschöpfung, Magenbeschwerden, entwässernd

Blutreinigend

Ackerstiefmütterchen	Hautkrankheiten, Milchschorf
Bockshornklee	Rheuma, zu viel Harnsäure, Furunkel
Brennessel	allgemeine Blutreinigung, Nieren, Blutarmut, Haut
Brunnenkresse	chronische Hautleiden, Blutarmut
Erdrauch	chronische Hautleiden, Leber

Pflanze	*spezifische Wirkung*
Gemeine Quecke	Drüsenschwellungen, Harnorgane
Gemeiner Wasserdost	Leber, Galle, Milz, fiebrige Erkrankungen
Guajakholz	Gicht, chronische Atemwegserkrankungen
Kleblabkraut	chronische Krankheiten, Leber, Darm, Niere
Klette	Rheuma, Hautleiden
Krausblättriger Ampfer	Bronchien, stark juckende Hautausschläge
Löffelkraut	Niere, Haut
Löwenzahn	Leber, Bauchspeicheldrüse, bei Arthrosen
Sarsaparille	chronische Hautleiden, Schuppenflechte
Sassafrasholz	Haut, Niere
Schlehe	allgemeines Stoffwechselmittel
Schwarzer Senf	Haut, Milz
Sellerie	Nierenmittel
Waldmeister	Leber, Nerven
Wegwarte	Leber, Milz, Magen

Blutstillend

Beinwell	allgemein blutstillend
Chinarinde	allgemein blutstillend, kräftigend
Hirtentäschel	allgemein blutstillend
Immergrün	allgemein blutstillend
Jacobskraut	Blase, Gebärmutter, After
Kanadisches Berufskraut	Gebärmutter
Ratanhiawurzel	Nase, Darm, Niere
Ruprechtskraut	Niere, Darm
Schafgarbe	allgemein blutstillend, Venen
Steinklee	Nase
Virginischer Zauberstrauch	allgemein blutstillend
Vogelknöterich	Lunge, Magen, Darm, Gebärmutter
Wasserpfeffer	Gebärmutter
Wiesenknopf	Lunge, Magen, Darm

Brechreizstillend

Herbstzeitlose	Blähsucht
Hundspetersilie	nervöse Magenleiden
Läusesamen	Husten
Schöllkraut	Galleerbrechen
Virginischer Ehrenpreis	Leberleiden

Pflanze	*spezifische Wirkung*
Wasserhanf	fieberhafte Erkrankungen, Speiseerbrechen
Zitwersamen	bei Würmern

Durchblutungsanregend

Arnika	Herz, Gefäße
Baumwollstaude	Durchblutungsstörungen des kleinen Beckens
Blasentang	Schilddrüsenstörungen, Übergewicht
Boldobaum	entstaut venöse Gefäße
Fliegenpilz	Nerven, Schlaflosigkeit, Zucken der Muskeln
Gingkobaum	allgemein durchblutungssteigernd
Knoblauch	bei Arteriosklerose
Maiglöckchen	Herz
Mistel	Bluthochdruck
Mutterkorn	Taubheits- und Kältegefühl in den Gliedern
Schafgarbe	Venenstauungen
Weißdorn	Herzkrankheiten, besonders im Alter
Yohimberinde	Nervenschwäche, stärkt die Gefäße

Entwässernd

Adonisröschen	Wassersucht bei Herzleiden
Attich	Nieren-Blasen-Leiden
Birke	Gicht, Rheuma, Nierensteine
Bohnenkraut	chronische Nierenleiden
Borretsch	Wassersucht durch Herzschwäche
Brennessel	blutreinigend, Blutarmut
Bruchkraut	Blasen-Harnwegs-Mittel
Brunnenkresse	blutreinigend, Haut
Bukkoblätter	Leber, Harnwege, Kreislaufschwäche
Buschbohne	Nieren, Blase, Diabetes, chronisches Rheuma
Färberginster	Gewebswassersucht, nieren- oder herzbedingte Wasseransammlungen
Hanfartiger Hundswürger	Wassersucht durch Herz-, Nieren- oder Leberleiden, Schwächezustände
Hauhechel	Nieren-Blasen-Mittel, wasserausscheidend
Herbstzeitlose	gichtisch-rheumatische Schwellungen, Wassersucht durch Nieren- oder Herzleiden
Kleblabkraut	chronische Krankheiten, Leber, Niere, Haut
Liebstöckel	Niere, Blase, Leber, Milz, Rheuma
Löffelkraut	Nieren-Blasen-Leiden, Rheuma, Gicht
Löwenzahn	Leber, Bauchspeicheldrüse, Rheuma
Maiglöckchen	Wasseransammlungen durch nervöse Herzschwäche, Herzklopfen, schwacher Puls, Herzfehler

Pflanze	*spezifische Wirkung*
Meerrettich	Wassersucht, Rheuma, galleanregend
Meerzwiebel	Wassersucht durch Herzschwäche
Petersilie	Blase, Harnwege, Magenschwäche
Rosmarin	Kreislaufschwäche, Magen-Darm-Störungen
Rundblättriges Wintergrün	Harnverhaltung, Nierenschwäche
Schöllkraut	leberbedingte Wassersucht
Spargel	Nierenschwäche, Entzündungen
Wacholder	Wassersucht bei Nierenleiden
Wiesenkönigin	Nierenentzündungen, trüber Urin, Gicht, Rheuma
Zinnkraut	Nieren-Blasen-Entzündungen, Schmerzen

Entzündungswidrig

Bingelkraut	Darm, Rheuma
Borretsch	Nierenentzündungen, Fiebermittel
Brechnuß	Magen, Darm
Eberesche	Mandeln
Flachs	Bronchien, Darm, Blase, Nieren
Giftsumach	Rheuma
Kamille	Magen-Darm-Entzündungen
Schmalblättrige Kegelblume	allgemeines Entzündungsmittel
Knollige Seidenpflanze	Lunge, Rippenfell, Bronchitis, Magen, Darm
Krapp	Niere
Rainfarn	Magen, Darm
Salbei	Mund, Rachen
Salbei-Gamander	Atemwege
Silberweide	Rheuma, Magen, Darm
Taubnessel	Blase
Wilder Indigo	Infektionskrankheiten, Erschöpfung, Fieber, Geschwüre
Zahnstocher-Ammel	Niere, Blase

Fiebersenkend

Bitterklee	Körperschwäche, benommener Kopf, Neuralgien
Bittersüßer Nachtschatten	Erkältungsfieber, Zerschlagenheitsgefühl, Muskelschmerzen
Borretsch	Nierenentzündungen, Rheuma
Chinarinde	Schwäche nach Infektionskrankheiten, akute und chronische Fieberzustände
Chinesischer Götterbaum	bakterielle Infektionen, Hautausschläge

Pflanze	*spezifische Wirkung*
Eukalyptus	Atemwege, Rheuma
Gelber Enzian	Stärkungsmittel, Magenschwäche
Gemeiner Wasserdost	Galle, Leber, Milz
Holunder	Erkältungskrankheiten
Kaskarillrinde	Kräftigungsmittel bei Infektionen, Erbrechen, Verstopfung
Schmalblättrige Kegelblume	allgemeines Entzündungsmittel
Linde	Erkältungskrankheiten, Vergiftungen
Wasserhanf	grippale Infekte
Wilder Indigo	Infektionskrankheiten, stinkende Geschwüre
Wilder Jasmin	Schlummersucht, krampflösend

Harntreibend

Ackerstiefmütterchen	entgiftend bei Hautausschlägen
Adonisröschen	Rheuma, Herzleiden
Attich	Nieren-Blasen-Leiden
Bärentraube	Blasenentzündungen, Steine, Harnverhaltung
Bibernell	Nieren-Blasen-Steine
Birke	zu viel Harnsäure, chronische Nierenentzündung
Borretsch	Herzschwäche, Nieren, Rheuma
Brennessel	allgemein blutreinigend, Rheuma, Nierenleiden
Bukkoblätter	Harnwegsentzündungen, Leber, Wassersucht
Buschbohne	Nieren, Blase, chronisches Rheuma, Diabetes
Doldenblütiges Wintergrün	übelriechender, eitriger, schleimiger Urin
Färberginster	Wassersucht, Gicht, Rheuma, Nieren
Feldmannstreu	Harnverhaltung, Harnwegsentzündung
Gemeine Quecke	entgiftend bei Drüsenschwellungen, Erkrankungen der Harnwege
Geißraute	Stoffwechselstörungen, Hautleiden
Hanfartiger Hundswürger	Herzschwäche, Ödeme
Hauhechel	Nierenentzündung, Blasenreizung, Steine
Herbstzeitlose	Rheuma, Gicht
Holunder	Harndrang mit wenig Urin, fieberhafte Infekte
Judenkirsche	Harnwegserkrankungen, Mattigkeit, Schwäche
Kleblabkraut	chronische Krankheiten, Leber, Nieren, Darm
Klette	Gicht, Rheuma, Haut
Lärche	Rachen, Hals
Leinkraut	Leber, Galle, Harnverhaltung
Liebstöckel	spärlicher Urin bei Nieren-Blasen-Leiden, Wassersucht

Pflanze	*spezifische Wirkung*
Mais-Narben	Entzündungen der Harnwege, Steine
Meerrettich	Nieren, Leber, Galle
Meerzwiebel	Ödeme bei Herzleiden
Myrte	Bronchien, Lunge, Harnverhaltung
Petersilie	chronischer Blasenkatarrh, scharfer, brennender Harn
Rundblättriges Wintergrün	chronischer Blasenkatarrh, spärlicher Urin, schleimige Ausfällungen
Sassafrasholz	Entgiftung über Haut und Nieren
Schwarzkümmel	zuviel Harnsäure, Magenleiden, Blähungen
Seifenkraut	chronische Krankheiten, Rheuma, Hautausschläge, Lungen
Spargel	Nierenschwäche, Wassersucht
Wiesenkönigin	Gicht, Nieren-Blasen-Erkrankungen mit trübem Urin
Zinnkraut	Nieren-Blasen-Entzündung
Zwergpalme	Blasenkatarrh alter Männer, Prostatabeschwerden

Herzstärkend

Adonisröschen	Herzleiden mit unregelmäßigem Puls
Arnika	Durchblutungsstörungen des Herzens, Herzkranzgefäße, Herzschwäche mit Herzklopfen
Baldrian	nervöses Herzklopfen, Nervosität
Berglorbeer	schneller Puls mit Herzschwäche, entzündliche Herzkrankheiten
Besenginster	unregelmäßiger Herzschlag, Unruhe, niedriger Blutdruck
Bittere Schleifenblume	Herzstiche, unregelmäßiger Herzschlag
Borretsch	Herzschwäche mit Herzklopfen
Gartenbohne	schneller Puls, langsame Atmung, Diabetes
Hanfartiger Hundswürger	Herzleiden mit Schwäche und Wassersucht
Herzgespann	Blutarmut, Blähsucht, Herzklopfen, Nervosität
Kirschlorbeer	Herz- und Kreislaufschwäche mit Atemnot, bläuliche Verfärbung der Haut und Schleimhäute
Königin der Nacht	Herzbeklemmung, Herzkrampf, Herzmuskelschwäche nach Infektionskrankheiten
Lavendel	Herzklopfen, Migräne, Nervosität
Maiglöckchen	Herzklopfen, Herzklappenfehler, Atemnot bei kleinsten Anstrengungen
Meerzwiebel	Herzleiden mit Wassersucht, Bronchialbeschwerden
Melisse	nervöse Herzbeschwerden, Blähungen

Pflanze	*spezifische Wirkung*
Moschuswurzel	Herzklopfen nach kleinen Erregungen oder Anstrengungen
Roter Fingerhut	Herzstiche mit Atemnot, langsamer Puls
Strophanthussamen	Herzschwäche, Infarktvorbeugung, chronische Herzleiden
Virginischer Wolfsfuß	Herzbeschwerden bei Überfunktion der Schilddrüse
Weißdorn	Herz- und Kreislaufbeschwerden im Alter
Wurmkraut	Herzneurosen, besonders bei Frauen, entzündliche Herzkrankheiten.

Hustenreizstillend

Amerikanische Narde	allergische und asthmatische Atemwegserkrankungen
Andorn	Verschleimung
Aronstab	Schleimhautentzündungen, blutiger Auswurf, Heiserkeit
Bittersüßer Nachtschatten	rasselnder Husten alter Leute
Brechwurzel	Atemnot, Keuchhusten
Großblütige Königskerze	beruhigend
Gundelrebe	Asthma
Hirschzunge	trockener Bronchialkatarrh
Holunder	bei Fieber
Huflattich	schleimlösend
Hundszunge	schmerzhafter Husten
Isländisch Moos	chronische Bronchialerkrankungen, magenstärkend
Käsepappel	allgemeines Hustenmittel
Krausblättriger Ampfer	Kitzelhusten
Linde	Fieber
Lobelie	Asthma mit Übelkeit
Lungenflechte	allgemeines Hustenmittel
Lungenkraut	chronische Atemwegserkrankungen
Myrte	allgemeines Hustenmittel
Salbei	Husten mit Rachenkatarrh
Schierling	Keuchhusten, asthmatische Bronchitis
Schlüsselblume	auswurffördernd
Senega-Kreuzblume	hartnäckiger Husten
Sonnentau	Keuchhusten
Spitzwegerich	Bronchialkatarrhe
Sternanis	starke Verschleimung, Keuchhusten
Sumpfporst	Bronchitis
Thymian	Krampfhusten

Pflanze	*spezifische Wirkung*
Tigerlilie	Frauenmittel
Vergißmeinnicht	chronische Atemwegserkrankungen junger Leute
Wasserfenchel	Husten mit viel Schleim
Wasserhanf	schmerzhafter Husten bei Fieber

Krampflösend

Berberitze	Gallensteine, Nierensteine
Bitterklee	Magen, Darm, mit Kopf- und Nervenschmerzen
Bruchkraut	Blase
Fenchel	Magen, Darm
Fliegenpilz	Muskelzuckungen
Gartenlattich	Atemwege
Giftlattich	Verdauungskanal, Krampfhusten
Großblütige Königskerze	Atemwege
Ignatiusbohne	Lach- und Weinkrämpfe
Jacobskraut	Unterleib der Frauen
Kalmus	Magen, Darm, weiblicher Unterleib
Kamille	Magen, Darm
Knoblauch	Darm
Königin der Nacht	Herz
Koriander	Magen, Darm
Kornblume	Unterleib der Frauen
Majoran	Verdauungs- und Unterleibsorgane, bei nervöser Reizbarkeit
Mutterkorn	epileptische Krämpfe, Darm
Nachtschatten	Nervenkrämpfe, epileptische Krämpfe, Magen, Darm
Passionsblume	nervöse Krämpfe
Pfingstrose	Krämpfe der Kinder
Pfefferminze	Magen, Darm, Galle
Rainfarn	Magen, Darm, bei Wurmbefall
Safran	allgemeines Krampfmittel, Frauenmittel
Sandsegge	Darm
Schneeball	hysterische Unterleibskrämpfe
Schöllkraut	Gallenblase
Sumpfdotterblume	Darm, Atemwege, schmerzstillend
Thymian	Krampfhusten, Magen
Tollkirsche	Magen, Darm, Gallen- und Nierensteine
Wasserschierling	Nervenkrämpfe, allgemeines Krampfmittel
Yamswurzel	Koliken und Neuralgien
Zahnstocher-Ammel	Herz, Asthma, Harnwege
Zitwersamen	Magen, Darm, bei Wurmbefall
Zwiebel	Magen, Darm

Pflanze	*spezifische Wirkung*

Krebswidrig (nur als Zusatzbehandlung)

Condurangorinde	Magen
Hagebutte	abwehrsteigernd
Heidelbeere	allgemein zellstoffwechsel-aktivierend
Jacobskraut	Gebärmutter
Knoblauch	Darm
Löwenzahn	Leber
Mistel	allgemein zellstoffwechsel-aktivierend
Ringelblume	Brust, Gebärmutter, Drüsen
Sauerampfer	Speiseröhre, Haut
Schöllkraut	Leber
Wundklee	allgemein zellstoffwechsel-aktivierend

Kreislaufanregend

Besenginster	Herzschwäche mit Rhythmusstörungen
Chinarinde	allgemeine Schwäche nach Infektionskrankheiten
Mistel	Arteriosklerose
Paraguay-Mate	Nerven
Schafgarbe	Venen
Weinraute	Stauungen im Kopfbereich, Venen
Weißdorn	Blutdruckstörungen im Alter
Yohimberinde	Potenzschwäche

Leberstützend

Amerikanischer Faulbaum	Verstopfung, Magen-, Kopfschmerz
Andorn	chronische Leberleiden, Atemwegserkrankungen
Benediktendistel	Venenstauungen mit Magenschwäche
Berberitze	Leberleiden mit Gallensteinen
Bitterholz	Leberschwellung mit hartem, aufgetriebenem Bauch, Leberzirrhose
Blutwurz	Leberschäden mit Durchfall
Engelsüß	Leberleiden durch erhöhte Harnsäurewerte
Erdrauch	leberbedingte Hautkrankheiten, Blutreinigung
Faulbaum	Verstopfung mit Hämorrhoiden
Gelber Enzian	Magenschwäche
Gelbwurzel	Gelbsucht, Gallensteine
Gemeiner Wasserdost	Leber, Galle, Milz
Grindeliakraut	Schmerzen in der Leber- und Milzgegend
Gundelrebe	Leberschwäche mit verminderter Harnausscheidung
Kleblabkraut	chronische Leberleiden
Kriechender Günsel	Venenentzündungen durch Leberstau

Pflanze	*spezifische Wirkung*
Labkraut	chronische Leberleiden mit Hautkrankheiten
Leberblümchen	allgemeines Lebermittel
Leinkraut	Galleleiden, Kopfschmerz mit Galleerbrechen
Löwenzahn	alle gut- und bösartigen Leberleiden, empfindliche Lebergegend
Mariendistel	Gelbsucht, Krampfadern, Hämorrhoiden
Odermennig	allgemeines Lebermittel
Pfefferminze	Gallensteine, Gallenkoliken
Schöllkraut	Gallenwegserkrankungen
Tausendgüldenkraut	Leberschmerzen, Sodbrennen
Virginischer Ehrenpreis	Leberleiden mit stinkenden Durchfällen
Wachsbeere	Gelbsucht
Wasserpfeffer	Leberleiden nach Infektionen
Wegwarte	Milzleiden

Magenstärkend

Amerikanischer Faulbaum	Magenkopfschmerz
Aronstab	Magenkrämpfe
Basilikum	Magenschleimhautentzündung
Beifuß	alle Verdauungsbeschwerden, besonders bei nervösen Frauen
Benediktenkraut	Verdauungsstörungen mit Venenleiden
Bitterholz	nervöser Magen, Blähungen, Sodbrennen, Leberleiden
Boldobaum	Verdauungsstörungen
Brechnuß	Magen-Darm-Beschwerden nach Genußmittel
Ceylonzimt	Verdauungsschwäche mit Nervenschwäche, magere Menschen mit Herzbeschwerden
Condurangorinde	chronische Magenleiden
Engelwurz	Appetitlosigkeit
Gelber Enzian	Verdauungsstörungen, schwache Magenverdauung
Herzgespann	Blähungen mit Herzbeschwerden
Hopfen	nervöse Magenbeschwerden
Ingwer	Magenschwäche mit Übersäuerung
Kalmus	Magengeschwüre, Krämpfe, Nervenschwäche
Kamille	Magenschleimhautentzündung
Knollige Seidenpflanze	Magenschleimhautentzündung
Koriander	Verdauungsstörungen mit Blähungen
Kümmel	Krämpfe, Blähungen
Kuspa-Baum	Magenleiden mit Fieber

Pflanze	*spezifische Wirkung*
Lavendel	Magenkrämpfe mit Migräne
Melisse	nervöse Magen-Darm-Störungen
Odermennig	zu wenig Magensäure
Pastinak	Magenschmerzen
Petersilie	Magenschwäche mit Blähungen
Quendel	Magenschwäche mit Krämpfen
Rainfarn	Entzündungen im Verdauungstrakt, Blähungen, Würmer
Sandsegge	Magen-Darm-Katarrh mit Verstopfung
Schafgarbe	Venenleiden mit Verdauungsschwäche
Tausendgüldenkraut	chronische Magen-Darm-Katarrhe
Thymian	Magenkrämpfe, Magengeschwüre
Wermut	chronische Magenleiden, Appetitlosigkeit

Nervenberuhigend

Baldrian	sexuelle Übererregung, besonders bei Frauen
Beifuß	epileptische Zustände, Frauenmittel
Besenginster	Herzschwäche mit Klopfen, Stechen, unregelmäßigem Puls
Deutscher Bertram	allgemeine nervöse Zustände, neuralgische Schmerzen, Schlaflosigkeit, Bettnässen
Echter Sturmhut	Angstzustände bei akuten Erkrankungen
Gartenlattich	pflanzliches Beruhigungsmittel
Giftlattich	Schlafstörungen, Schmerzüberempfindlichkeit
Herzgespann	Nervosität bei Herzbeschwerden, Blutarmut
Hopfen	sexuelle Übererregung, besonders bei Männern
Ignatiusbohne	Unruhe durch Angst, Schreck, Kummer
Kamille	beruhigend bei Magen-Darm-Beschwerden, Unterleibsstörungen
Koriander	beruhigend bei verdauungsbedingten Herzbeschwerden
Läusesamen	Schreckhaftigkeit, Hysterie, Migräne
Lavendel	nervöse Migräne
Majoran	Magen-Darm-Beschwerden
Melisse	nervöse Organstörungen
Ochsenzunge	Erregungszustände
Paraguay-Mate	nervöse Kreislaufschwäche
Passionsblume	Nervenschwäche, innere Unruhe, krampflösend
Pomeranze	allgemeine nervöse Zustände, magenberuhigend
Rauwolfie	Nervosität bei hohem Blutdruck
Safran	Krämpfe, Nervosität, Hysterie, Frauenmittel
Zitwersamen	Nervenreizungen und Krämpfe durch Wurmbefall

Pflanze	*spezifische Wirkung*
	Nierenstärkend
Ackerstiefmütterchen	Nieren-Blasen-Leiden bei Hauterkrankungen, Drüsenschwellungen
Attich	Nieren-Blasen-Leiden mit Wassersucht
Basilikum	Entzündungen der Nieren und Blase
Birke	Entzündungen, Nierensteine, zuviel Harnsäure, Rheuma
Bohnenkraut	chronische Nierenleiden
Borretsch	Nierenentzündungen, Herzschwäche
Bruchkraut	Blasenkatarrh, Krämpfe
Buschbohne	allgemeines Nierenmittel, Diabetes, Rheuma
Doldenblütiges Wintergrün	chronische Nierenentzündungen mit übelriechendem, schleimigem und eitrigem Urin
Engelwurz	Entzündungserscheinungen der Nieren, harntreibend
Eukalyptus	Nierenbeckenentzündung, Atemwegserkrankungen
Färberginster	Nierenleiden mit Steinbildung, Wassersucht, Schrumpfniere
Goldrute	chronische Nierenentzündungen, Schrumpfniere, Steine
Grießwurz	Nieren-Blasen-Entzündungen, Harnzwang, Steine, Krämpfe
Hagebutte	Entzündungen
Hauhechel	Steine, Entzündungen, Hautausschläge
Herbstzeitlose	Entzündungen mit Steinen
Hirtentäschel	Katarrhe mit Blutungen
Judenkirsche	Nieren-Blasen-Mittel, Muskelschwäche, Erschöpfung
Körnersteinbrech	Entzündungen, Steine
Krapp	Nierenentzündungen, Gicht, Rachitis
Kubebenpfeffer	Entzündungen, Verdauungsbeschwerden
Lebensbaum	Nierenbeschwerden bei chronischen Krankheiten, Impffolgen
Liebstöckel	Blasen-Nieren-Leiden, Wassersucht, Harnverhaltung
Mais-Narben	Entzündungen, Nierenschmerzen, blutiger Urin, Prostata
Matico-Pfeffer	Harnröhrenentzündung
Orthosiphon	chronische Nierenleiden
Petersilie	chronische Blasenentzündungen, brennender Urin
Rundblättriges Wintergrün	Nierenschwäche, Wassersucht, spärlicher Urin mit schleimigen Ablagerungen
Sassafrasholz	entgiftend
Sellerie	Entzündungen
Spargel	Nierenentzündungen, Nierenschwäche, Harnröhrenentzündungen

Pflanze	*spezifische Wirkung*
Vogelknöterich	Nieren-Blasen-Leiden mit Blutungen
Wacholder	Rheuma, Wassersucht, Nierenentzündungen
Wasserhanf	Harnwegsentzündungen, Blase, Nieren, Prostata
Weißes Sandelholz	bakterielle Harnwegsinfektionen
Wiesenkönigin	Nierenschmerzen, Entzündungen, Gicht
Zahnstocher-Ammel	Harnleiterkrämpfe, Koliken

Regelfördernd

Blauer Hahnenfuß	Kreuz- und Leibschmerzen
Goldenes Kreuzkraut	blutarme, weinerliche Mädchen und Frauen
Kuhschelle	unregelmäßiger Zyklus, Hypochondrie
Safran	Stimmungsschwankungen, Krämpfe, Blutandrang zum Kopf
Wanzenkraut	Nervosität, Hysterie, neuralgische Unterleibsschmerzen

Schlaffördernd

Alraune	bei rheumatischen Schmerzen
Baldrian	pflanzliches Schlafmittel
Giftlattich	pflanzliches Schlafmittel
Hafer	Nervenschwäche, Erschöpfung
Johanniskraut	Depressionen
Kalmus	nervöse Schlaflosigkeit, Verdauungsschwäche
Lavendel	Migräne, Erregungszustände von Herz, Magen, Darm
Melisse	Organneurosen
Nachtschatten	epileptische Krämpfe, Benommenheit
Passionsblume	allgemeines Nervenmittel
Pfefferminze	nervöse Verdauungsstörungen, Galleleiden
Safran	Frauenmittel

Schleimlösend

Amerikanische Narde	akuter und chronischer Schnupfen
Brechwurzel	starker Husten, Brustbeklemmung
Feldmannstreu	grippale Infekte
Huflattich	chronische Bronchialkatarrhe
Kreuzblume	Lungenkrankheiten, Emphysem
Myrte	Bronchitis, trockener Husten
Schlüsselblume	festsitzender Husten, Bronchialkatarrhe, Nierenschwäche, Herzschwäche
Schwarzer Rettich	chronische Bronchitis, Keuchhusten, Gallensteine

Pflanze	*spezifische Wirkung*
Seifenkraut	chronische Atemwegserkrankungen
Senega-Kreuzblume	hartnäckiger Husten, Magen-Darm-Beschwerden
Sonnentau	Keuchhusten, Brechwürgen
Sternanis	Bronchialverschleimung mit Verdauungsstörungen
Süßholz	alle Atemwegserkrankungen, Magenschleimhautentzündung
	Schmerzstillend
Alraune	Arthrosen
Amerikanisches Wintergrün	Rheumaschmerzen
Berglorbeer	Rheumaschmerzen in Gelenken, Wirbelsäule, Lendengegend
Breitwegerich	Gesichtsneuralgien durch Zahnherde, Ohrenschmerz bei Mittelohrentzündung
Echte Nelkenwurz	Darmkoliken, Zähne
Giftlattich	Bauchschmerz, Schmerzüberempfindlichkeit
Guajakholz	gichtische und neuralgische Schmerzen
Johanniskraut	nach Nervenverletzungen
Kamille	krampflösend, beruhigend
Lavendel	Kopfschmerzen
Passionsblume	neuralgische Schmerzen, nervenberuhigend
Pfefferminze	Magen-Darm-Galle-Schmerzen
Sumpfdotterblume	Kopf- und Bauchschmerzen, Krämpfe
Wanzenkraut	Schmerzen im weiblichen Unterleib
Weinraute	Gelenkverletzungen, Knochenverletzungen
	Schweißhemmend
Chinarinde	übermäßiges Schwitzen bei Hinfälligkeit, Erschöpfung nach Infektionskrankheiten
Guajakholz	bei Rheuma mit übelriechendem Schweiß
Lärchenschwamm	nächtliche Schweißausbrüche
Lebensbaum	chronische Krankheiten, Polypen, Warzen, nach Impfungen, übelriechende Schweiße
Riesenbovist	Hautleiden mit schweißigen Achselhöhlen
Salbei	in den Wechseljahren
	Schweißtreibend
Bibernell	Mandelentzündungen, Nierensteine, Hautleiden
Geißraute	Stoffwechselmittel, Hauterkrankungen
Holunder	Erkältungskrankheiten, Atemwegserkrankungen, Fieber

Pflanze	*spezifische Wirkung*
Juckbohne	Gelbsucht, Hautjucken
Klette	Rheuma, Gicht, Hautleiden
Linde	Infektionskrankheiten mit Fieber
Meisterwurz	Magen, Darm, Leber, Atemwege
Pestwurz	Gicht, Hautleiden, Bronchien
Sarsaparille	Hautausschläge, Schuppenflechte
Sassafrasholz	Blutreinigung bei chronischen Krankheiten

Sexuell stimulierend

Damiana	allgemein potenzsteigernd
Gelbe Teichrose	vorzeitiges Altern, Wechseljahrsbeschwerden, nervöse Schwäche der Frauen bei Unterleibsstörungen
Ginsengwurzel	abnehmende Sexualkraft im Alter
Keuschlamm	Nervenschwäche, Depressionen
Potenzholz	allgemeine Schwäche, Appetitlosigkeit, Rheuma
Yohimberinde	Erschöpfung, Arteriosklerose, vorzeitiges Altern, frühzeitiger Samenerguß

Stoffwechselanregend

Ackerstiefmütterchen	Haut, Milchschorf
Blasentang	Schilddrüse, Übergewicht
Gänseblümchen	Hautleiden, Kindermittel
Hundszunge	Bronchitis
Mahonie	Hautleiden, Schuppenflechte
Mistel	Krebsvorstadien
Ringelblume	Geschwüre, Drüsenschwellungen
Sandsegge	Hautleiden, chronisches Rheuma, Magen-Darm-Schwäche
Schafgarbe	Unterleibsleiden, Venen, Leber, Magen
Schlehe	allgemeines Stoffwechselmittel
Wegwarte	Leber, Magen, Milz
Wermut	verdauungsanregend bei Magen-Darm-Schwäche

Stopfend

Blutwurz	hartnäckige Durchfälle, Leber
Echte Nelkenwurz	sommerliche Durchfälle, Darmkrämpfe, Verdauungsschwäche
Eichenrinde	chronische Darmkatarrhe
Erdbeere	sommerliche Durchfälle, Gicht
Feigenkaktus	schmerzhafte Darmbeschwerden, Übelkeit, Brechneigung
Fußblatt	morgendliche Durchfälle, stark und stinkend

Pflanze	*spezifische Wirkung*
Gänsefingerkraut	Darmentzündungen mit Durchfall
Knabenkraut	Darmentzündungen jeder Art
Kolombowurzel	Appetitlosigkeit, Magen-Darm-Schwäche
Odermennig	Leber, akute und wiederkehrende Durchfälle
Paprika	Hämorrhoiden, Magenübersäuerung
Rhabarber	Leber, Galle, Krampfkolik
Ruprechtskraut	Darm, Nieren, Blutungen
Virginischer Ehrenpreis	Leber, Hämorrhoiden, Blähungen, Schwäche mit stinkenden Durchfällen
Wiesenknopf	Durchfälle mit blutigem Stuhl

Venenkräftigend

Benediktendistel	Verdauungskanal
Gottesgnadenkraut	Unterschenkelgeschwüre bei Frauen mit Hämorrhoiden und Weißfluß
Kanadische Grießwurzel	Hämorrhoiden mit Verstopfung
Klette	schlecht heilende Unterschenkelgeschwüre
Kriechender Günsel	Venenentzündung mit Leberstauung
Kuhschelle	Krampfadern, Hämorrhoiden, besonders bei Frauen mit Unterleibsstörungen
Mariendistel	Pfortader, Leber
Ringelblume	Unterschenkelgeschwüre
Roßkastanie	Krampfadern, Hämorrhoiden, pulsierende Venen
Schafgarbe	allgemeines Venenmittel, weiblicher Unterleib
Silberweide	Venenentzündungen
Virginischer Zauberstrauch	allgemeines Venenmittel, Blutungen
Wasserpfeffer	Pfortader
Weinraute	allgemeines Venenmittel
Wiesenknopf	blutende Unterschenkelgeschwüre

Verdauungsfördernd

Amerikanischer Faulbaum	Verstopfung, Leber-Gallen-Beschwerden
Beifuß	Nervenschwäche, Frauenmittel
Benediktendistel	Venenleiden, Leber, Galle
Bibernell	Magen-Darm-stärkend
Bitterklee	Magen-Darm-Krämpfe, Blähungen, Migräne
Boldobaum	Leber, Galle, Schlafstörungen
Brunnenkresse	Blutarmut, Darm, Haut
Ceylonzimt	Nervenschwäche

Pflanze	*spezifische Wirkung*
Dost	Magenschwäche, Leber, Galle
Engelwurz	Appetitlosigkeit, Nerven
Fenchel	Blähungen, Frauen, Kinder
Geißraute	Stoffwechselstörungen
Kalmus	Nervenschwäche, magere Menschen
Kolombowurzel	Durchfall, Blähsucht
Labkraut	chronische Hautleiden
Paprika	Magenübersäuerung, Durchfall, Leber
Pfefferminze	Magenkrämpfe, Gallebeschwerden, Schwächezustände
Potenzholz	männliche Impotenz
Quendel	Magenschwäche mit Krämpfen, Blähungen
Rainfarn	Blähungen, Würmer
Schwarzer Rettich	Gallensteine
Senega-Kreuzblume	Magen-Darm-Schwäche, Bronchialkrankheiten
Sternanis	Blähungen, Darm
Tausendgüldenkraut	chronische Magen-Darm-Katarrhe
Thymian	Magenerweiterung, Krämpfe
Vogelknöterich	Darmkatarrhe, Durchfall
Wacholder	Rheuma, Nierenleiden
Weinraute	Krampfadern, Hämorrhoiden
Weißer Senf	chronische Darmbeschwerden

Wundheilend

Beinwell	schlecht heilende Wunden
Bockshornklee	Furunkel, schlecht heilende Wunden
Frauenmantel	Geschwüre, Eiterungen
Gartenrose	infizierte Wunden
Johanniskraut	Stich-, Schnitt-, Quetsch- und Rißwunden
Schmalblättrige Kegelblume	Eiterungen, Abszeßbildung, abwehrsteigernd
Klette	schlecht heilende Wunden, Geschwüre
Ringelblume	Wunden mit Gewebsverlust
Ruprechtskraut	Wunden aller Art
Sanikel	Blutungen, Geschwüre
Virginischer Zauberstrauch	blutende Quetschwunden

Homöopathische Spagyrik

Seit zweihundert Jahren gibt es eine Richtung in der Medizin, die sich Homöopathie nennt. In dieser Zeit gelang es ihr, abertausende von Kranken auf oftmals verblüffende Art und Weise zu heilen. Jedoch bis heute erhielt sie noch nicht den offiziellen Stempel der Wissenschaftlichkeit durch die Schulmedizin. Dabei war diese Therapieform schon zu ihrer Gründerzeit alles andere als eine obskure, magische oder zauberhafte Medizin von Hexen und Zigeunern, die jeder gebildete Arzt mit überheblichem »Wissenschaftslächeln« vom Tisch fegen kann.

Ihr Entdecker war ein angesehener Arzt, wie auch die meisten Homöopathen aller Zeiten Ärzte waren. Dies half der Homöopathie wenig, wie dieselbe Tatsache auch der anthroposophischen Medizin in späteren Jahrzehnten nichts nutzte. Die offiziellen Vertreter der hochwissenschaftlichen Medizin sahen und sehen in ihren homöopathischen Kollegen manchmal nicht mehr als »verblendete Naturen«, die die Wahrheit nicht erkennen wollen. Und in der Tat ist es für jeden Wissenschaftler ein Kinderspiel, der Homöopathie allenfalls einen Placeboeffekt zuzugestehen. Dazu bedarf es nur einer Laboreinrichtung und eines homöopathischen Mittels in höherer Potenz.

Angenommen, der Chemiker nimmt die homöopathische Arznei Sulfur D 200 und untersucht sie mit allen möglichen modernen Analysemethoden nach dem Gehalt an Schwefel (Sulfur). Nach kurzer Zeit kommt er mit hundertprozentiger Sicherheit zu dem Ergebnis: Schwefel nicht nachweisbar. Die Mühe der Laborarbeit hätte er sich sparen können, denn als Chemiker weiß er noch aus dem Schulunterricht, daß jenseits der sogenannten Lohschmidt'schen Zahl theoretisch kein Molekül der Ausgangssubstanz mehr vorhanden sein kann. Für die homöopathischen Potenzen, die ja durch rhythmisches Verdünnen hergestellt werden, ist eine 23. Dezimalpotenz, also die D 23, die Grenze zur Substanzlosigkeit in bezug zum Ausgangsmittel. Schon eine so häufig gebrauchte Potenz wie die D 30 ist chemisch gesehen nichts weiter als Alkohol, wenn es sich um Tropfen handelt oder Milchzucker bei Tabletten bzw. Pulver. So einfach kann man die »Wirkungslosigkeit« der Homöopathie beweisen!

Hier macht es sich die offizielle Wissenschaft allerdings etwas zu einfach. Der Chemiker, der in der homöopathischen Potenz nach pharmakologisch wirksamen Substanzen sucht, gleicht einem, der eine Schallplatte zerstrümmert, pulverisiert und dann im Labor nach Beethovens Neunter oder James Lasts Bläsersound sucht. Er wird nur

Plastik finden, weiter nichts. Man kann mit chemischen Untersuchungsmethoden eben keine Wirkungen beweisen, wenn diese gar nicht chemischer Natur sind. Eine homöopathische Potenz ist von einem Aspirin oder einem Nitropräparat grundverschieden. Bei den üblichen chemotherapeutischen Mitteln ist die Wirkung an die Substanz gebunden, bei den homöopathischen Potenzen an eine Art Information, die durch das rhythmische Verdünnen freigesetzt und an das, für sich genommen, unarzneiliche Lösungsmittel übertragen wird. Homöopathie ist also eine Heilkunst, die hinter die Leiblichkeit z. B. der Heilpflanze schaut und eine Heilkraft benutzt, die mit den heute üblichen Meßmethoden noch nicht bestimmbar ist. Dies macht sie der spagyrischen Therapie so artverwandt. Denn auch hier suchen wir die verborgene Heilkraft, in der Kräuterspagyrik eben die der Heilpflanzen. Unterschiedlich ist die Art und Weise, wie die Homöopathen und die Spagyriker zu dieser nicht meßbaren Kraft gelangen und sie einsetzen.

Die Homöopathie hat ihre Regeln, die schon beinahe zweihundert Jahre alt sind. Die Spagyrik war bis vor wenigen Jahren eher ein Gebiet für intuitives Handeln. Die Anwendung spagyrischer Essenzen kannte keine strengen Gesetze. Doch verwendet die Homöopathie viele Pflanzen, die auch die Spagyrik benutzt. Da beide Systeme sich nahe stehen, ist es legitim, die Regeln der Homöopathie für die Kräuterspagyrik zu übernehmen, sofern es sich um die gleiche Ausgangssubstanz, also die gleiche Heilpflanze handelt. Ein Beispiel: Nach den Regeln der Homöopathie würde in einem Fall von akutem Schnupfen »Cepa« das richtige Mittel sein. Cepa ist eine Tinktur aus der Küchenzwiebel. Die pure Zwiebel würde wenig nutzen. Heilung ist jedoch von der homöopathisch aufbereiteten Zwiebeltinktur zu erwarten, d. h. durch rhythmische Verdünnung wird die Arzneiinformation freigelegt und auf das Lösungsmittel übertragen. Verdünnen bewirkt hier die Aufschließung der verborgenen Arzneikraft. Da die homöopathischen Regeln die Zwiebel als passendes Mittel bestimmt haben, wird die verborgene Heilkraft dieser Pflanze den Schnupfen heilen. Nun ist jedoch in der spagyrischen Essenz der Zwiebel ebenfalls die verborgene Heilkraft freigelegt, nur auf eine andere Art und Weise. Da es sich um dieselbe Kraft (die spezifische Zwiebelarzneikraft) handelt, könnte man anstatt einer homöopathischen Potenz, eine spagyrische Essenz benutzen. Dies ist der theoretische Ansatz für die homöopathische Spagyrik.

Samuel Hahnemanns Entdeckung

Alles begann mit der Chinarinde. Man schreibt das Jahr 1790. In Stötteritz, einem Dörfchen bei Leipzig, lebt ein Arzt namens Christian Friedrich Samuel Hahnemann, 35 Jahre, verheiratet, drei Kinder. Er ist schon einigermaßen bekannt und angesehen, allerdings nicht so sehr als Arzt, denn als Chemiker und Schriftsteller. Das Schreiben und Experimentieren liegt ihm, doch bringt es für den Unterhalt der Familie viel zu wenig ein. So leben die Hahnemanns in diesem Dorf äußerst bescheiden, wenn nicht gar erbärmlich. Im genannten Jahr scheint der wißbegierige Arzt einen psychischen Tiefpunkt erreicht zu haben. Seine Verzweiflung treibt ihn jedoch zu immer neuen Experimenten. Er beginnt eine Arzneimittellehre aus dem Englischen zu übersetzen. Dabei stößt er auf eine Stelle, die ihn aufmerksam macht.

Über die Chinarinde schreibt sein englischer Kollege, daß ihre Wirkung bei Wechselfieber lediglich durch deren guten magenstärkenden Effekt erklärbar sei. Dies mag Hahnemann, der selbst einmal diese tückische Krankheit mit Hilfe dieser Rinde durchstanden hatte, nicht so recht glauben. Die Experimentierfreude läßt ihn mehrmals hintereinander Chinarinde einnehmen. Er wollte sehen, wie der Körper hierauf reagiere. Dabei staunte Hahnemann nicht schlecht, als er nun alle Symptome des Wechselfiebers an sich entdeckt. Bis in alle Einzelheiten hinein zeigt sich bei diesem Versuch das Bild dieser Krankheit, obwohl Hahnemann gar nicht wechselfieberkrank ist.

Dies nun ist die Geburtsstunde der Homöopathie. Hahnemann macht sich seine Gedanken und kommt zu folgendem Ergebnis: Chinarinde erzeugt bei einem Gesunden Zeichen wie von Wechselfieber, bei einem Kranken aber heilt sie diese Krankheit. Was also im gesunden Körper Krankheitszeichen erzeugt, kann diese selben Symptome bei einem Kranken heilen. Damit steht der oberste Leitsatz der Homöopathie: Similia similibus curentur – Ähnliches wird durch Ähnliches geheilt. Von jetzt an beginnt eine enorme Forschungsarbeit. Es gilt nun, viele Substanzen an gesunden Menschen zu prüfen und die Symptome, die sie erzeugen, zu sammeln. So ist es möglich, Krankheiten bei Patienten mit den Mitteln zu behandeln, die beim Gesunden ähnliche erzeugt haben.

Die ersten homöopathischen Heilungen sprechen sich herum, und die Kunde von der neuen Arzneikunst verbreitet sich schnell. Doch es geht noch viele Jahre, bis Hahnemann eine weitere entscheidende Entdeckung macht: Er beobachtet, daß die Heilungen um so rascher und besser gelingen, je verdünnter das passende Mittel gegeben wird.

Hahnemann-Porträt

Eifrig experimentiert er weiter. Er verdünnt seine Tinkturen stufenweise im System 1:100, d.h. er gibt einen Tropfen Substanz in 99 Tropfen Weingeist und schüttelt das Ganze einhundertmal kräftig. Diese erste Stufe nennt er C 1. Von dieser C 1 nimmt er nun wiederum einen Tropfen und verdünnt ihn erneut mit 99 Tropfen Weingeist. Nach erneutem Schütteln erhält er die C 2. So fährt Hahnemann fort, bis er zur C 30 gelangt, einer schier unvorstellbaren Verdünnung. Ein rational denkender Geist wird von so einer Verdünnung keinerlei Wirkung mehr erwarten. Hahnemann aber beweist das Gegenteil.

Diese Verdünnungen, die er »Potenzen« nennt, wirken noch wesentlich intensiver, als wenn das passende Mittel nicht verdünnt worden wäre. Dies ist seltsam, doch Hahnemann hat eine Erklärung dafür: Jede arzneiliche Substanz, ob nun aus dem Pflanzenreich, der Tierwelt oder dem großen Gebiet der Mineralien und Metalle, hat eine hinter dem materiellen »Leib« liegende Kraft, die durch das rhythmische Potenzieren freigelegt oder verstärkt wird. Um die nichtmaterielle Art dieser Heilkraft zu beschreiben, nennt er sie »geistartig«.

Von nun an geht die Homöopathie ihren Weg, zwar abseits der offiziellen Medizin, aber dennoch unaufhaltsam, und sie erreicht bald ferne Länder. Die USA werden nach Hahnemanns Tod im Jahre 1843 zu einem Mekka der Homöopathen, während in Deutschland versucht wird, die homöopathische Medizin der Schulmedizin anzugleichen. Von Deutschland geht die klinisch-wissenschaftliche Richtung aus, die nur noch tiefe Potenzen verabfolgt, die zudem in kleineren Dezimalschritten von 1:10 hergestellt werden. Hierauf beruhen auch die heute allgemein üblichen D-Potenzreihen (z. B. D 4, D 12, D 30). Die Verordnung der Mittel richtet sich immer mehr nach dem klinischen Bild und weniger nach den von Hahnemann propagierten seltsamen und sonderlichen Symptomen. In Amerika – und seltsamerweise auch in Indien – wird hingegen treu den Hahnemannschen Geboten, die er im »Organon der Heilkunst« niederlegte und der Nachwelt hinterließ, verfahren und nach dem Grundsatz des Meisters »Macht's nach, aber macht's genau nach!« gehandelt. Diese Homöopathen arbeiten, wie einst Hahnemann, mit hohen Verdünnungen. Sie legen Wert darauf, das jeweils passende Mittel zu finden, während in der klinischen Richtung auch eine Mischung vieler Einzelsubstanzen vorgenommen wird.

Von Übersee kommt diese klassische Homöopathie zu Beginn des 20. Jahrhunderts wieder nach Europa und findet neue Freunde, zunächst vornehmlich in der Schweiz, dann auch in großem Umfang im Ursprungsland Deutschland. Nach und nach kommen sich die beiden homöopathischen Lager wieder näher, und heute zählt die Methode Hahnemanns zur Basistherapie alternativer Mediziner und Heilpraktiker. Doch gerade in neuester Zeit fehlt es wieder einmal nicht an Kritikern, die diese Arzneitherapie nicht akzeptieren wollen. Immer noch wird versucht, das Fehlen von »Substanz« in den hohen Potenzen als Beweis für die Unwirksamkeit anzuführen. Dabei wird eines vergessen: Keine Methode der Schulmedizin hat ihre Regeln über nunmehr zweihundert Jahre unverändert beibehalten können. Vieles, was vor fünfzig Jahren als richtig galt, ist heute unhaltbar geworden. Mit den Regeln, die Hahnemann aufstellte, geschehen heute noch Heilungen, immer wieder, und immer wieder verblüffend schnell, tiefgreifend und dabei schonend. Diese Regeln werden wohl auch dann noch ihre Gültigkeit haben, wenn manche Überzeugungen der heutigen Medizin zum Staub von gestern geworden sind.

Homöopathische Spagyrik heißt, man kann Homöopathie mit spagyrischen Essenzen betreiben oder aber Spagyrik nach homöopathischen Regeln. Wie man's auch gerne sehen möchte, es bleibt dasselbe: Ohne Kenntnis homöopathischer Gesetzmäßigkeiten funktioniert diese Methode der Spagyrik nicht. Die wichtigste aller homöopathischen Regeln ist die Ähnlichkeitsregel: Ähnliches wird durch Ähnliches geheilt. Eine Heilung nach homöopathischen Gesichtspunkten ist nur möglich, wenn das entsprechende Heilmittel bei einem gesunden Menschen genau die Symptome erzeugt hat, die der Kranke aufweist. Hat ein Patient bei seiner Krankheit (und dabei ist es ganz gleichgültig wie sie heißt) Symptome, die beispielsweise Tollkirsche bei den Prüfungen am gesunden Menschen erzeugte, dann wird eine Verdünnung von Tollkirschetinktur die Krankheit auf homöopathische Weise heilen. Um nun für die verschiedensten Krankheitssymptome die passenden Mittel zu finden, muß man natürlich darüber Bescheid wissen, welche Symptome welches Mittel erzeugt hat. Nur durch einen Vergleich des Krankheitsbildes mit dem Bild verschiedener homöopathischer Mittel läßt sich die passendste Arznei finden.

Diese Tatsache macht gerade die klassische Form der Homöopathie, die ja wenn irgend möglich eine einzige passende Arznei unter den Tausenden von Mitteln finden will, so schwierig in der Anwendung. Gewöhnlich ist ein Homöopath erst nach Jahren oder Jahrzehnten fähig, gezielt, schnell und dabei treffsicher in der alltäglichen Praxis das einzig passende Mittel zu finden. Bei akuten Krankheiten geht dies noch ziemlich einfach, bei chronischen schon nicht mehr. Diese Schwierigkeit wird plastisch deutlich, wenn man sich vergegenwärtigt, daß alle Symptome, die z. B. die Ignatiusbohne bei Prüfungen an gesunden Menschen erzeugt hat, schon fast 400 Seiten füllen. Bei den mittlerweile über 2000 Mitteln des homöopathischen Arzneischatzes kann einen angehenden Homöopathen angesichts dieser Tatsachen das nackte Grauen packen. Ohne Hilfsmittel ist er nicht in der Lage, diese umfangreiche Materie zu bewältigen. Ein solches Hilfsmittel ist das sogenannte »Repertorium«, in dem nach Körperregionen die einzelnen Symptome geordnet sind. So gibt es dort Rubriken wie Schlaflosigkeit, Husten, Knieschmerz, Haarausfall oder Sodbrennen. Dahinter sind die Mittel aufgezählt, die diese Krankheitszeichen bei den Prüfungen gezeigt haben. Damit hat es der Homöopath nun einfacher, die Mittel den Beschwerden des Patienten zuzuordnen. Doch auch hier gibt es einen Wermutstropfen: Im wichtigsten Handwerkszeug des

Homöopathen, dem Repertorium des Amerikaners Kent, finden sich unter dem Symptom »Fußschmerz« allein schon 122 Mittel, beim Beschwerdebild »Steifheit in der Halswirbelsäule« 144 und unter der Rubrik »Schläfrigkeit« nicht weniger als 275 Arzneien. Wie soll da einer ein einziges Mittel finden, das am besten auf den Kranken paßt?

Nun, in der Regel ist es gar nicht möglich, mit einem einzigen Symptom das passende Mittel herauszufinden. Ein einziges »Fußschmerzmittelchen« gibt es in der Homöopathie eben nicht. Also müssen mehrere Symptome des Kranken mit den Heilmitteln verglichen werden. So kommt man schon eher zu einer natürlichen Auswahl, denn das Mittel, das bei den meisten Symptomen verzeichnet ist, dürfte wohl auch das ähnlichste sein. Somit sind wir schon bei der zweiten wichtigen Regel der Homöopathie: Der Behandler muß die Gesamtheit der Symptome des Kranken erfassen. Alles was der Patient spürt und als krankhaft empfindet kann für die Mittelfindung wichtig sein. Deshalb ist die homöopathische Diagnose eigentlich nichts anderes als ein geduldiges Frage-und-Antwortspiel, bei dem der Behandler alle Organe, Körperregionen und Funktionen abfragt. Auch das ist zeitaufwendig, gehört aber zu einer Ganzheitsbehandlung, wie es die Homöopathie nun einmal ist, mit dazu.

Viele Homöopathen geben heute ihren Patienten einen umfangreichen Fragebogen mit, den diese dann in aller Ruhe daheim ausfüllen können. Nun aber kommt schon das nächste Problem: Was macht der geplagte Homöopath mit dieser Unmenge an Beschwerden, die ihm so mancher Patient schildern kann (manche Kranke verwechseln das Fragebogenausfüllen mit dem Schreiben eines Romanes, oftmals eines wahren Dramas)? Besonders bei chronischen Fällen und »ewig Kranken« kann es vorkommen, daß kein einziges Organ ohne Beschwerden ist. Dies bringt den Behandler verständlicherweise ins Schwitzen. Wie um alles in der Welt soll er diese Menge an Symptomen auswerten können? Eigentlich müßte er ja tagelang an einem einzigen Fall arbeiten. Genau an diesem Punkt setzt wiederum eine zentrale Regel der Homöopathie an. Hahnemann beschreibt diese im Paragraphen 153 seines »Organon«: »Bei dieser Aufsuchung eines homöopathisch spezifischen Heilmittels... sind die auffallenderen, sonderlichen, ungewöhnlichen besonders und fast einzig fest ins Auge zu fassen.« Dieser Satz ist der Schlüssel zum richtigen Heilmittel, zum »Simile«, wie es die Homöopathen nennen. Je seltsamer, ja »komischer« ein Symptom ist, desto wichtiger ist es für die Auswahl. Ein Blick in das Repertorium von Kent beweist dies. Atemnot im Liegen haben 79 Mittel. Dies bringt uns also allein noch zu keinem passenden Simile.

Wird diese Atemnot seltsamerweise jedoch immer dann besser, wenn man sich auf die rechte Seite dreht – und nur auf die rechte –, dann gibt es nur ein einziges homöopathisches Mittel, das bei der Prüfung dieses eigenartige Symptom erzeugte: Spigelia, das Wurmkraut. Und schon ist man beim heilenden Mittel. Jetzt wird auch verständlich, warum der Homöopath möglichst alle Symptome des Kranken benötigt. Nehmen wir einmal an, der Kranke mit diesem seltsamen Symptom der Atemnot sei wegen unklarer Herzbeschwerden zum Homöopathen gekommen. Der fragt nach, wie die Beschwerden des Herzens sind, findet aber nichts Auffallendes. Würde er es bei der Befragung des gerade kranken Organs belassen, fände er wohl das passende Mittel nicht. Indem er nun aber alles abfragt, stößt er auch auf dieses seltsame Zeichen, das für den Laien scheinbar nichts mit dem Herzen zu tun hat. Dieses Symptom aber ist es, das den Behandler auf die richtige Spur bringt, nicht die Herzbeschwerden, weil die nicht sonderlich ungewöhnlich oder auffallend sind. Beim genauen Nachforschen wird der Homöopath vielleicht feststellen, daß bei diesen vielen unklaren Herzbeschwerden des Kranken wie Herzklopfen, Herzstechen und unregelmäßiger Puls, das Wurmkraut ebenfalls verzeichnet ist. Doch es ging in der Unmenge der Mittel einfach unter. Dies zeigt, wie vielgestaltig die homöopathische Medizin ist und wieviel ein Homöopath wissen muß, will er die passenden Mittel herausfinden, ähnlich einer Nadel im Heuhaufen. Doch zurück zur Spagyrik:

Wie vorhin erklärt, könnte man theoretisch die spagyrischen Essenzen nach den homöopathischen Regeln aussuchen und hätte damit eine homöopathische Spagyrik oder eine spagyrische Homöopathie. Unser Thema ist nun aber der verantwortungsvolle und erfolgreiche Umgang mit spagyrischen Pflanzenssenzen im Alltag. Nachdem Sie nun über die Schwierigkeit der homöopathischen Mittelfindung gelesen haben, könnten Sie auf den naheliegenden Gedanken kommen, daß diese Art Spagyrik zu betreiben wohl nichts für den Hausgebrauch ist. Wäre dem so, dann bräuchten Sie den mehrere hundert Seiten dicken »Kent« und noch dazu viele dickbändige Arzneimittellehren. Doch Sie sollen ja nicht zum Homöopathen werden. Eine zielsichere Behandlung einfacherer Krankheiten läßt sich auch recht gut mit einem Katalog von charakteristischen Symptomen erreichen. Eine solche Sammlung ziemlich seltsamer Krankheitzeichen, die auf ein bestimmtes Mittel hinweisen, finden Sie am Ende dieses Kapitels.

Eine weitere Möglichkeit, homöopathisches Erfahrungsgut für die Kräuterspagyrik zu nutze zu machen, ist die Auswahl nach dem homöopathischen Typenbild. Bei der Prüfung von Substanzen am gesunden Menschen erkannte man, wie bestimmte Mittel immer wieder besonders stark bei bestimmten Menschentypen ansprachen. In der homöopathischen Behandlung wurde dies bestätigt, indem das jeweilige Mittel bei dem entsprechenden Typen stets außergewöhnlich gut wirkte. Daraus ergaben sich dann die homöopathischen Typenbilder, die sich jeder Homöopath eingeprägt hat, um in der Praxis allein schon vom Typ des Kranken auf die richtige Spur zu kommen. Sofern diese Typenbilder für pflanzliche Mittel gelten, dürfen wir auch diese für unsere Kräuterspagyrik nutzbar machen.

Mit den Pflanzentypen und einem Katalog charakteristischer Symptome ist eine Spagyrik nach homöopathischen Gesichtspunkten recht einfach möglich, allerdings – und das muß stets betont werden – ausschließlich bei leichten Fällen in der Hausmedizin, die der Laie selbst in die Hand nehmen kann.

Kennen Sie Ihren Pflanzentyp?

Pflanzen wirken auf Menschen. Diese Erkenntnis wird heute keiner widerlegen können. Hochinteressant aber ist das Nachforschen, welche Pflanze bei welchen Menschen besonders gut anschlägt. Diese Forschungsarbeit verdanken wir wieder Samuel Hahnemann und seiner Homöopathie. Die ersten homöopathischen Ärzte erkannten beispielsweise, daß die Kamille für eine besondere Art von Kindern paßt, oder die Kuhschelle in erster Linie Frauen beeinflußt, die weinerlich sind, pummelig und oft einen stillen Kummer in sich tragen. So haben sie Hunderte von Mitteln (natürlich nicht nur pflanzliche) ausgetestet und ganze Bände mit Arzneimitteltypen geschaffen. Was die pflanzlichen Medikamente angeht, können wir die Erfahrungen der Homöopathen auch auf unsere spagyrischen Essenzen übertragen. Somit wird die Kräuterspagyrik, ähnlich wie die Homöopathie, zu einer ganz individuellen, auf jeden einzelnen Kranken ausgerichteten Heilmethode.

Nachfolgend finden Sie zwanzig der wichtigsten Pflanzentypen dargestellt. Machen Sie sich an die Arbeit und forschen Sie nach, ob Ihr Wesen einer dieser Pflanzen entspricht. Je genauer ein Pflanzentyp zu Ihnen paßt, desto sicherer wirkt die spagyrische Essenz des Mittels. Ganz »reine« Typen gibt es jedoch selten. Das ist bei den Pflanzentypen nicht anders als bei den antiken Konstitutionstypen. Hundertprozentige Choleriker sind ebenso selten wie hundertprozentige Melancholiker, Phlegmatiker oder Sanguiniker. Oder in der Astrologie: Kennen Sie beispielsweise einen hundertprozentigen Widder, bei dem alle Eigenschaften und das Aussehen bis in die winzigsten Einzelheiten paßt?

Es muß also nicht all das, was unter dem jeweiligen Pflanzentyp aufgezählt ist, auch übereinstimmen. Wichtig ist, daß die Grundtendenz des Mittels bei Ihnen zu finden ist. Ein Beispiel erklärt dies: Die Essenz des Bittersüßen Nachtschattens wirkt bei jenen Menschen sicher und prompt, die ihre Beschwerden durch Feuchte und durch raschen Wechsel von heißem zu kaltem Wetter bekommen; hauptsächlich gegen den September hin, wenn die Nächte rasch kühl werden, sind sie stets kränklich. Wenn Sie diese seltsame Erscheinung bei sich festgestellt haben, dann ist dies ein entscheidender Hinweis auf den Bittersüßen Nachtschatten. Nun lehrt die Erfahrung, daß dieser Pflanzentyp sich oftmals bei blonden oder rothaarigen Menschen mit Sommersprossen zeigt. Sie sind gutmütig und sanft. Nachdem Sie nun dies gelesen haben, ist Ihre Euphorie verflogen, denn Sie sind vielleicht ein dunkler Typ, schwarzhaarig, mit dunklen Augen und bräunlicher Haut. Und sanftmütig? Schön wär's. Also doch nichts mit dem Bittersüßen Nachtschatten? Doch! Denn das Äußere ist bei den Pflanzentypen in der Regel nicht das Entscheidende. Wenn es heißt, der Bittersüßer-Nachschatten-Typ sei oftmals blond, dann heißt dies ja, daß er es nicht unbedingt immer sein muß.

Von entscheidender Wichtigkeit sind die typischen Merkmale der Pflanze. Und beim Bittersüßen Nachtschatten ist dies besonders die auffallende Verschlechterung der unterschiedlichsten Beschwerden durch Feuchte und diese ganz bestimmte Witterung. Für die Wahl eines Mittels sind also die oft seltsamen Besonderheiten maßgebend. Wenn dann auch noch das äußere Bild übereinstimmt, dann ist das Mittel gefunden, einfach, schnell und sicher.

Beachten sollte man allerdings, daß diese Typen »Krankheitstypen« sind. Sie am relativ Gesunden zu suchen, kann schwierig sein, da die typischen Merkmale sich erst im Krankheitsfall so deutlich wie hier beschrieben zeigen. Körperliche, psychische und charakterliche Eigenarten sind vor diesem Hintergrund zu sehen. Sind z. B. typische Charaktermerkmale aufgeführt, so heißt das also nicht, daß der Betreffende Zeit seines Lebens diese Eigenheiten haben muß. In der Regel treten sie erst im Erkrankungsfall deutlich auf und flauen mit der Gesundung auch wieder ab. Zeigt jemand während seiner Krankheit eine charakteristische »Stimmungsänderung« in bezug auf einen Pflanzentyp hin, ist das somit von höchste Wichtigkeit.

Der Bärlapp-Typ (Lycopodium calvatum)

Er sieht schon äußerlich etwas seltsam aus, dieser Bärlapp-Typ: Was am Oberkörper fehlt, ist am Unterleib zu viel. Konkret heißt das, dieser Typ fällt durch seinen mageren, zusammengesunkenen Brustkorb auf, unter dem ein umfangreicher, übermäßig wohlgenährter Bauch sich nach vorne wölbt. Die Muskeln der Beine sind schlaff, die Waden von Krampfadern durchzogen. Im Gesicht geht das Auffallende weiter: Er ist oft bleich und hat einen gelblichen Unterton in der Hautfarbe.

Der Bärlapp-Typ kann älter aussehen als er tatsächlich ist. Dazu tragen nicht zuletzt auch seine zahlreichen Gesichtsfalten bei, die hohlen Wangen und die eingesunkenen Augen. Und vielleicht auch sein Haar, das frühzeitig grau wird und ausfällt. Das einzige was einigermaßen frisch und jugendlich wirkt ist sein Blick, denn dumm ist der Bärlapp-Typ nicht. Psychisch neigt er eher zur Melancholie. Zwar kann auch er leicht aufbrausen, doch in der Regel überwiegt das Niedergedrückte. Manchmal ist er weinerlich, stets aber müde und erschöpft. Man könnte meinen, diese äußeren Merkmale, zusammen mit der seelischen Verfassung, kämen heute doch recht häufig vor, und dann gäbe es sehr viele Bärlapp-Typen. Das mag stimmen. Doch ob jemand tatsächlich ein Bärlapp-Typ ist oder nicht, entscheiden nicht zuletzt die organischen und funktionellen Zeichen.

Ein sehr wichtiges davon betrifft die Zeit. Der Bärlapp-Typ fühlt sich zwischen 16 und 20 Uhr am elendsten. Zu dieser Zeit spürt er seine Beschwerden am deutlichsten. Auffallend ist auch, daß er seine Wehwehchen häufig auf der rechten Körperseite hat, oder aber sie ziehen von rechts nach links hinüber. Nach dem Essen fühlt er sich voll, der Leib spannt und drückt. Seine Verstopfung ist hartnäckig. Wenn er Süßes sieht, muß er es haben, auch wenn es ihm nicht gut bekommt. Manchmal setzt sich so ein Bärlapp-Typ mit riesigem Hunger an den Tisch, doch schon nach wenigen Bissen lehnt er sich mißmutig zurück, weil er schon voll ist und seine Därme zu rumpeln beginnen. Ein andermal hat er keinerlei Appetit, doch von Bissen zu Bissen wird der Hunger größer, und im Nu hat er sich übergessen. Wieder geht er mürrisch vom Tisch, läßt alle seine üble Laune spüren. Dann ist es am besten, man schickt ihn zu einem Spaziergang vor die Tür, denn frische Luft und Bewegung hellen ihn wieder auf. Bis zum nächsten Mal.

Der Berberitze-Typ (Berberis vulgaris)

Die Beschwerden des Berberitze-Typs schwächen den Betreffenden sehr. Er ist erschöpft mit blassem Gesicht, fahlem Teint, die Wangen sind eingefallen, die Augen liegen tief und sind bläulich umrandet. Ein besonderes Kennzeichen dieses Pflanzentyps ist eine bläulich-rötliche Verfärbung der Innenseite der Oberlippe. Dazu können noch bläuliche oder rote Flecken an den Mundwinkeln sichtbar sein. Doch mit einem prüfenden Blick in den Spiegel läßt sich noch kein Berberitze-Typ unzweideutig erkennen. Zunächst sind die Beschwerden von Interesse.

Alles was mit »Rheuma« irgendwie zusammenhängt, kann ein Hinweis auf Berberitze sein. Der Berberitze-Typ hat ein ausgesprochenes Schwächegefühl im Rücken. Wenn ein Hexenschuß auftritt, so strahlen die Schmerzen in die Beine aus. Alle Schmerzen haben diesen charakteristischen Zug des Ausstrahlens oder Wanderns. Mal spürt der Kranke den Schmerz hier, mal dort. Schlimmer wird er häufig durch Bewegung, schon bloßes Spazierengehen verschlimmert. Selbst die kleinste Erschütterung oder das Auto- und Zugfahren bekommt dem Berberitze-Typ nicht. Die Schmerzen sind derart, daß der Betroffene Mühe hat von einem Stuhl aufzustehen oder aus dem Bett auszusteigen. Selbst das Hinlegen tut ihm weh.

Ein weiteres sehr wichtiges Kennzeichen dieses Pflanzentyps sind Kolikschmerzen. Für Nierenkoliken ist der Berberitze-Typ anscheinend prädestiniert. Obwohl die Anfälle auf beiden Seiten auftreten können, ist es bei der Berberitze oft eine linksseitige Nierenkolik. Die Kolikschmerzen werden durch die gleichen Anlässe verschlimmert wie die Rheumaschmerzen. Doch nicht nur Nierenkoliken kommen vor. Hin und wieder kann sich auch eine Gallenkolik einstellen. Diese Schmerzen sind stechend, werden durch Druck schlimmer und strahlen zum Magen hin aus.

Die Haut des Berberitze-Typs zeigt sich gleichfalls auffallend sensibel. Sie juckt und brennt, was durch Kratzen nur noch schlimmer, durch kalte Anwendungen aber besser wird. Häufig findet man flache Warzen oder auch Ekzeme an den Händen oder am After. Es kann ein dauernder Stuhldrang bestehen und schmerzloser Durchfall. Der Stuhl hat eine lehmartige Farbe und Beschaffenheit. Als wichtigste Kennzeichen des Berberitze-Typs muß man sich aber die typischen Rückenschmerzen und die Nierensymptome merken. Oftmals treten beide zusammen auf. Rückenschmerz mit gleichzeitigem rotem Sand im Urin weist immer auf die Berberitze hin, gleichfalls ein eigentümliches Symptom: neuralgische Schmerzen direkt unter den Fingernägeln.

Der Bittersüße-Nachtschatten-Typ (Solanum dulcamara)

Zugegeben: der Name »Bittersüßer-Nachtschatten-Typ« geht mir schwer aus der Feder und Ihnen wohl ebenso schwer von den Lippen. Trotzdem muß er angesprochen werden, denn man wird ihn nicht selten antreffen, wenn unter den Mitmenschen nach Pflanzentypen Ausschau gehalten wird. Auffallend häufig treten uns diese Typen gegen Ende des Sommers und im Frühherbst vor die Augen. Wenn die Tage zwar noch recht warm, die Nächte hingegen schon empfindlich kühl sind, bekommt der Bittersüße-Nachtschatten-Typ Beschwerden. Ist das Wetter dann noch besonders feucht, so wird er krank. Dann erkältet er sich, bekommt Schnupfen, Halsweh, Husten bis hin zur ausgeprägten Bronchitis. Auch ein Durchfall kann sich dabei einstellen.

Dann ist der Stuhl grünlich-wäßrig und mit viel Schleim bedeckt. Es besteht starker, krampfender Bauchschmerz, besonders um den Nabel herum. Mit Rheuma hat ein Mensch, dem kalt-feuchte Witterung nicht bekommt, natürlich stets zu kämpfen. Im Kreuz spürt er einen starken Schmerz, so, wie wenn er sich lange gebückt hätte. Füße und Hände sind eiskalt, an den Handflächen schwitzt er, und die Schienbeine tun ihm weh. Gleichzeitig ist die Haut sehr empfindlich. Sie juckt stets bei kaltem, feuchtem Wetter. Dann kann sich eine Gürtelrose bilden, eine Nesselsucht oder sonst ein Bläschenausschlag. Ist ein solcher Hautausschlag wieder verschwunden, treten bei diesem Pflanzentyp nicht selten Rheuma oder Durchfall auf.

Bei den Witterungseinflüssen, die dem Bittersüße-Nachtschatten-Typ zu schaffen machen, ist es durchaus möglich, daß sich auch eine Blasenentzündung einstellt, bei der fast kein Urin mehr abgeht. Auffallend ist zudem eine gewisse Asthmaanfälligkeit mit lockerem Husten und Rasselgeräuschen, die durch viel Schleim verursacht werden. Dieser Schleim kann jedoch nur mit sehr viel Mühe losgehustet werden. Während des Hustens ist es dem Kranken, als ob sich der obere Bauch zusammenschnüren wolle. Deshalb drückt er auch beim Husten die Hand fest auf die schmerzende Stelle.

Äußerlich sind Menschen vom Bittersüße-Nachtschatten-Typ häufig blond oder rothaarig. Die Haut ist bleich und kann mit Sommersprossen übersät sein. Psychisch sind sie eher von sanftem Wesen. Oftmals tritt dieser Typ bei Menschen auf, die in kalten, feuchten Kellerwohnungen leben oder arbeiten müssen. Das wichtigste Kennzeichen dieses Typs ist nämlich: Alle Beschwerden beginnen oder werden schlimmer durch Feuchte und den raschen Wechsel von heißem zu kühlem Wetter.

Der Brechnuß-Typ (Strychnos nux vomica)

Auf den ersten Blick scheint der Brechnuß-Typ mit dem Bärlapp-Typ verwandt zu sein. Auch der Brechnuß-Typ hat eine eher reizbare und mürrische Psyche und ist oft schlechter Laune. Manchmal wird er gar richtig boshaft. Mager ist er auch, doch den prallen Bärlapp-Bauch sieht man selten. Das Gesicht ist schmutzig-gelblich, doch zuweilen schießt dem Brechnuß-Typen das Blut in den Kopf, und dann kann sein Gesicht sich röten, wobei der gelbliche Untergrund aber nicht zu übersehen ist. Vergleicht man die typischen Zeichen beider Typen, so kann man sie jedoch nicht verwechseln.

Auffallend ist beim Brechnuß-Typen, daß er häufig bei streßgeplagten Managern zu finden ist, die zu hastig essen, zu wenig Bewegung haben und sich scheinbar ausschließlich von Genußmitteln ernähren. Dieser Überkonsum macht den Brechnuß-Typen auf Dauer überaus empfindlich auf äußere Eindrücke. Das geringste Geräusch, Licht, Gerüche aber auch Schmerzen sind ihm unerträglich. Charakteristisch ist für ihn zudem, daß er sich morgens nach dem Aufstehen schlecht fühlt. Wenn er Kopfweh hat, dann in der Regel morgens. Seltsam bei diesem Pflanzentyp ist auch die Verschlimmerung seiner Beschwerden bei trockener Kälte, während es ihm bei feuchtem Regenwetter besser geht.

Ähnlich wie bei Bärlapp ist auch hier der Bauch eine wichtige Schwachstelle. Nach dem Essen ist ihm oftmals übel, er bekommt Sodbrennen und Spannungsgefühl. Dabei ist die Magengegend sehr druckempfindlich. Der Brechnuß-Typ ist stets in Hast, was ihm nicht gut bekommt. Oft klagt er über Verstopfung. Obwohl er Drang zum Stuhlgang hat, geht nichts. Sollte es einmal klappen, dann hat er das Gefühl des »Nicht-fertig-seins«. Probleme mit dem Schlafen kennt der Brechnuß-Typ ebenfalls. Er wacht gegen drei Uhr morgens auf und bleibt dann wach bis gegen sechs. Dann könnte er plötzlich wieder einschlafen, was aber in der Regel der Wecker zu verhindern weiß. So geht er dann mit übelster Laune an sein Tagwerk. Womit wir nochmals beim schwierigen Innenleben dieses Menschen sind: Sein Geschäft geht ihm über alles. Für gewöhnlich hat er beruflichen Erfolg, denn er ist sorgfältig, gewissenhaft, eifrig, aber auch von feurigem Temperament, und seine Mitarbeiter oder Untergebenen kennen seine schlechten Tage genau, an denen er streitsüchtig und zornig herumtobt und allen das Fürchten lehrt. Und wenn ihn einmal der berufliche Erfolg verlassen sollte, ist der Brechnuß-Typ ein Charakter, der sich allzu leichtfertig einen Strick knüpft.

Der Chinarinde-Typ (China regia)

Der Chinarinde-Typ wird oftmals erst dann bei einem Menschen deutlich sichtbar, wenn er Körperflüssigkeiten verloren hat, beispielsweise nach Blutverlusten. Treten diese Verluste plötzlich auf, dann wird ein Mensch vom Chinarinde-Typ schnell schwächer und schwächer. Dabei können Sehstörungen oder Ohrensausen auftreten. Wenn der Verlust eher langsam und schleichend vor sich gegangen ist, dann erkennt man diesen Typ recht leicht im Gesicht, das blaß und gelblich geworden ist. Die Augen zeigen dunkle Ränder. Klopfende Kopfschmerzen können auftreten, nächtliches Schwitzen und rascher Schweißausbruch bei der geringsten Bewegung sind ebenfalls Zeichen dieses Pflanzentyps. Solche Menschen sind immer sehr sensibel und reizbar. Besonders gegen die geringste Kälte oder gegen Zugluft sind sie empfindlich. Schlechter wird alles durch Berührung und nachts, hauptsächlich gegen Mitternacht. Besserung erfahren sie durch starken Druck, durch Zusammenkrümmen und in frischer Luft. Die Überempfindlichkeit erstreckt sich auch auf das Gehör, denn das geringste Geräusch wird schon als Schmerz empfunden. Starke Gerüche wie Küchendunst und Tabakrauch reizen sie.

Andere Symptome treten ebenfalls häufig nach Verlust von Körperflüssigkeiten auf. Kennzeichnend ist hier zunächst einmal der aufgetriebene Bauch mit Aufstoßen und Windabgang, was jedoch nicht erleichtert. Mitunter zeigen sich dann Erbrechen, Durchfall oder Darmkrämpfe. Tritt Kopfschmerz auf, dann ist er so stark, daß der Kranke glaubt, sein Schädel wolle zerspringen. Er fühlt ein intensives Pulsieren in Kopf- und Schläfenadern. In den Augen verspürt er einen schmerzhaften Druck, in den Ohren klingelt es. Manchmal kommt es zu einem heftigen, trockenen Niesen. Auf der Brust hat er ein Rasseln. Seine Glieder schmerzen, wie wenn sie verstaucht wären. Die leiseste Berührung macht die Schmerzen schlimmer.

Die auffallende Empfindlichkeit der Haut ist besonders an der Kopfhaut spürbar. Auffallend beim Chinarinde-Typ ist ein gewisses periodisches Auftreten der Beschwerden. So jeden zweiten bis dritten Tag geht es dem Kranken schlechter. Entscheidend für diesen Pflanzentyp ist aber stets: Alles beginnt oder wird schlimmer nach Blutungen, Schweißausbrüchen oder sonstigem Verlust körperlicher Flüssigkeiten.

Der Giftsumach-Typ (Rhus toxicodendron)

Den Giftsumach-Typ erkennt man weniger an seinem Äußeren als an seinen körperlichen Schwachstellen und den Reaktionen auf krankmachende Einflüsse. Wenn dieser Typ krank wird, dann oft an Muskeln und Gelenken oder an der Haut. Das Rheuma des Giftsumach-Typs kann man nicht verwechseln. Muskeln und Gelenke schmerzen vor allem bei Ruhe. Will der Kranke sich dann bewegen, verschlimmert es sich kurzfristig noch, doch wenn er sich »eingelaufen« hat, ist alles viel besser. Ist er erst einmal in Bewegung, dann kann es soweit kommen, daß er ganz vergißt, rheumakrank zu sein.

Giftsumach-Typen sind oft jene Rheumatiker, die morgens fast nicht aus dem Bett kommen, weil alles steif ist und schmerzt. Haben sie dann einige Schritte getan, kommt die Gelenkigkeit nach und nach zurück. Schlimmer werden die Schmerzen durch kalte Luft, im Schlaf, bei feuchtem Wetter oder wenn der Kranke durchnäßt wurde. Die Empfindlichkeit gegen frische Luft kann sich so steigern, daß die Haut schmerzhaft wird. Besser geht es dem Giftsumach-Typen bei warmem, trockenem Wetter, beim Gehen oder wenn er seine Lage ändert. Manchmal hilft auch Reiben oder Strecken der Glieder.

Hat ein Giftsumach-Typ Hautausschläge, dann handelt es sich für gewöhnlich um bläschenartige Ausschläge, die stark jucken oder brennen. Manchmal wechseln solche Hauterscheinungen auch mit Durchfällen ab. Herpes-Ausschläge sind für diesen Typen kennzeichnend, d. h. er bekommt leichter eine Gürtelrose als andere. Doch neben diesen beiden Schwachstellen kann ein Giftsumach-Typ noch ganz andere Symptome haben. So ist er äußerst empfindlich gegen Überanstrengungen. Ob Muskeln, Sehnen, Bänder, Gelenke oder auch das Herz, überall kann sich Überanstrengung negativ auswirken.

Ein Rheumatismus kann beim Giftsumach-Typ auch das Auge befallen. Nervöse Erscheinungen sind ihm nicht fremd. Neuralgien oder Ischiasbeschwerden kommen oft vor. Diese Schmerzen werden wie die übrigen Rheumabeschwerden durch kaltes, feuchtes Wetter oder nachts schlimmer. Psychisch ist dieser Typ ruhelos, was verständlich ist, da ja alles in Ruhe schlimmer wird. Nachts hat er Ängste, die ihn manchmal aus dem Bett treiben. Seltsam sind auch die Träume. Er träumt von großen Anstrengungen. Besonders vor Mitternacht kann er nicht schlafen. Ein äußeres Giftsumach-Zeichen sei genannt: Die Zunge ist belegt, nur vorn an der Spitze ist eine kleine dreieckige Stelle rot.

Der Ignatiusbohne-Typ (Strychnos ignatia)

Die Ignatiusbohne ist traditionell ein Frauenmittel. Und tatsächlich wird der Ignatiusbohne-Typ häufiger beim weiblichen als beim männlichen Geschlecht angetroffen. Von außen fällt eine Ignatiusbohne-Frau nicht sonderlich auf. Öfters hat sie wohl braunes als blondes Haar und ist auch sonst eher ein dunkler Typ. Viel ausgeprägter ist die Psyche dieses Pflanzentyps. Auffallenderweise neigen viele Frauen, die einen seelischen Kummer über lange Zeit mit sich herumtragen, oft zum Ignatiusbohne-Typ. Sie verbergen ihren Schmerz oder ihre Enttäuschung, sind still und melancholisch. Tränen fließen ihnen leicht.

Der ganze Zustand ist morgens beim Erwachen stark ausgeprägt, als ob diese Frauen traurig wären, daß ihr Kummer mit ihnen aufstehen muß und sie auch im neuen Tag begleiten wird. Der Ignatiusbohne-Typ seufzt manchmal unwillkürlich, gähnt am laufenden Band und weint bei der geringsten Kleinigkeit. Charakteristisch ist aber, daß es urplötzlich zu einem gewaltigen Umschwung dieses psychischen Bildes kommen kann. Scheinbar geringfügige Anlässe wie Vorwürfe, Widerspruch oder Kritik können einen Zornausbruch auslösen, den man solchen Menschen gar nicht zugetraut hätte. Solche Erregungen bringen dann die absonderlichsten Symptome mit sich. Oftmals sind diese Körperzeichen paradoxer Natur. So kann es zu einem Halsschmerz kommen, der besser wird, wenn man harte Brocken schluckt, oder es treten Hämorrhoiden auf, die beim Gehen am wenigsten Beschwerden machen, oder der Magen kann die schwerverdaulichsten Dinge vertragen. Leichtverdauliches hingegen erzeugt heftige Beschwerden. Solche widersprüchlichen Zeichen sind für die Ignatiusbohne typisch.

Die Symptome sind alle recht unbeständig und oberflächlich. Sie wechseln schnell den Ort oder den Charakter der Störung. Die Frauen dieses Typs sind ständig auf Achse, wirken immer gehetzt, nichts kann ihnen schnell genug gehen. Stets sind sie um ihre Gesundheit besorgt und ängstigen sich über Kleinigkeiten. Dabei kommen sie schnell ins Zittern und verkrampfen sich. Gegen Genußgifte sind sie allergisch. Während sie sich beim Essen recht wohl fühlen, kommen die Symptome nach dem Essen wieder. Auch der gelindeste Luftzug kann alles verschlimmern. Alles in allem: Der Ignatiusbohne-Typ ist ein Psychosomatiker par excellence. Alle seine Beschwerden sind Ausdruck eines überreizten Nervensystems durch Kummer oder Aufregung.

Der Kamille-Typ (Matricaria chamomilla)

Ein stiller, braver, freundlicher Mensch ist niemals ein Kamille-Typ. Man mag es dieser zierlichen Pflanze gar nicht zutrauen, beim Menschen einen solch gereizten Typen zu erzeugen. Dieser reizbare Charakter ist das wichtigste Kennzeichen des Kamille-Typs. Er ist ungeduldig, ruhelos und manchmal boshaft und zänkisch. Dabei reagiert er auf jede Empfindung: Kränkung, Verdruß, oder Kummer schlagen gleich auf den Körper und erzeugen Schmerzen, Krämpfe, Fieber. Auf Schmerz ist er äußerst empfindlich. Die homöopathische Erfahrung lehrt, daß sich der Kamille-Typ sehr oft bei hysterischen Frauen und kleinen Kindern zeigt.

Bei Frauen stehen Unterleibsbeschwerden im Vordergrund. Die Regel ist schmerzhaft, es kommt zu Erbrechen, Durchfall und Ohnmacht, da die Schmerzen unerträglich erscheinen. Oftmals jammern solche Frauen in einem fort. Die Blutung kommt zu früh, ist reichlich, dunkel und klumpig. Alle Beschwerden werden durch Hitze, Ärger, Zorn und in der Nacht schlimmer. Kinder zeigen den Kamille-Typ nicht selten während des Zahnens. Eine Wange ist rot und heiß, während die andere blaß und kalt ist. Solche Kinder schreien mörderisch, wenn ein neuer Zahn durchbricht. Manchmal schwitzen sie dabei oder bekommen Fieber. Nur eines hilft in diesem Fall: auf den Arm nehmen und herumtragen. Das ist die einzige Möglichkeit, das kleine Würmchen zu beruhigen. Es ist schlaflos und gereizt. Plötzlich will es verschiedene Dinge, beispielsweise Spielsachen, die dann in weitem Bogen durch das Zimmer fliegen, sobald es sie bekommen hat.

Es hat den Anschein, als seien diese Kinder mit nichts zufrieden. Anrühren läßt sich so ein Kamille-Kind nur sehr ungern, und es tut nur, was es will. Ein Teufelskreis entsteht, wenn die Eltern schließlich die Geduld verlieren und es ausschimpfen. Das macht dann alles nur noch schlimmer. Manchmal geht es dann erst richtig los: es entstehen Krämpfe, Hustenanfälle, Durchfall, Darmkoliken.

Bei allen Arten von Krankheiten im Kindesalter paßt die Kamille, wenn der beschriebene psychische Zustand im Vordergrund steht. Und dann hilft sie auch oft auffallend rasch.

Der Kokkelskörner-Typ (Anamirta Cocculus)

Dem Kokkelskörner-Typ fehlt es an Kraft. Er leidet unter einer nervlichen Erschöpfung, was seine auffallende Schwäche erklärt. Aufrechthalten kann er sich nur schwerlich, da die Muskeln des

Rückens und der Beine wie gelähmt sind. Manchmal knicken seine Knie beim Gehen ein, er taumelt und droht hinzufallen. Dabei ist oft nur eine Körperhälfte befallen. Selbst den Kopf kann er nicht mehr gerade halten. Bei all dieser Schwäche ist seine Psyche äußerst reizbar.

Der Kokkelskörner-Typ ist launisch. Er spricht hastig und verträgt keinen Widerspruch. Manchmal kann sich ein unbändiger Drang einstellen, einfach drauflos zu singen. Die Zeit vergeht ihm zu langsam, und ab und zu überkommt ihn eine tiefe Traurigkeit. Woher kommt nun dieser eigentümliche Schwächezustand dieser Typen? Häufig entsteht er durch Mangel an Schlaf oder durch Überarbeitung. Die selbstlose Krankenschwester kann so ein Typ sein. Sie hält lange Nachtwachen, ist stets besorgt um die Gesundheit der Kranken, und plötzlich fällt sie in den Schwächezustand des Kokkelskörner-Typs. Kokkelskörner-Typen sind daher häufig unverheiratete, kinderlose Frauen oder empfindliche, romantische junge Mädchen. Meist haben sie helle Haare.

Im Zustand der Schwäche können sich weitere Symptome zeigen: Überempfindlichkeit gegen Schmerzen, Abneigung gegen alle Speisen, starker Speichelfluß mit Durst, Auftreibung des Bauches mit Blähungen und dem Gefühl, als wäre der ganze Leib mit Steinen gefüllt. Ein ganz besonderes Symptom fehlt selten beim Kokkelskörner-Typ: Ihm wird schwindlig und übel beim Fahren im Auto, im Zug oder beim Fliegen – von Schiffsfahrten ganz zu schweigen. Dann bekommen diese Menschen Migräneanfälle oft mit Erbrechen. Die Kopfschmerzen sitzen häufig im Hinterkopf und Nacken. Schwindel entsteht aber nicht nur in Verkehrsmitteln, sondern auch dann, wenn man den Kopf aus der horizontalen Lage aufrichten will, etwa beim morgendlichen Aufstehen. Auch hierbei kann es zu Übelkeit und Erbrechen kommen. Und noch ein merkwürdiges Symptom ist für den Kokkelskörner-Typ kennzeichnend: Wenn er Kopfschmerzen hat, zeigt sich plötzlich ein starkes Verlangen nach Bier!

So seltsam können Pflanzenkräfte beim Menschen wirken...

Der Kuhschelle-Typ (Pulsatilla partensis)

Die Kuhschelle ist ein ähnliches Frauenmittel wie die Ignatiusbohne und trägt einige verwandtschaftliche Züge jener Pflanze. Doch beim genauen Hinschauen entpuppt sich doch ein ganz eigener, auffälliger Typ. Selbstverständlich kann auch ein Mann Zeichen der Kuhschelle (oder der Ignatiusbohne) in seinem Wesen tragen, dennoch kommt dieser Typ wesentlich häufiger beim weiblichen Geschlecht vor.

Wie die Ignatiusbohne ist der Kuhschelle-Typ sehr sensibel und empfindlich. Plötzliche Gefühlsausbrüche und Umschwung der Stimmung sind jedoch selten. Die Kuhschelle-Frau ist ein empfindliches, stilles Mauerblümchen, sie ist verträumt und trägt ihren Kummer im stillen mit sich herum. Während die Ignatiusbohne heftig reagiert, wenn auch nur unbedeutende Reize das Seelenleben stören, wird der Kuhschelle-Typ in solchen Situationen eher traurig und weinerlich. Dann kann sie zu Tode betrübt sein. Aber sie läßt sich gerne trösten. Das Alleinsein fürchtet sie, manchmal auch die Männer. An körperlichen Störungen ist für die Kuhschelle typisch, daß sie kein Fett vertragen kann. Auch Hitze, ein sehr warmes Zimmer, langes Stehen oder Tiefdruckwetter bekommen ihr nicht. Die Periode ist sehr unregelmäßig. Nach einer Erkältung kann sie ganz ausbleiben. Am Morgen hat die Kuhschelle-Frau mehr Beschwerden als abends. Durst besteht kaum.

Wenn Schmerzen auftreten, dann wechseln diese recht schnell die Art oder Intensität. Sie können plötzlich auftreten, vergehen aber recht langsam wieder. Mit dem Schmerz ist ständig ein Frösteln verbunden.

Geistige Anstrengung macht oft Kopfweh. Generell tut frische Luft gut, ebenso äußere kalte Anwendungen. Äußerlich ist die Kuhschelle-Frau blond mit blauen Augen und blassem Gesicht. Sie neigt dazu pummelig zu werden, wenn sie mit dem Essen nicht aufpaßt. Ihr Wesen ist das eines »sanften Engels«, sie ist nachgiebig und leicht zu überreden, schüchtern und wechselhaft in ihren Launen. Mag man bei all diesen Wesenzügen nun meinen, eine Kuhschelle-Frau sehne sich nach der Geborgenheit und Sicherheit einer harmonischen Ehe, kann man sich oft getäuscht fühlen. Nicht selten ist das Gegenteil der Fall. Schon manchmal sind aus sensiblen Kuhschelle-Mädchen alte Jungfern geworden, die an recht fanatischen religiösen Überzeugungen hängen.

Der Lebensbaum-Typ (Thuja occidentalis)

Den Lebensbaum-Typ erkennt man schon, wenn man ihm ins Gesicht schaut. Es sieht ausgesprochen fettig und glänzend aus, als wäre es mit Vaseline überstrichen. Dabei ist die Haut bleich mit schmutzig ungesundem Aussehen. Dazu kommen noch ausgeprägte Gesichtsfalten, die besonders zwischen den Augenbrauen deutlich hervortreten. Die Lippen des Lebensbaum-Typs sind meist blaßblau und können einen weißlichen Rand zeigen, so daß es aussieht, als ob der Betreffende gerade Milch getrunken hätte.

Die Haut ist eine wichtige Schwachstelle des Lebensbaum-Typs. Sie ist fleckig, hat viele Leberflecke, Knötchen und Warzen. Psychisch ist dieser Typ ungeduldig und hastig. Er spricht überstürzt, und seine Bewegungen sind rasch. Die Nerven sind überreizt, schon Kleinigkeiten bringt ihn durcheinander. Musik macht den Lebensbaum-Typ traurig und weinerlich.

Manchmal hat er seltsame Vorstellungen verschiedenster Art: Einmal meint er, etwas Lebendiges sei in seinem Bauch, dann scheint es ihm, als ob sein Kopf vom Rumpf getrennt wäre. Ein andermal hat er die fixe Idee, jemand verfolge ihn. Stets erwartet er das Schlimmste.

Ruhig schlafen kann so ein Mensch natürlich nicht. Morgens gegen drei oder vier Uhr wacht er auf und grübelt über seine Psyche nach. Wenn diese charakteristischen Zeichen vorhanden sind, dann kann der Lebensbaum bei den verschiedensten Krankheiten und Leiden hilfreich sein. Oftmals kommt es vor, daß sich Krankheiten beim Lebensbaum-Typ nach einer Impfung einstellen, oder daß er Impfungen an sich schlecht verträgt. Der Magen und der Darm können dann krank werden, wobei sich viele Blähungen und Auftreibung des Bauches einstellt. An gewissen Stellen kann die Bauchdecke etwas hervortreten, als wolle sich etwas im Innern ausdehnen.

Die Harnwege sind ebenfalls empfindlich. Häufig kommen Blasen- und Harnröhrenentzündungen vor. Der Harnstrahl ist geteilt. Schmerzen treten vermehrt nach dem Wasserlassen auf. Bei Kindern des Lebensbaum-Typs kommt häufig Asthma vor. Hat dieser Pflanzentyp Schmerzen, dann sind diese in der Regel auf kleine, umschriebene Stellen beschränkt. Wenn solche Menschen schwitzen, dann hauptsächlich an nicht bedeckten Stellen der Haut und sehr häufig auch im ersten Schlaf. Typisch ist der Geruch des Schweißes: Er ist unangenehm, manchmal mehr süßlich, manchmal mehr scharf. Und noch eins: Vor Zwiebeln nimmt der Lebensbaum-Typ reißaus!

Der Schierling-Typ (Conium maculatum)

Diesen Pflanzentyp findet man in der Regel bei älteren Menschen, die zunehmend schwächer und schwächer werden. Besonders häufig zeigt er sich bei älteren, unverheiratet gebliebenen Frauen oder Junggesellen. Zunächst fallen die seelischen und nervlichen Sonderlichkeiten auf. Der Geist des Schierling-Typs wird träger und nimmt immer mehr ab. Ein Schierling-Typ hat nie ein gutes Gedächtnis. Er wird traurig und hypochondrisch, alles um ihn herum ärgert ihn. Gesellschaft ist ihm zuwider, am liebsten träumt und döst er vor sich hin. Hinzu kommt, daß er nicht die geringste Menge Alkohol verträgt.

Wo der Geist schwächer wird, tut dies unwillkürlich auch der Körper. Die Schwäche des Schierling-Typs steigt von unten nach oben. Die Muskelschwäche beginnt in den Beinen. Nun wird der Kranke zunehmend zittrig. Bei Frauen kann sich eine solche Schwäche zeigen, wenn sie in die Wechseljahre kommen oder danach. Plötzlich sticht es in den Brustwarzen. Die Brüste sind schlaff, aber hart. Sind die Monatsblutungen noch da, schwellen sie während jeder Blutung an, werden hart und schmerzen. Schlimmer wird dieser Zustand durch Gehen oder die leiseste Erschütterung. Der Schwindel ist beim Schierling-Typ auffallend.

Er tritt meist im Bett beim Hinlegen oder Umdrehen auf. Schon die Bewegung des Kopfes oder nur der Augen erzeugt dieses schwindelige Gefühl. Der Kranke fürchtet helles Licht und bekommt Tränenfluß. Er schwitzt leicht, besonders im Bett, wenn er die Augen schließt oder im ersten Schlaf. Häufig leidet er unter feuchten Händen. In den Achselhöhlen kann sich ein Schmerz zeigen, der oft zusammen mit einem Taubheitsgefühl auftritt, das den Arm hinunterläuft.

Alle Drüsen sind vergrößert und verhärtet. Das Wasserlassen macht Schwierigkeiten. Der Urin geht nur in Schüben ab, manchmal auch nur tropfweise. Ein Schierling-Typ klagt oft über Übelkeit und saures, ätzendes Aufstoßen, das aber durch Essen gebessert wird und erst einige Stunden nach der Mahlzeit wieder auftritt. Dabei sitzt der Magenschmerz recht weit oben hinter dem Brustbein. Eines tut der Schierling-Typ gerne, weil es ihm spürbar hilft: Fasten.

Der Schöllkraut-Typ (Chelidonium majus)

Der Schöllkraut-Typ kann bei jedem Geschlecht, jeder Konstitution und in jedem Alter auftreten. Äußere Merkmale sind weniger maßgeblich als die eigentlichen typischen Symptome. Dennoch haben blonde, schwächliche und träge Menschen mit Leberschwäche öfters den Chelidonium-Typ als andere. Dieser Pflanzentyp ist recht bewegungsscheu, öfters melancholischer Stimmung, tagsüber schläfrig und müde. Seine Haut hat einen leichten Gelbstich, manchmal ist das Weiß im Auge gelb unterlaufen. Auch die Zunge zeigt hin und wieder einen gelbgetönten Belag. Dabei sind die Zungenränder meist rot und seltsam ausgebuchtet, wie wenn sich die Zähne eingedrückt hätten.

Die inneren Symptome betreffen hauptsächlich die Leber. Als erstes ist hier ein drückender oder schneidender Schmerz in der Lebergegend zu nennen, der gegen den unteren Winkel des rechten Schulterblattes ausstrahlt. Dieser Schulterblattschmerz tritt ab und zu auch für sich allein auf. Für die Leberschwäche des Schöllkraut-Typs spricht auch der dunkelgelbe Urin und die hellgelben, lehmfarbenen Stühle.

Oftmals besteht ein Wechsel von Durchfall und Verstopfung. Auch der Magen ist schwach. Es kommt leicht zu Übelkeit und Erbrechen. In dieser Situation bleiben nur noch warme Getränke im Magen, alles andere wird wieder ausgespuckt. Der Schöllkraut-Typ ißt sowieso gerne recht heiß, weil dies seine Beschwerden auffallend bessert. Nach dem Essen geht es ihm besser. Rheumatische Schmerzen sind dem Schöllkraut-Typ nicht unbekannt. Sie sind hauptsächlich auf der rechten Körperseite in den Armen, Schulter, Handgelenk und Fingerspitzen. Gerade die Fingerspitzen zeigen ein merkwürdiges Symptom: Sie sind oft eisig kalt. Eine solche Kälte verspürt dieser Typ hin und wieder auch im Nacken oder im Hinterkopf. Bekommt er Kopfschmerzen, dann rechts, meist hinter den Ohren. Auch dieser Schmerz kann zum Schulterblatt hin ausstrahlen.

Der Schöllkraut-Typ braucht viel frische Luft. So wie er atmet, meint man, er bekäme nicht genug davon, denn er muß häufig tiefe Atemzüge machen. Sind die Atemwege krank, so meist stärker auf der rechten Seite, so wie alles beim Schöllkraut-Typ mit Vorliebe rechts auftritt. Und noch eines spricht für das Schöllkraut: Gib ihm Saures! – hier nicht sprichwörtlich, sondern wortwörtlich gemeint, denn er hat Lust auf saure Sachen.

Der Stephanskörner-Typ (Delphinium staphysagria)

Diese Pflanze kennt beim Menschen zwei unterschiedliche Typen. Der eine ist rasch zornig und wütend. Die geringste Kränkung erzeugt vielerlei Beschwerden. Seine Hauptsorge gilt der Zukunft. Der andere Typ ist eher phlegmatisch, hypochondrisch mit schwachem Gedächtnis. Eines ist aber beiden eigen: Das Sexualleben nimmt einen großen Stellenwert im Alltag ein. Der Stephanskörner-Typ ist ein typischer Sexualneurotiker.

Immer ist er gedanklich mit geschlechtlichen Dingen beschäftigt, nicht selten kommt häufige Selbstbefriedigung vor, da die Sexualorgane überreizt sind. Diese häufige Auseinandersetzung mit dem Sexuellen kann beim Stephanskörner-Typ Auslöser für eine ganze Reihe körperlicher Symptome sein. So kann sich nach übermäßiger sexueller Betätigung Gleichgültigkeit, Stumpfsinn und Erschöpfung einstellen. Manchmal entstehen aber auch ganz andere Krankheiten als

Folge dieses Hanges, die die unterschiedlichsten Gesichter haben können.

Doch nicht nur das Sexuelle verschafft dem Stephanskörner-Typ Probleme. Manchmal tritt an Stelle des überreizten Geschlechtslebens eine gesteigerte Empfindlichkeit gegenüber Gefühlserregungen. Beschwerden stellen sich z. B. ein nach einem unterdrückten Ärger oder Zorn, nach Beleidigungen oder Kränkungen. Menschen dieses Typs sind sehr empfindlich gegenüber dem, was andere über sie denken. Beschwerden, die hieraus entstehen, können sowohl seelisch wie auch körperlich sein.

Eine körperliche Schwachstelle sind die Augen. Es kommt leicht zu Gerstenkörnern oder entzündlichen Augenleiden. Am Kopf neigt der Stephanskörner-Typ zu Hautausschlägen, besonders an der Haargrenze im Nacken. Die Zähne sind in keinem guten Zustand, was nicht an mangelnder Hygiene liegt, sondern an einer verminderten Abwehrkraft gegenüber äußeren Reizungen und Schädigungen. Hatte der Stephanskörner-Typ Operationen, dann kann es sein, daß sich hinterher Beschwerden hierdurch einstellen. Auch die Harnwege sind empfindlich, was sich in häufigem Brennen äußern kann, das seltsamerweise beim Wasserlassen aufhört. Ärger, Empörung, Kummer, Gewissensbisse, sexuelle Ausschweifung, Tabak – das sind alles Dinge, die Beschwerden hervorrufen oder verschlimmern. Besser geht es einem Menschen dieses Pflanzentyps nach dem Frühstück, in Wärme und während der Nachtruhe. Noch ein Hinweis zum Schluß. Haben Sie öfters das Gefühl, als kröchen Ihnen Würmer über die Haut, dann sollten Sie einmal kritisch überprüfen, ob Sie nicht ein Stephanskörner-Typ sind.

Der Sturmhut-Typ (Aconitum napellus)

Der Sturmhut-Typ ist berüchtigt für seine Heftigkeit in allen Reaktionen. Er ist ein aktiver Sanguiniker, dessen Blut rasch in Wallung kommt, sich jedoch schnell wieder beruhigt. Der Sturmhut macht beim Menschen einen »Strohfeuer-Typen« – alles geht wie im Sturm vorüber. Doch der Sturm kann manchmal ein wahrer Orkan werden. Da der Sturmhut-Typ ein Vollblüter ist, sind all seine Beschwerden von äußerst heftiger Natur. Besonders zeigt sich dies bei fiebrigen Erkrankungen, selbst bei einer normalen Erkältung.

Da genügt es schon, daß sich ein Mensch dieses Typs dem unwirschen Wetter aussetzt, und schon tobt sich bei ihm die schönste Grippe aus. Seltsamerweise macht dem Sturmhut-Typ feuchtkaltes Wetter weniger aus als kalte, windige und trockene Witterung. Ohne große Vorwarnung geht es los: Plötzlich steigt das Fieber hoch, der Puls ist hart und schnell, die Haut ist trocken und heiß, das Gesicht rot. Den Kranken plagt der Durst, mehr noch aber eine plötzlich auftretende Angst. Das erscheint verständlich. So wie dieser Sturm über den Kranken hereingebrochen ist, muß er wohl mit allem rechnen, selbst mit dem sicheren Ende. Das macht ihn unruhig, er zappelt im Bett hin und her.

Alles mögliche kann bei diesem stürmischen Fieberzustand auftreten: Husten, Halsweh, Schnupfen, Atemnot, Taubheit der Glieder, Bauchkrämpfe, Erbrechen, Augenentzündungen, Kältewellen durch den Körper, Schwindel... Egal durch welche Körperregionen dieser Orkan fegt, überall hinterläßt er Entzündungserscheinungen. Treten irgendwo Schmerzen auf, dann sind sie heftig, wie mit Messern stechend und kaum auszuhalten. Doch so plötzlich alles gekommen ist, so schnell geht auch alles wieder vorbei – eben wie ein Sturm.

Der Sturmhut-Typ ist nicht bei alten, geschwächten Leuten zu finden. Kinder und Jugendliche zeigen ihn häufiger. Aconitum napellus, die man hin und wieder bei uns in den Gärten findet, ist eine Giftpflanze. Verständlich, denn nur ein Gift kann solche stürmischen Erscheinungen machen. Nomen est omen!

Der Tollkirsche-Typ (Atropa Belladonna)

Genauso wie der Sturmhut zählt die Tollkirsche zu den gewaltigsten Giftpflanzen, die in unseren Breiten wachsen. Beide erzeugen auch einen verwandten Pflanzentyp beim Menschen. Beide reagieren sie heftig und plötzlich. Die Tollkirsche hat ihre Stoßrichtung aber mehr zum Kopf hin. Der Tollkirsche-Typ ist in der Regel recht intelligent, nervös, sensibel, alles in allem ist er zartbesaitet. Dieser Typ kommt mehr bei Frauen als bei Männern vor, und mehr bei jungen als bei alten Menschen.

Äußerlich hat der Tollkirsche-Typ nichts, was an die pechschwarze Giftbeere erinnern könnte. Meist hat er ein blondes Haar, zarte Haut und blaue Augen. Auf krankmachende Einflüsse reagiert er wie der Sturmhut schnell und heftig, wenn auch nicht ganz so »orkanartig«. Fieberhafte Erkrankungen entstehen hierbei nicht selten. Angst hat der Tollkirsche-Typ nicht so ausgeprägt wie der verwandte Sturmhut, eher macht ihm in diesen Krankheitsphasen eine gesteigerte Phantasie zu schaffen. Das Blut ist ihm in den Kopf geschossen, das Gesicht wird tiefrot, die Augen sind weit. Er fühlt, wie das Blut durch die

Halsschlagadern und die Schläfenadern ins Gehirn schießt. Dieser »Stau« kann dazu führen, daß er Halluzinationen bekommt und Fratzen oder wilde Tiere sieht.

Wie beim Sturmhut kann dieser Zustand bei allen möglichen Fieberkrankheiten auftreten. Der Krankheitsname spielt dabei gar keine Rolle. Häufig reagiert beim Tollkirsche-Typ aber der Hals, der brennt, feurig rot aussieht, trocken und geschwollen ist. Solche Kranke sind bei Fieber übersensibel. Seien es Licht, Berührung, Erschütterung oder Geräusche, alles von außen kommende macht ihn nur noch reizbarer. Die Haut ist trocken, rot und heiß, der Durst ist groß, doch seltsam, er verlangt nach kaltem Wasser, bringt es aber nicht hinunter.

Wenn er irgendwo Schmerzen bekommt, dann sind sie oft brennend und klopfend. Irgendwo am Körper können plötzlich Schwellungen entstehen, ebenso Krämpfe. Und so plötzlich alles entstanden ist – wir kennen es ja vom Sturmhut her – so schnell kann auch alles wieder vorbei sein.

Der Wanzenkraut-Typ (Cimicifuga racemosa)

Das Wanzenkraut wächst im nördlichen Amerika und heißt dort auch »Frauenwurzel«. In der Tat ist der Wanzenkraut-Typ meist weiblich. Diese Frauen sind blaß im Gesicht, manchmal auch leicht bläulich. Besonders die Lippen zeigen oft einen Blauschimmer. Die Bindehaut der Augen ist blutleer. Doch nicht nur hier, fast überall fehlt es dem Wanzenkraut-Typ an Blut. Ob jung oder alt, dieser Typ ist verbraucht und geschwächt. Man muß sich zu all dem bereits aufgezählten noch die dunklen Ringe unter den Augen vorstellen, und schon hat man das typische Äußere dieses Pflanzentyps. Jedoch wissen Sie, daß solche Äußerlichkeiten noch nicht genügen, um einen Typ unzweideutig zu bestimmen. Entscheidender sind die körperlichen und seelischen Beschwerden, zu denen solche Menschen neigen.

Da wäre zunächst der Rheumaschmerz zu nennen. Er kann sich in den Muskeln der Glieder oder in der Wirbelsäule zeigen. Vielleicht noch wichtiger sind die Periodenbeschwerden bei Wanzenkraut-Frauen. Die Blutungen sind stets schmerzhaft und zwar um so mehr, je stärker die Blutung ist. Dabei ziehen diese Schmerzen quer über den Bauch, von Hüfte zu Hüfte. Die Wanzenkraut-Frau kennt ein komisches Gefühl der Schwäche um das Herz. Im Magen herrscht Leere und öfters Übelkeit, ein Gefühl, das sich im Extremfall bis zur Ohnmacht steigern kann. Besonders tritt dies auf, wenn das Nervensystem erregt wurde.

Gerade die seelische Verfassung ist kennzeichnend für das Wanzenkraut. Die Frauen sind übernervös, manchmal sogar hysterisch. Einmal überraschen sie ihre Umgebung mit einer redseligen Ausgelassenheit, dann sind sie plötzlich wieder niedergeschlagen und bedrückt, haben Ängste, Depressionen, sind verzweifelt oder gleichgültig gegen alles. Und die Männer? Gibt es keine Wanzenkraut-Typen unter ihnen? Doch es gibt sie, wenn auch etwas seltener. Paßt das oben beschriebene Bild bei einem Mann, dann kommt oftmals noch hinzu, daß dessen Nervensystem regelmäßig durch Überarbeitung und Alkoholmißbrauch aus dem Gleichgewicht kommt.

Noch ein Symptom ist für diese Pflanze charakteristisch: Sind körperliche Symptome da, dann fehlen plötzlich die seelischen und umgekehrt.

Der Wilde-Jasmin-Typ (Gelsemium sempervirens)

Bei dieser nordamerikanischen Pflanze gibt es zwei Typen zu unterscheiden: Kinder und junge Menschen dieses Typs sind richtige Nervenbündel. Lampenfieber, Prüfungsangst, Zornausbrüche, das sind Dinge, die beim jungen Wilder-Jasmin-Typ bestens bekannt sind. Aufregungen aller Art bringen ihn aus dem Häuschen, desgleichen alle negativen Nachrichten. All diese Dinge rufen charakteristische Symptome hervor. Tritt dieser Pflanzentyp beim erwachsenen oder alten Menschen auf, dann sind diese mehr stumpfsinnig, manchmal gar verwirrt. Bei ihnen staut sich das Blut im Kopf, was das Denken schwer macht. Schon von weitem fallen diese Menschen durch ihren roten Kopf auf. Nun zu den charakteristischen Zeichen des Wilde-Jasmin-Typs, sei er nun jung oder alt.

Durch äußere Einflüsse kann sich ein Zittern einstellen, das von einer Erschöpfung begleitet ist. Diese Erschöpfung kann soweit gehen, daß ein solcher Kranker meint, seine Muskeln seien wie gelähmt. Sehr oft zeigt sich der Wilde-Jasmin-Typ bei Erkältungen und Grippeerkrankungen. Während die Tollkirsche- und Sturmhut-Typen heftig und plötzlich reagieren, ist der Wilde-Jasmin-Typ ein ausgesprochener Langsamstarter. Bis er seine Grippesymptome erzeugt hat, sind die beiden anderen Typen schon wieder gesund.

Auch das Fieber verhält sich recht phlegmatisch. Es gelingt ihm recht selten, die 38°-Marke zu überschreiten. Der Wilde-Jasmin-Typ liegt bei einer Grippe müde in seinen Kissen, ist schläfrig, stumpfsinnig, hat einen roten Kopf, der sich heiß anfühlt, doch seltsamerweise keinen Durst. Alle Glieder tun ihm weh, deshalb bringt man ihn auch nicht dazu, sich im Bett irgendwie zu bewegen. Der Puls ist langsam, der Kranke fröstelt und zittert. Er klagt über Kopfschmerzen und Schwindel. Wenn bei solch einem Fieberzustand dann noch genau am fünften Krankheitstag ein auffallender Rückfall kommt, dann ist für uns die Sache klar: Hier muß der Wilde Jasmin her. Aber auch außerhalb einer Fiebererkrankung gibt es auffällige Zeichen. Eines davon ist ein plötzlich einsetzender Durchfall bei nervlicher Erregung. Wer also bei Schreck, Angst, schlechten Nachrichten oder Lampenfieber ständig aufs Örtchen sausen muß, braucht Wilden Jasmin!

Der Zaunrübe-Typ (Bryonia alba)

Haben Sie immer wieder mit Rheuma zu kämpfen? Dann sollten Sie überprüfen, ob Sie nicht ein Zaunrübe-Typ sind. Für diese Pflanze sind rheumatische Schmerzen in Muskeln und Gelenken typisch. Trotzdem ist nicht jeder Rheumatiker gleich ein Zaunrübe-Typ. Es müssen schon die charakteristischen Symptome erkennbar sein.

Der wichtigste Hinweis auf die Zaunrübe ist die Verschlimmerung der Beschwerden durch Bewegung. In Ruhe ist alles besser. Schon an dieser Besonderheit ist es unmöglich, einen Zaunrübe-Rheumatiker mit einem Giftsumach-Rheumatiker zu verwechseln, bei dem sich die Sache ja gerade umgekehrt verhält. Die Schmerzen beim Zaunrübe-Typ sind stechend und ziehend und kommen mit Vorliebe rechts vor. Außer durch Bewegung werden sie durch Wärme schlimmer, ebenso nachts, seltsamerweise häufig gegen drei Uhr morgens.

Im Bett liegt der Zaunrübe-Typ stets auf der schmerzenden Seite, da Druck lindert. Doch dieser Pflanzentyp hat nicht nur mit Rheuma Probleme. Die Verdauung ist träge, die Leber empfindlich. Nach dem Essen ist es ihm, als läge ein Stein im Magen. Alle Schleimhäute sind trocken, der Durst ist groß. Wenn der Zaunrübe-Typ trinkt, dann macht er dies selten schluckweise. Er will immer viel auf einmal. Kaffee und Wein hat er gern. Sollte er einmal Fieber bekommen, so geht dies ganz anders vor sich als bei den Tollkirsche- oder Sturmhut-Typen. Bei ihm beginnt es langsam mit unbestimmten Allerweltssymptomen. Lange weiß er nicht recht, was aus diesem Unwohlsein nun wird. Läßt sich ein Zaunrübe-Typ von außen erkennen? Vorausgesetzt die körperlichen Symptome stimmen überein, dann erkennt man diesen Typ an seiner Leberschwäche, die ihm im Gesicht geschrieben steht, da es gelblich wirkt. In der Regel sind die Zaunrübe-Menschen mager, nervös, schwarzhaarig, mit trockener Haut. Sie erkälten sich leicht und sind empfindlich gegen feuchte Kälte.

Der Zitwersamen-Typ (Artemisia cina)

Der Pflanzentyp des Zitwersamens ist hauptsächlich ein Kindertyp. Hierin ähnelt er der Kamille, mit der der Zitwersame vom Pflanzentyp her verwandt ist. Wichtig ist es, beide gut von einander zu unterscheiden.

In der Psyche sind die Unterschiede nicht sonderlich groß. Das Zitwersamen-Kind ist verdrießlich, zänkisch, schreit oft im Schlaf auf, knirscht dabei richtig mit den Zähnen. Plötzlich fährt es hoch und zittert. Die Laune eines solchen Kindes ist stets schlecht. Es ist ärgerlich und trotzköpfig. Gegen Berührung ist es allergisch, ebenso gegen das Getragenwerden, was es vom Kamille-Kind unterscheidet. Ärgerlich verlangt es Dinge, die, wenn man sie ihm gibt, wieder weggeworfen werden. Ein wichtiger Zug des Zitwersamen-Typs ist das ständige Kratzen oder Bohren in der Nase.

Das Kind scheint immer hungrig zu sein, seltsamerweise auch, nachdem es schon gegessen hat. Bauchschmerzen kommen häufig vor. Sie sind rings um den Nabel lokalisiert. Dabei ist der Leib aufgetrieben und hart. Zitwersamen-Kinder haben oft Würmer im Darm. Daher rührt wohl auch das ständige Jucken und Kratzen am After. Das Kind schleudert die Arme und Beine von sich wie im Anfall. Wenn sich bei einem Kind plötzlich die Finger der rechten Hand mit zuckenden Bewegungen nach innen beugen, spricht dies für den Zitwersamen. Harndrang besteht häufig, und das Wasserlassen ist reichlich. Dabei ist der Urin milchig-trüb. Auch Bettnässen kann vorkommen. Das Zitwersamen-Kind schläft in der sogenannten Knie-Ellenbogen-Lage, d. h. es liegt auf dem Bauch, stützt sich aber auf Ellenbogen und Knie. Es streckt sozusagen den Po in die Höhe.

Oft kommt Husten vor, besonders morgens in heftigen, krampfartigen Anfällen. Nach dem Husten gurgelt es seltsam vom Rachen bis zum Magen. Diese Anfälle können auch periodisch jeden Frühling und Herbst auftreten. Die Gesichtsfarbe des Kindes wechselt häufig. Mal ist es rot und heiß, mal blaß, elend mit dunklen Ringen um die Augen. Besonders hinweisend auf Zitwersamen ist es, wenn das ansonsten rote Gesicht um Nase und Mund auffallend blaß ist. Doch eines ist wichtig zu beachten: Wie bei Kamille auch, muß ein Kind, das Zitwersamen benötigt, nicht ständig diesen gereizten Eindruck machen. Wenn es aber krank wird und sich währenddessen im Sinne des Zitwersamen-Bildes verändert, ist es Zeit diese Pflanzenessenz zu geben.

Das Schlüssel-Schloß-Verfahren

Die Homöopathie lehrt: Je besser eine Arznei auf die Symptome eines erkrankten Menschen paßt, desto sicherer ist ihre Wirkung. Genauso sieht es in der Kräuterspagyrik aus. Wir haben gesehen, wie Pflanzen beim Menschen gewisse Typenbilder erzeugen können, anhand derer die richtige Arznei gefunden werden kann. Die Homöopathie leiht der Kräuterspagyrik aber noch eine andere Methode der Mittelfindung, das Schlüssel-Schloß-Verfahren.

Jeder Homöopath kennt sie, die »Schlüsselsymptome«, die einen sicheren Weg zum Heilmittel weisen. Wie soll man sich dieses Verfahren vorstellen?

Nehmen wir einmal an, man schickt Sie in eine große, Ihnen unbekannte Stadt in die und die Straße zu der und der Hausnummer. Da stehen Sie nun vor einem Haus, das Sie noch nie gesehen haben, weil angeblich jemand auf Sie wartet. Sie gehen also zur Tür und klingeln. Doch dies hört anscheinend niemand. Sie wollen also nochmals den Zeigefinger auf den Klingelknopf drücken, da bemerken Sie am Briefkasten einen kleinen Zettel: »Schlüssel im Kasten« steht da. Aha, denken Sie, es ist wohl keiner daheim, Sie müssen selbst aufmachen. Die blecherne Tür des Briefkastens ist nur angelehnt. Guten Mutes öffnen Sie und sehen zu Ihrem Erstaunen einen großen durchsichtigen Plastikbeutel im Kasten liegen.

Ihnen wird nun ganz anders zumute, als Sie erkennen, daß eine Unmenge kleiner Schlüssel sich darin befinden. Vielleicht Hunderte dieser gezackten, silbrig glänzenden Metallstücke liegen im Kasten. Ein Scherz? Natürlich, denken Sie und suchen zunächst einmal neben und unter dem Beutel, ob der Witzbold nicht den richtigen Schlüssel irgendwo daneben gelegt hat. Fehlanzeige!

»Schlüssel im Kasten« – was soll das? Sie wollen unbedingt in das Haus. Nachdem Sie sich vergewissert haben, daß Fenster, Balkontür und Kellereingang (leider) ordnungsgemäß verschlossen sind, gehen Sie mißtrauisch daran, einen Schlüssel nach dem anderen auszuprobieren. Nach zehn, zwanzig oder auch fünfzig Versuchen platzt Ihnen der Kragen, denn die Schlüssel im Beutel werden und werden nicht weniger – und Sie stehen immer noch draußen vor der Tür.

Erkennen Sie sich in dieser Geschichte nicht als den bemitleidenswerten Homöopathen, der unter einer Unmenge von Mitteln das genau passende sucht? Auf den ersten, flüchtigen Blick sehen die Schlüssel alle gleich aus. Beim näheren Betrachten hingegen fällt auf, wie der eine dort einen größeren Zacken hat als andere, ein anderer wiederum größere Abstände zwischen den einzelnen Zacken aufweist und überhaupt der ganze Schlüsselbart immer in Nuancen anders aufgebaut ist. Manchmal unterscheiden zwei Schlüssel nur eine winzige Abweichung in der Anordnung jener Zacken. Diese kleine Abweichung, und nur diese, unterscheidet den einen Schlüssel vom anderen und ist dafür verantwortlich, ob ein Schlüssel paßt oder nicht. Denken wir die gedachte Geschichte mit der verschlossenen Haustür kurz noch etwas weiter und vergleichen wir sie mit unserem Thema.

Das verriegelte Schloß stellt die Krankheit dar, wie sie sich im Körper zeigt. Der Schlüssel ist das entsprechende Heilmittel, das auf diese Krankheit paßt und die Tür zur Heilung öffnet. Dabei ist jedoch nicht so sehr der Name der Krankheit von Bedeutung, sondern die Zeichen, die sie im Körper des Erkrankten erzeugen. Wie wir schon gesehen haben, sind dies die individuellen, eigentümlichen Symptome. Mit anderen Worten: Wir werden vergeblich nach einem Generalschlüssel beispielsweise für Magenschleimhautentzündung suchen, oder für Arthrose, oder für Grippe. So wie es Abertausende von Sicherheitsschlössern mit den dazugehörenden Schlüsseln gibt, so gibt es auch eine Unmenge an Schlüsselsymptomen für die so vielfältigen Krankheiten. Denn ein »Schlüssel«, der für einen Kranken mit einer Mittelohrentzündung paßt, muß nicht bei anderen Mittelohrentzündungen helfen. Warum? Weil jeder Mensch seine eigene Mittelohrentzündung hat oder wie die Krankheit auch jeweils heißen mag. Das was den einen Kranken mit Durchfall von einem anderen, der das gleiche Leiden hat, unterscheidet, das ist unser Schlüssel, daran gibt sich uns das passende Heilmittel zu erkennen, vorausgesetzt, wir suchen nach diesen für den jeweiligen Kranken typischen Zeichen. Dies genau ist die winzige Abweichung im Aufbau des Schlüsselbartes, die darüber entscheidet, ob sich uns die Tür öffnet oder verriegelt bleibt.

Das Anwenden des Schlüssel-Schloß-Verfahrens soll Ihnen das folgende Verzeichnis leichter machen. Geordnet nach Körperregionen, beziehungsweise Funktionen, finden Sie hier 500 Symptome aufgelistet, mit den jeweils dazugehörenden Pflanzen, den »Schlüsseln«, die in der homöopathischen Arzneiprüfung jenes Symptom erzeugt haben. Diese Krankheitszeichen sind oftmals recht seltsam, ja können Ihnen verrückt oder komisch vorkommen. Aber je eigentümlicher ein solches Symptom ist, um so sicherer wirkt das entsprechende Mittel, falls das Schlüsselsymptom in einem Krankheitsfall auftritt.

Manchmal werden Sie feststellen, daß unter einem »Schloß« mehrere verschiedene Zeichen aufgeführt sind. Je mehr diese Zeichen in ihrer Gesamtheit mit dem Krankheitsbild übereinstimmen, desto besser.

Stimmt nur ein Teil des Symptoms überein, dann ist eine erfolgreiche Wirkung nicht mehr so wahrscheinlich oder das Mittel wirkt nur kurzfristig.

Einwandfreie Schlüsselsymptome kommen nicht bei jeder Krankheit bzw. jedem Kranken vor. Wenn es in einem Fall keine solchen Symptome gibt, muß man nach einer anderen Methode versuchen, ein passendes Mittel zu finden. Niemals sollte man diesem Verfahren Gewalt antun und auf Teufel komm raus Schlüsselsymptome finden wollen, obwohl nirgends welche sind. So besteht die Gefahr, daß man ein unbedeutendes Allerweltssymptom zum Schlüsselsymptom kürt und die somit gefundende Essenz völlig wirkungslos bleibt, wie ein Schlüssel, der nicht in das Schloß paßt.

Stets sollten Sie jedoch versuchen, die Krankheitszeichen des Erkrankten nach solchen Schlüsselsymptomen abzutasten. Oftmals kann auch der umgekehrte Fall eintreten, daß man ein solches übersieht und man erst über Umwegen – wenn überhaupt – zum richtigen Mittel findet.

Die hier beschriebene Methode stammt wie gesagt aus der Homöopathie, ebenso wie die Lehre von den Arzneimitteltypen. Entsprechend sind die aufgeführten Pflanzen dem homöopathischen Arzneimittelschatz entnommen. Da diese auch als spagyrisch verfeinerte Essenzen zu haben sind, paßt das Schlüssel-Schloß-Verfahren auch auf die Kräuterspagyrik. Die Pflanzennamen klingen zum Teil etwas seltsam und nicht alltäglich. Dies kommt daher, daß wir es mit Pflanzen zu tun haben, die auch in der Homöopathie verwendet werden, die viele exotische Pflanzen benutzt. Wenn Sie im folgenden Verzeichnis auf eine »Ostindische Elefantenlaus« stoßen, so seien Sie nicht überrascht. Es handelt sich hier weder um Läuse, die den Dickhäutern über den Rüssel krabbeln, noch um elefantengroße Ausgaben besagter Tiere. Vielmehr ist es ein Nußbaum, der in den Gebirgen Indiens wächst.

Wenn Sie mit dem Schlüssel-Schloß-Verfahren umgehen, kann es sein, daß sich Ihnen eine weitere Frage aufdrängt: Was ist zu tun, wenn nicht klar ersichtlich ist, welche Pflanze auf das Beschwerdebild paßt? Nicht selten kommt es vor, daß scheinbar mehrere Mittel passen. Hier dürfen Sie ruhigen Gewissens eine Mittelkombination aus drei oder auch einmal vier Pflanzenessenzen geben. Wir wollen ja mit der Kräuterspagyrik keine lupenreine Homöopathie der klassisch-hahnemannschen Art betreiben, was für den Zweck der Selbstbehandlung ohnehin völlig unmöglich ist. Mehr dazu im Kapitel »Spagyrische Therapie«.

Das Schlüssel-Schloß-Verzeichnis

Die mit einem Stern (*) gekennzeichneten Pflanzen haben nach homöopathischen Forschungen einen Pflanzentyp erzeugt, der im Kapitel »Kennen Sie Ihren Pflanzentyp« beschrieben ist.

Trifft ein Schlüsselsymptom auf einen Krankheitsfall zu, dann wirkt die spagyrische Essenz besonders gut, wenn gleichzeitig auch der Pflanzentyp übereinstimmt. Bedingung für die Heilwirkung ist dies jedoch nicht.

Schloß	*Schlüssel*
Kopf	
Kopfschmerzen werden besser, wenn der Kopf nach hinten gebeugt wird und schlimmer beim Nachvornebeugen.	Tollkirsche*
Kopfschmerzen werden besser, wenn der Kopf auf- und abwärtsgebeugt wird.	Chinarinde*
Kopfschmerzen sensibler Frauen mit Rück- und Vorwärtsbewegungen des Kopfes.	Taubnessel
Kopfschmerzen von zu schnellem Essen. Während des Essens ist man schnell satt.	Muskatnuß
Kopfschmerzen durch Beschwerden des weiblichen Unterleibs. Schmerzen sitzen in den Augäpfeln. Bewegung verschlimmert, Druck bessert.	Wanzenkraut*
Kopfschmerzen, die nach jedem Hustenanfall auftreten.	Bärlapp*
Kopfschmerzen, die durch Gehen, Sprechen, Lachen, Rauchen oder Kaffeetrinken schlimmer werden.	Kokkelskörner*
Kopfschmerzen, die durch Bewegung, Lärm und besonders durch Nachvornebeugen schlimmer werden.	Wurmkraut
Kopfschmerzen klopfend, drückend, bessern sich durch Druck von außen und festes Umbinden.	Kuhschelle*
Kopfschmerzen oder Schwere des Kopfes, besser durch reichliches Wasserlassen.	Wilder Jasmin*
Kopfschmerz heftig, mit Flimmern vor den Augen morgens beim Aufstehen.	Alpenveilchen

Schloß	*Schlüssel*
Kopfschmerz mit Klopfen in den Schläfenarterien und Halsschlagadern. Dabei können Schwindel, Ohrensausen, rotes Gesicht und erweiterte Pupillen auftreten, hauptsächlich bei akuten Krankheiten.	Tollkirsche*
Kopfschmerzen, die durch Rauchen oder Passivrauchen schlimmer werden.	Ignatiusbohne*
Heftige Kopfschmerzen mit rotem Gesicht und Übelkeit. Alle Beschwerden bessern sich durch Nasenbluten.	Honigklee
Kopfschmerz tief im Kopf mit Druck nach oben.	Buchweizen
Kopfschmerzen beginnen am Hinterkopf, ziehen über den Kopf nach vorne und setzen sich über dem rechten Auge fest. Schlimmer durch Lärm und Licht, besser durch ruhiges Liegen und Schlaf oder wenn etwas Hartes gegen den Kopf gepreßt wird.	Kanadische Blutwurzel
Kopfschmerzen beginnen am Hinterkopf, ziehen über den Kopf nach vorne und setzen sich über dem linken Auge fest. Treten periodisch von Sonnenaufgang bis Sonnenuntergang auf, schlimmer durch Lärm oder Bewegung.	Wurmkraut
Kopfschmerz besonders hinten; besser durch Zurücklehnen von Kopf und Schultern in ein hohes Kissen.	Wilder Jasmin*
Starke Kopfschmerzen. Der Kranke kann nicht auf dem Hinterkopf liegen, nur auf der Seite. Verträgt keinerlei Licht. Durch Lärm Übelkeit und Erbrechen.	Kokkelskörner*
Es besteht ein Gefühl, als sei das Gehirn zu groß. Der Kopfschmerz drückt von innen nach außen.	Wanzenkraut*
Einseitiger Kopfschmerz so stark, als wenn ein Nagel in den Kopf geschlagen würde. Schlimmer an der frischen Luft.	Kaffeestrauch
Kopfschmerz, als ob ein Nagel seitlich aus dem Kopf geschlagen würde, wird besser durch Liegen auf dieser Seite.	Ignatiusbohne*
Kopfschmerz, als ob die Schläfen bersten oder die Augen aus den Höhlen quellen wollten.	Bartflechte
Heftige Schmerzen über dem linken Auge und durch die linke Schläfe mit wellenartigem Schwindelgefühl vom Hinterkopf zur Stirn.	Goldenes Kreuzkraut

Schloß	*Schlüssel*
Viel fettiger Schweiß auf dem Kopf mit heftigem Jucken.	Bärenklau
Fleckförmiger, krustiger Hautausschlag auf der Kopfhaut, der die Haare zusammenklebt mit starkem Jucken. Der Kranke kratzt, bis es blutet.	Immergrün
Brennender Hautausschlag auf der Kopfhaut oder im Gesicht.	Wasserschierling
Hautausschlag im Gesicht. Bläschen, die brennen, schmerzen und kribbeln.	Giftsumach*
Gesichtsausschläge verschwinden, dafür stellt sich Gesichtsschmerz oder Asthma ein.	Bittersüßer Nachtschatten*
Gesicht mit schmutzigem Aussehen, Mundwinkel geschwürig.	Giftsumach*
Gesichtsfarbe gelblich-blaß, eingesunkene Augen mit dunklen Ringen. Dabei klopfende Kopfschmerzen, Schwitzen in der Nacht, leichtes Schwitzen nach jeder kleinen Anstrengung.	Chinarinde*
Gesichtsfarbe gelb, besonders Stirn, Nase, Wangen, Augenweiß. Leberbeschwerden.	Schöllkraut
Eine Wange ist rot und heiß, die andere weiß und kalt.	Kamille*
Das Gesicht schwitzt nach dem Essen oder Trinken.	Kamille*
Das Gesicht schwitzt immer während des Essens.	Ignatiusbohne*
Gesichtsmuskeln und Augenlider zucken.	Fliegenpilz
Starker Gesichtsschmerz, der periodisch auftritt. Die Haut ist dabei sehr berührungsempfindlich, besonders unter den Augen und am Oberkiefer.	Chinarinde*
Trigeminusneuralgie links. Gesicht dabei rot und heiß. Es besteht Unruhe und Angst.	Echter Sturmhut*
Neuralgie erst rechts, dann links mit Schleier vor den Augen.	Linde
Trigeminusneuralgie periodisch auftretend mit Erkältungen. Schmerz schlimmer durch Reden, Niesen, Temperaturwechsel, Zusammenpressen der Zähne.	Großblütige Königskerze
Denkschwäche bei Schülern und Studenten.	Christrose

Schloß	*Schlüssel*
Schnupfen mit viel wäßriger, ätzender Absonderung aus der Nase. Wäßrige und milde Absonderung aus den Augen.	Zwiebel*
Schnupfen mit viel wäßriger, milder Absonderung, heißen Tränen und Lichtscheu, schlimmer abends und nachts.	Augentrost
Kopfschmerz aus dem rechten Stirnknochen durch das Gehirn zum Hinterkopf schießend.	Schlehe
Starker Hinterkopfschmerz, dabei vermischt mit dem Gefühl, als ob der Kopf in der Luft schwimmen würde.	Walnuß
Pulsierender Hinterkopfschmerz. Depression mit nervöser Ruhelosigkeit, Angst. Heiße Stelle oben auf dem Kopf.	Weiße Esche
Kopfschmerz mit dem Gefühl, als ob ein scharfes Instrument von Schläfe zu Schläfe durchgestoßen würde.	Syrische Seidenpflanze
Schwindel bei extrem langsamen Herzschlag.	Roter Fingerhut
Schwindel und Benommenheit morgens beim Erwachen, zittrig, schwach, schwarz vor den Augen.	Bittersüßer Nachtschatten*
Starkes Schwindelgefühl mit Neigung nach vorne zu fallen.	Wasserschierling
Wenn es dunkel wird, entsteht Schwindel beim Gehen mit Taumel wie betrunken, ebenso beim Augenschließen.	Stechapfel
Starker Schwindel, der schlimmer wird beim Hinlegen, Umdrehen im Bett oder durch seitliches Drehen des Kopfes.	Schierling*
Schwindel, der morgens beim Aufstehen auftritt, so daß man vorwärts und rückwärts taumelt.	Bärlapp*
Anfälle von Schwindel mit Übelkeit, wie betrunken.	Kokkelskörner*
Schwindel, der sich im Liegen verschlimmert. Gefühl, als ob sich alles um ihn herum im Kreise drehe.	Schierling*
Schwindel durch farbiges Licht.	Beifuß
Man hat die Empfindung, ein Ball säße hinter der Stirn.	Stephanskörner*
Das Haar schmerzt, wenn man es bewegt. Die Kopfhaut ist empfindlich gegen Berührung.	Chinarinde*

Schloß	*Schlüssel*
Der Scheitel fühlt sich so kalt an, als läge Eis darauf.	Weißer Germer
Wenn die Haare naßwerden, zeigt sich am Kopf ein warmer Schweiß.	Kamille*
Kopf und Gesicht sind heiß, während der übrige Körper sich kalt anfühlt.	Arnika
Auf der Kopfhaut zeigt sich eine dicke, ledrige Kruste, unter der sich Eiter ansammelt, der das Haar verklebt.	Seidelbast
Schnupfen beim Wetterwechsel von warm zu kalt oder von Sommer zu Herbst. Schlimmer in frischer Luft und nachts.	Bittersüßer Nachtschatten*
Schnupfen mit heftigen Niesanfällen, schlimmer am Morgen mit Kribbeln in der Nase.	Wilder Jasmin*
Schnupfen mit viel Niesen. Dabei schmerzen alle Knochen.	Wasserhanf
Schnupfen mit Geschmacks- und Geruchsverlust. Die Nasenlöcher sind wund. Die Absonderung wird später gelblich-grün.	Kuhschelle*
Chronischer Schnupfen. Nase besonders nachts verstopft. Trockene Schleimhäute. Atmen durch die Nase ist nicht möglich.	Bärlapp*
Nase tagsüber laufend, nachts verstopft.	Brechnuß*
Verstopfte Nase mit fächerartigen Bewegungen der Nasenflügel.	Bärlapp*
Schnupfen mit viel wäßriger, ätzender Absonderung mit dauerndem Niesen, wenn ein warmes Zimmer betreten wird.	Zwiebel
Nasenkatarrh und Nasenpolypen mit eitrigem Geruch aus der Nase. Schlimmer bei feuchtem, regnerischem Wetter, besonders bei schweren Regenfällen.	Wasserlinse
Akuter Schnupfen. Reichlich wäßrige Absonderungen aus dem rechten Nasenloch. Das linke ist meist verstopft.	Nachtschatten
Nasenbluten alter Leute mit schwachem Kreislauf.	Fliegenpilz
Nasenbluten nachts, beim Beugen nach vorn oder nach jeder körperlichen Anstrengung.	Giftsumach*

Schloß	*Schlüssel*
Nasenbluten morgens nach dem Aufstehen und nach Überhitzung oder anstatt der normalen Regelblutung bei Frauen.	Zaunrübe*
Nasenbluten von hellrotem Blut. Das Gesicht ist rot, es besteht Fieber.	Kanadisches Berufskraut
Nasenbluten von hellrotem Blut, heißes Blut mit Druck auf der Nase.	Bittersüßer Nachtschatten*
Nasenbluten von sehr dickem, dunklem Blut mit kaltem Schweiß auf der Stirn. Das Gesicht ist gelblich, und es besteht große Schwäche.	Safran
Nasenbluten nach Verletzungen	Arnika
Nasenbluten mit Spannungsgefühl auf dem Nasenrücken und kribbelndem Druck auf der Stirn zwischen den Augen. Die Blutung erleichtert und macht den Kopf klarer.	Virginischer Zauberstrauch
Nasenbluten bei blutarmen Menschen. Dabei Ohrgeräusche und starke Gesichtsblässe mit Kraftlosigkeit.	Chinarinde*

Mund und Hals

Mund morgens sehr trocken, klebrig mit bitterem Geschmack.	Yamswurzel
Mundschleimhautgeschwüre, Zungengeschwüre. Leicht blutend, besonders nachts, stechender Zungenschmerz. Der ganze Mund ist empfindlich.	Hauswurz
Mund und Zunge fühlen sich an als seien sie verbrüht, dabei viel Speichelfluß.	Schwertlilie
Ständiges Beißen auf Zunge oder Wangenschleimhaut beim Sprechen und Kauen.	Ignatiusbohne*
Zunge mit weißem Belag, der sich in Stücken ablöst, die dunkelrote, sehr empfindliche Flecken hinterlassen.	Löwenzahn
Weißer Belag nur auf einer Zungenseite.	Giftsumach*
Brauner Streifen in der Mitte der Zunge. Mund und Zunge sind dabei sehr trocken.	Wilder Indigo
Zunge belegt, dabei eitriger Geruch aus dem Mund.	Arnika
Bläschen und Geschwüre auf oder unter der Zunge.	Bärlapp*

Schloß	*Schlüssel*
Die Zunge ist taub, fühlt sich so dick an, daß man kaum sprechen kann.	Wilder Jasmin*
Bei Magenbeschwerden ist die Zunge ungewöhnlich rein.	Roter Fingerhut
Roter Streifen in der Mitte der gelblich belegten Zunge.	Grüner Germer
Nachts stets ein Gefühl, als ob ein Haar auf der Zunge wäre.	Knoblauch
Ununterbrochener Speichelfluß Tag und Nacht mit großer Schwäche, besonders des Magens.	Chinarinde*
Die Zähne werden schwarz und haben rundum schwarze Streifen.	Stephanskörner*
Heftiger Zahnschmerz, der nur gelindert wird, wenn Eis oder kaltes Wasser die Zähne berührt.	Kaffeestrauch
Zähne werden an der Wurzel schlecht, während die Krone gesund bleibt. Sie werden gelb und bröckeln ab.	Lebensbaum*
Venöse Blutung nach Ziehen eines Zahnes.	Virginischer Zauberstrauch
Rachen wund, wie wenn er aufgekratzt wäre. Schlimmer beim Schlucken und Einatmen kalter Luft.	Brechnuß*
Wunder Schmerz im Rachen, beginnt rechts und strahlt nach links aus.	Bärlapp*
Häufiger Zwang zum Schlucken, als ob vom Rachen etwas weggeschluckt werden müßte.	Zitwersamen*
Rachenkatarrh mit Gefühl von Kratzen und Rauheit. Gefühl wie wenn zurückbleibende Nahrungsteilchen am Kehldeckel lägen. Zäher Schleim, der Räuspern verursacht.	Leberblümchen
Rachenkatarrh mit trockenem, brennendem Gefühl.	Roßkastanie
Rachen trocken und rauh mit Wundheit beim Schlucken und Sprechen.	Stephanskörner*
Halsentzündung, Hals trocken, Mandeln geschwollen. Bei jedem Versuch zu schlucken, heftige Schmerzen, die durch beide Ohren schießen.	Kermesbeere
Rachen wund. Zwischen den einzelnen Schluckbewegungen Stiche. Besser beim Schlucken fester Nahrung.	Ignatiusbohne*

Schloß	*Schlüssel*
Hals geschwollen und empfindlich. Mandeln mit vielen tiefen Geschwüren bedeckt. Absonderung spärlich, stinkend.	Chinesischer Götterbaum
Nur flüssige Nahrung kann geschluckt werden. Die geringste feste Speise behindert das Essen.	Wilder Indigo
Brennende Halsschmerzen, schlimmer zwischen den einzelnen Schluckbewegungen.	Paprika
Halsentzündung durch langes Reden.	Arnika
Beim Schlucken starker Schmerz in der Zungenwurzel.	Kermesbeere
Schilddrüsenvergrößerung bei fettleibigen Personen.	Blasentang

Augen und Ohren

Gerstenkörner, Knötchen, Lidrandentzündungen.	Stephanskörner*
Gerstenkörner besonders an den oberen Lidern.	Kuhschelle*
Besonders die oberen Lider sind geschwollen und rot, krampfhaft geschlossen. Wenn sie geöffnet werden, schießen heiße Tränen hervor.	Giftsumach*
Die Lider erscheinen schwer und steif, wie wenn sie gelähmt wären.	Giftsumach*
Die Lider hängen herab und fühlen sich schwer an. Man kann sie kaum öffnen oder offen halten.	Wilder Jasmin*
Die Lider sind geschwollen und bedeckt mit roter oder gelber, dicker, beißender Absonderung, zusammen mit reichlichem, ätzendem und brennendem Tränenfluß, der Lider und Wangen wundmacht.	Augentrost
Gefühl, als wenn die Augen anschwellen und heraustreten würden. Die Lider scheinen zu kurz, um die Augen zu verdecken.	Guajakholz
Trübung des Sehfeldes, wie wenn Rauch oder Nebel vor den Augen wäre, besonders morgens beim Aufstehen.	Alpenveilchen
Das Gesichtsfeld wird undeutlich und für einen Augenblick wieder klar durch Reiben der Augen.	Zitwersamen*
Überanstrengung der Augen durch Lesen oder langes Arbeiten bei Kunstlicht. Die Augen schmerzen davon.	Weinraute

Schloß	*Schlüssel*
Man kann nur die linke Seite eines Gegenstandes deutlich sehen.	Bärlapp*
Intensive, drückende Schmerzen in den Augäpfeln, schlimmer beim Bewegen.	Wurmkraut*
Entzündung der Augen und der Lidkante, viel Tränenfluß und Verklebung nachts.	Kuhschelle*
Augenschmerz mit dem Gefühl, als ob die Augen mit einem Faden nach hinten gezogen würden.	Einbeere
Erstes Stadium einer akuten Augenentzündung, tief rote Blutgefäße, drückende und schießende Schmerzen, besonders morgens, keine Absonderungen.	Echter Sturmhut*
Schmerz in den Schläfen, ausstrahlend in die Augen, besonders nachts so schwer, daß es scheint, der Patient könne verrückt werden.	Wanzenkraut*
Nach langem Lesen schmerzhaftes Brennen in den Augen. Muß häufig blinzeln und die Augen reiben, als ob ein Schleier vor ihnen wäre.	Safran
Schmerz im rechten Auge, als ob der innere Teil des Auges herausgerissen würde.	Schlehe
Reichlicher Tränenfluß in frischer Luft oder durch Wind.	Kuhschelle*
Wenn kleine scharfe Fremdkörper ins Auge eingedrungen sind. Einzunehmen bevor sie entfernt werden und nach dem Entfernen.	Echter Sturmhut*
Nächtliches Brennen in den Augenhöhlen, besser im Winter.	Stechpalme
Berstender Schmerz in den Augäpfeln, als ob sie platzen wollten.	Schlehe
Hitzegefühl im linken Auge.	Wiesenkönigin
Gehörgang schmerzt am Abend.	Einbeere
Schießende Schmerzen in den Ohren, Kitzeln im Ohr mit Schwerhörigkeit. Dabei Abneigung gegen Musik.	Wohlriechendes Veilchen
Die Ohren jucken, brennen und sind gerötet, als wenn sie erfroren wären.	Fliegenpilz
Starke Ohrschmerzen, so als ob etwas von innen nach außen drängen würde.	Kuhschelle*

Schloß	*Schlüssel*
Schießende Schmerzen durch beide Ohren bei jedem Versuch zu schlucken.	Kermesbeere
Schießende, reißende Ohrschmerzen mit Pulsieren. Schlimmer in der Nacht.	Kuhschelle*
Ohrschmalz sieht blutigrot aus.	Schierling*
Das äußere Ohr und der äußere Gehörgang sind rot geschwollen.	Kuhschelle*
Gefühl, als ob die Ohren weit geöffnet wären und Luft einströme.	Seidelbast
Schwerhörig mit dem Gefühl, als wenn die Ohren verstopft wären.	Kuhschelle*
Schwerhörig nach dem Schneiden der Haare oder durch erkälteten Kopf.	Sumpfporst
Klingeln in den Ohren durch Blutverlust und Erschöpfung.	Chinarinde*
Dröhnen und Klingeln in den Ohren. Die Stimme klingt fremd. Ohren scheinen sich plötzlich zu verschließen.	Rainfarn
Hinter den Ohren und am Hinterkopf juckt und beißt die Kopfhaut, wie wenn Ungeziefer dort wäre.	Oleander

Atemwege

Heuschnupfen, Niesen, begleitet von starker Kälteempfindlichkeit. Kälte verschlimmert, Wärme bessert. Wirkt am besten bei nervösen, schüchternen Menschen, die leicht auffahren.	Läusesamen
Hackender, beinahe ständig anhaltender Husten, der sich nachts im Liegen verschlechtert.	Schierling*
Starker Husten, der den Patienten dazu zwingt, sich ständig an die Kehle zu greifen.	Zwiebel
Husten mit unfreiwilligem Urinabgang, verursacht durch Trinken kalter Getränke.	Meerzwiebel
Trockener Husten, der aus dem Schlaf weckt mit der Angst, ersticken zu müssen.	Meerschwamm
Plötzlich einsetzender Husten, nachdem man gegen den Wind gehen mußte.	Muskatnuß

Schloß	*Schlüssel*
Wenn gegessen oder getrunken wird (besonders warm), nimmt der Husten ab.	Meerschwamm
Husten wird hervorgerufen durch den Wechsel zwischen kalter und warmer Luft oder wenn man den Atemrhythmus ändern soll.	Krausblättriger Ampfer
Hustenreiz allein schon durch das Aufdecken der Hand im Bett.	Giftsumach*
Husten setzt ein, nachdem man im Bett warmgeworden ist.	Muskatnuß
Husten setzt ein, nachdem man aus der Kälte in ein warmes Zimmer gekommen ist.	Zaunrübe*
Hustenanfälle mit Erbrechen von großen Mengen hellen, zähen, fadenziehenden Schleims.	Cochenille
Beim Husten entsteht ein Wundheitsgefühl, so daß der Kranke die Brust mit beiden Händen hält.	Wasserhanf
Wenn etwas getrunken oder gegessen wird, verschlimmert sich der Husten bis zum Erbrechen des Eingenommenen.	Zaunrübe*
Krampfartiger, trockener Husten, der nachts durch Hinlegen schlimmer wird. Aufsitzen lindert.	Bilsenkraut
Die Hustenanfälle kommen in so heftigen und häufigen Stößen, daß der Patient kaum zu Atem kommen kann.	Sonnentau
Beim Husten sind in anderen Teilen des Körpers Schmerzen zu spüren.	Paprika
Beim Husten salziger Auswurf, schlimmer zwischen 16 und 18 Uhr.	Bärlapp*
Der Hustenreiz wird durch Husten nicht gebessert, im Gegenteil: Er wird dadurch nur noch schlimmer.	Ignatiusbohne*
Beim Husten fleckartige Röte der Wangen mit Schmerzen in der Brust.	Kanadische Blutwurzel
Nach jedem Hustenanfall wird der Kranke schläfrig.	Ignatiusbohne*
Husten mit einem grünlichen Auswurf während des Tages oder am Abend, nicht aber nachts oder morgens.	Chinarinde*

Schloß	*Schlüssel*
Der Husten ist stark, unaufhörlich, ermüdend und trokken mit wenig Auswurf. Druck, Sprechen und Einatmen kalter Luft verschlimmern.	Krausblättriger Ampfer
Harter, trockener Husten. Dabei besteht Schmerz im Bauch.	Brechnuß*
Beim Husten starker Tränenfluß, hustet nur tagsüber.	Augentrost
Trockener, hohler Husten mit Kitzeln in der Brust, morgens schlimmer. Stechender Schmerz in der linken Brust, bis zum Schulterblatt verlaufend.	Myrte
Chronische Bronchitis, Husten mit reichlich eitrig-schleimigem Auswurf. Erbrechen beim Husten. Schlimmer während oder nach dem Essen.	Vergißmeinnicht
Bronchitis, die durch einen herabsteigenden Schnupfen entstanden ist. Der Schnupfen ist trocken mit der Neigung, immer die Nase zu schneuzen, ohne daß Absonderungen herauskommen. Trockene Borken.	Lungenflechte
Chronische Bronchitis, trockener Husten, schlimmer nachts und beim Hinlegen. Viel dicker Auswurf, Stiche hinter dem Brustbein.	Alant
Trockener Husten, schlimmer durch kalte Luft, Tabakrauch, Nebel und Sprechen. Stimme heiser.	Pfefferminze
Husten mit Schmerz im Gebiet der dritten Rippe und etwa zwei bis fünf Zentimeter vom Brustbein entfernt, meist rechts.	Sternanis
Der Kehlkopf ist trocken mit Heiserkeit und hohlklingendem, keuchendem Husten.	Meerschwamm
Starke Heiserkeit, wobei die Stimme sehr tief klingt.	Sonnentau
Die Stimme versagt öfters beim Singen oder Sprechen, dadurch chronische Heiserkeit und Husten.	Meerschwamm
Akute Heiserkeit, tiefe Stimme, manchmal auch Stimmverlust.	Ontario-Pappel
Asthmaanfall nach einem Schreck.	Bärlapp*
Asthma mit Aushusten von zähem Schleim, was erleichtert, besonders nachts. Atemnot weckt aus dem Schlaf.	Grindeliakraut

Schloß	*Schlüssel*
Erwacht nachts mit starken Atembeschwerden. Dabei Gefühl von Spannung und Druck in den Lungen. Verlangen nach frischer Luft.	Wilder Indigo
Intensiv stechende Brustschmerzen. Der Kranke wagt es deshalb nicht, einen tiefen Atemzug zu machen oder sich zu bewegen.	Zaunrübe*
Scharfer Schmerz in der linken Brust, verläuft durch den oberen Teil der linken Lunge bis zum linken Schulterblatt.	Myrte
Beim Versuch zu sprechen, setzt jedesmal Husten ein.	Wanzenkraut*

Herz und Kreislauf

Die geringste Bewegung erzeugt Herzklopfen.	Stephanskörner*
Starkes Herzklopfen und Schmerzen, keuchender Atem. Erwacht plötzlich in der Nacht mit dem Gefühl zu ersticken.	Meerschwamm
Starkes sicht- und hörbares Herzklopfen, das sich durch Nachvornebeugen verschlimmert. Tritt auch nachts mit Angstgefühlen auf.	Wurmkraut
Herzklopfen, das schlimmer wird beim Gehen, beim Liegen auf der linken Seite und nachts.	Königin der Nacht
Puls stark erhöht mit Klopfen in den Schläfenarterien und Halsschlagadern.	Tollkirsche*
Herzklopfen nach Rauchen oder Passivrauchen mit einengendem Gefühl in der Brust, ruhiges Atmen bessert.	Tabakpflanze
Nervöses Herzklopfen nach dem Verlust von Körperflüssigkeiten.	Chinarinde*
Schneller Puls, Herzklopfen mit Angst bei Zuckerkranken.	Bohne
Herzklopfen mit Stichen wie mit Nadeln. Taubheit der linken Hand. Beschwerden werden schlimmer bei körperlicher Anstrengung, Aufregung, liegen auf der linken Seite.	Bittere Schleifenblume

Schloß	*Schlüssel*
Herzklopfen mit schwachem, unregelmäßigem Puls und Herzschmerz. Bläuliches Gesicht.	Virginischer Wolfsfuß
Herzschlag schneller oder unregelmäßig beim Einatmen.	Besenginster
Unregelmäßiger Herzschlag mit verlangsamtem Puls. Gesicht bläulich verfärbt, schnappt nach Luft.	Kirschlorbeer
Herzleiden alter Leute mit Wassersucht.	Spargel
Herzbeschwerden besser durch Hinlegen. Beim Aufsetzen kommt es zum Schnappen nach Luft.	Kirschlorbeer
Herzbeschwerden mit fortwährendem Husten, sobald man sich hinlegt.	Kirschlorbeer
Beim Schlafengehen wird das Atmen schwächer und der Puls wird langsamer. Der Kranke erwacht dann plötzlich mit schwerem Keuchen, um kräftig durchzuatmen.	Roter Fingerhut
Fröstelndes Gefühl bei Herzbeschwerden, doch die Haut fühlt sich warm an. Kann sich bis zum Schüttelfrost steigern. Patient möchte gehalten werden, um vom Frost nicht geschüttelt zu werden.	Wilder Jasmin*
Gefühl, als ob das Herz in einen Schraubstock gepreßt wäre, oder als ob abwechselnd eine Hand es packt und wieder losläßt.	Tigerlilie
Das Herz fühlt sich zusammengeschnürt an, wie wenn eine eiserne Hand es packt und am Schlagen hindert.	Königin der Nacht
Gefühl, als ob das Herz zu schlagen aufhört, wenn der Patient sich nicht bewegt.	Wilder Jasmin*
Gefühl, als ob das Herz zu schlagen aufhört, wenn der Patient sich bewegt.	Roter Fingerhut
Gefühl, als ob das Herz mit dem Schlagen aufhört und plötzlich wieder einsetzt.	Maiglöckchen
Starke Atemnot bei der leichtesten Anstrengung ohne nennenswerte Pulsbeschleunigung. Schmerzen in der Herzgegend und unter dem linken Schlüsselbein.	Weißdorn

Magen

Schloß	*Schlüssel*
Erbrechen mit Durchfall und kaltem Schweiß auf der Stirn.	Weißer Germer
Erbrechen von großen Massen sauerer, käsiger Milch, wie geronnen.	Hundspetersilie
Erbrechen mit Brennen im Mund, Rachen, Speiseröhre und Magen mit viel klebrigem, fadenziehendem Schleim.	Schwertlilie
Nach dem Erbrechen ist der Kranke hungrig. Doch nach dem Essen kommt erneutes Erbrechen.	Hundspetersilie
Übelkeit und Erbrechen schlimmer durch Hitze, besser nach dem Erbrechen.	Sonnenblume
Übelkeit und Erbrechen, Verlangen nach heißen Getränken, Abneigung gegen Tabakgeruch.	Kaskalrillrinde
Nervöses Erbrechen grüner Massen bei Frauen in den Wechseljahren, besonders morgens. Schlaflosigkeit, nervöses Zittern, empfindlich gegen Licht und Geräusche.	Akelei
Übelkeit, Erbrechen, Blähungen bei überempfindlichen Personen, die so reizbar sind, daß selbst das Fahren mit dem Finger über Papier, Stoff oder ähnliches sie erschauern läßt.	Haselwurz
Übelkeit und Schwäche beim Aufrichten vom Liegen.	Zaunrübe*
Dauernde Übelkeit, nichts bessert.	Brechwurzel
Übelkeit beim Fahren oder Fliegen. Dabei Abneigung gegen Speisen und Ekel schon beim Ansehen.	Kokkelskörner*
Übelkeit und Erbrechen, Besserung nur durch sehr heiße Getränke.	Schöllkraut
Übelkeit mit übermäßigem Speichelfluß.	Lobelie
Abneigung gegen Speisen, Ekel schon beim bloßen Ansehen. Schlimmer durch Speisengeruch mit Übelkeit bis zu Ohnmacht.	Kokkelskörner*
Akute Magenschleimhautentzündung, heftige Schmerzen im Oberbauch mit anhaltendem Erbrechen. Dennoch zügelloser Appetit.	Amerikanisches Wintergrün
Heftiger Krampf vom Magen durch beide Seiten zum Rücken hin. Schlimmer bei Druck auf die Brustwirbel.	Meerrettich

Schloß	*Schlüssel*
Zusammenziehende Magenschmerzen bei Kaffeetrinkern.	Kamille*
Magenschmerzen besser durch Essen, schlimmer wenn der Magen leer ist.	Ostindische Elefantenlaus
Sodbrennen, das nachts auftritt oder nachts stärker wird.	Falsche Akazie
Magenbeschwerden mit großem Durst auf kaltes Wasser. Trinkt große Mengen auf einmal. Die Lippen sind dabei trocken wie ausgedörrt.	Zaunrübe*
Schwächegefühl in der Magengrube wie leer. Wird durch Essen nicht gebessert. Dabei unwillkürliches Seufzen. Muß lange Atemzüge machen.	Ignatiusbohne*
Magenbeschwerden besser durch kalte Nahrung, schlimmer durch warme.	Kuhschelle*
Magenbeschwerden mit Leber-Galle-Beteiligung. Alle Beschwerden werden nach dem Essen besser.	Schöllkraut*
Magenbeschwerden mit Durstlosigkeit.	Kuhschelle*
Magenbeschwerden schlimmer nach dem Essen, sie kommen zwei bis drei Stunden danach.	Brechnuß*
Magenbeschwerden durch Tabakrauch.	Ignatiusbohne*
Magenbeschwerden durch Kuchen, Torten, reichlichen oder fetten Speisen.	Kuhschelle*
Bei Magenbeschwerden Durst auf warme Getränke, die bessern.	Zaunrübe*
Magenbeschwerden nach Verlust von Körperflüssigkeiten.	Chinarinde*
Starker Durst, doch Trinken von kaltem Wasser erzeugt Schaudern und Galleerbrechen.	Wasserhanf
Gefühl, als ob etwas Lebendiges im Magen herumspringe.	Safran
Völlegefühl mit Blähungen und Poltern im Bauch. Dabei hungrig, aber nach wenigen Bissen schon satt.	Bärlapp*
Völlegefühl mit Blähungen und Windabgang. Aufstoßen erleichtert die Beschwerden nicht.	Chinarinde*
Aufstoßen riecht nach faulen Eiern.	Arnika

Schloß	*Schlüssel*
Verdauungsbeschwerden mit Sodbrennen und Blähsucht. Besonders bei älteren Menschen mit gleichzeitigen Nieren-Blasen-Beschwerden.	Espe
Chronische Magenkrankheiten mit Schrunden an den Mundwinkeln	Condurango-rinde
Schluckauf häufig und intensiv.	Lobelie

Bauch und Verdauung

Schneidender Bauchschmerz bei jeder Bewegung, der von links nach rechts verläuft.	Brechwurzel
Stechender Bauchschmerz oder Druck in der Lebergegend.	Berberitze*
Starker Krampfschmerz um den Nabel herum. Muß sich krümmen, weil die Schmerzen in jeder anderen Stellung schlimmer werden.	Koloquinten
Drückender Schmerz im Bauch und im Kreuz wie von einem Stein. Dabei neigen die Beine zum Einschlafen. Manchmal besteht Stuhldrang ohne Erfolg.	Kuhschelle*
Schmerzen im Bauch und im Becken, die plötzlich kommen und für eine Zeitlang heftig bleiben. Sie vergehen ebenso plötzlich wie sie gekommen sind.	Tollkirsche*
Dumpfer Schmerz in der Leber, der zur Wirbelsäule ausstrahlt. Schlimmer in der Gallengegend.	Virginischer Ehrenpreis
Bauchkolik nach einer Erkältung. Danach Durchfälle.	Bittersüßer Nachtschatten*
Starker Schmerz im Bauch, der sich bessert durch Ausstrecken. Es poltert dabei in den Därmen, und es gehen Blähungen ab.	Yamswurzel
Kolik durch Blähungen. Der Leib ist wie eine Trommel aufgetrieben.	Kamille*
Bauchschmerzen, die plötzlich aufhören und dabei Schmerzen in entfernt liegenden Körperteilen auftreten.	Yamswurzel
Schmerzen in der Lebergegend und quer durch den Nabel, als ob der Bauch mit einem Band zusammengeschnürt ist.	Schöllkraut*

Schloß	*Schlüssel*
Nach dem kleinsten Bissen Essen oder einem Schluck eines Getränkes Bauchschmerzen.	Stephanskörner*
Bauchschmerz, wobei keine einzige Blähung nach unten oder oben abgeht.	Schwarzer Rettich
Schmerz in der Lebergegend, Magenbeschwerden mit Frösteln im Bauch bis in die Beine hinab.	Römische Kamille
Blähungsschmerzen nach Bauchoperationen.	Schwarzer Rettich
Gurgeln und Schmerzen in der Blinddarmgegend.	Ginsengwurzel
Durchfall mit Bauchschmerz, der durch Reiben gebessert wird.	Entenfuß
Stuhlgang nach dem Genuß von Obst. Manchmal unfreiwillig und mit Unverdautem.	Chinarinde*
Durchfall, der nachts schlimmer ist. Stühle von unverdauten Speisen.	Chinarinde*
Durchfälle nach Trinken von unreinem Wasser.	Ingwer
Durchfall durch plötzliche Erregungen (Schreck, Kummer, schlechte Nachrichten etc.).	Wilder Jasmin*
Durchfall gelb, wäßrig, mit großer Gewalt herausspritzend. Danach Brennen im Darm.	Gottesgnadenkraut
Faulig stinkender Durchfall wie alter Käse riechend, schlimmer (oder ausschließlich) morgens, bei Bewegung oder bei heißem Wetter.	Zaunrübe*
Durchfall und Rheumaschmerzen wechseln sich ab.	Eberraute
Durchfall mit Übelkeit. Der Kranke hat das Gefühl, der Darm säße weit unten im Unterleib.	Feigenkaktus
Stühle grünlich, wäßrig mit Kolik, Durst, bitterer Geschmack im Mund nach bitterem Aufstoßen.	Kamille*
Beim Abgang von Blähungen geht unwillkürlich Stuhl mit ab.	Oleander
Winde riechen nach faulen Eiern.	Arnika
Stühle dünn in kleinen Knoten, hellgelb bis goldgelb.	Schöllkraut*
Sehr veränderliche Stühle. Keine zwei Stühle gleichen einander.	Kuhschelle*

Schloß	*Schlüssel*
Leberbeschwerden mit abwechselnd sehr dunklen und einige Tage entfärbten Stühlen.	Echter Ehrenpreis
Leberbeschwerden mit Gelbsucht, gelber Verfärbung der Schleimhäute. Reizbar und verzagt. Zunge stark gefurcht mit schlechtem Geschmack und Übelkeit. Stuhl entfärbt, Urin dunkel, schwacher und unsicherer Gang.	Wachsbeere
Chronische Leberbeschwerden mit Übelkreit und Erbrechen. Stühle hart, knotig, hellgelb. Mißlaunig und müde. Essen verursacht Schwitzen an Stirn und Rücken.	Mariendistel
Gallensteine. Dicker, gelber Zungenbelag und entfärbte Stühle.	Virginischer Schneeflockenbaum
Verstopfung und Hämorrhoiden bei nervösen Frauen. Die geringste seelische Erschütterung oder Aufregung verschlimmert, Wärme bessert.	Kanadische Grießwurzel
Verstopfung ohne Stuhldrang. Die Stühle sind groß, hart und trocken wie verbrannt.	Zaunrübe*
Häufig erfolgloses Drängen oder Heraustreiben von kleinen Mengen Stuhl bei jedem Versuch.	Brechnuß*
Bei jedem Stuhlgang blitzartige Schmerzen in die Beine.	Giftsumach*
Nach dem Stuhlgang zitternde Schwäche.	Schierling*
Schwächegefühl im Bauch, als ob er nach unten sinkt.	Stephanskörner*
Völlegefühl und Auftreibung des Bauches durch Blähungen, die Poltern und Spannung im Leib verursachen. Besserung durch Aufstoßen oder Windabgang.	Bärlapp*
Aufgetriebener Bauch durch Blähungen nach dem Essen.	Brechnuß*
Schwächegefühl in der Leistengegend, als ob sich ein Bruch bilden wolle, oder ein Schmerz, als ob ein Bruch eingeklemmt sei.	Brechnuß*
Gelbe, wäßrige, unverdaute, schmerzlose Stühle.	Chinarinde*
Klumpiger Stuhl mit Schleim bedeckt. Nach dem Stuhlgang Schmerzen im Enddarm.	Kanadische Gelbwurz

Schloß	*Schlüssel*
Starker Drang zum Stuhlgang, doch je mehr der Kranke sich anstrengt, desto mehr vergeht der Trieb ohne Entleerung. Kraftloser Enddarm, der sich anfühlt, als sei er verstopft.	Ostindische Elefantenlaus
Gleichzeitiger Drang im Enddarm und in der Blase.	Paprika
Gefühl als wenn ein Fremdkörper im Enddarm sitze oder als ob er voller kleiner Holzstückchen sei.	Roßkastanie
Wunder Schmerz am After, der aber durch Stuhlgang seltsamerweise nicht schlimmer wird.	Ignatiusbohne*
Äußere Hämorrhoiden, sehr schmerzhaft bei Stuhlgang und Berührung. Bluten nicht. Besser durch heiße Umschläge.	Ratanhiawurzel
Stundenlanger Afterschmerz nach dem Stuhlgang, Hämorrhoiden und Afterrisse.	Scharfer Mauerpfeffer
After juckt, schlimmer durch Salben.	Aloe
Störung der Verdauungsorgane verbunden mit starker Benommenheit.	Leinkraut

Harnwege

Chronische Nieren-, Blasen- und Prostatabeschwerden mit großen Mengen dickem, zähem Schleim im Urin.	Doldenblütiges Wintergrün
Nieren- und Blasenbeschwerden mit stechenden, schneidenden Schmerzen, von der linken Niere ausgehend zu Blase und Harnröhre ziehend.	Berberitze*
Nieren- und Blasenbeschwerden nach Einwirkung feuchter Kälte.	Bittersüßer Nachtschatten*
Nieren-, Blasen- und Prostatabeschwerden mit dem Gefühl, als sei die Blase überfüllt, obwohl sie nicht voll ist. Die Schmerzen ziehen in die Oberschenkel hinunter.	Grießwurz
Häufiges Drängen zum Wasserlassen. Es kommen aber nur kleine Mengen stinkenden, eingedickten und klebrigen Urins.	Koloquinten
Fortwährender Druck in der Blasengegend mit dauerndem Verlangen Wasser zu lassen.	Tigerlilie
Schmerzhaftes und erfolgloses Drängen zum Wasserlassen, doch der Harn geht nur tropfweise ab.	Brechnuß*

Schloß	*Schlüssel*
Häufiger Harndrang mit starkem, brennendem Schmerz am Schluß des Wasserlassens. Urin fließt nur tropfweise.	Zinnkraut
Häufiger Harndrang mit Brennen in der Harnröhre. Scharfer Schmerz in den Lenden, besonders links.	Baumartige Hortensie
Extreme Reizbarkeit der Blase, häufiges, schwieriges, schmerzhaftes Wasserlassen mit grießartigen Ausfällungen.	Gemeine Quecke
Starker Harndrang plötzlich nach einer Aufregung.	Wilder Jasmin*
Häufiges Wasserlassen mit Schmerzen.	Lebensbaum*
Beim Wasserlassen wird der Strahl plötzlich unterbrochen und fließt nach einiger Zeit wieder. Dies geschieht mehrere Male während des Wasserlassens.	Schierling*
Urin tröpfelt im Sitzen und geht im Stehen frei ab.	Sarsaparille
Übersensible Frauen mit häufigem Wasserlassen von klarem, übelriechendem Urin.	Ignatiusbohne*
Entzündung der Harnröhre bei Frauen mit schneidendem Schmerz nach dem Wasserlassen mit Zusammenschnürungsgefühl.	Kubebenpfeffer
Prickeln in der Harnröhre. Wasserlassen mehrfach unterbrochen, oft nur tropfweise. Schlaflosigkeit.	Steife Waldreben
Bettnässen mit stark vermehrter Urinausscheidung nachts, mit Hautjucken und Brennen.	Breitwegerich
Alle Beschwerden der Prostatavergrößerung.	Zwergpalme
Heftiger Schmerz in der Blase, der durch Wasserlassen nicht besser wird.	Zinnkraut
Zwischen den einzelnen Entleerungen brennt die Harnröhre. Es hört auf beim Wasserlassen.	Stephanskörner*
Brennen an der Harnröhrenmündung vor, während und nach dem Wasserlassen.	Paprika
Schmerz ausstrahlend von der Nierengegend bis in die Oberschenkel hinein.	Berberitze*
Wassersucht älterer Menschen mit unterdrücktem Harn. Schmerz beim Wasserlassen.	Virginische Zeder
Blasenreizung nach unterdrücktem Ärger.	Stephanskörner*

Schloß	*Schlüssel*
Bei Frauen entsteht statt der Regelblutung eine Blasenentzündung.	Goldenes Kreuzkraut
Starkes Jucken in der Harnröhre.	Petersilie
Bei jedem Wasserlassen entsteht das Gefühl, als ob auch Stuhl abginge.	Aloe
Niere druckempfindlich bei klarem, übelriechendem Urin und spärlichem Wasserlassen.	Goldrute
Roter Sand in klarem, farblosem Urin.	Bärlapp*
Urin dunkelgelb oder braun, lehmartig. Färbt die Wäsche dunkelgelb.	Schöllkraut*

Rücken

Hexenschuß durch Schlafen in feuchter Bettwäsche oder auf feuchtem Boden, durch Naßwerden beim Schwitzen. Die Schmerzen werden schlimmer durch Ruhe und beim Beginn einer Bewegung, besser durch fortgesetzte Bewegung.	Giftsumach*
Schmerzen längs der Wirbelsäule beim Bücken, jede drehende Bewegung des Körpers tut weh.	Fliegenpilz
Schmerz im Kreuz wie gequetscht, schlimmer in Ruhe und bei Regenwetter, vor Sturm und Gewitter.	Alpenrose
Starker Schmerz im unteren Kreuz, zieht die Hüften hindurch in die Oberschenkel, mit schwerem Druck nach unten.	Wanzenkraut*
Anhaltender Rückenschmerz im unteren Kreuz, greift auf die Hüfte über, schlimmer beim Gehen oder Bücken, Hämorrhoiden.	Roßkastanie
Starke Rückenschmerzen, die nach dem Wasserlassen besser werden.	Bärlapp*
Ständiger Schmerz unter dem unteren Winkel des rechten Schulterblattes.	Schöllkraut*
Starker Rückenschmerz, wie zerschlagen, mit Steifheit und Lahmheit im Kreuz. Das Aufstehen vom Sitzen fällt schwer.	Berberitze*
Rückenschmerzen in der Nierengegend, schlimmer beim Liegen und Sitzen sowie morgens im Bett.	Berberitze*

Schloß	*Schlüssel*
Rückenschmerzen zwingen den Kranken, sich ständig im Bett zu bewegen.	Giftsumach*
Stundenlanger Kreuzschmerz nach dem Stuhlgang. Verstopfung, großvolumiger Stuhl, der mit Schwierigkeiten entleert wird.	Roßkastanie
Rückenschmerzen schlimmer beim Drehen des Körpers. Der Kranke muß sich im Bett aufsetzen, wenn er sich umdrehen möchte.	Brechnuß*
Kreuzschmerzen übersensibler Frauen, die beim Einsetzen der Regelblutung beginnen.	Haselwurz
Kreuz sehr empfindlich. Kann nicht die leiseste Berührung vertragen. Der Patient beugt sich nach vorn, um die Berührung mit der Stuhllehne oder dem Kissen zu vermeiden.	Lobelie
Zwischen den Schulterblättern ein Brennen wie von heißen Kohlen, schlimmer im Sommer.	Bärlapp*
Der Nacken ist müde wie von einer schweren Last.	Einbeere
Steifes Genick durch kalte Luft, schlimmer beim Bewegen.	Wanzenkraut*
Folgen von Rückgratserschütterungen.	Johanniskraut
Rückenschmerz, der beim Ausatmen schlimmer wird.	Guajakholz

Glieder

Gliederschmerzen wie gequetscht, schlimmer bei nassem, kaltem Wetter und in Bettwärme, besser durch Hinundhergehen.	Weißer Germer
Ziehende, reißende Muskelschmerzen in den Gliedern, die schnell von einer Stelle zur anderen wechseln. Schlimmer nachts und durch Wärme, besser durch Aufdecken.	Kuhschelle*
Ziehen und Reißen, besonders an den Knochen von Unterarm und Beinen. Schlimmer nachts, bei nassem Wetter, vor einem Sturm und in Ruhe.	Alpenrose
Schmerzen an den Knochen, besonders am Schienbein. Schlimmer nachts im Bett und bei feuchtem Wetter. Die geringste Berührung ist unerträglich.	Seidelbast

Schloß	*Schlüssel*
Starke Gliederschmerzen, wie gequetscht oder geschlagen, besonders am Handgelenk, wie wenn es gebrochen oder verrenkt wäre.	Wasserhanf
Rheumatische Schmerzen von den Hüften bis zu den Füßen ziehend.	Berglorbeer
Schmerzen in den Gliedermuskeln und Gelenken mit tiefsitzendem Kältegefühl.	Wilder Jasmin*
Starke Schmerzen in Finger- und Handgelenken, besonders beim Schließen der Hände, mit Schwellungen.	Blauer Hahnenfuß
Rheumaschmerzen beginnen in den unteren Gliedern und steigen aufwärts.	Sumpfporst
Schmerz, Lahmheit und Steifheit bei den ersten Bewegungen nach Ruhe oder beim Aufstehen am Morgen. Anhaltende Bewegung bessert.	Giftsumach*
Empfindliche Schmerzen in den Beinen, muß jeden Augenblick die Lage wechseln.	Giftsumach*
Rheumaschmerz im rechten Arm und in der rechten Schulter. Schlimmer nachts und beim Herumdrehen im Bett. Patient kann den Arm nicht heben.	Kanadische Blutwurzel
Rheumaschmerz mit großer Empfindlichkeit der Muskeln.	Virginischer Zauberstrauch
Intensiver Schmerz entlang der Ischiasnerven.	Sandstrohblume
Ischiasschmerzen vom Hüftgelenk abwärts, meist an der Außenseite des Oberschenkels entlang. Schlimmer nachts.	Kermesbeere
Ischiasschmerzen schlimmer bei der Einatmung.	Tollkirsche*
Krampfartiger Hüftschmerz, wie in einen Schraubstock gespannt.	Koloquinten
Rheumaschmerz der kleinen Gelenke (Handgelenk, Finger- und Zehengelenk, Knöchelgelenk). Schlimmer nach Ermüdung.	Christophskraut
Rheumaschmerz der Muskeln und Gelenke verbunden mit hartnäckiger Verstopfung.	Amerikanischer Faulbaum
Wandernde Rheumaschmerzen in allen Körperteilen, chronisches Rheuma, steife Gelenke, schießender Schmerz.	Vogelmiere

Schloß	*Schlüssel*
Rheuma verbunden mit nesselartigen Hautausschlägen.	Brennessel
Schmerzen in den Hüften. Kann vor Schmerz die Beine nicht strecken.	Knoblauch
Gichtige, rheumatische Schmerzen in Schultern, Armen, Händen und besonders Fingern. Geschwollene Gelenke, die auf Druck schmerzhaft sind. Hitzegefühl an den erkrankten Stellen.	Guajakholz
Rheumaschmerz der rechten Schulter und/oder der rechten Hand.	Wohlriechendes Veilchen
Rheumaschmerzen in Schultern und Ellbogen wechseln ab mit Schmerzen in Knien und Fußgelenken. Schlimmer im Winter. Der Kranke glaubt zu ersticken, wenn er auf der linken Seite liegt.	Mistel
Achseldrüsen links schmerzen.	Schlehe
Rheumaschmerzen werden durch Kälte gebessert, obwohl der Kranke kälteempfindlich ist.	Sumpfporst
Periodisch auftretender Schulterschmerz links, der zum Ellbogen zieht, besonders vormittags.	Besenginster
Abwechselnder Schmerz im rechten Schultergelenk und in der rechten Hüfte.	Breitwegerich
Eine Hand ist kalt, die andere heiß.	Brechwurzel
Taubheit im linken Arm, man kann kaum die Hand bewegen.	Echter Sturmhut*
Die Fußsohlen brennen, so daß man die Füße aus dem Bett strecken muß.	Kamille*
Zucken der Gesäßmuskeln.	Fliegenpilz
In den Handgelenken ein Gefühl wie verrenkt, steif, schlimmer durch kaltes, feuchtes Wetter.	Weinraute
Zuckungen in Armen und Beinen beim Einschlafen.	Ignatiusbohne*
Brennen, Jucken und Röte der Hände, Finger und Zehen, als ob sie erfroren wären.	Fliegenpilz
Schwäche der unteren Gliedmaßen mit Taumeln. Schlimmer beim Drehen des Kopfes oder beim Seitwärtssehen.	Schierling

Schloß	*Schlüssel*
Lahmheit, Steifheit und Lähmungsgefühl in den Gelenken durch Verstauchung, Überheben oder Überdrehen.	Giftsumach*
Schwäche und Zittern in allen Gliedern beim Versuch, sich zu bewegen, als ob die Muskeln dem Willen nicht gehorchen wollten.	Wilder Jasmin*
Eisige Kälte der Hände und Füße mit Krämpfen in den Waden.	Weißer Gemer
Krampfadern an den Waden mit Stechen und Prickeln, auch Geschwüre.	Virginischer Zauberstrauch
Anschwellung und Schmerz der Fußsohle beim Gehen.	Bärlapp*
Die Gelenke sind rot geschwollen und steif mit stechenden Schmerzen bei der geringsten Bewegung.	Zaunrübe*
Geschwollene Knöchel nach langem Sitzen, besonders auf Reisen.	Giftsumach*
Schwellung der Füße immer vor der Regel.	Bärlapp*
Verstauchungen und Prellungen.	Gänseblümchen
Steifheit der Muskeln und Gelenke mit Gelenkknirschen. Dabei bitterer Mundgeschmack und starkes Verlangen nach Kaffee.	Kuspa-Baum
Die linke Ferse juckt und sticht.	Sadebaum

Haut

Haut trocken, kalt, sehr empfindlich gegen kalte, feuchte Luft.	Muskatnuß
Gelbsucht mit weißen Stühlen und starkem Jucken der Haut.	Juckbohne
Warzenartige Auswüchse, besonders an den Händen.	Lebensbaum*
Insektenstiche.	Sumpfporst
Starkes Jucken am ganzen Körper, ohne daß ein Ausschlag sichtbar ist.	Juckbohne
Außerordentlich schmerzhafte Empfindlichkeit der Haut, auch an den Handflächen.	Chinarinde*
Nach Verletzungen bleibt die Haut lange verfärbt. Schwarze oder blaue Blutergüsse werden allmählich grün.	Sumpfporst

Schloß	*Schlüssel*
Jucken der Hände tief innen. Arme und Beine jucken heftig, schlimmer am Abend durch Kratzen. Besser durch kaltes Wasser.	Buchweizen
Verbrennungen und Verbrühungen.	Brennessel
Starkes Schwitzen an allen Körperteilen ohne erkennbaren Grund. Hitzewallungen zum Gesicht mit Übelkeit, Augenstörungen, Speichelfluß.	Fiederblättriger Jaborandi
Masernähnlicher Ausschlag mit trockenem Hitzegefühl in der Nacht. Übererregbarkeit und Weinen.	Kaffeestrauch
Flechten, die eine wäßrige Flüssigkeit absondern und nach dem Kratzen bluten.	Bittersüßer Nachtschatten*
Nesselausschlag mit starkem Jucken. Nimmt im Warmen zu, bessert sich im Kalten. Nach dem Kratzen brennendes Gefühl.	Bittersüßer Nachtschatten*
Nesselsucht. Die Haut wird erhaben mit weißem Zentralfleck und roter Umgebung mit Stechen und Brennen. Besser durch Reiben.	Brennessel
Bläschenartige Hautausschläge, besonders an den Handflächen.	Knolliger Hahnenfuß
Heftiges Jucken bei bläschenartigem Ausschlag. Jucken schlimmer beim Entkleiden oder durch kalte Luft.	Krausblättriger Ampfer
Fleckiger Ausschlag, besonders im Gesicht und an der	Chinesischer
Stirn. Dunkel, fast bläulich. Wenn man mit dem Finger darauf drückt, kommt die Farbe erst sehr langsam zurück.	Götterbaum
Gürtelrose mit Zwischenrippenneuralgie, schlimmer nachts in der Bettwärme.	Seidelbast
Erhabener, erbsengroßer Ausschlag im Gesicht oder an den Händen. Bei Berührung brennender Schmerz. Ausschlag fließt später zusammen.	Wasserschierling
Rote, erhabene Stellen, die jucken und brennen. Der Kranke muß dauernd daran reiben.	Brennessel
Trockener, juckender Ausschlag an Händen und Fingern, besonders die Handflächen sind befallen.	Gauchheil

Schloß	*Schlüssel*
Schuppiger, trockener Hautausschlag, besonders Gesicht, Kopfhaut, Hals, Schuppenflechte.	Mahonie
Erdbeerallergie.	Erdbeere
Akne bei Mädchen, die in die Pubertät kommen.	Walnuß
Akne, schlimmer während der Regel.	Kanadische Blutwurzel

Schlaf

Schlaflosigkeit durch geistige oder körperliche Überanstrengung.	Kaffeestrauch
Schlaflosigkeit nach chirurgischen Eingriffen.	Lungenflechte
Der Kranke ist matt und schläfrig, will und kann aber nicht schlafen.	Wilder Jasmin*
Erwachen um drei Uhr früh mit vielen Gedanken. Stundenlanges Wachbleiben. Der Patient fällt erst am hellen Morgen in den Schlaf und steht später müder auf, als er am Abend war.	Brechnuß*
Schlaflosigkeit infolge schrecklicher Träume. Besonders wirksam, wenn gleichzeitig Hämorrhoiden bestehen.	Pfingstrose
Schlaflosigkeit alter Menschen, bei sorgenvollen, überarbeiteten Menschen mit Krampfneigung und nächtlichem Husten.	Passionsblume
Krankhafte Wachheit, starke Erregung, dumpfer Kopfschmerz.	Hopfen
Unruhiger Schlaf mit Aufschrecken, Schreien, Patient wirft sich hin und her.	Kamille*
Plötzliches, jämmerliches Schreien im Schlaf, Auffahren, der Kranke wirft das Bettzeug weg.	Zitwersamen*
Verschiedene Krankheitszustände, die mit abnormer Schläfrigkeit verbunden sind.	Muskatnuß
Der Kranke kann nicht verhindern, abends im Sitzen einzuschlafen, lange bevor es Zeit zum Schlafen ist.	Brechnuß*
Kurz nach dem Einschlafen wacht der Kranke erschrokken auf.	Tollkirsche*

Schloß	*Schlüssel*
Der Kranke ist nachts unruhig und muß dauernd die Lage wechseln, sonst fühlt er sich nicht wohl oder hat Beschwerden.	Giftsumach*
Den ganzen Tag über schläfrig, nachts jedoch hellwach. Der Körper tut überall weh.	Stephanskörner*
Wiederkehrende Träume von körperlichen Anstrengungen.	Giftsumach*
Der Kranke ist todmüde, kann aber nicht einschlafen.	Tollkirsche*

Infektionen

Fieber ohne Durst. Der Kranke will stilliegen und ruhen, döst vor sich hin.	Wilder Jasmin*
Langanhaltendes Fieber mit innerem Frösteln und äußerer Hitze. Kopfschmerzen, Erbrechen, Husten, zuletzt Schweiß. Das frostige Gefühl ist schlimmer im warmen Raum oder bei warmer Bedeckung.	Brechwurzel
Fieber, verursacht durch feuchte Kälte, durch Wohnen in feuchten Räumen, durch Schlafen in feuchten Betten, bei kaltem, regnerischem Wetter.	Bittersüßer Nachtschatten*
Fieber mit stumpfem, benommenem Gesichtsausdruck, kann nicht schlafen, Bewußtsein ist beeinträchtigt.	Wilder Indigo
Fieber mit eisiger Kälte der Hände und Füße, während der übrige Körper warm ist.	Bitterklee
Fieber nachmittags mit fleckförmiger Röte der Wangen, Brennen der Handflächen und Fußsohlen, Husten mit Auswurf.	Kanadische Blutwurzel
Fieber mit Hautausschlag, der sich nur langsam entwickelt.	Zaunrübe*
Fieber mit schmerzvollem Wasserlassen, Urin geht nur spärlich ab, Unruhe.	Echter Sturmhut*
Frösteln immer gegen sechs Uhr morgens.	Weißer Germer
Frösteln immer gegen sieben Uhr morgens.	Fußblatt
Während des Fröstelns trockener Husten, quälend und ermüdend.	Giftsumach*

Schloß	*Schlüssel*
Vor dem Frösteln Schmerzen in den Knochen, als wenn sie gebrochen wären.	Wasserhanf
Das fröstelnde Gefühl beginnt zwischen den Schulterblättern.	Paprika
Schüttelfrost mit Röte im Gesicht.	Ignatiusbohne*
Hitze und Frösteln vermischt, meist mit einer roten und einer blassen Wange.	Kamille*
Ansteigende Hitze und glühende Röte der Wangen ohne Durst.	Zitwersamen*
Hitze mit Durst. Dabei harter, voller und schneller Puls. Der Kranke ist ängstlich, ungeduldig und läßt sich nur schwer beruhigen.	Echter Sturmhut*
Große Hitze, der ganze Körper ist brennend heiß. Der Kranke will jedoch zugedeckt sein. Das geringste Aufdecken oder die leiseste Bewegung machen ihn frostig.	Brechnuß*
Brennende Hitze innen und außen mit hämmernden Kopfschmerzen, Klopfen in den Halsschlagadern. Pupillen erweitert. Rotes, aufgedunsenes Gesicht.	Tollkirsche*
Die Haut ist trocken, brennend heiß. Intensiver Durst auf kaltes Wasser. Rotes Gesicht, das beim Aufrichten im Bett blaß wird.	Echter Sturmhut*
Kopf und Gesicht sind heiß, der übrige Körper kalt. Dabei Halsweh.	Kermesbeere
Schwitzen nur an bedeckten Körperteilen.	Tollkirsche*
Schwitzen nur an unbedeckten Körperteilen, oder aber am ganzen Körper außer am Kopf.	Lebensbaum*
Nachtschweiße wecken nachts auf, halten bis zum Morgen an.	Chinarinde*
Viel Schweiß am ganzen Körper, während der Kranke zugedeckt ist. Er ist so schläfrig, daß er nicht aufstehen kann.	Chinarinde*
Schweiß mit Ameisenlaufen und Jucken der Haut.	Alpenrose
Viel Schweiß während des Wachseins, hört während des Schlafes auf.	Holunder

Schloß	*Schlüssel*
Kalter Schweiß im Gesicht, besonders auf der Stirn. Gesicht eingesunken, Nase spitz.	Weißer Germer
Ganz zu Beginn eines Schnupfens, hemmt dann häufig die Weiterentwicklung zu einer Erkältungskrankheit.	Panamarinde
Akute Erkältungskrankheit. Der Kranke ist dabei deprimiert, schläfrig und völlig unempfindlich gegen Schmerz. Kopfschmerz über den Augen.	Seifenkraut

Krankheiten der Kinder

Während der Zahnung oder bei Sommerdurchfällen wälzt das Kind den Kopf von einer Seite zur anderen und stöhnt dabei.	Entenfuß
Während der Zahnung nachts unruhig mit trockenem Husten, will trinken. Die Glieder zucken, schnelles, rasselndes Atmen.	Tollkirsche*
Schwieriges, verzögertes Zahnen. Das Kind will auf etwas Hartes beißen, Durchfall, nächtliche Unruhe.	Kermesbeere
Schwieriges Zahnen. Das Kind schreit und hat Durchfall mit sauerriechenden Stühlen und Kopfschweißen.	Rhabarber
Säuglinge vertragen keine Milch, erbrechen sie.	Hundspetersilie
Sommerdurchfall der Kinder mit fortwährendem Würgen ohne Erbrechen.	Entenfuß
Sommerdurchfall der Kinder mit Appetitlosigkeit und großer Schläfrigkeit.	Muskatnuß
Nach Brechdurchfällen oder nach Stuhlgang ist das Kind schläfrig.	Hundspetersilie
Feste Stühle gehen nachts im Bett unwillkürlich ab.	Aloe
Bettnässen bei Kindern, die Würmer haben.	Zitwersamen*
Bettnässen, allgemein.	Breitwegerich
Schmerzhaftes Wasserlassen. Das Kind schreit, bevor der Harn kommt.	Sarsaparille
Das Kind will nur schlafen, wenn es kräftig in den Schlaf gesungen wird.	Zitwersamen*

Schloß	*Schlüssel*
Schlaflosigkeit bei Kindern.	Passionsblume
Nasenpolypen bei Kindern, Krabbeln in den Nasenlöchern, Verlangen sich zu strecken, Jucken am After, nächtliche Unruhe.	Katzenkraut
Husten bei Kindern wegen Nasen-Rachen-Katarrh.	Ontariopappel
Schmerzhaftes Husten. Das Kind schreit vor dem Hustenanfall aus Angst vor dem Schmerz.	Arnika
Schleimrasseln in der Brust bei kleineren Kindern. Schleim wird manchmal erbrochen.	Brechwurzel
Während Erkältungskrankheiten hat das Kind eine verstopfte Nase, besonders nachts. Dabei große Atembeschwerden mit Schniefen.	Holunder
Kinder reiben unentwegt die Nase und bohren in ihr.	Zitwersamen*
Das Kind kratzt ununterbrochen das Gesicht, das blutig wird. Jucken wird schlimmer in der Nacht. Es entstehen Schorfe, Risse und dicke Pusteln.	Seidelbast
Gelbsucht bei Kindern. Sie sind nervös und schlaflos dabei.	Hopfen
Hautausschläge der Kinder, besonders am Kopf und im Gesicht, Milchschorf, starker Juckreiz.	Ackerstiefmütterchen
Das Kind ist in der Schule unaufmerksam und schwach, verträgt keine Milch und keine Sommerwärme.	Hundspetersilie

Astromedizinische Spagyrik

Die Astrologie zählt zu den ältesten Wissenschaften der Menschheit überhaupt. Zeichen am Himmel hatten schon immer Verkündigungscharakter, deshalb galt die Sterndeutekunst auch als Vorhersagesystem, was ja heute bei vielen der einzige Zweck der Astrologie zu sein scheint. Seriöse Astrologen sind da allerdings etwas zurückhaltend. Zwar läßt sich anhand traditioneller Überlieferung und gemachten Erfahrungen einiges über die zyklische Weiterentwicklung alles Lebendigen sagen, behaupten sie, doch ist dies nicht das einzige Anliegen der Astrologie. Sie legen vielmehr größten Wert auf die Erkenntnis des Irdischen durch das Studium des Außerirdischen, auf das Begreifen der Welt durch das Beobachten des Himmels. Erklären läßt sich das nur durch einen zutiefst paracelsischen Gedanken, der Makro-/Mikrokosmos-Idee. Diese besagt, daß sich die äußere Welt in der inneren spiegele, mit einigen Schlagworten erklärt: wie oben so unten, wie außen so innen, wie am Firmament so im Menschen, »wie im Himmel so auf Erden«. Diesem Prinzip gemäß, das sich schon bei Hermes Trismegistos findet, hat der Kosmos seine Entsprechung in der kleinen, irdischen Welt. Das Firmament, das All, der »Himmel« hat sein Abbild auf der Erde, und hier nicht irgendwo in den natürlichen Dingen, sondern im Menschen selbst. Und selbst Christus fordert uns auf, den Himmel in uns selbst zu suchen.

Der Mensch ist demnach Abbild des Kosmos, der Mikrokosmos, der den Makrokosmos spiegelt. Paracelsus beschreibt diesen wichtigen Aspekt so:

»Denn der die große Welt gemacht hat, der hat zum Schluß aus dem Erdenkloß den Menschen gemacht; so sind beide Welten entstanden. Der die Winde und die Meere, Sonne, Mond etc. in den Himmel gegeben hat, der hat sie auch in den Menschen gegeben ... Weil Gott nun den Menschen aus einem Leib aller Dinge gemacht hat, so ist jene Masse ein Auszug aus allen Geschöpfen und Himmel und Erde gewesen. In diesem Leib ist aus allen Kreaturen, allen Elementen, allen Gestirnen im Himmel und Erden, von allen Eigenschaften, Wesen, Natur, Art, Wandel etc. das ausgezogen worden, was am subtilsten und am besten gewesen ist und wurde zu einer Masse zusammengezogen. Aus dieser Substanz ist der Mensch gemacht.«

Rund vierhundert Jahre vor Paracelsus beschrieb die heilige Hildegard von Bingen die Schöpfung in ähnlicher Weise:

»O Mensch, so schaue dir doch den Menschen nur richtig an: Der Mensch hat nämlich Himmel und Erde und alles, was geschaffen ward, in sich vereinigt in einer Gestalt, und die ganze Welt liegt in ihm verborgen!«

Dieser Makro-/Mikrokosmos-Gedanke – der sich noch bei Goethe findet – ist das Fundament für das Verständnis nicht nur der Astrologie, sondern auch für die medizinische Alchemie, die Spagyrik. Mit einseitig naturwissenschaftlichem Denken ist diesen Dingen nicht beizukommen.

Seit es die Astrologie gibt, und sie existiert wohl seit es Menschen gibt, wurde versucht, die Rhythmen und Zyklen des Sternenhimmels auch in bezug auf Gesundheit und Krankheit des Menschen zu untersuchen. Medizin und Astrologie waren in früheren Zeiten sehr eng verbunden. Es gab eigene Krankheitshoroskope, Hinweise, wann der richtige Zeitpunkt für eine bestimmte Therapie ist, es wurden Kräuter dann gesammelt, wenn die Planeten »richtig« standen und zu der »richtigen« Zeit zubereitet und verabreicht. Die seriöse, moderne Astrologie kennt Verbindungen zwischen kosmischen Rhythmen und Krankheitsentstehung, mehr noch aber das Erkennen angelegter Schwächen körperlicher und seelischer Art und ihre Behandlung im Einklang mit den Zyklen der Sterne und Planeten.

Medizin und Firmament

Die Astrologie für die Medizin nutzbar zu machen, war ein Gedanke, der Generationen faszinierte. So fehlt es heute nicht an unterschiedlichen, oftmals uralten Systemen, wie dies zu erreichen sei. Eine wichtige Methode ist die sogenannte »Astrodiagnose«. Hierbei wird versucht, aus dem Gestirnsstand zum Zeitpunkt der Geburt, dem Horoskop, die Krankheitsbereitschaft oder die Schwachstellen zu erkennen. Je nachdem, in welchen Tierkreiszeichen oder Häusern die Planeten stehen, kann auf solche Krankheitsveranlagungen geschlossen werden. Diese Methode bildet auch heute noch die Basis für die Astromedizin, wobei in letzter Zeit mehr und mehr der psychologische Aspekt beachtet wird, und heute die astromedizinische Diagnose mehr der Psychosomatik nahesteht als einer ausgereiften klinischen Diagnostik. Wer unvoreingenommen und exakt eine solche astromedizinische Diagnose erstellt, wird nicht selten von ihrer Treffsicherheit verblüfft.

Bis hinein in die tiefsten Seelenschichten kann ein solches Horoskop den betreffenden Menschen widerspiegeln und auch seine, oft mit der seelischen Problematik verknüpften, körperlichen Schwachstellen aufdecken. Doch wird eine solche »Astrodiagnose« niemals alleine ausreichen, um einen kranken Menschen richtig zu beraten und zu behandeln. Sie kann dem Behandler jedoch in vielen Fällen Hinweise auf bestimmte Organe und Funktionen geben, wenn die übliche Diagnostik kein deutliches Bild ergibt. Vor allem bietet sie die Möglichkeit, den Patienten seiner Veranlagung nach richtig einzuschätzen und zu führen.

Die Zukunftsschau übte schon immer einen besonderen Reiz auf die Astrologen aus. Doch hat die astrologische Prognostik heute wohl nicht mehr den Stellenwert wie in früheren Jahrhunderten. Man versucht auch heute noch, immer »bessere« Vorhersagemethoden zu entwickeln oder besser gesagt zu entdecken. Auf astromedizinischem Gebiet geht es hierbei um die Einschätzung des Krankheitsverlaufs.

Früher war dies ein sehr wichtiger Aspekt. Noch um das Jahr 1800 beschrieb der englische Astrologe R. C. Smith unter dem »Künstlernamen« Raphael ein System, nach dem der Verlauf einer Krankheit durch die Bewegung des Mondes beeinflußt werden soll. Für die Berechnung stellte er die Mondstellung zum Zeitpunkt des Krankheitsbeginns oder des Bettlägrigwerdens fest. Nach Raphael sollen der 4., 7., 10., 14., 18., 21. und 28. Tag nach Krankheitsausbruch kritische Tage sein, in denen der weiterlaufende Mond in ungünstigen Winkeln zu seiner Ausgangsstellung steht. An einem dieser kritischen Tage soll die Krankheit sich zum Guten oder Schlechten wenden. Dieses System wird allerdings so gut wie nicht mehr benutzt. Wahrscheinlich war ihr praktischer Nutzen zu gering. Ein großes Feld hingegen bietet sich der Astromedizin auch heute noch in der Therapie.

In vergangenen Jahrhunderten beschränkte sich die astromedizinische Therapie auf die Wahl des richtigen Zeitpunktes für die Mitteleinnahme und für die Durchführung einer gezielten Behandlung oder aber auch auf die Auswahl geeigneter Kräuter nach dem Horoskop oder den laufenden Gestirnständen. Heute versucht man, weitere alternative Behandlungsmethoden mit der Astrologie zu verknüpfen. So sind eigene Schulen entstanden, die nach dem Horoskop des Kranken z. B. homöopathische Mittel herausfinden wollen. Auch die Biochemie nach Dr. med. Schüssler sowie die Bach-Blütentherapie wurden schon astromedizinisch »erweitert«. Inwieweit dies nützlich oder brauchbar ist, muß die praktische Erfahrung des jeweiligen Therapeuten entscheiden. Fest steht lediglich, daß weder Homöopathie noch Biochemie und Blütentherapie der astromedizinischen Ergänzung zwingend bedürfen. Manchmal ist es sogar fraglich, ob der astromedizinische Weg für solche Verfahren überhaupt gangbar ist. Etliche namhafte Homöopathen beispielsweise verneinen dies. Hier stellt sich uns natürlich die Frage, wie dies bei der Kräuterspagyrik aussieht. Lohnt es sich, sie astromedizinisch einzusetzen oder nicht?

Zum Verständnis zunächst folgendes:

Die astromedizinische Spagyrik beruht auf der alten Herbalastrologie. Diese ist eine Sonderform der Kräuterheilkunde, in der die einzelnen Heilpflanzen nicht nach Inhaltsstoffen oder gemachten Erfahrungen und Überlieferungen eingesetzt werden, sondern nach ihrer Zuordnung zu einem bestimmten Planetenprinzip. Wie wir noch sehen werden, hat man so z. B. den Eichbaum unter den Planeten Jupiter gestellt, den Schierling unter den Saturn oder den Rosmarin unter die Sonne. Die Herbalastrologie setzt die einzelnen Pflanzen nach dem Horoskop des Kranken ein, indem sie entweder solche

Das Planetenstundenrad

Pflanzen verordnet, die jene Planetenkräfte stützen sollen, die »schlecht stehen« oder aber, indem sie Planetenkräfte, die schlechte Winkel zu anderen bilden, durch entgegengesetzt wirkende Pflanzen zu hemmen sucht. Dies ist das Grundprinzip der Herbalastrologie. Dabei wurden früher entweder die üblichen Zubereitungsformen angewandt wie Tees oder Tinkturen, von herbalastrologischen Ärzten hingegen sehr gerne auch die alchimistisch, sprich spagyrisch, aufbereitete Pflanze, in Form der spagyrischen Essenz.

Unter diesem Aspekt betrachtet ist die Verknüpfung der Kräuterspagyrik mit der Astromedizin traditionell enger als beispielsweise zur Homöopathie. Homöopathie, Schüsslersche Biochemie oder Bach-Blütentherapie haben ihre eigenen Regeln bei der Auswahl der Heilmittel. Hierbei ist das System der Heilmittelfindung stark mit der ganzen Methode verknüpft. Aus diesem Grund ist auch das Finden eines homöopathischen Mittels aus dem Horoskop fraglich. Eine homöopathische Kräuterspagyrik kann da schon sehr viel eher akzeptiert werden, da man sich hier an die Regeln der Homöopathie hält, was das Finden des Heilmittels angeht.

Die Verbindung von Kräuterspagyrik mit Astromedizin ist schon aus traditionellen Gründen akzeptabel. Wir können uns hier auf die Ärzte des Altertums und des Mittelalters berufen, die ihre Heilkuren entsprechend durchgeführt haben. Nur verlangt die heutige astromedizinische Spagyrik eine gute Kenntnis der astrologischen Grundlagen – und vor allem die nötige Seriosität beim Behandler. Ein solcher wird den astromedizinischen Aspekt der Kräuterspagyrik – gerade auch in diagnostischer Hinsicht – stets mitberücksichtigen, niemals aber allein aus dem Horoskop eine Therapie ableiten wollen. Das Horoskop kann ihm den Weg zur richtigen Behandlung und zu den richtigen Mitteln weisen, wenn die astrologischen Hinweise durch andere Methoden bestätigt werden.

Der Tierkreis – astromedizinisch

Ob ein Mensch Steinbock, Löwe oder Schütze ist, entscheidet der Stand der Sonne zum Zeitpunkt der Geburt. Wurde jemand am 5. März geboren, dann ist er eben Fisch, da die Sonne in der Zeit vom 19. Februar bis zum 20. März durch das Zeichen Fische lief. Die Bedeutung dieses »Sonnenzeichens« wird heute allgemein überschätzt, wenn es auch für den Betreffenden stets eine besondere Wichtigkeit haben wird, da die Sonne mit dem Leben schlechthin verglichen wird. Dennoch gibt es außer der Sonne im Horoskop noch neun andere Gestirne, die oft im ganzen Tierkreis verstreut stehen können. Außerdem untersucht ein professioneller Astrologe noch den Mondknoten, die Häuser, Aszendent und Medium coeli etc. Kurzum: Eine verläßliche astrologische Beurteilung ist allein mit dem Sonnenzeichen nicht möglich. Dies gilt auch für eine astromedizinische Betrachtung des Horoskops.

Der Einstieg in ein Horoskop geschieht jedoch zweckmäßigerweise über die Betrachtung des Sonnenortes. Tritt die Färbung des Zeichens, in dem die Sonne steht, besonders stark zutage, dann sprechen wir von einem »typischen Widder« oder einer »typischen Jungfrau«. Manchmal aber muß man sich fragen, was an jemandem wohl Zwilling ist, wenn der sich ganz und gar nicht so gibt. Untersucht man das

Horoskop eines solchen »untypischen« Zwillings, wird man bald feststellen, daß viele andere Akzente die eigentlich zwillinghafte Sonne überstrahlen oder beeinflussen. Astromedizinisch ist es interessant, die körperlichen und seelischen Entsprechungen der einzelnen Zeichen zu erkennen. Jedes Tierkreiszeichen hat traditionell anatomische und funktionelle Entsprechungen im menschlichen Organismus. Die Gesamtbetrachtung eines Horoskops kann somit weiterhelfen, nach Schwachstellen zu fahnden, wobei der Sonnenstand eine zwar gewichtige Rolle spielt, für sich allein betrachtet aber nicht weiterführt.

Widder (20. März – 20. April)

Der Tierkreis beginnt mit Widder, einem aufbrechenden, aktiven, cholerischen Zeichen. Die Überlieferung beschreibt den Widdertyp als einen Stürmer, eine Führernatur, voller Tatendrang, Begeisterung und Zielbewußtsein. Hierzu gehören Tugenden wie Mut und Kühnheit, aber auch Leidenschaft, Herrschsucht, manchmal gar Streitsucht. Im menschlichen Organismus ist das Widderprinzip im Kopf lokalisiert. Die Schädelknochen, die Kopf- und Gesichtsmuskulatur, die Blutgefäße und Nerven des Kopfes gehören zu Widder.

Ausgeprägte Kopfformen weisen auf Widder hin. Beim einfacheren Typ fällt ein starkes Kinn auf, während der feinere Widdertyp eine ins Auge fallende Stirnpartie aufweist. Diesen Lokalisationen entsprechend sind auch die Krankheitsformen, die dem Widder entsprechen: Kopfschmerz, Migräne, Verletzungen des Kopfes, Augenleiden, Gehirnkrankheiten, Durchblutungsstörungen des Kopfes mit Schwindel, Haarausfall und viele andere Leiden des Kopfbereiches gehören hierher.

Stier (20. April – 21. Mai)

Stier ist ein melancholisches und passives Zeichen. Anatomisch gehört der Hals zum Stier, was die Neigung des Stiertypen zu Angina erklärt. Rachen, Ohren, Kehlkopf, Mandeln, Gaumen, Schilddrüse, Ohrspeicheldrüse, Stimmbänder, Nacken, obere Bronchien, all das gehört hierher und damit auch die Krankheiten dieser Organe.

Vom Charakter her steht beim Stier die Beharrlichkeit, der Sinn für das Praktische und Materielle im Vordergrund, wobei Geld immer eine gewisse Rolle spielt. Der Stier strebt nach Absicherung, und dies vornehmlich auf materieller Ebene. Dennoch ist er fest mit seinem Unterbewußtsein verbunden, was sich in einer aktiven Traumwelt zeigen kann. Wohl kein anderes Zeichen ist so schlafbedürftig wie der

Stier, zumal wenn Probleme das Leben belasten und diese Menschen dann unbewußt von der Realität abschalten. Seelische Komplexe sind dem Stier nicht fremd, besonders, wenn sie mit einer gewissen Unzulänglichkeit und Schwerfälligkeit zusammenhängen, die ein naives Vergnügen an der Welt beeinträchtigen.

Zwilling (21. Mai – 21. Juni)

Zwilling ist das erste luftige, sanguinische Zeichen des Tierkreises. Ihm wird eine gewisse Lebhaftigkeit und Leichtigkeit nachgesagt. Zwillinge sollen stets vielseitig und lebensfroh sein, manchmal ruhelos, aufnahmefähig, aber auch oberflächlich. Der Zwillingtyp schwankt immer zwischen verschiedenen Meinungen, Handlungsweisen oder Überzeugungen hin und her, er liebt die Abwechslung.

Eine Körperfunktion, die dieser Zwillingeigenschaft entspricht, ist die Atmung. Oftmals findet man bei Zwillingen eine schnelle Flachatmung. Der Körperbau ist eher grazil, schlank und schmalbrüstig, jedoch lebendig, was sich in seinen Gebärden zeigt. Wenn er spricht (und er spricht gerne, da er redegewandt ist), dann häufig mit den Händen und manchmal gar den Armen. Auch diese Körperteile unterstehen dem Zwillingsprinzip.

Zwillingstypische Krankheiten sind demnach: nervöse Störungen durch geistige Zerfahrenheit oder Systemlosigkeit in der Arbeit, Verletzungen der Arme und Schultern, Störungen der Atmung, Asthma, Bronchitis, Lungenentzündung, Rippenfellentzündung. Manchmal können auch eingebildete Krankheiten vorkommen, überhaupt spielt das Nervensystem immer irgendwie mit.

Krebs (21. Juni – 23. Juli)

Das Zeichen Krebs hat eine phlegmatische, »wäßrige« Art. Es zählt zu den sogenannten fruchtbaren Zeichen, wonach weibliche Krebse eine besondere Beziehung zur Mutterschaft haben. Krebsfrauen sollen gefühlsbetont, ehefreudig und gattenliebend sein. Ein männlicher Krebs kann eine bestimmte Art von Kind-Mutter-Verhältnis zeigen, das sich zum einen in einem Umsorgtseinwollen äußert, andererseits aber auch im Hegen und Pflegen von Anvertrautem.

Der Überlieferung nach steht organisch der Magen, der Brustkorb, die Speiseröhre und das Brustfell unter dem Krebsprinzip. Die Funktion der Nahrungsaufnahme und -aufschließung hat hier seine Entsprechung.

Von der psychischen Seite her finden sich Gemüts- und Depressionserkrankungen, Melancholie, Trübsinn und Flucht aus der Außenwelt. Der typische Krebs läßt sich häufig gehen, ist träge, setzt schnell Kummerspeck an und leidet unter krankhaften Wasseransammlungen. Dabei sind der Magen und die oberen Verdauungsabschnitte bei krankhaften Prozessen häufig zuerst befallen.

Löwe (23. Juli – 23. August)

Löwe ist ein hitziges, feuriges und cholerisches Zeichen. Seine körperliche Entsprechung findet es im Herzen. Löwe kennzeichnet die Körperkraft und die Immunitätslage. Zu ihm gehören die Arterien und das Rückenmark. Alle Krankheiten dieser Organe oder deren Funktionen sind durch das Zeichen Löwe gekennzeichnet. Hierzu gehören Herzkrankheiten, Kreislauferkrankungen, Entzündungen des Rükkenmarks, Hexenschuß, Überhitzung und fieberhafte Erkrankungen. Der typische Löwemensch zeigt sich als selbstbewußte Führerpersönlichkeit. Er hat eine ausgeprägte schöpferische Energie, Besitzstreben, Organisationstalent und vertraut bedenkenlos auf seine Kraft und Stärke. Er ist schnell im Handeln, manchmal auch ohne vorher genügend darüber nachgedacht zu haben, ob das Tun auch richtig und sinnvoll ist. Der Löwetyp verspürt stets den Drang zuzupacken, ist mit Leidenschaft bei der Sache, die er mit der nötigen Energie auch zu Ende führt.

Jungfrau (23. August – 23. September)

Der Jungfrautyp unterscheidet klar nach Zweckdienlichem und Unnötigem. Als mehr passives, melancholisches Zeichen ist eine gewisse kühle Distanz zur Außenwelt nicht selten. Ordnungsliebe und Sorgfalt zeichnen diesen Typ aus. Analytisches Denken, Methodik und Kritiksinn gehören zur Jungfrau. Anatomisch hat das Jungfrauprinzip seine Entsprechung in den Verdauungsorganen, wo ja ebenso das Nützliche vom Unnützen geschieden wird und die Verdauung nach geordneten Regeln zu geschehen hat. Während der Magen zum Krebs gehört, unterstehen der Jungfrau Bauchspeicheldrüse, Milz, Sonnengeflecht und Zwölffingerdarm. Krankheiten vom Jungfrautyp sind somit in erster Linie Verdauungskrankheiten im Sinne einer gestörten Nahrungsaufschließung mit Blähungen, Koliken, Durchfall oder Verstopfung, Eingeweidewürmer und alle nervösen Bauchbeschwerden. Bei Frauen hat das Zeichen eine gewisse Beziehung zu den Eierstöcken, wobei nicht so sehr das Organ an sich gemeint ist, sondern die

Funktion der monatlichen Periode mit all ihren Beschwerden, körperlich wie psychisch.

Waage (23. September – 23. Oktober)

Wie Zwilling ist auch die Waage ein sanguinisches und luftiges Zeichen. Zu ihm gehören anatomisch die Nieren, Blase, Haut, Gebärmutter, physiologisch die Aufrechterhaltung eines harmonischen Gleichgewichts durch die Ausscheidung unbrauchbarer Stoffe insbesondere – im Unterschied zur Verdauung – organisch verbrauchter Substanzen, was durch die Nieren geschieht. Die Nierenarbeit hat hierbei einen direkten Bezug zur Funktion der Schweißdrüsen. Waage kontrolliert alle innerkörperlichen Vorgänge in bezug zu den Außenbedingungen wie Temperatur, Klima und Lebensverhältnisse. Krankheiten dieser Funktionssysteme gehören demnach zum Waageprinzip.

Waage verkörpert Harmonie, Geselligkeit, Gemeinschaftssinn, Anpassungsfähigkeit, Sinn für das Künstlerische, gute Umgangsformen, aber auch Eitelkeit, Geltungsbedürfnis und Mangel an Festigkeit und Beständigkeit. Das Zeichen weist nicht selten harmonische Körperformen auf, und manchmal verrät sich der Waagetyp auch an einem auffallend wiegenden Gang, der dem Namen »Waage« alle Ehre macht.

Skorpion (23. Oktober – 23. November)

Skorpion ist kalt und feucht. Menschen dieses Typs haben einen eigenen Willen mit Durchsetzungsvermögen, Zähigkeit und Furchtlosigkeit als hervorstechendste Charaktereigenschaften. Im Gegensatz zum Vorgängerzeichen Waage wird hier nicht nach Ausgleich gestrebt, sondern nach Durchsetzung eigener Überzeugungen, was sich im ungünstigen Fall als Fanatismus äußern kann. Übersteigerte Leidenschaft, Streitsucht und Aggressivität gehören hierher.

Körperlich haben die Geschlechtsorgane einen direkten Bezug zu diesem Zeichen. Krankheiten in diesen Bereichen gehören unter den Skorpion. Da in diesen Organen auch die Ausscheidungsfunktion ihren Abschluß findet (Harnröhre), ist der Prozeß der Reinigung von Schlacken ebenfalls skorpiongeprägt. Im Organismus obliegt es dem Skorpionprinzip die Polizeifunktion der Abwehrkraft aufrecht zu erhalten. Diese Aufgabe der weißen Blutkörperchen und damit auch der Einfluß auf die Immunlage des Menschen hat Skorpioncharakter. Ist ein skorpiongeprägter Mensch geistig nicht hoch entwickelt, so kann sich seine Aggressivität bis ins Zerstörerische hinein richten, bei höher entwickelten Menschen findet man hingegen nicht selten Streiter für eine gute Sache und soziale Zwecke.

Schütze (23. November – 21. Dezember)

Zum cholerischen Zeichen Schütze gehören die Hüften und Oberschenkel, die gesamte Muskulatur, der Ischiasnerv und die Leber. Krankheiten des Schützeprinzips sind Folgen von Übersättigung auf allen Gebieten, z. B. durch eine ungesunde Lebensweise mit Überernährung und Genußsucht. Auch Erkrankungen, die in Zusammenhang mit körperlicher Betätigung stehen, gehören hierher, wie beispielsweise Sport- und Unfallverletzungen.

Dem Schützeprinzip obliegt die Ausnutzung der aufgenommenen Kalorien durch Bewegung und Arbeit. Alle Bewegungsäußerungen des Körpers zeigen Schützecharakter, so die amöbenartige Fortbewegung der weißen Blutzellen, die Flimmerbewegung feiner Härchen, die gewisse Zellen aufweisen, das peitschenförmige Fortbewegen der Samenzellen oder ganz einfach die Bewegung jeder einzelnen Muskelfaser im Körper. Somit kennzeichnet den Schützetyp Beweglichkeit, Unternehmungslust und sportliche Aktivität. Er denkt in großen Dimensionen, hat weitgesteckte Ziele und kann als höher entwickelter Mensch aktiv an der Suche nach einer höheren organischen Einheit gegensätzlicher Strebungen mitwirken. Großzügigkeit, Begeisterungsfähigkeit und Idealismus gehören zu seinen vorstechendsten Wesenszügen.

Steinbock (21. Dezember – 21. Januar)

Das Zeichen Steinbock ist melancholisch und charakterisiert den Arbeitsmenschen, der sich auf sich selbst konzentriert, mit Zähigkeit an seinen Lebenszielen festhält und diese mit Fleiß zu verwirklichen sucht. Sein Denken ist rational geprägt, und die beruflichen Interessen stehen im Vordergrund. Erfolg wird ihm nicht in die Wiege gelegt und nicht geschenkt, sondern ist Lohn unermüdlicher Arbeit. Ist ein solcher Mensch egoistisch geprägt, so heischt er stets nach neuen Erfolgserlebnissen, wird zum arroganten Streber, zum »Schätzesammler«. Hat er hingegen eine soziale, weltoffene Seite, so setzt er seine Charaktereigenschaften im Dienste einer übergeordneten Sache ein.

Körperlich kennzeichnen die Knochen, Gelenke, Sehnen und Bänder das Steinbockprinzip. Auch die Haut hat gewisse Eigenschaften, die dem Steinbock zugehören. Alle Krankheiten dieser Körperteile sind steinbockgeprägt. Dieses Tierkreiszeichen ist kalt und hat demnach wenig Lebenswärme, so daß baldige Versteifung und Verknöcherung mit Rheuma, Gicht und Verkalkungstendenzen nicht selten sind. Der Steinbock ist in jeder Hinsicht auf das Harte konzentriert und duldet das Weiche nicht.

Wassermann (21. Januar – 19. Februar)

Anatomisch sind dem sanguinischen Wassermann Unterschenkel, Schienbein, Wadenbein, Knöchel, Achillessehne, Wadenmuskulatur und die entsprechenden Blutgefäße zugeordnet. Weiter spielt das Wassermannprinzip mit bei der Erhaltung der Gewebefestigkeit in den Gefäßen und der Blutbildung in Milz und Knochenmark. Wassermannkrankheiten sind also Krampfadern, Thrombosen, Embolien und Leukämien. Auch die Nerven spielen beim Wassermann eine gewichtige Rolle. Psychisch äußert sich das im Unsteten seines Tuns oder gar in Kurzschlußhandlungen. Nicht selten lehnt sich ein ausgeprägter Wassermanntyp gegen Arzt und Behandlung auf und wirkt am Heilungsprozeß nicht aktiv mit. Er fühlt sich oftmals viel zu früh gesund und schädigt sich durch Überforderung selbst.

Zum Wassermanncharakter gehören Menschenkenntnis, Einfühlungsvermögen, Ideenreichtum und Reformfreudigkeit. Der Wassermanntyp beobachtet gut, ist anpassungsfähig, hilfsbereit und gesellig. Es reizt ihn, neue Wege zu beschreiten. Gegen Bevormundung und äußere Beschränkungen lehnt er sich auf und liebt die selbständige Arbeit.

Fische (19. Februar – 20. März)

Der Typus des phlegmatischen Fischezeichens gilt als eher zurückhaltend, aufnahmefähig und empfindlich. Sein Charakter kennt Eigenschaften wie Geduld, Verschlossenheit, Stimmungslabilität, Nachlässigkeit und Bequemlichkeit. Zum Fischezeichen gehören Phantasie und Verträumtheit, nicht selten auch Tagträumerei, die sich im Extremfall zu Halluzinationen steigern kann. Außersinnliche Wahrnehmungen und mediale Begabung findet sich unter den zwölf Tierkreiszeichen beim Fischemenschen am häufigsten.

Anatomisch werden den Fischen die Füße zugeordnet, aber auch die Gewebsflüssigkeit, die Lymphe. Entsprechend sind Krankheiten mit Fischecharakter Durchblutungsstörungen und rheumatische Erscheinungen im Bein- und Fußbereich, kalte Füße, Wasseransammlungen um die Knöchel, Erkältungsneigung, Übersensibilität, Schlafwandeln, Halluzinationen und Suchtkrankheiten (Eßsucht, Rauchen, Alkohol, Rauschgift, Tabletten). Der Fischetyp ist gekennzeichnet durch eine träge und schlaffe Haltung und läßt sich leicht gehen.

Die Gestirne – astromedizinisch

Vielfach finden die Gestirne Sonne, Mond und die acht Planeten weit weniger Beachtung als die Tierkreiszeichen, obwohl sie nicht weniger wichtig für eine astrologische Betrachtung sind, ja manchmal eine größere Bedeutung haben als die zwölf Zeichen. Dies liegt an einem praktischen Hindernis, das dem Hinzunehmen der Gestirne zu den Tierkreiszeichen im Wege steht. Der Gestirnstand zum Zeitpunkt der Geburt ist fast für jeden Menschen anders. Deshalb kann man hier auch nicht einfach Schablonen anlegen, wie dies bei den zwölf Zeichen möglich und in den Zeitschriftenhoroskopen gang und gäbe ist.

Ob nun einer ein Jupitertyp, ein Venustyp oder ein Neptuntyp ist entscheidet nicht allein sein Geburtsdatum, sondern die exakte Geburtszeit und der Geburtsort. Erst wenn diese beiden elementaren Faktoren bekannt sind, läßt sich ein persönliches Horoskop erstellen, aus dem die Stellung der Planeten genau ersichtlich ist. Während der Sonnenstand im Tierkreis lediglich eine globale und recht unverbindliche Grundaussage gibt, macht die Verteilung der übrigen Gestirne das Horoskop erst individuell und beurteilbar. Dabei wird der Astrologe genau den Stand der einzelnen Gestirne in den Zeichen beobachten, mehr noch aber ihre Stellung zueinander. Die Astrologie kennt seit Jahrtausenden genaue Winkelabstände der Gestirne, die wertvolle Hinweise geben können.

Hierzu wird der Tierkreis in 360 Grade eingeteilt. Stehen zwei Gestirne sehr eng beisammen, spricht man von einer Konjunktion, sind sie jedoch einander gegenüberstehend in einem Winkel von 180°, nennt man dies eine Opposition. Ein 60°-Abstand heißt Sextil, beträgt er 90° ist es ein Quadrat. Sind zwei Planeten 120° voneinander entfernt, so bilden sie ein Trigon.

Jede dieser Verbindungen hat ihren eigenen Charakter, und je nachdem, welche Planeten einen gewissen Winkel bilden, ergeben sich unterschiedliche Deutungen für das Horoskop. Von Bedeutung ist gleichzeitig noch die Horizontachse und ihre Stellung im Tierkreis. Steht die Horizontachse in einem Horoskop als Verbindungslinie zwischen den Sternzeichen Waage links (Osten) und Widder rechts (Westen), so besagt dies, daß zum Zeitpunkt der Geburt das Zeichen

Waage aufgegangen und Widder untergegangen ist. Damit ist Waage der Aszendent und Widder der Deszendent.

Eine weitere Achse verläuft vom höchsten Punkt des Firmaments (Himmelsmitte oder Medium coeli genannt) zum tiefsten Punkt, teilt den Horoskopkreis also in eine linke und eine rechte Hälfte. Aszendent und Medium coeli lassen sich durch die genaue Geburtszeit auf den jeweiligen Grad exakt bestimmen. Jedes Tierkreiszeichen umfaßt 30°, so daß alle zwölf gemeinsam den 360°-Kreis ergeben.

Das Aszendentzeichen ist für die Horoskopdeutung von großer Wichtigkeit und steht in der Bedeutung dem Sonnenzeichen nicht nach. Doch gehören zu einer guten Deutung auch die Winkelbeziehungen von Aszendent und Medium coeli zu den Gestirnen. Auch hier geben die Gestirne wieder Hinweise, das Horoskop individuell auszudeuten.

Wie für jede astrologische Methode ist auch für die Astromedizin das Wissen um den jeweiligen Charakter eines Gestirns entscheidend, will man das Horoskop deuten. Hier verhält es sich wie mit dem Tierkreis: Jedes Gestirn hat zum Organismus des Menschen eine gewisse Bedeutung und zu Organen besondere Beziehungen und Wesensverwandtschaften.

Sonne

Der Sonne am Firmament entspricht das Herz im Menschen. Sie verkörpert die Urkraft, Hitze, Feuer und Licht. Die Vitalität eines Menschen ist aus dem Standort der Sonne im Tierkreis ersichtlich. Astromedizinisch stehen die Herz- und Kreislaufverhältnisse im Vordergrund, aber auch die Augen, das Gehirn, die Gefäßnerven und die rechte Körperhälfte als Gesamtheit unterstehen dem Prinzip Sonne. Disharmonische Sonnenwirkungen können sich am ehesten an diesen Organen oder Körperteilen zeigen. Insbesondere stehen Herz- und Kreislaufstörungen sowie Blutdruckschwankungen mit der Sonne in Verbindung.

Stark von diesem Prinzip geprägte Menschen zeigen sich in ihrer Konstitution von starker Lebenskraft und muskulärem, athletischem Körperbau. Psychologisch verkörpert die Sonne das geistige Prinzip. Hier steht besonders der Wille zur Macht im Vordergrund. Sonnenhafte Menschen sind zielstrebig, entschlußfreudig, ehrgeizig, mutig, strebsam und haben ein gutes Organisationstalent. Sonne symbolisiert das Ich, den Vater und Gatten, das Männliche und Aktive.

Im Tierkreis ist ihr das Zeichen Löwe zugeordnet.

Mond

Der Erdtrabant bildet astrologisch betrachtet das Gegenstück zur Sonne. Er verkörpert das Passive, Weibliche. Ihm entspricht die Seele, die Mutter und Gattin, das Gemüt, soziologisch auch die Familie und das Volk. Mondgeprägte Menschen sind im Gegensatz zu Sonnetypen eher introvertiert. Das Unterbewußtsein spielt eine große Rolle. In der psychologischen Entsprechung sind Mütterlichkeit, Häuslichkeit, Anpassung, Sorgsamkeit und Beweglichkeit ausgeprägte Wesenszüge.

Anatomisch hat man das Mondprinzip dem Magen zugeordnet, manchmal gleichzeitig noch das Kleinhirn. Weitere Körperregionen, die dem makrokosmischen Mondprinzip entsprechen, sind die Schleimhäute, die weiblichen Geschlechtsorgane, die Lymphe, der Tränenapparat und die linke Körperhälfte als Gesamtheit. Die Fruchtbarkeit des Menschen steht immer in Bezug zum Mond. Entsprechend können bei disharmonischen Mondstellungen folgende Krankheiten auftreten: Magenleiden, Lymphkrankheiten, Schleimhautkatarrhe, Beschwerden des weiblichen Unterleibs, Unfruchtbarkeit u. a. Mondgeprägte Menschen haben ein wäßrig-gedunsenes Aussehen.

Im Tierkreis untersteht das Zeichen Krebs dem Mondprinzip.

Merkur

Zum Wesen des Merkur gehört die Beweglichkeit. Im Organismus unterstehen ihm die motorischen Nerven, das Gehör, die Sprachorgane, das Sprachzentrum. Ein disharmonisches Merkurprinzip äußert sich im Menschen in Überreizungen des Bewegungsapparates und der Reflexe, Sprachstörungen, Taubheit, Atemstörungen, Nervenschmerzen, Gedächtnisschwund und allgemeinen Nervenerkrankungen. Konstitutionell zeigt sich der Merkurtyp in einem schlanken, asthenischen Körperbau. Seine Äußerungen sind lebhaft, sensibel und gewandt. Psychisch dominiert das Intellektuelle.

Merkurtypen haben eine rasche Auffassungsgabe und einen ausgeprägten Sinn für Logik und Dialektik. Ihr Talent liegt in einer Sprach- und Schreibbegabung. Disharmonisch kann sich Merkur entweder in einer Überlastung oder einer Schwäche dieser Eigenschaften zeigen. Soziologisch entspricht dem Merkurprinzip die Beziehung zu Handel und Wirtschaft. Da Merkur stets das Vermitteln als Grundwesenszug hat, gehören auch Diplomatie und vermittelnde Dienstleistungen hierher.

Im Tierkreis sind die Zeichen Zwilling und Jungfrau zugeordnet.

Venus

Venus hat enge Beziehungen zu Liebe und Kunst. Hierzu zählen erotische Anziehung, Gefühle, Harmoniebedürfnis, Schönheitssinn und Lebensbejahung. Dieses Prinzip hat eine starke anziehende Wirkung. Körperlich gehören zur Venus das ganze Drüsen- und Hormonsystem mit den Nieren und Mandeln, das venöse Blut, die Brustdrüsen und die Prostata. In der Sexualität ist der weibliche, aufnehmende Aspekt venusgeprägt.

Auf der psychischen Seite spielen ästhetisches, gefühlsbetontes Empfinden eine dominierende Rolle. Nicht selten treten künstlerische Begabungen besonders hervor, vor allem musikalische, malerische und schauspielerische Talente. Soziologisch entspricht dem Venusprinzip das Mädchen und die junge Frau, die Geliebte sowie der Künstler und Menschen des Vergnügungswesens.

Konstitutionell zeigt sich Venus beim Menschen in typisch weiblichen Formen. Krankheiten, die einem gestörten Venusprinzip entsprechen, sind u. a. Hormonstörungen, Nieren- und Venenleiden.

Die Tierkreiszeichen Stier und Waage haben Venuseigenschaften.

Mars

Der »rote Planet« wird stets mit Kampf, Energie und Entschlossenheit in Verbindung gebracht. Für ihn sind Mut, Tatkraft, Willensstärke, Arbeitsfreude und Tätigkeitsdrang charakteristisch. Soziologisch entsprechen Polizei, Militär, Handwerk, Mechanik, teilweise Jagd und Sport zum Marsprinzip. Folglich sind die Berufe Waffenträger, Handwerker, Techniker, Sportler und Jäger marsgeprägt, aber auch Chirurgen und Bildhauer werden als zu einer höheren Marsstufe gehörend betrachtet.

Im Psychischen wirkt Mars mit bei Begierde, Strebsamkeit, Sponanität. Körperlich sind athletische Körperformen marsgeprägt. Alle Muskeln und Arterien unterstehen diesem Prinzip, gleichzeitig die männliche Sexualfunktion und die Körperwärme mit der Sauerstoffverwertung in den Zellen. Krankheiten, die von einem gestörten Marsprinzip ausgehen, sind u. a. akute Entzündungen, Erkrankungen der männlichen Geschlechtsorgane, Blutungen, Infektionen durch Biß, Stich, Schnitt oder sonstige Verletzungen, Operationskomplikationen, Muskelschwäche.

Im Tierkreis entsprechen die Zeichen Widder und Skorpion dem Planeten Mars.

Jupiter

Jupiter ist der größte unter den neun Planeten unseres Sonnensystems. Entsprechend sind auch die Eigenschaften, die dem Jupiter zugeschrieben werden, von einer Größe und Stärke geprägt. Hierzu zählen das Streben nach Ausdehnung, Optimismus, Besitz, Gerechtigkeits- und Harmoniebestrebungen, großzügiges, soziales Empfinden, joviales Verhalten, sittliche und religiöse Ganzheitsbestrebungen. Gesetz und Religion unterstehen dem Jupiter. Somit sind Beamtentum, Behörden-, Verwaltungs- und Justizwesen, die Bankwirtschaft, Kirche und religiöse Gemeinschaften jupitergeprägt.

Biologische Entsprechungen findet Jupiter im Mikrokosmos in der Ernährung, dem organischen Aufbau und dem Wachstum. Organisch steht hierbei die Leber im Vordergrund als das dem Jupiterprinzip am markantesten entsprechende Organ. Des weiteren gehören Blut und die Wechseljahre zu Jupiter. Krankheiten wie Leberentzündung, Störungen des Zellwachstums bis hin zu Krebsbildungen, mangelhafter Muskel- und Gewebeaufbau und Blutkrankheiten, aber auch Folgen von Völlerei, sind hier einzuordnen.

Die Tierkreiszeichen Schütze und Fische entsprechen dem Jupiter.

Saturn

Im Saturn zeigt sich eine verdichtende Kraft. Verfestigung, Kristallisation und Konzentration sind seine Wesenszüge. Astromedizinisch sind alle Verhärtungstendenzen saturnalen Charakters, wie Ablagerungen in Gefäßen (Arteriosklerose) und Organen (Gallensteine, Nierensteine), aber auch in Gelenken (Gicht, Gelenkrheumatismus). Organisch unterstehen dem Saturnprinzip die Knochen, Zähne, Haare und die Haut, teilweise auch rechtes Ohr, Mund und Milz. Konstitutionell sind vom Saturn geprägte Menschen knochig und sehnig, sie machen einen faltig-trockenen Eindruck. Psychische Saturnentsprechungen sind u. a. Beharrlichkeit, Ernst, Vertiefung, Konzentrationsfähigkeit, Eigenbrötlerei, Mißtrauen. Soziologisch gehören dem Saturnprinzip erdverbundene Berufsgruppen an, z. B. in Landwirtschaft, Bergbau, Haus- und Grundbesitz.

Saturnal geprägte Menschen sind harter, schwerer Arbeit zugeneigt, hängen an allem Bleibenden und Langbestehenden. Ihre Einstellung zeigt in allen Bereichen konservative Züge.

Von den Tierkreiszeichen gehören Steinbock und Wassermann zum Saturn.

Uranus

Das Prinzip, das der Planet Uranus verkörpert, ist die Wandlung, Umwälzung und Reform. Dabei steht die Plötzlichkeit des Wandels im Vordergrund. Reformer, Erfinder, Techniker, aber auch Umstürzler und Revolutionäre sind uranusgeprägt. Psychologisch zeigen solche Menschen oft typische Eigenarten wie Selbständigkeit, Freiheitsdrang, Reformbegeisterung, Beweglichkeit, eine gute Auffassungsgabe, Intuition und Sinn für Rhythmik. Konstitutionell sind sie beweglich und asthenisch.

Biologische Entsprechungen des Uranus finden sich in allen Körperrhythmen wie Puls und Atmung sowie im rhythmischen Ablauf des Stoffwechselgeschehens. Uranus hat einen starken Bezug zum Nervensystem, zu den Hirnhäuten, der Hirnanhangdrüse und zum Rükkenmark. Demzufolge zeigen u. a. Herzrhythmusstörungen, Krämpfe, Epilepsie, Neurosen, Psychosen und Erkrankungen, die plötzlich und heftig entstehen, einen typischen Uranuscharakter.

Uranus wurde nach seiner Entdeckung dem Tierkreiszeichen Wassermann zugeordnet, das aus traditioneller Sicht saturnale Eigenschaften aufweist, heute jedoch in der Regel als uranustypisch bezeichnet wird.

Neptun

Neptun symbolisiert Empfänglichkeit, Beeinflußbarkeit und Einfühlung. Hier hat die Inspiration ihre makrokosmische Entsprechung. Psychologische Neptuneigenschaften sind Aufnahmefähigkeit, Phantasie, Einfühlungsvermögen, Beschaulichkeit, Neigung zu Mystik und außersinnlichen Dingen. Im negativen Sinne kann sich das Prinzip entsprechend in Verworrenheit, Täuschung und überstarker Beeinflußbarkeit äußern.

Organisch unterstehen dem Neptun die Zirbeldrüse und das Sonnengeflecht. Krankheitsbeziehungen bestehen zu Schlafsucht, Nervenschwäche, Betäubungszuständen, Suchterkrankungen, Bewußtseinsstörungen, Hysterie, Lähmungen, Nervenkrämpfen, Geistesstörungen, Wahnideen und Halluzinationen. Außersinnliche Wahrnehmungen haben stets einen neptunischen Charakter, so daß Krankheiten aufgrund medialer Erfahrungen ebenfalls zum Neptunprinzip zu zählen sind.

Soziologische Entsprechungen für Neptun sind beeinflußbare Menschen, medial Begabte, Mystiker, aber auch Gaukler, Taschenspieler,

Betrüger und Dunkelmänner. Heute wird Neptun zum Zeichen Fische gerechnet. Traditionell soll dieses Zeichen jedoch auch Jupiterqualitäten zeigen.

Pluto

Für Pluto ist der Einfluß auf Menschenmassen charakteristisch. Interessanterweise wurde er zu jener Zeit entdeckt, als Adolf Hitler sich anschickte, die Macht in Deutschland an sich zu reißen. Prinzipien, die mit dem äußersten Planeten des Sonnensystems verbunden werden, sind höhere Gewalt, höhere Fügung und unsichtbare Macht. Soziologisch gehören zum Pluto Menschen, die eine Art magische Wirkung auf die Massen ausüben wie Redner, Politiker oder Schauspieler.

Psychologisch können sich Machtwille, Streben nach Beeinflussung von Massen und rücksichtslose Offenheit zeigen, aber auch Fanatismus bis hin zu Gewaltherrschaft. Dem Pluto entspricht das Kollektivbewußtsein. Astromedizinisch ist Pluto noch nicht ausreichend erforscht, doch ist erkennbar, daß zu diesem Prinzip wohl chronische Krankheiten zu zählen sind, die fast epidemiehaft breite Massen erfassen. Krebs und Aids dürften plutonische Krankheiten sein sowie so manche zerstörerische Krankheiten, die unaufhaltsam um sich greifen und die die Medizin noch nicht in den Griff bekommen hat.

Im Tierkreis findet Pluto im Zeichen Skorpion seine Entsprechung, das nach der Überlieferung jedoch auch Marseigenschaften hat.

Die Kräuter – astromedizinisch

Astrologie ergibt nur dann einen Sinn, wenn man sie nach dem Makro-/Mikrokosmos-Prinzip betrachtet. Die Gestirne und der Tierkreis sind nichts vom Menschen Losgelöstes, Isoliertes, auch wenn das Firmament noch so weit entfernt scheint. Nach dem Grundsatz »wie oben, so unten« finden wir jene energetischen Prinzipien, die sich am Himmel zeigen auch auf der Erde und in all ihren Geschöpfen wieder. Der Mensch selbst ist nach dem Verständnis des Paracelsus die Quintessenz der gesamten Schöpfung, in ihm finden sich Himmel und Erde vereint, wie es auch die heilige Hildegard vierhundert Jahre vor Paracelsus erkannte.

Die Lebensprinzipien, die wir in den Tierkreiszeichen und Gestirnen entdeckt haben, lassen sich auch im Menschen erkennen. Beim Nachforschen wird wohl jeder typische »Marsmenschen« in seiner Umgebung finden: Menschen mit großer Vitalität, Einsatzfreudigkeit,

Aktivität, manchmal auch mit Streitsucht und Kampfeslust. Bei diesen Zeitgenossen kommt das Marsprinzip eben besonders stark zur Geltung, sie sind marshaft geprägt. Ebensogut wie man »sonnige« Menschen findet, stößt man auf »Venusmenschen« oder »Saturnmenschen«, je nachdem, welches Lebensprinzip vorherrscht.

Doch nicht nur beim Menschen, bei allen Lebewesen lassen sich vorrangige Prinzipien erkennen. Für das Tierreich haben wir im Tierkreis – der Name sagt es ja schon – einige typische Entsprechungen wie z. B. den saturnalen Steinbock, den marshaften Widder oder die neptunischen Fische. Im Pflanzenbereich besteht ein Vorherrschen von Lebensprinzipien ebenso, wenngleich auch dessen Erkennen schwieriger ist als bei Mensch und Tier, da man sie in der Pflanzenwelt lediglich am Äußeren unterscheiden kann, während beim Menschen und in gewisser Hinsicht auch beim Tier die seelischen Äußerungen noch mitberücksichtigt werden können.

Praktisch geschieht der Einsatz von Heilpflanzen aus astromedizinischer Sicht hauptsächlich nach dem Horoskop, auch wenn es vereinfachtere Möglichkeiten gibt, die ohne ein solches auskommen. Die Methode klingt ziemlich einfach: Ist ein kosmisches Prinzip gestört oder geschwächt, so wird es durch Kräuter, die diesem Prinzip entsprechen, gestärkt. Steht beispielsweise in einem Horoskop der Mars schwach, dann kann dieses Prinzip, das der Mars im Makrokosmos verkörpert, durch Kräuter, die marsartige Eigenschaften aufweisen, gekräftigt werden. Das scheint aber nur auf den ersten Blick ein einfaches Vorgehen zu sein. Ist es wirklich so einfach, daß man lediglich ins Horoskop blicken braucht und die entsprechenden Kräuter verschreiben kann? Schon aus dem Grund, daß in jedem Horoskop viele Komponenten berücksichtigt werden müssen, ist diese Methode nicht ganz einfach. So kann der Mars im Zeichen Fische sicher schwach stehen, doch wirft er von hier aus vielleicht harte Quadrate auf Sonne, Mond und Saturn. Ist dies der Fall, dann ist eine Stärkung der Marskraft nicht ohne weiteres sinnvoll. Man will ja den verletzenden Mars nicht noch stärken.

Die Verordnung nach dem Horoskop ist nur etwas für »Insider«, die zudem wissen, daß das Horoskop allein nie zur exakten Diagnosestellung ausreichen kann. Es ist vielmehr ein brauchbares Mittel, um zu einer solchen hinzuführen. Das Horoskop zeigt an, den exakten Krankheitsnachweis müssen andere Methoden erbringen. Auch in der Therapie wird dies in der Regel der Fall sein.

Seit Jahrtausenden haben unzählige Astrologen den Versuch unternommen, die verschiedenen Heilpflanzen den planetarischen Prinzipien zuzuordnen. Bei manchen Kräutern ist dies eine einfache und sichere Sache. So erkennt wohl jeder den hervorstechenden marshaften Charakter der Brennessel. Eine Verwechslung mit anderen Planetenprinzipien ist hier so gut wie ausgeschlossen. Andere Pflanzen wiederum tragen ihre vorherrschende Entsprechung nicht so klar und deutlich in ihrem Äußeren. So konnte es nicht unterbleiben, daß manche Fachleute zu anderen Ergebnissen kamen als ihre Kollegen, hin und wieder gar zu diametral entgegengesetzten. So unterstellen viele Astromediziner die Mistel dem Mond, andere aber auch der Sonne. Salbei steht einmal beim Mond, einmal beim Jupiter und einmal beim Saturn. Dies macht die Sache nicht gerade hilfreich, und für solche, die hinter jeder Undeutlichkeit gleich Unseriosität wittern, ist dies ein »gefundenes Fressen«.

Die Astromediziner stehen jedoch über diesen vermeintlichen Widersprüchen. Sie wissen, daß in einer Pflanze nicht nur ein einziges Prinzip wirksam ist, sondern alle gleichzeitig. Doch wirken sich nicht alle gleichstark aus. In der Regel gibt es ein oder zwei solcher Prinzipien, die deutlich vorherrschen und der Pflanze ihren Stempel aufdrücken. Bei manchen Pflanzen wird dies deutlicher als bei anderen. Die Melisse z. B. hat nach Überzeugung vieler Astromediziner die sonnen- und jupiterhaften Kräfte fast gleichstark ausgeprägt. Deshalb kann sie einmal einer schwachstehenden Sonne, ein andermal einem geschwächten Jupiter hilfreich sein. In einem Fall, wo beide Prinzipien »angeschlagen« sind, kann man sie gar universell einsetzen. So erhält das vermeintliche Paradoxon Sinn, wird verständlich und für die Praxis nutzbar.

Planetarische Entsprechungen der Heilkräuter

Die folgende Übersicht ist eine Zusammenstellung von Erkenntnissen verschiedener Astrologen aus den vergangenen Jahrhunderten, enthält aber auch Erfahrungen aus neuerer Zeit. Doppelt- oder Mehrfachnennungen von Pflanzen unter verschiedenen Planeten gelten als Hinweis, daß die Pflanze kein auf nur ein Prinzip ausgerichtetes Wesen hat, sondern mehrere Prinzipien am Gesamtcharakter mitwirken.

Sonne

Alant	Lorbeer	Sonnenblume
Alpenveilchen	Mandel	Sonnentau
Augentrost	Melisse	Tausendgüldenkraut
Blutwurz	Mistel	Wacholder

Engelwurz
Gauchheil
Herbstzeitlose
Huflattich
Johanniskraut
Kamille
Kanadische Grießwurzel
Pestwurz
Pfingstrose
Ringelblume
Rosmarin
Safran
Schöllkraut
Schwarzer Senf
Walnuß
Weinraute
Weinstock
Weißer Senf
Wiesenknopf
Zitrone

Mond

Alraune
Aronstab
Bibernell
Bingelkraut
Bitterklee
Brunnenkresse
Doldenblütiges Wintergrün
Gänseblümchen
Gartenlattich
Giftlattich
Goldlack
Gurke
Hundszunge
Kalmus
Kamille
Kanadische Blutwurzel
Klatschmohn
Kleblabkraut
Koloquinten
Kürbis
Linde
Mistel
Portulak
Salbei
Scharfer Mauerpfeffer
Schwertlilie
Silberweide
Steife Waldrebe
Tigerlilie
Vogelmiere
Wasserlinse
Weicher Bärenklau
Weiße Lilie
Weiße Seerose
Wiesenschaumkraut
Wohlriechendes Veilchen

Merkur

Ackerskabiose
Alant
Alraune
Andorn
Anis
Baldrian
Beifuß
Bittersüßer Nachtschatten
Bohnenkraut
Dill
Eberraute
Fenchel
Fliegenpilz
Gartenbohne
Hafer
Haselnuß
Huflattich
Hundszunge
Kamille
Kardamomen
Kirschlorbeer
Kreuzblättrige Wolfsmilch
Kubebenpfeffer
Kümmel
Lavendel
Maiglöckchen
Majoran
Melisse
Möhre
Pastinak
Petersilie
Salbeigamander
Sellerie
Steinklee
Sumpfporst
Süßholz
Thymian
Wacholder
Wurmfarn

Venus

Akelei
Bingelkraut
Gundelrebe
Herbstzeitlose
Roter Fingerhut
Sanikel

Blutwurz
Braunwurz
Breitwegerich
Brombeere
Bruchkraut
Efeu
Eibisch
Eisenkraut
Erdbeere
Feldmannstreu
Frauenmantel
Gänseblümchen
Gartenbohne
Gemeines Labkraut
Goldrute
Herzgespann
Holunder
Huflattich
Jacobskraut
Kamille
Kleiner Sauerampfer
Klette
Knabenkraut
Königin der Nacht
Kreuzenzian
Kriechender Günsel
Mandel
Ochsenzunge
Pfefferminze
Rainfarn
Ringelblume
Sauerklee
Schafgarbe
Schlüsselblume
Seifenkraut
Taubnessel
Tausendgüldenkraut
Thymian
Virginischer Ehrenpreis
Waldmeister
Weiße Birke
Wiesenkönigin
Wohlriechendes Veilchen
Wurmkraut

Mars

Ackergünsel
Aloe
Arnika
Aronstab
Baldrian
Basilienkraut
Benediktendistel
Berberitze
Brechnuß
Brennessel
Buchsbaum
Buschwindröschen
Chinesischer Götterbaum
Färberginster
Flachs
Gelber Enzian
Gottesgnadenkraut
Hopfen
Knoblauch
Knolliger Hahnenfuß
Kokkelskörner
Koriander
Krapp
Kreuzblättrige Wolfsmilch
Mariendistel
Maticopfeffer
Meerrettich
Meisterwurz
Paprika
Rhabarber
Ruprechtskraut
Sadebaum
Scharfer Hahnenfuß
Schwarzer Senf
Tabak
Tollkirsche
Virginischer Zauberstrauch
Wachsbeere
Wasserhanf
Weißdorn
Zwiebel

Jupiter

Anis
Borretsch
Ceylonzimt
Eberraute
Echte Nelkenwurz
Eiche
Eschenahorn
Gartenrose
Gänsefingerkraut
Heidelbeere
Heilziest
Hirschzunge
Kleiner Sauerampfer
Löffelkraut
Löwenzahn
Lungenflechte
Lungenkraut
Melisse
Salbei
Sarsaparille
Schwalbenwurz
Spargel
Steinklee
Sternanis
Wacholder
Wegwarte
Virginischer

Gemeine Quecke
Hauswurz
Heckenrose
Odermennig
Rainfarn
Roßkastanie
Zauberstrauch

Saturn

Beinwell
Bibernell
Bilsenkraut
Christrose
Deutsche Tamariske
Dolden-Habichtskraut
Echter Sturmhut
Efeu
Eibe
Engelsüß
Espe
Eukalyptus
Farn
Feldrüster
Geißfuß
Giftsumach
Großblütige Königskerze
Hanfartiger Hundswürger
Hirschzunge
Hirtentäschelkraut
Immergrün
Quitte
Schierling
Schlehe
Schwertlilie
Seckelblume
Stechapfel
Stechpalme
Tollkirsche
Weißer Germer
Zinnkraut

Uranus

Chinesischer Götterbaum
Christophskraut
Echter Sturmhut
Fliegenpilz
Gemeine Quecke
Gottesgnadenkraut
Hauhechel
Heidekraut
Judenkirsche
Kiefer
Kreuzblume
Lungenkraut
Seidelbast
Stechapfel
Steife Waldrebe
Tollkirsche
Virginischer Wolfsfuß
Weißer Germer
Weißes Sandelholz
Wilder Jasmin

Neptun

Alraune
Andorn
Blasentang
Bukkoblätter
Eukalyptus
Färberginster
Goldrute
Grindeliakraut
Große Kapuzinerkresse
Kaffeestrauch
Kaskarillrinde
Krapp
Lärchenschwamm
Liebstöckel
Meertäubchen
Nachtschatten
Pestwurz
Seifenkraut
Tabak
Vergißmeinnicht
Wachsbeere
Wasserschierling
Wilder Indigo
Wohlriechendes Veilchen

Pluto

Akelei
Alpenrose
Attich
Beinwell
Holunder
Immergrün
Kanadische Grießwurzel
Roter Fingerhut
Ruprechtskraut
Sarsaparille
Sauerklee

Benediktendistel	Knoblauch	Schöllkraut
Berberitze	Krausblättriger Ampfer	Spargel
Bitterklee	Krauseminze	Sumpfdotterblume
Bittersüßer Nachtschatten	Lebensbaum	Tausendgüldenkraut
Breitwegerich	Mariendistel	Tollkirsche
Cypressenwolfsmilch	Meerrettich	Virginischer Ehrenpreis
Efeu	Meisterwurz	Vogelbeere
Großblütige Königskerze	Mistel	Vogelknöterich
Haselwurz	Mutterkorn	Wacholder
Herzgespann	Odermennig	Weinstock
	Oleander	Yamswurzel
	Pfefferminze	

Die Planetenstunden-Methode

Schon immer haben Astrologen und Ärzte den Versuch unternommen, ein praktikables System zu entwickeln, wie die Astrologie mit der Kräuterheilkunde verknüpft werden kann. Ein solches Verfahren ist die Planetenstundenmethode.

Nach alter Überlieferung soll die Heilkraft der Kräuter zu den einzelnen Tageszeiten verschieden sein. Am heilkräftigsten sind sie demnach, wenn sie zu ihrer Planetenstunde gesammelt oder angewandt werden. Hierzu hat man den Stunden des Tages (und der Nacht) die einzelnen Planeten zugeordnet. Allerdings bleiben hierbei die in neuerer Zeit entdeckten Planeten Uranus, Neptun und Pluto unberücksichtigt, da man sie noch nicht kannte, als die Methode entwickelt wurde. Dieses System sieht auf den ersten Blick recht einfach aus. In der Praxis ist es jedoch ziemlich kompliziert, denn die Planetenstundenmethode arbeitet nicht mit den gewöhnlichen Stunden unserer Zeiteinteilung. Ein Planetenstundentag dauert genau von Sonnenaufgang bis Sonnenuntergang, eine Planetenstundennacht umgekehrt von Sonnenuntergang bis Sonnenaufgang. Den Jahreszeiten entsprechend sind die Tage unterschiedlich lang.

Nun wird jeder Planetenstundentag und jede Planetenstundennacht in zwölf gleichlange Abschnitte unterteilt, die Planetenstunden. Die Dauer dieser Planetenstunden ändert sich von Tag zu Tag, entsprechend der Veränderung von Sonnenauf- und Sonnenuntergang. Im Sommer sind die zwölf Planetenstunden des Tages am längsten, da wir hier die längsten Tage haben. Entsprechend verhält es sich mit den Nachtplanetenstunden, die im Sommer am kürzesten und im Winter am längsten sind. Zur Berechnung der Planetenstundendauer benötigt man die jeweiligen Zeiten des Sonnenauf- und Sonnenuntergangs.

Ein Beispiel:

Die Sonne geht um 5.45 Uhr auf und um 19.00 Uhr unter. Sie scheint demnach 13 Stunden und 15 Minuten. So lange dauert für diesen Tag der Planetenstundentag. Diese Zeitspanne wird in zwölf gleichlange Abschnitte geteilt. Die Rechnung sieht so aus:

13 Stunden und 15 Minuten entsprechen 13,25 Stunden.

Diese verwandelt man in Minuten: 13,25×60 = 795

und teilt das Ganze durch 12: 795:12 = 66,25.

Nach dieser Rechnung dauert für diesen Tag jede Tagesplanetenstunde ca. 66 Minuten. Somit wechselt – beginnend mit dem Sonnenaufgang – alle 66 Minuten die Planetenstunde bis zum Zeitpunkt des Sonnenuntergangs. Der Beginn der einzelnen Stunden läßt sich nun errechnen. In unserem Beispiel sähe dies so aus:

1. Planetenstunde:	5.45 Uhr	7. Planetenstunde:	12.21 Uhr
2. Planetenstunde:	6.51 Uhr	8. Planetenstunde:	13.27 Uhr
3. Planetenstunde:	7.57 Uhr	9. Planetenstunde:	14.33 Uhr
4. Planetenstunde:	9.03 Uhr	10. Planetenstunde:	15.39 Uhr
5. Planetenstunde:	10.09 Uhr	11. Planetenstunde:	16.45 Uhr
6. Planetenstunde:	11.15 Uhr	12. Planetenstunde:	17.51 Uhr*)

Dasselbe läßt sich mit den Nachtplanetenstunden machen. In unserem Beispiel war der Planetenstundentag 13 Stunden und 15 Minuten lang. Dies wird nun von der Gesamtzahl von 24 Stunden abgezogen, und wir haben die Länge der Planetenstundennacht. Hier wäre sie 10 Stunden und 45 Minuten lang. Nach dem obigen Schema läßt sich nun die Dauer der Nachtplanetenstunden errechnen:

10 Stunden und 45 Minuten entsprechen 10,75 Stunden

10,75×60 = 645

645:12 = 53,75.

Die Nachtplanetenstunden dauern also fast 54 Minuten. Nun kann man auch den genauen Beginn jeder Nachtplanetenstunde errechnen:

1. Planetenstunde:	19.00 Uhr	7. Planetenstunde:	0.24 Uhr
2. Planetenstunde:	19.54 Uhr	8. Planetenstunde:	1.18 Uhr
3. Planetenstunde:	20.48 Uhr	9. Planetenstunde:	2.12 Uhr
4. Planetenstunde:	21.42 Uhr	10. Planetenstunde:	3.06 Uhr
5. Planetenstunde:	22.36 Uhr	11. Planetenstunde:	4.00 Uhr
6. Planetenstunde:	23.30 Uhr	12. Planetenstunde:	4.54 Uhr*)

*) Leichte Abweichungen in der Zeit lassen sich nicht vermeiden, da die Dauer der Stunden auf- bzw. abgerundet ist. Es handelt sich jedoch stets nur um wenige Minuten, was unbedenklich ist.

Die Verknüpfung zur Astromedizin erfährt dieses System durch die Zuordnung der Planeten zu den entsprechenden Stunden. Dabei untersteht jeweils die erste Tagesplanetenstunde dem Gestirn, das dem jeweiligen Tag zugeordnet ist:

Sonntag	–	Sonne
Montag	–	Mond
Dienstag	–	Mars
Mittwoch	–	Merkur
Donnerstag	--	Jupiter
Freitag	–	Venus
Samstag	–	Saturn

Dieser ersten Stunde folgen nach dem System: Sonne – Venus – Merkur – Mond – Saturn – Jupiter – Mars jeweils die anderen Gestirne nach. Entsprechend wechseln die Gestirne auch in die Nachtplanetenstunden über, d. h., wenn beispielsweise die letzte Tagplanetenstunde unter dem Saturn stand, steht die erste Nachtplanetenstunde unter dem in dieser Reihe folgenden Jupiter. So gelingt es, lückenlos für alle Wochentage eine Kette der Planetenstunden aufzustellen:

Planetenstundentabelle

Sonntag:

Tag:	1. Sonne	7. Mars	Nacht:	1. Jupiter	7. Saturn
	2. Venus	8. Sonne		2. Mars	8. Jupiter
	3. Merkur	9. Venus		3. Sonne	9. Mars
	4. Mond	10. Merkur		4. Venus	10. Sonne
	5. Saturn	11. Mond		5. Merkur	11. Venus
	6. Jupiter	12. Saturn		6. Mond	12. Merkur

Montag:

Tag:	1. Mond	7. Merkur	Nacht:	1. Venus	7. Sonne
	2. Saturn	8. Mond		2. Merkur	8. Venus
	3. Jupiter	9. Saturn		3. Mond	9. Merkur
	4. Mars	10. Jupiter		4. Saturn	10. Mond
	5. Sonne	11 Mars		5. Jupiter	11. Saturn
	6. Venus	12. Sonne		6. Mars	12. Jupiter

Dienstag:

Tag:	1. Mars	7. Jupiter	Nacht:	1. Saturn	7. Mond
	2. Sonne	8. Mars		2. Jupiter	8. Saturn
	3. Venus	9. Sonne		3. Mars	9. Jupiter
	4. Merkur	10. Venus		4. Sonne	10. Mars

	5. Mond	11. Merkur		5. Venus	11. Sonne
	6. Saturn	12. Mond		6. Merkur	12. Venus

Mittwoch:

Tag:	1. Merkur	7. Venus	Nacht:	1. Sonne	7. Mars
	2. Mond	8. Merkur		2. Venus	8. Sonne
	3. Saturn	9. Mond		3. Merkur	9. Venus
	4. Jupiter	10. Saturn		4. Mond	10. Merkur
	5. Mars	11. Jupiter		5. Saturn	11. Mond
	6. Sonne	12. Mars		6. Jupiter	12. Saturn

Donnerstag:

Tag:	1. Jupiter	7. Saturn	Nacht:	1. Mond	7. Merkur
	2. Mars	8. Jupiter		2. Saturn	8. Mond
	3. Sonne	9. Mars		3. Jupiter	9. Saturn
	4. Venus	10. Sonne		4. Mars	10. Jupiter
	5. Merkur	11. Venus		5. Sonne	11. Mars
	6. Mond	12. Merkur		6. Venus	12. Sonne

Freitag:

Tag:	1. Venus	7. Sonne	Nacht:	1. Mars	7. Jupiter
	2. Merkur	8. Venus		2. Sonne	8. Mars
	3. Mond	9. Merkur		3. Venus	9. Sonne
	4. Saturn	10. Mond		4. Merkur	10. Venus
	5. Jupiter	11. Saturn		5. Mond	11. Merkur
	6. Mars	12. Jupiter		6. Saturn	12. Mond

Samstag:

Tag:	1. Saturn	7. Mond	Nacht:	1. Merkur	7. Venus
	2. Jupiter	8. Saturn		2. Mond	8. Merkur
	3. Mars	9. Jupiter		3. Saturn	9. Mond
	4. Sonne	10. Mars		4. Jupiter	10. Saturn
	5. Venus	11. Sonne		5. Mars	11. Jupiter
	6. Merkur	12. Venus		6. Sonne	12. Mars

Früher war das Planetenstundensystem insbesondere für das Sammeln der Pflanzen bedeutsam. Der Astromediziner ist der Auffassung, daß in den Pflanzen die Heilkraft zu jener Stunde am größten ist, die dem Planeten untersteht, zu welchem auch die Pflanze gehört. So würde man Brennesseln in der Marsstunde pflücken und Löwenzahn in der Jupiterstunde.

Aber auch beim Einnehmen der Kräuterarzneien können die Planetenstunden beachtet werden. Man kann die Einnahme der spagyrischen Pflanzenessenzen an die Planetenstunden koppeln: Während der jeweiligen Planetenstunde nimmt man die Essenz eines Krautes ein, das dem entsprechenden Planeten untersteht. Am einfachsten kann man sich dieses astromedizinische System in der Kräuterspagyrik in Form einer Art Vorsorgekur zunutze machen, um die verschiedenen Funktionen des Organismus und die Körperorgane zu schützen und die Gesundheit zu bewahren. Hierzu brauchen Sie sieben verschiedene spagyrische Kräuteressenzen, die den sieben Gestirnen der klassischen Astrologie entsprechen. Beim Aussuchen der Pflanzen kann man phytotherapeutische oder homöopathische Gesichtspunkte beachten, d. h., man soll die Heilpflanzen wählen, die die individuellen Beschwerden am besten abdecken.

Begonnen wird die Kur stets an einem Sonntag morgen, kurz nach Sonnenaufgang, also in der »Sonnenstunde«, wobei ein »Sonnenkraut« eingenommen wird. Am Sonntag abend, kurz nach Sonnenuntergang, nimmt man ein »Jupitermittel«, da die erste Nachtplanetenstunde des Sonntags zum Jupiter gehört. So fährt man mit jedem Wochentag fort, nimmt morgens in der ersten Tagplanetenstunde das dazugehörige Mittel und abends in der ersten Nachtplanetenstunde ebenfalls das entsprechende Mittel in Form der spagyrischen Essenz.

Hier ein Beispiel für eine solche Kur nach den Planetenstunden:

Die sieben spagyrischen Essenzen:

Rosmarin (Sonne)	Odermennig (Jupiter)
Wiesenkönigin (Mond)	Birke (Venus)
Brennessel (Mars)	Großblütige Königskerze (Saturn)
Huflattich (Merkur)	

Das Einnahmeschema für diese Essenzkombination würde so aussehen:

Sonntag:	morgens:	Rosmarin
	abends:	Odermennig
Montag:	morgens:	Wiesenkönigin
	abends:	Birke
Dienstag:	morgens:	Brennessel
	abends:	Großblütige Königskerze
Mittwoch:	morgens:	Huflattich
	abends:	Rosmarin
Donnerstag:	morgens:	Odermennig
	abends:	Wiesenkönigin

Freitag:	morgens:	Birke
	abends:	Brennessel
Samstag:	morgens:	Großblütige Königskerze
	abends:	Huflattich

Dieses Wochenschema kann über vier bis sechs Wochen angewandt werden. Möglich ist auch eine jährliche Kur während jener Zeit, zu der die Sonne durch das Tierkreiszeichen läuft, in welchem sie zum Geburtszeitpunkt stand.

Möglich ist es auch, sie für ein bestimmtes Organsystem oder eine Körperfunktion durchzuziehen, indem man die Kur während der Zeit durchführt, da die Sonne durch das Zeichen läuft, das jenem Organsystem oder jener Funktion entspricht. Bei anlagebedingter Verdauungsschwäche würde die Kur im Zeichen Jungfrau gemacht, bei Nierenschwäche in der Waage und bei Knochen- und Gelenkleiden im Steinbock.

Die Geburts-Blütemonat-Methode

Ein neues System, Kräuter astromedizinisch einzusetzen, ist die Verknüpfung vom Geburtsmonat des Kranken mit dem Blütemonat der Heilpflanze. Diese Methode wurde vom Spagyrikforscher Ulrich Jürgen Heinz erst als Hypothese entwickelt und hat sich ihm mittlerweile in der medizinischen Praxis bewährt, auch wenn es nicht dem traditionellen astrologischen System entspricht.

Diesem Verfahren liegt die Überlegung zugrunde, daß für einen Kranken jene Pflanzen Vorrang haben, die in dem Monat blühen – und somit auch die größte Heilkraft entfalten –, in dem der betreffende Mensch geboren wurde. Einem im März Geborenen wird demnach wohl eher der Huflattich bei Husten helfen als die Großblütige Königskerze, die im Sommer blüht.

Da diese Methode recht einfach zu handhaben ist, kann sie auch für den Umgang mit spagyrischen Pflanzenessenzen herangezogen werden. Nachstehend finden Sie hierzu eine Tabelle der Blütezeiten der wichtigsten Heilpflanzen, von denen es auch spagyrische Essenzen im Handel gibt. Ist man beim Aussuchen einer passenden Essenz nach phytotherapeutischen und homöopathischen Gesichtspunkten nicht ganz sicher, welcher Pflanze man den Vorzug geben soll, dann wird man sich zweckmäßigerweise dieser Geburts-Blütemonat-Methode bedienen und sich für jene Essenz oder jene Essenzen entscheiden, deren Pflanzen während des Geburtsmonats des Erkrankten blühen.

Blütemonat-Tabelle

Januar:

Hirtentäschelkraut	Rundblättriges Wintergrün	Virginischer Zauberstrauch

---

Februar:

Hirtentäschelkraut	Schlüsselblume	Virginischer Zauberstrauch
Huflattich		

März:

Attich	Hanfartiger Hundswürger	Schöllkraut
Bärentraube	Hauhechel	Seidelbast
Berberitze	Hirtentäschelkraut	Silberpappel
Bibernelle	Huflattich	Spitzwegerich
Blutwurz	Leberblümchen	Taubnessel
Echte Nelkenwurz	Lungenkraut	Vogelmiere
Eibisch	Pestwurz	Weiße Birke
Gänseblümchen	Purpurweide	Wohlriechendes Veilchen
Gemeines Kreuzkraut	Schlüsselblume	
Giftsumach		

April:

Adonisröschen	Hauhechel	Schöllkraut
Alraune	Hirtentäschelkraut	Seidelbast
Attich	Huflattich	Silberpappel
Bärentraube	Immergrün	Spitzwegerich
Beinwell	Isländisches Moos	Virginischer Ehrenpreis
Berberitze	Kanadische Gelbwurzel	Vogelmiere
Bibernell	Klette	Wacholder
Blutwurz	Kriechender Günsel	Wegwarte
Christophskraut	Leberblümchen	Weiße Birke
Echte Nelkenwurz	Löwenzahn	Weißtanne
Eibisch	Lungenkraut	Wohlriechendes Veilchen
Espe	Maiglöckchen	Zaunrübe
Faulbaum	Meisterwurz	Zinnkraut
Gänseblümchen	Pestwurz	
Gelber Enzian	Petersilie	
Gemeines Kreuzkraut	Purpurweide	
Giftsumach	Salbei	
Gundelrebe	Schlüselblume	
Hanfartiger Hundswürger	Schneeball	

Mai:

Adonisröschen
Anis
Alraune
Attich
Bärentraube
Beinwell
Berberitze
Bibernell
Bitterklee
Bittersüßer Nachtschatten
Blutwurz
Brennessel
Brunnenkresse
Christophskraut
Echte Nelkenwurz
Eibisch
Erdrauch
Espe
Faulbaum
Frauenmantel
Gänseblümchen
Gänsefingerkraut
Gelber Enzian
Gemeines Kreuzkraut
Giftsumach
Gundelrebe
Hanfartiger Hundswürger
Hauhechel
Hauswurz
Hirtentäschelkraut
Huflattich
Immergrün
Isländisches Moos
Kamille
Kanadische Gelbwurzel
Kermesbeere
Klette
Kriechender Günsel
Kuhschelle
Lavendel
Leberblümchen
Löwenzahn
Lungenkraut
Maiglöckchen
Meisterwurz
Pestwurz
Petersilie
Pfefferminze
Pfingstrose
Purpurweide
Rosmarin
Salbei
Schafgarbe
Schlüsselblume
Schneeball
Schöllkraut
Seidelbast
Spitzwegerich
Sumpfporst
Taubnessel
Thymian
Virginischer Ehrenpreis
Vogelmiere
Wacholder
Waldmeister
Wegwarte
Weißdorn
Weiße Birke
Weißtanne
Wermut
Zaunrübe
Zinnkraut

Juni:

Ackerstiefmütterchen
Alpenveilchen
Alraune
Anis
Arnika
Attich
Augentrost
Baldrian
Bärentraube
Beinwell
Benediktendistel
Berberitze
Bibernell
Bitterklee
Bittersüßer Nachtschatten
Gemeines Kreuzkraut
Goldenes Kreuzkraut
Gundelrebe
Hanfartiger Hundswürger
Hauhechel
Hauswurz
Hirtentäschelkraut
Holunder
Immergrün
Isländisches Moos
Johanniskraut
Kalmus
Kamille
Kanadische Gelbwurzel
Rosmarin
Roter Fingerhut
Rundblättriges Wintergrün
Ruprechtskraut
Salbei
Schafgarbe
Scharfer Mauerpfeffer
Schöllkraut
Senna
Sonnentau
Spitzwegerich
Sumpfporst
Taubnessel
Tausendgüldenkraut
Thymian

Blutwurz
Bohne
Borretsch
Brennessel
Brunnenkresse
Echte Nelkenwurz
Echter Ehrenpreis
Echter Sturmhut
Eibisch
Erdrauch
Faulbaum
Fenchel
Frauenmantel
Gänseblümchen
Gänsefingerkraut
Gelber Enzian
Kermesbeere
Klette
Krapp
Kriechender Günsel
Kuhschelle
Lavendel
Linde
Löwenzahn
Maiglöckchen
Meisterwurz
Odermennig
Pestwurz
Petersilie
Pfefferminze
Pfingstrose
Ringelblume
Tollkirsche
Virginischer Ehrenpreis
Vogelknöterich
Vogelmiere
Wacholder
Waldmeister
Wasserpfeffer
Wegwarte
Weinraute
Weißdorn
Weißer Germer
Weißtanne
Wermut
Zaunrübe
Zinnkraut

Juli:

Ackerstiefmütterchen
Alpenveilchen
Alraune
Anis
Arnika
Attich
Augentrost
Baldrian
Bärentraube
Bärlapp
Beifuß
Beinwell
Benediktendistel
Bibernell
Bitterklee
Bittersüßer Nachtschatten
Blutwurz
Bohne
Borretsch
Brennessel
Brunnenkresse
Echte Nelkenwurz
Echter Sturmhut
Eibisch
Eisenkraut
Engelwurz
Großblütige Königskerze
Hanfartiger Hundswürger
Hauhechel
Hauswurz
Hirtentäschelkraut
Hohlzahn
Holunder
Hopfen
Isländisches Moos
Jacobskraut
Johanniskraut
Kalmus
Kanadische Gelbwurzel
Kermesbeere
Kleblabkraut
Klette
Krapp
Krausblättriger Ampfer
Kriechender Günsel
Kuhschelle
Lavendel
Linde
Mariendistel
Roter Fingerhut
Rundblättriges Wintergrün
Ruprechtskraut
Salbei
Salbeigamander
Schafgarbe
Scharfer Mauerpfeffer
Schierling
Schöllkraut
Senna
Sonnentau
Spitzwegerich
Steinklee
Stephanskörner
Sumpfporst
Taubnessel
Tausendgüldenkraut
Thymian
Tollkirsche
Virginischer Ehrenpreis
Virginischer Wolfsfuß
Vogelknöterich
Vogelmiere
Waldmeister
Wasserpfeffer

Erdrauch
Faulbaum
Fenchel
Frauenmantel
Gänseblümchen
Gänsefingerkraut
Gelber Enzian
Gemeines Kreuzkraut
Goldenes Kreuzkraut
Goldrute
Meisterwurz
Melisse
Odermennig
Passionsblume
Pestwurz
Petersilie
Pfefferminze
Pfingstrose
Ringelblume
Rosmarin
Wegwarte
Weinraute
Weißdorn
Weißer Germer
Weißtanne
Wermut
Zaunrübe
Zinnkraut

August:

Ackerstiefmütterchen
Alpenveilchen
Alraune
Anis
Arnika
Attich
Augentrost
Baldrian
Bärentraube
Bärlapp
Beifuß
Beinwell
Bibernell
Bitterklee
Bittersüßer Nachtschatten
Blutwurz
Bohne
Borretsch
Brennessel
Eberraute
Echte Nelkenwurz
Echter Ehrenpreis
Echter Sturmhut
Eibisch
Eisenkraut
Engelwurz
Faulbaum
Fenchel
Frauenmantel
Gänseblümchen
Gänsefingerkraut
Gelber Enzian
Gemeines Kreuzkraut
Goldenes Kreuzkraut
Goldrute
Großblütige Königskerze
Hauhechel
Hauswurz
Herbstzeitlose
Hirtentäschelkraut
Hohlzahn
Hopfen
Isländisches Moos
Jacobskraut
Johanniskraut
Kanadische Gelbwurzel
Kermesbeere
Kleblabkraut
Klette
Krapp
Krausblättriger Ampfer
Lavendel
Mariendistel
Meisterwurz
Melisse
Odermennig
Passionsblume
Pestwurz
Petersilie
Pfefferminze
Pfingstrose
Ringelblume
Rosmarin
Roter Fingerhut
Rundblättriges Wintergrün
Ruprechtskraut
Salbei
Salbeigamander
Schafgarbe
Schierling
Schöllkraut
Senna
Sonnentau
Spitzwegerich
Steinklee
Stephanskörner
Taubnessel
Tausendgüldenkraut
Tollkirsche
Virginischer Ehrenpreis
Virginischer Wolfsfuß
Vogelknöterich
Vogelmiere
Wasserpfeffer
Wegwarte
Weinraute
Weißer Germer
Weißtanne
Wermut
Zaunrübe
Zinnkraut

September:

Ackerstiefmütterchen
Alpenveilchen
Alraune
Anis
Arnika
Attich
Augentrost
Baldrian
Bärentraube
Bärlapp
Beifuß
Beinwell
Bibernell
Bittersüßer Nachtschatten
Bitterklee
Blutwurz
Bohne
Brennessel
Brunnenkresse
Eberraute
Echte Nelkenwurz
Echter Ehrenpreis
Echter Sturmhut
Eibisch
Eisenkraut
Engelwurz
Faulbaum
Fenchel
Gänseblümchen
Gänsefingerkraut
Gelber Enzian
Gemeines Kreuzkraut
Goldrute
Hauhechel
Hauswurz
Herbstzeitlose
Hirtentäschelkraut
Hohlzahn
Hopfen
Isländisches Moos
Jacobskraut
Johanniskraut
Kanadische Gelbwurzel
Kleblabkraut
Klette
Krapp
Mariendistel
Meisterwurz
Odermennig
Passionsblume
Pestwurz
Petersilie
Pfefferminze
Pfingstrose
Ringelblume
Roter Fingerhut
Rundblättriges Wintergrün
Ruprechtskraut
Schafgarbe
Schierling
Senna
Sonnentau
Spitzwegerich
Stephanskörner
Taubnessel
Tausendgüldenkraut
Virginischer Ehrenpreis
Virginischer Wolfsfuß
Virginischer Zauberstrauch
Vogelknöterich
Vogelmiere
Wasserpfeffer
Wegwarte
Weißer Germer
Weißtanne
Wermut

Oktober:

Arnika
Attich
Augentrost
Baldrian
Bärentraube
Beifuß
Bibernell
Bitterklee
Bittersüßer Nachtschatten
Blutwurz
Brennessel
Eberraute
Echter Ehrenpreis
Engelwurz
Faulbaum
Fenchel
Gänseblümchen
Gänsefingerkraut
Gelber Enzian
Gemeines Kreuzkraut
Goldrute
Hauhechel
Hauswurz
Herbstzeitlose
Isländisches Moos
Kanadische Gelbwurzel
Kleblabkraut
Klette
Krapp
Mariendistel
Meisterwurz
Petersilie
Pfingstrose
Ringelblume
Rundblättriges Wintergrün
Ruprechtskraut
Senna
Spitzwegerich
Taubnessel
Virginischer Zauberstrauch
Vogelmiere
Wasserpfeffer
Wegwarte
Weißer Germer

November:

Arnika
Attich
Bittersüßer Nachtschatten
Eberraute
Engelwurz
Faulbaum
Fenchel
Gänseblümchen
Gänsefingerkraut
Gemeines Kreuzkraut
Hauswurz
Herbstzeitlose
Hirtentäschelkraut
Kanadische Gelbwurzel
Kleblabkraut
Krapp
Rundblättriges Wintergrün
Senna
Spitzwegerich
Virginischer Zauberstrauch
Vogelmiere
Wegwarte
Weißer Germer

Dezember:

Engelwurz
Hauswurz
Hirtentäschelkraut
Rundblättriges Wintergrün
Senna
Virginischer Zauberstrauch
Vogelmiere

Signaturische Spagyrik

Mit der traditionsreichen Signaturenkunde kommen wir zu einem Gebiet, das von der Überlieferung her am engsten mit der Spagyrik verbunden ist, enger wohl noch als Phytotherapie, Homöopathie und Astromedizin. Hierfür ist sie jedoch auch am schwierigsten zu handhaben und für den Gebrauch außerhalb einer naturheilkundlichen Praxis nur bedingt nutzbar.

Die Pflanzenheilkunde, insbesondere in Form der heute üblichen Phytotherapie, setzt die Arzneipflanzen nach dem Gehalt pharmakologisch wirksamer Substanzen ein, die in ihnen enthalten sind. Hier sind also ausschließlich die Inhaltsstoffe maßgeblich. Die Homöopathie wiederum hat ein eigenes Auswahlverfahren für die über 2000 homöopathischen Mittel. Sie beobachtet den Kranken und seine Beschwerden haarscharf, um dieses Bild der Krankheit mit dem Bild eines Homöopathikums in Übereinstimmung zu bringen. In der Astromedizin sucht man die geeigneten Heilpflanzen oder andere arzneilich wirksame Elemente, wie beispielsweise Metalle, nach dem Horoskop des Kranken aus, kann sie allerdings auch nach dem aktuellen Stand der Gestirne am Firmament einsetzen. Alle drei Verfahren haben eine gewisse innere Verwandtschaft, wenn man die Heilkraft von Arzneien – hier von Kräutern – als eine verborgene, nicht materielle Form der Energie betrachtet (in der Phytotherapie also auch andere Wirkfaktoren als die Inhaltsstoffe gelten läßt).

Die vierte Methode, die sich ohne Schwierigkeiten in diese Reihe einordnen läßt, ist die Signaturenkunde. Bei der Auswahl der Heilmittel geht es hierbei nicht so sehr um überlieferte Erfahrungen, nicht um Inhaltsstoffe und nicht um Zeichen am Kranken oder am Himmel, sondern ganz einfach um das äußere Bild, das z. B. eine Heilpflanze dem unvoreingenommenen Betrachter bietet. In der Signaturenkunde schließt man durch die sinnliche Beobachtung eines natürlichen Gegenstandes auf dessen inneres Wesen, nach dem Leitsatz: »Wie außen, so innen«, wie er von Hermes Trismegistos überliefert wurde. In unergründlicher Vorzeit mag wohl das Erkennen der Heilmittel ausschließlich auf hellfühlige oder übersinnliche Art zustande gekommen sein. Im Laufe der Menschheitsentwicklung trat dann die sinnliche Wahrnehmung an deren Stelle, wenngleich auch das »Hellfühlen« nicht ausstarb, jedoch zur ausgesprochenen Seltenheit wurde. Auch heute noch gibt es diese Begabung, und anscheinend ist sie wieder mehr im Kommen, je mehr das Bewußtsein der Menschheit sich umzuwandeln beginnt. So ist z. B. das Auspendeln von Medikamenten eine Art hellfühliges Handeln. So wie begabte Menschen beispielsweise Kräutertees mit dem Pendel zusammenstellen oder homöopathische Mittel derart feststellen, ist es ohne weiteres auch möglich, die spagyrischen Pflanzenessenzen auf eine solche Weise zu ermitteln. Dies jedoch entzieht sich der Allgemeinheit, weshalb dieser Gedankengang auch nicht weiterverfolgt werden soll.

An die Stelle der Hellfühligkeit trat die Signaturenkunde, die das Innere der Dinge an ihrem Äußeren zu erkennen versucht. Sie sollte mit sinnlichen Mitteln das erfahrbar machen, was früher mit Übersinnlichkeit erfaßt werden konnte. Damit traten die menschlichen Sinne in den Vordergrund des therapeutischen Vorgehens. Doch nicht nur die Medizin machte sich diese Methode zunutze. Bis hinein in die heutigen Tage gibt es Verfahren, die am Äußeren eines Menschen dessen Innenleben ergründen wollen, wie beispielsweise in der Physiognomik, der Graphologie oder der Handlesekunst. All diese Methoden arbeiten zum Teil noch immer nach dem alten persischen Sprichwort: »Die Außenseite eines Menschen ist das Titelblatt seines Inneren.«

In der Signaturenkunde wird davon ausgegangen, daß am Äußeren einer Pflanze speziell deren Heilkraft erkennbar ist. Dabei gab es in früheren Jahrhunderten recht simple Vergleiche wie den, daß alle gelbblühenden Pflanzen auf die (gelbe) Galle wirken, aber auch ernster zu nehmende systematische Forschungen. Das Schematisieren und Vereinfachen war stets ein wunder Punkt der Signaturenkunde, weshalb sie auch in der Oberflächlichkeit hängenblieb und den Sprung in die moderne Zeit nicht schaffte. Erst eine völlige Neubewertung des signaturischen Gedankens erweckte in den letzten Jahren diese Lehre, und verknüpft mit ihr die Spagyrik, aus einem jahrhundertelangen Dornröschenschlaf. Heute fußt eine erneuerte Spagyrik wieder auf der Signaturenkunde, die gleichfalls erneuert werden mußte.

Diese neue Form der Signaturenkunde entzieht sich jedoch der praktischen Handhabung im Alltag und bleibt der naturheilkundlichen Praxis vorbehalten. Aus diesem Grund soll hier lediglich ein Blick auf die Überlieferungen traditioneller Signaturenkunde geworfen werden, um das Wesen dieser Methoden verständlicher zu machen.

Die traditionelle Signaturenkunde

Auch Paracelsus beschäftigte sich intensiv mit der Signaturenkunde. Ein bloßes Schematisieren jedoch lag ihm nicht. Er schaute stets auf die großen, übergeordneten Zusammenhänge. So konnte er einer primitiven Signaturenkunde ebensowenig abgewinnen wie einer geistlosen, schematischen Astrologie. Er wußte, daß sich von Pflanzen nicht so ohne weiteres ablesen läßt, welche verborgenen Heilkräfte – Paracelsus nennt sie Tugenden – in ihnen enthalten sind, denn Äußerlichkeiten sind kein bloßes Etikett, von dem sich alles auf einen Blick ablesen läßt. So spricht Paracelsus auch von der »Kunst signaturum«.

Fertige Rezepte, wie die Pflanzen nach signaturischen Erkenntnissen wirken, haben wir von Paracelsus nicht. Nur hin und wieder gibt er Beispiele wie das des Johanniskrautes, welches durch seine nadelstichartigen Punkte und den blutroten Pflanzensaft auf die Wirkung bei Verletzungen hinweist. Doch so einfach ist die Signaturenkunde wahrhaftig nicht. Ein eindeutiges Schema läßt sich nicht ableiten. Paracelsus ruft die Ärzte vielmehr dazu auf, eigene Erfahrungen zu machen, nicht Vorgegebenes oder Angelesenes kritiklos zu übernehmen, sondern sich eine eigene Meinung zu bilden. Schon deshalb wird er wohl keine fertigen Anweisungen zur Signaturenkunde überliefert haben. Andere taten dies. Der homöopathische Arzt Emil Schlegel (1852–1934), der sich ausgiebig mit der Signaturenkunde beschäftigte und als erster die Verbindungslinie von Paracelsus zu Hahnemann erkannte, hat in seinem Werk »Religion der Arznei« einige dieser Systeme kritisch unter die Lupe genommen und kommt zu dem Ergebnis, daß sie für die Praxis nur selten hilfreich sind. Oftmals kleben die verschiedenen Anweisungen zu sehr am Äußeren, es fehlt ihnen an Tiefe und an einer übergreifenden Gesamtsicht.

Ein paar einschlägige dieser Werke stammen aus der Zeit nach Paracelsus, so jene von Porta (1608), Crollius (1623), Glauber (1715) und Chapiel (1866). Noch am meisten praktischen Wert billigt Schlegel der »Anatomia et Physiognomia Simplicium« des Stuttgarter Hofapothekers Johann Cudrio von Tours zu, die im Jahre 1659 erschien. Er selbst habe zwar nur wenig praktischen Nutzen von diesem Werk gezogen, doch sehe er in diesem Buche eine ernsthafte und seriöse Bemühung, die Signaturenkunde zu systematisieren, so Schlegel. Zwar herrsche auch hier, wie bei allen anderen Autoren, der analytische Geist vor, jedoch sehe er »Ansätze und Anleitungen durch Zusammenfassen einzelner Merkmale praktische Unterscheidungen zu machen«. Schlegel hält es für möglich, daß begabte Mediziner oder auch Botaniker aus den Anmerkungen des Hofapothekers großen Nutzen ziehen können.

Wenn ich nun eine zusammengefaßte Übersicht der Angaben des genannten Werkes bringe, dann nicht in der Absicht, daß damit praktisch umgegangen werde. Dazu sind die Hinweise doch zu vage und unsicher. Es ist jedoch möglich, sich anhand dieser Beschreibungen ein Bild vom signaturischen Denken zu machen und das Wesen der Signaturenkunde besser zu verstehen.

Johann Cudrio von Tours klassifiziert die Heilpflanzen nach sechs hauptsächlichen Merkmalen: dem Geruch, dem Geschmack, der Struktur, den besonderen Auffälligkeiten, der Blüte und schließlich der Form. Innerhalb dieser unterscheidet er jeweils sieben Gruppen von Pflanzen.

I. Signatur des Geruchs

1. *Süßlich:*

Pflanzen mit süßlichem, wohlriechendem Geruch sind Schmerzmittel für die Organe, denen die Pflanzen unterstehen (siehe Abschnitt V). Sie sollen imstande sein, »alle natürliche Hitze zu lösen« und die betroffenen Glieder zu stärken.

Beispiele:	Gartenrose	Schlüsselblume
	Lindenblüte	Wohlriechendes Veilchen

2. *Würzig:*

Aromatische und würzig-riechende Pflanzen »stärken die Geister in ihrer Bewegung«. Sie dienen dazu, krankhafte, kalte und schleimige Stoffe zu zerteilen und auszuscheiden. Organe, die von schlechten

Säften in ihrer Funktion beeinträchtigt werden, sollen durch solche Pflanzen gekräftigt werden.

Beispiele: Alant, Ceylonzimt, Echte Nelkenwurz, Gewürznelke, Majoran, Pomeranze, Rosmarin, Zitrone

3. *Bitter:*
Pflanzen von »bitterem Geruch« haben die Eigenschaft, allen Fäulnisprozessen entgegenzutreten. So werden beispielsweise »Eiterfluß im Hirn, die Eitergeschwüre der Lungen, die Würm in der Mutter« genannt. »Das Bittere widersteht allezeit der Fäulnis«, erklärte Cudrio.

Beispiele: Engelwurz, Gottesgnadenkraut, Koloquinten, Wermut

4. *Stinkend:*
Stinkende Pflanzen gelten hier eher als gefährlich denn als heilsam. Lediglich asthmatische und hysterische Zustände »bei jungen und hitzigen Leuten« können durch solche Kräuter gestillt werden.

Beispiele: Acker-Skabiose, Alraune, Braunwurz, Christrose

5. *Schleimhautreizend:*
Pflanzen mit reizendem Geruch sind Mittel gegen Steinbildungen im Körper. Sie verflüssigen das Harte, wie sie die Schleimhäute zur Wasserabgabe zwingen (Tränen, Schnupfen etc.). Sie wirken galletreibend.

Beispiele: Knoblauch, Meerrettich, Meerzwiebel, Schwarzer Rettich, Schwarzer und weißer Senf, Zwiebel

6. *Hart, streng:*
Zu dieser Kategorie werden Pflanzen gezählt, die zwar einen deutlichen Geruch aufweisen, der aber weder lieblich noch würzig, weder stinkend noch bitter ist. Solche Pflanzen sollen die Regelblutung anregen. Dabei soll der Pflanzengeruch das Blut bewegen und auf die Eingeweide wirken.

Beispiele:	Andorn	Liebstöckel
	Gundelrebe	Meisterwurz

7. Wäßrig-faulig:
Der Geruch dieser Pflanzen soll dem Orte gleichen, an dem viel Wasser gestanden ist, das nun eingetrocknet ist. Eine spezielle Wirkung haben sie auf das »Aufsteigen der Lungen«.

Beispiele:	Buchsbaum	Pfingstrose
	Deutsche Schwertlilie	Wasserlinse
	Klatschmohn	

II. Signatur des Geschmacks

1. Süßlich:
Die Süße jener Pflanzen nimmt die Rauheit besonders im Hals, der Kehle und den Nasennebenhöhlen.

Beispiele:	Fenchel	Süßes Obst
	Rosinen	Weintrauben
	Süßholz	Zucker

2. Scharf:
Pflanzen mit einem scharfen Geschmack sollen die Glieder gut durchbluten und kalte, schleimige Feuchtigkeiten zerteilen.

Beispiele:	Bibernell	Gewürznelke
	Ceylonzimt	Kardamomen
	Deutscher Bertram	

3. Brennend:
Solche Pflanzen sollen vornehmlich äußerlich gebraucht werden, wo sie ableitend wirken und hauptsächlich rheumatische Gliederschmerzen beseitigen.

Beispiele:	Scharfer Hahnenfuß	Wasserpfeffer
	Seidelbast	

4. Bitter:
Bitter schmeckende Pflanzen verhindern Verstopfungen der Verdauungsorgane und schützen vor allen Fäulnisprozessen. Deshalb werden sie auch bei Fieber, Würmern und Läusen gegeben.

Beispiele:	Aloe	Gelber Enzian
	Benediktendistel	Wermut

5. *Sauer:*
Diese Pflanzen sollen überschüssige Hitze wegnehmen, Durst löschen. Hauptsächlich zählen Gewächse dazu, die »liebliche Säure« in sich haben.

Beispiele:	Erdbeeren	Sauerkirschen
	Sauerampfer	Zitronen

6. *Säuerlich-zusammenziehend:*
Speziell Pflanzen, deren Genuß »die Zähne zusammenzieht, die Zunge rauh macht«, werden hier genannt. Als Heilwirkung findet sich der Hinweis: »Stillen Bauchflüsse durch ihre Adstrigenz.«

Beispiele:	Erbsen	Schlehen
	Rauhes Obst	»Welsche Kirschen«

7. *Nicht säuerlich-zusammenziehend:*
Auch sie dienen dazu, »allerlei Flüsse zu stillen«, u. a. zu starke Periodenblutungen und übermäßiges Schwitzen.

Beispiele:	Blutwurz	Schlehenwurzel
	Hagebutten	»unzeitige Galläpfel«

III. Signatur der Struktur

1. *Ölig-harzig:*
Alle öligen und harzigen Pflanzen sollen als Wundmittel dienen. Sie »heilen äußerliche Versehrungen, inwendige Geschwüre und Ätzungen, auch bei Schwindsüchtigen«.

Beispiele:	Beinwell	Tabak
	Johanniskraut	Tanne (Kiefer)

2. *Schleimig:*
Solche Gewächse sollen nahrhaft sein und alle Flüsse ausziehen.

Beispiele:	Christrose	Hagebutten
	Deutscher Bertram	alle Hülsenfrüchte

3. Weich:
Pflanzen weicher Struktur dienen dazu, »allerlei Härte, Beulen, Geschwulst, inwendige Verstopfung« zu lindern. Sie kühlen auch.

Beispiele:	Bingelkraut	Borretsch
	Bohne	viele Küchenkräuter

4. Hart-trocken:
Solche Gewächse machen fest, führen ab und stillen »Flüsse«.

Beispiele:	Buchsbaum	Galläpfel
	Eicheln	Senna

5. Locker-markig:
Gegen alle Arten von Verhärtungen sind solche Pflanzen hilfreich. Durch die Ausscheidungsorgane Darm, Niere und Haut werden die aufgelösten Schlackenstoffe ausgeschieden.

Beispiele:	Attich	Purpurweide
	Haselnuß	Weinstock
	Holunder	

6. Brennend:
Von allen brennenden Gewächsen mahnt Cudrio, daß sie nur von denen gebraucht werden sollen, die es verstehen, mit ihnen umzugehen.

Beispiele:	Brennessel	Sonnentau
	Scharfer Hahnenfuß	Wasserpfeffer

7. Rauh-klebrig:
Diese Pflanzen haben eine kühlende Wirkung, »damit sie allerlei Entzündungen löschen«. Verhärtungen in den Blutgefäßen werden durch sie behoben. Die Ausscheidung geschieht durch eine erhöhte Harnflut.

Beispiele:	Borretsch	Krapp
	Kleblabkraut	Ochsenzunge

IV. Signatur der besonderen Auffälligkeiten

1. *Pflanzen mit Milchsaft:*
Allen milchsafthaltigen Pflanzen wird eine »ausreinigende Kraft« zugeschrieben, die gezielt nach anderen bei der Pflanze erkennbaren Signaturen wirksam ist.

Beispiele:	Schöllkraut	Wolfsmilch

2. *Färbende Pflanzen:*
Gelbfärbende Pflanzen wirken galletreibend, rote haben Bezug zur Regelblutung oder Blutungen allgemein und sind zum Teil ausgezeichnete Wundmittel.

Beispiele:	Gelbwurzel (gelb)	Krapp (rot)
	Johanniskraut (rot)	Schöllkraut (gelb)

3. *Immergrüne Pflanzen:*
Diese Gewächse heben zuviel Wäßrigkeit, als eine Ursache der Fäulnis, auf.

Beispiele:	Efeu	Immergrün
	Haselwurz	Nadelhölzer

4. *Kurzlebige Pflanzen:*
Pflanzen, die schnell vergehen, sollen gegen »hitzige Ohnmachten« helfen, da sie eine »Löschung« in sich haben.

Beispiele:	Aronstab	Wohlriechendes Veilchen
	Herbstzeitlose	

5. *Pflanzen an steinigen Standorten:*
Auch Gewächse solcher Art haben einen Einfluß auf Verhärtungen, sowohl in den Organen als auch in den Blutgefäßen.

Beispiele:	Mauerraute	Scharfer Mauerpfeffer

6. *Wasserpflanzen:*
Sie haben eine kühle, feuchte Natur. Wenn jedoch Geruch oder Geschmack Wärme anzeigen, »da ist gewiß ein böser, korrosivischer Wasserschwefel vorhanden«. Dann brauchen die Pflanzen eine »gebührende Korrektion« und helfen bei in- und auswendigen Gebrechen »löschend«.

Beispiele:	Krebskraut (?)	Rohrwurz
	Meerlinsen	

7. *Beerenpflanzen:*
Säure und guter Geruch der Beeren sollen eine reine Heilkraft anzeigen. »Bitterkeit und Ungeschmack« und Vorkommen an düsteren, kalten Orten zeigen böse Eigenschaften an. Dennoch wirken sie gut gegen Gifte.

Beispiele:	Alraune	Einbeere
	Attich	Holunder
	Eberraute	Tomate

V. Signatur der Blüte

1. *Blütenlose Pflanzen:*
Der Geist solcher Pflanzen soll einer gröberen elementischen Art sein.

Beispiele:	Farne	Weide
	Mauerraute	Zinnkraut

2. *Weißblühende Pflanzen:*
Die weiße Farbe zeigt die Verwandtschaft mit dem menschlichen »Gliedwasser« an. Folgende Unterschiede werden gemacht:

a) weiß mit lieblichem Geruch:
Diese Pflanzen zeigen Bezug zum Gehirn.

Beispiele:	Maiglöckchen	Weiße Nelken
	Weiße Rosen	Zitronenblüte

b) weiß mit säuerlichem, scharfem, wenig bitterem, anziehendem Geschmack:
Solche Gewächse zeigen Wirkung auf den Magen.

Beispiele:	Krauseminze	Weiße Rosen
	Pfefferminze	
	Schlehe	

c) weiß mit bitterem, unangenehmen Geschmack.
Diese Pflanzen weisen auf die Därme hin.

Beispiele:	Hirtentäschelkraut	Mandelblüte
	Maiblumenwurz	Weiße Lilie

d) weiß mit hartschmeckendem Geruch:
Diese Pflanzen haben Bezug zum Uterus.
Beispiele: Holunder, Taubnessel, Kamille

e) weiß mit beißendem oder dämpfendem Geruch:
Solche Pflanzen weisen auf die Blase hin.
Beispiele: Meerrettich, Weißer Senf, Schwarzer Rettich, Zwiebel

f) weiß, dabei süß und milchig:
Hier erkennt Cudrio die Signatur des männlichen Samens, der durch solche Pflanzen in seinem Wachstum angeregt werden soll.
Beispiele: Süße Mandeln, »Peterlingwurz«, Süßer Senf, »Frischer Most«

g) weiß, dabei »feistschleimig«:
Diese Pflanzen haben eine Verwandtschaft mit den Gliedern und Gelenken des menschlichen Körpers, ebenso der Wirbelsäule, Nase, Ohren, Lippen, Zähnen, Wangen, weiblicher Brust und zum Nabel.
Beispiele: (sind hier keine angegeben)

3. *Blaublühende Pflanzen:*
Eine innere Beziehung besteht hier hauptsächlich zu den Augen, der Leber und den Blutgefäßen. Auch hier werden Unterteilungen gemacht.

a) helle, lichtblaue Blüte:
Hier erkennt Cudrio den Bezug zu den Augen.
Beispiele: Borretsch, Wegwarte, Kornblumen

b) blaue Blüten, die beim Zerdrücken rot werden oder Bittersüße in sich haben:
Diese Pflanzen weisen auf Blut und Leber hin.
Beispiele: Borretsch, Salbei, Flieder, Wegwarte, Leberblümchen

c) hellblaue Blüten mit unangenehmem, schwefligem Geschmack:
Es besteht ein Bezug zu Kreuz, Rücken, Ellbogen, Händen, Fingern, Schultern und Schienbein.
Beispiele: (sind hier keine genannt)

4. *Rotblühende Pflanzen:*
Sie zeigen eine Beziehung zu Herz, Blut, Milz und den Blutgefäßen der linken Körperhälfte, gleichzeitig aber auch zu Hals, Zunge, Kehle, Luftröhre, sodann Waden, Schenkeln und Gesäß. Hier wird ebenfalls unterteilt.

a) Hochrote Blüten mit lieblichem Geruch oder würzigem Geschmack:
Diese Pflanzen weisen auf das Herz hin.
Beispiele: Heilziest — Rote Nelken — Rosen

b) Rote Blüten mit »süßer Substanz« oder zarten Blättern:
Diese Pflanzen haben einen Bezug zu Lunge und Luftröhre.
Beispiele: »Frauenröslein« — Rote Kornblumen — Malven

c) Rote Blüten mit »feister schleimiger« Substanz ohne sonderlichen Geschmack:
Sie sollen einen Hinweis auf die äußeren Glieder geben und dienen der Wundheilung.
Beispiele: (sind hier nicht genannt)

5. *Gelbblühende Pflanzen:*
Die gelbe Farbe gibt diesen Gewächsen eine Verwandtschaft zur Galle. Dabei ist die Gallenblase für Cudrio stets ein Organ, das Unreinheiten und Schadstoffe abgibt. Alle gelbblühenden Pflanzen dienen somit der Austreibung krankmachender Substanzen oder Verhärtungen. Die Unterteilung ist hier besonders umfangreich.

a) gelbe Blüten, bitter, gelbe Milch, gelbe Wurzel:
Diese Pflanzen haben einen Bezug zur aktiven Austreibung der Galle.
Beispiele: Echte Nelkenwurz — Odermennig — Engelwurz — Schöllkraut

b) gelbe Blüten, bitterer, »anziehender« Geschmack:
Hier soll die Verwandtschaft zur Milz und zur schwarzen Galle erkennbar sein (insbesondere wenn gleichzeitig die Wurzel etwas rötlich oder grau ist).
Beispiele: Benediktendistel — Meerzwiebel — Blutwurz — Wermut — Gänsefingerkraut

c) gelbe Blüten mit bitterem Geschmack und wäßriger Substanz:
Diese Pflanzen haben einen Bezug zur Darmreinigung.
Beispiele: Bingelkraut, Koloquinten, Kürbis

d) gelbe Blüten, klebrig, milchig mit körniger Frucht:
Diese Signatur soll auf die Nieren hinweisen.
Beispiele: Habichtskraut, Labkraut, Krapp, Wacholder, Wolfsmilch

e) gelbe Blüten, bitter und stark riechend:
Es soll hier eine Beziehung zur weiblichen Periode bestehen.
Beispiele: Bergnelkenwurz, Engelwurz, Raute, Ringelblume, Schlüsselblume

f) gelbe Blüten, »räs«, bitter und brennend:
Diese Pflanzen haben einen Bezug zur Schweißtreibung.
Beispiele: Engelwurz, Enzian, Hahnenfuß

g) gelbe Blüten, bitter oder »räs« und schleimig in der Substanz:
Diese Signatur soll einen Hinweis auf die Abführung des Darmes geben.
Beispiele: Christrose, Lindenblüten, Safran

h) gelbe Blüten mit scharfer Süße:
Dies soll ein Hinweis auf Schleimlösung in Bronchien und Lunge sein.
Beispiele: Alant, Fenchel, »Rosinlein«, Wacholder

6. *Purpur- und violettblühende Pflanzen:*
Die Signatur dieser Farbe bezieht sich auf das rhythmische System im Menschen, wobei Purpur mehr auf das Herz, Violett mehr auf die Lunge hinweist. Beide haben einen »löschenden Charakter« und wirken kühlend bei Entzündungen. Wenn solche Blüten keinen Geruch haben, dann sollen sie mehr gegen die Unreinheiten in diesen Organen als auf die Zellstruktur selbst wirken.

Beispiele: Akelei, Gartenrose, Rittersporn, Wohlriechendes Veilchen

7. Gemischtfarbigblühende Pflanzen:
Durch die Vermischung von Farben in den Blüten sollen manche Pflanzen eine Signatur erhalten, die eine gewisse Krankheit oder ein Körperteil anzeigt. Hierfür sind die Pflanzen dann hilfreich.

Beispiele: Acker-Skabiose (Geschwüre)
Borretsch (Augen)
Deutsche Schwertlilie (Wassersucht)
Erdrauch (Krätze)

VI. Signatur der Form

1. Besondere Form der ganzen Pflanze:
Wenn in der ganzen Gestalt einer Pflanze ein menschliches Organ oder ein Körperteil erkennbar ist, so hat die Pflanze eine besondere arzneiliche Beziehung hierzu.

Beispiele: Borretsch (Augen)
Hirschzunge (Milz)
Leberkraut (Leber)
Knabenkraut (Hoden)
Lungenkraut (Lunge)
Nymphenblätter (Gebärmutter)
Schöllkraut (Galle)
Wegerich (Muskeln)

2. Besondere Form der Blüte:

a) Glockenform:
Solche Pflanzen haben eine »anziehende« Kraft und eine besondere Beziehung zum Kopf.
Beispiele: Akelei (zieht die Hitze aus den Arterien)
Echter Sturmhut (zieht die Hitze durch die Fußsohlen)
Maiglöckchen (zieht die Hitze aus dem Gehirn)
Schneeglöckchen (zieht die Hitze aus den Gelenken)
Tulpe (zieht die melancholische Hitze aus dem Kopf)
Winden (ziehen die Hitze aus dem »weißen Geäder«).

b) Schuhform, Sporne, Klauen, Leisten:
Pflanzen mit derart geformten Blüten zeigen eine »gegentreibende Kraft«, um den Vorfall oder die Senkung gewisser Körperteile oder Organe zu heilen.
Beispiele: Klettenblätter (auf den Kopf gelegt wirken gegen Gebärmuttervorfall)

Rittersporn (hilft bei Brüchen)
Salbei (treibt den vorgefallenen Mastdarm wieder hinein)
Taubnessel (wirken bei Gebärmuttervorfall)
Wohlriechendes Veilchen (gegen Brüche)

c) Doldenblütler:
Alle Gewächse mit Doldenblüten sind harntreibend und blähungswidrig.
Beispiele: Anis (Magenblähungen)
Attich (treibt Blähungen nach giftigen Krankheiten)
Fenchel (gegen Blähungen ums Herz und die Brust, trockener Husten, Kurzatmigkeit)
Petersilie (gegen Blähungen um den Nabel und um Niere und Blase, besonders bei kleinen Kindern)

d) Pflanzen ohne Blüte und Frucht:
Sie zeigen die Signatur der Milz.
Beispiele: Engelsüß (gegen Verstopfung)
Farnkraut (gegen Milzentzündung)
Mauerraute (gegen Verstopfung)
Zinnkraut (»stillen Durchläufe«)

3. Besondere Form der Blätter

a) Blätter mit spitzen Dornen oder Stacheln:
Sie beziehen sich in ihrer Heilwirkung auf stechende Schmerzen.
Beispiele: Benediktendistel (Milzstechen, Stechen der linken Seite)
Eberwurz (Stechen bei »pestilenzischen Krankheiten«)
Frauendistel (Stechen im Hals)
Mannstreu (Stechen um das »Gemächt«)
Stechpalmenblätter (»allerlei Stechen in den Gliedern«)
Wacholder (Stechen um die Hüften)

b) Blätter mit breiten, wenig geteilten Formen:
Diese Pflanzen zeichnen sich durch eine ausgesprochene Lungenwirkung aus.
Beispiele: Efeublätter (gegen »Übersteigen« der Lungen)
Gundelrebe (gegen »Dörre« der Lungen und Kurzatmigkeit, insbesondere bei Gelbsucht)

Haselwurz (zerteilen den Lungenschleim, gut gegen Keuchen und Husten)
Huflattich (gegen Lungenentzündung)
Pappel (»erweichen alle Verstopfung der Lungen, so da einen truckenen Husten bringet...«)
Seerosen (Lungenentzündung bei Frauen)
Wohlriechendes Veilchen (gegen »Hitze der Lungen« und Husten bei Kindern)

c) Blätter mit schmalen, länglichen Formen:
Sie weisen auf die Milz.
Beispiele: Benediktendistel, Farnkräuter, Hirschzunge, Hundszunge, Ochsenzunge, Spitzwegerich, Weidenblätter

d) Blätter mit haariger, rauher Struktur:
Sie sollen bei Entzündungen der Arterien hilfreich sein.
Beispiele: Benediktendistel (in der Milz)
Borretsch (in der Leber und auf der rechten Körperseite)
Klatschmohn (in Lunge und Hals)
Ochsenzunge (im Herzen)

e) Blätter mit welliger, sanfthaariger Struktur:
Solche Pflanzen zeigen die Signatur von Geschwulsten.
Beispiele: Alant (im Magen und der Gebärmutter)
Königskerze (in Milz und äußeren Gliedern)
Pfirsich (Geschwülste mit Wasseransammlung)

f) Pflanzen, die statt Blättern nur »Härlein« haben:
Sie wirken harntreibend und leiten Gries und Steine aus den Nieren.
Beispiele: Bärlapp, Dill, Fenchel, Schafgarbe

g) Blätter mit hohlen, buckeligen Formen:
Sie beziehen sich auf die Brust, Lungen und Herzkammern.
Beispiele: Andorn (gegen Keuchen, Stechen und Husten der Gelbsüchtigen)

Gundelrebe (»verzehren allen Schleim der Brust«)
Krauseminze (Keuchen und Husten, das durch Kälte entstanden ist)
Melisse (zur Reinigung der Brust)

h) Blätter mit herzförmiger Struktur:
Diese Pflanzen weisen auf Herz und Arterien hin.
Beispiele: Aronstab (gegen »pestilenzisch Gift« im Herzen)
Klette (»ist des Herzens und der Arterien höchst Präservativ«)
Sauerampfer (befreit von »hitziger Melancholie«)

4. Besondere Formen der Stengel

a) Pflanzen, die am Boden kriechen, an Mauern und Bäumen wachsen, sich winden:
Sie haben eine Verwandtschaft zu den Nerven und wirken gegen »kriechende, um sich fressende Krankheiten».
Beispiele: Bittersüßer Nachtschatten (»eröffnet die Nerven«, soll gegen Grind und Krampf helfen)
Efeu (»wider Kontraktur und Schlaf«, hilfreich bei Hautausschlägen)
Gundelrebe (gegen »bösen Grind« und Fisteln)
Waldrebe (gegen »französische Flechten«)
Zaunrübe (»wider Gicht und Krampf« und bei »aussätziger Flechte«)

b) Pflanzen mit hohlem, glattem und »aufgelassenem« Stengel:
Sie sollen gegen Geschwulste jeder Art wirken.
Beispiele: Bachbunge (bei brennenden Geschwulsten)
Zwiebel (Geschwulste des Halses)

c) Pflanzen mit markreichem, porösem Stengel:
Diese Pflanzen wirken austreibend auf Darm, Niere und Haut »je nachdem die Signatur weiter anweist«.
Beispiele: Attich, Knoblauchkraut
Holunder, Rote Weide

5. Besondere Formen der Wurzel

a) Zwiebelwurzeln:
»Haben besondere Sympathie zu den Gleichen der Glieder« und sollen innerlich reinigend wirken.

Beispiele: Herbstzeitlose (»legt allerlei Schmerzen der Gleich«)
Tulpe (gegen die »beißende Geschwulst der Gleich«)
Weiße Lilie (führt ab und heilt Verletzungen der Gelenke)
Zwiebel (harntreibend, bei Gelenksgeschwulst)

b) Färbende Wurzeln:
»Agieren in eine Flüssigkeit im Leib, welche sie präfigurieren...«

6. *Besondere Formen der Früchte:*
Früchte mit »steinigen Körnlein« wirken innerlich reinigend.
Beispiele: Brombeeren, Hagebutten, Himbeeren, Judenkirsche, Wacholderbeeren

7. *An Tiere oder Krankheiten erinnernde Formen:*
Pflanzen, die durch ihr Äußeres Krankheiten oder »giftige Tiergestalt« darstellen, sollen gegen die entsprechenden Krankheiten und Gifte wirken.
Beispiele: Ackerstiefmütterchen (Gicht)
Einbeere (Würmer)
Habichtskraut (Wechselfieber)
Haselstaudenkätzchen (Würmer)
Steinbrech (Steine und Gries)

Die moderne Signaturenkunde

Die bloße Betrachtung des Äußeren einer Pflanze brachte nicht die nötige Sicherheit, um sie mit gleichbleibendem Erfolg beim Kranken einzusetzen. Aus diesem Grund ist die traditionelle Signaturenkunde heute auch nicht mehr geläufig, selbst in naturheilkundlichen Lagern nicht. Nutzbringend hat in unserem Jahrhundert die anthroposophische Medizin eine Art Signaturenkunde aus ihrer Sicht angewandt. Hieraus entstanden die anthroposophischen Heilmittel und auch der Einsatz der Mistel zur Krebstherapie.

Einen großen Schritt nach vorn – besonders im Hinblick auf die spagyrische Therapie – ist eine weiterentwickelte Signaturenkunde in Form einer Kristallisationsanalyse. Für die Spagyrik hat der Spagyrikforscher Ulrich Jürgen Heinz dieses Verfahren entwickelt. Hierbei vergleicht man mikroskopisch das Kristallisationsbild einer körpereigenen Blut-, Urin- oder Gewebeprobe eines Patienten mit solchen von Heilpflanzen. Ähnlichkeiten der Struktur, die man als Signatur bezeichnen könnte, weisen auf die individuell passenden Heilpflanzen hin.

Um ein solches aufschlüsselbares Kristallisationsbild zu erhalten, werden die einzelnen Proben spagyrisch aufbereitet. So wird das Blut, der Urin oder andere Körperflüssigkeiten oder Gewebe eines Patienten in besonderen apparativen Vorrichtungen gekocht, wobei ein gesättigter Wasserdampf entsteht, der über eine kühlende Röhre weitergeleitet wird und wieder zu Wasser kondensiert. Das einzige, was dieses Wasser noch sinnlich wahrnehmbar mit der Ausgangssubstanz verbindet, ist ihr Geruch. Dies ist die Destillation, wie wir sie aus der Herstellung von spagyrischen Pflanzenessenzen her kennen. Und ähnlich wie dort bleibt auch hier ein fester Rückstand übrig, nachdem der Destillationsvorgang vollständig abgeschlossen ist. Er wird getreu dem spagyrischen Aufbereitungsverfahren getrocknet, verascht und verglüht. Dieser Vorgang nennt sich Calcination, das entstandene Produkt Calcinat. Das Verbinden von Calcinat und Destillat, d. h. das Lösen des veraschten Rückstandes in der durch Destillation gewonnenen wäßrigen Substanz, ergibt das spagyrische Endprodukt. So entstehen spagyrische Blut- oder Urinessenzen, die in der Heinz-Spagyrik als »Homodote« bezeichnet werden.

Sparyrikforscher Heinz bietet für das praktische Handeln eine umfangreiche und tiefgründige Theorie an. Vereinfachend läßt sich sagen, daß bei einer Einnahme des Homodotes als Medikament, die in ihm gespeicherte Information dem Gehirn, insbesondere dem Kleinhirn, übermittelt wird. Durch diese Information kann die gehirnliche Schaltstelle den Zustand der körperlichen Funktionen und Organe ungefiltert erkennen und etwaige Gegenregulationen einleiten. Oftmals hat sich der Körper nämlich an das Vorhandensein z. B. krankhafter Keime wie Bakterien, Viren und Pilze gewöhnt und reagiert auf die zunehmende Belastung durch diese nicht mehr. Man könnte sagen, die »zentrale Wahrnehmungsstelle« im Gehirn erkennt die belastenden Faktoren nicht als solche und setzt somit auch keine Selbstheilprozesse ein. Durch die Information des Homodots als Medikament soll diese Wahrnehmung wieder erfolgen, d. h., der Körper erkennt seine Belastungen und kann – muß aber nicht – spezielle Heilreaktionen erzeugen.

Somit ist das Homodot das zentrale Heilmittel der Heinz-Spagyrik. Es liefert nach der Theorie von Heinz eine fast fehler- und verlustfreie Übertragung körpereigener Informationen zurück auf den Körper.

Zusätzlich zu diesem Basismittel kann noch ein weiteres spagyrisches Medikament aus patienteneigenen Proben hergestellt werden. Es ist das »Antihomodot«. Dessen Herstellung entspricht der des Homodots mit dem Unterschied, daß die Körperflüssigkeit vor dem spagyrischen Prozeß einer Keimkultur unterworfen wird, d. h. krankhafte Keime in diesen Proben werden über besondere Kulturböden angebrütet und gezüchtet. Dies geschieht aus der Überlegung heraus, die zum krankhaften Gesamtprofil des Patienten beitragenden, mehr oder weniger aktiven Keime verstärkt darzustellen. Somit erhält der Körper im Antihomodot eine überhöhte Information. Um es einfacher auszudrücken: Dem Gehirn wird eine viel höhere Belastung vorgezeichnet als sie in Wirklichkeit ist. Dies soll eine verstärkte Gegenregulation des Körpers auslösen. Das spagyrische Antihomodot ist somit besonders für chronische Krankheitszustände gedacht, bei denen der Körper sowieso träge reagiert und seine Selbstheilprozesse gar nicht oder nur schleppend in Gang kommen.

Wie eben erklärt, können die aus körpereigenen Materialien hergestellten spagyrischen Produkte dem betreffenden Patienten als individuelles Heilmittel verabreicht werden, entweder als Tropfen zum Einnehmen oder Einreiben oder aber als Injektionslösung zur Einspritzung in oder unter die Haut. Das eigentlich signaturische Verfahren, das in dieser Methode steckt, wird erst mit der Krankheits- bzw. Heilmitteldiagnose deutlich. Hierbei werden die in den so hergestellten Essenzen die gespeicherten Informationen entschlüsselt und gedeutet.

Die Forschungen von Heinz haben ergeben, daß sich der Zustand der einzelnen Organe in der auskristallisierten Essenz mikroskopisch erfassen läßt. Hierzu wurden Organe und Organgruppen von Tieren und Menschen spagyrisch aufbereitet und dann auskristallisiert. Die mikroskopisch faßbaren Kristallstrukturen solcher Organe werden in ähnlicher – signaturhafter – Form auch in den Kristallisaten der Blut- oder Urinessenzen gefunden, so daß sich ableiten läßt, daß sich in den Körperflüssigkeiten und Geweben der gesamte Organismus widerspiegelt und in der Kristallisation des Homodots die Organe signaturhaft erkennbar werden.

Eine weitere Möglichkeit der spagyrischen Diagnostik ist der Vergleich von Homodotkristallisationen an bestimmten Krankheiten erkrankter Patienten. Die allen gemeinsamen typischen Strukturen des Kristallbildes werden dann als Merkmale der betreffenden Krankheit bezeichnet. So kann im Homodot eines Patienten z. B. die typische Struktur eines Magengeschwürs oder einer Schilddrüsenüberfunktion festgestellt werden.

Diese Erkenntnisse haben zur spagyrischen Ganzheitsdiagnostik aus Blut und Urin geführt, die treffsichere Aussagen über den Gesundheitszustand machen kann, selbst in Stadien, die noch keine ausgeprägte Symptomatik zeigen. So sind krankhafte Veränderungen schon lange vor dem Zeitpunkt faßbar, zu denen die üblichen schulmedizinischen Methoden sie erkennen können. Selbst ein mögliches Krebsgeschehen kann im völlig ausheilbaren Vorstadium erkannt werden. Der therapeutische Aspekt dieses »Lesens der Information« wie Heinz sagt, besteht in der Analogie zu spagyrischen Pflanzenessenzen, was eine moderne Weiterentwicklung der traditionellen Signaturenkunde darstellt.

Kristallstrukturen eines Kristallisats, die sich nicht als organ- oder krankheitsspezifisch identifizieren lassen, werden mit Kristallisaten spagyrischer Pflanzenessenzen verglichen. So können Heilpflanzen gezielt auf den jeweiligen Patienten ausgewählt werden. Dabei werden all jene Pflanzen berücksichtigt, die entweder in ihrer Gesamtstruktur des Kristallisats dem Homodot des Patienten entsprechen oder aber solche, deren Kristallbild Beziehungen zu Organkristallisaten haben, es also eine Analogie des Pflanzenbildes beispielsweise zur Herz-, Leber- oder Nierenstruktur im Homodot eines Menschen besteht. Die Heinz-Spagyrik nennt auf diese Art gefundene Pflanzenessenzen »Anadote«.

Das spagyrische Kristallisationsverfahren bietet somit einen direkten Zugang vom kranken Menschen zum pflanzlichen Arzneimittel. Zwischenstationen, die oftmals Fehlerquellen beinhalten, bestehen nicht. Dies ist der entscheidende Fortschritt gegenüber der undifferenzierten und subjektiven Signaturenkunde der Überlieferung und möglicherweise eine Vorstufe zu einer intuitiven Form der Signaturenerkenntnis, die der Menschheit im Laufe der Jahrhunderte und Jahrtausende verloren ging.

III
Spagyrische Therapie

Die Behandlung mit spagyrischen Pflanzenessenzen ist eine biologische Therapie und richtet sich nach den biologischen Gesetzmäßigkeiten der Heilung, die wir schon kennengelernt haben. Dennoch soll man nicht davon ausgehen, nach einer ein- bis zweiwöchigen Einnahme der Essenzen könne nun jede Krankheit geheilt werden. Dies ist ein Trugschluß, der gefährlich werden kann. Bei akuten Erscheinungen einfacherer Art wird die spagyrische Therapie schnell und zuverlässig wirken, bei chronischen Krankheiten sieht dies in der Regel aber anders aus. Hier muß man immer mit einer langen Behandlungszeit rechnen, bei der nicht nur spagyrische Medikamente, sondern auch noch andere biologische Präparate eingesetzt werden müssen.

Obwohl dieses Buch in erster Linie für den Laien geschrieben ist und zur Selbstbehandlung einfacher Beschwerden und Gesundheitsstörungen anleiten soll, möchte ich zu Beginn dieses Kapitels doch einige Worte über die chronischen Krankheiten verlieren.

Jeder chronisch Kranke greift nach einem Strohhalm, wenn alles andere versagt hat. Mit Sicherheit werden unter den Lesern dieser Zeilen solche Patienten sein, die hier Ratschläge für ihre Beschwerden suchen. All jene sollten folgende Zeilen aufmerksam lesen. Wir wissen bereits, wie die Kräuterspagyrik auf den Körper wirken kann. Manchmal erzeugt der Organismus Heilreaktionen, mit denen der Körper seine Schleusen öffnet und die Krankheit förmlich austreibt. Die Erkrankung kann vorher durchgemachte Krankheitsphasen wieder durchlaufen und kurzfristig andere Symptome erzeugen oder frühere Beschwerden erneut zeigen. Diese Heilreaktionen laufen in der Regel ziemlich schnell ab und belasten den Kranken nur wenige Tage. Doch allein die Tatsache, daß solche Reaktionen auftreten können – und das tun sie in der Regel bei chronischen Krankheiten –, sollte doch zu einer gewissen Vorsicht raten, allein und ohne Anleitung oder Kontrolle die Kräuterspagyrik bei chronischen Leiden anzuwenden. Dieser Rat gilt ja ebenso für die Homöopathie. Chronisch Kranke sind gut beraten, sich in eine entsprechende Behandlung zu begeben, bei der alle Reaktionen, die vielleicht auftreten können, beobachtet und die jeweils richtigen Maßnahmen getroffen werden können. Während solch einer kontrollierten Behandlung kann sich folgender Therapieverlauf zeigen:

Die Heilung kann in drei Schritten vor sich gehen, dem Reinigungsstadium, dem Heilstadium und dem Aufbaustadium. Jede Phase für sich kann Wochen dauern, je nach Schwere des Falles. Chronische Krankheiten sind ja nicht über Nacht entstanden. Häufig bereiten sie sich monate- oder jahrelang unbemerkt im Körper vor. Somit darf man auch keine »Ruckzuckheilung« erwarten. Ungeduldige chronisch Kranke erinnere ich immer gerne an den Pfarrer Kneipp. Er war chronisch lungenkrank und von den Ärzten aufgegeben. Somit nahm er die Therapie selbst in die Hand und verfuhr nach einem kleinen Büchlein über die Heilkraft des Wassers. In seiner Ausdauer hat er die Anwendungen wochen- und monatelang genau durchgeführt, und das obwohl er von den Maßnahmen keine Besserung verspürte. Aber es ging ihm auch nicht schlechter. Allein das machte ihm Mut weiterzumachen. Erst nach vielen Monaten begann sich sein Zustand langsam zu bessern. Von da an ging die Heilung Schritt für Schritt weiter und er wurde schließlich vollkommen geheilt, einzig und allein durch konsequente Wasseranwendungen. Ich bin sicher, daß sich viele chronisch Kranke um die Heilung ihres Leidens selbst bringen, indem sie nicht die nötige Ausdauer für die Therapie einer chronischen Krankheit mitbringen.

In der ersten Phase der Heilung, dem Reinigungsstadium, werden als erstes die Schleusen geöffnet, d. h. der Weg wird freigemacht, damit die Krankheit über die natürlichen Ausscheidungsvorgänge abgeheilt werden kann. Der Körper soll sich also selbst von all den Gift- und Schlackenstoffen reinigen. Dies geschieht über Darm, Niere, Haut und Lunge. Gleichzeitig wird die Entgiftungsfunktion der Leber gestärkt.

Ist dies erreicht, kommt das eigentliche Heilungsstadium. Hier wird nun gezielt die Krankheit angesprochen. Die Lebenskraft wird speziell auf das Leiden hin angeregt, so daß sie selbsttätig den Heilungsprozeß einleitet. Je optimaler nun die Ausscheidungsorgane funktionieren, desto einfacher hat es die Lebenskraft und desto leichter sind eventuell sich zeigende Heilreaktionen.

Ist eine Heilung eingetreten, schließt der ganze Therapievorgang mit dem Aufbaustadium ab. Nun soll der gesamte Organismus gekräftigt werden, damit ein etwaiger Rückfall vermieden wird. Dieses Aufbaustadium sollte nicht vernachlässigt werden – was leider oft geschieht –, sonst kann es vorkommen, daß die Heilung nicht von Dauer ist.

Bei der Behandlung alltäglicher Beschwerden und akuter Krankheiten leichterer Art wird dieser dreiphasige Heilungsprozeß nicht in dem Maße erkennbar sein, da mit den richtigen Mitteln eine schnelle Heilung erzielt werden kann.

Im vorangegangenen Kapitel haben wir nun die unterschiedlichen Möglichkeiten kennengelernt, spagyrische Pflanzenessenzen einzusetzen. Nach welcher Methode man vorgehen will, entscheiden zweierlei Dinge.

Zum einen ist dies die persönliche Neigung und Erfahrung. Ich kann von niemandem verlangen, die Kräuterspagyrik nach astrologischen Gesichtspunkten einzusetzen, wenn er die Astrologie in Bausch und Bogen ablehnt und als Humbug bezeichnet. Wer eine innere Beziehung zum Kräuterteekochen hat, wird die Kräuterspagyrik gerne nach phytotherapeutischen Erkenntnissen handhaben. Wer gerne das Wesen der Pflanze an ihrem Äußeren erschauen möchte und in sich eine enge Verwandtschaft mit dem Pflanzenreich spürt, wird es mit der Signaturenlehre versuchen, wenn auch mit allen Einschränkungen, die in jenem Kapitel angesprochen wurden.

Der zweite Gesichtspunkt bei der Anwendung ist die praktische Handhabung. Hier kann man die verschiedenen Möglichkeiten in zwei Kategorien einteilen.

In der einen Gruppe sind diejenigen Anwendungsmöglichkeiten erfaßt, denen sich speziell der Fachmann in seiner naturheilkundlichen Praxis bedienen wird, zur anderen Gruppe gehören jene Bereiche, die auch vom Laien im Hausgebrauch erfolgreich und gefahrlos benutzt werden können. Signaturische und astromedizinische Kräuterspagyrik zähle ich zur ersten Gruppe, wenn es auch durchaus Begabte geben wird, die selbst diese beiden Gebiete nutzen können. Nach einiger Beschäftigung mit dem Thema ist es jedoch jedem Laien möglich, die spagyrischen Pflanzenessenzen nach den Richtlinien der Phytotherapie und der Homöopathie anzuwenden.

Spagyrik in der Naturheilpraxis

In den letzten Jahren hat die Spagyrik in der Naturheilpraxis zunehmend an Bedeutung gewonnen. Die Forschungen auf diesem Gebiet wurden intensiv vorangetrieben. So kam es u. a. zu einer eigenständigen Weiterentwicklung durch Ulrich Heinz. Doch auch die traditionelle Form des spagyrischen Heilverfahrens wurde erweitert und damit den Therapeuten spagyrische Mittel in größerem Umfang zur Verfügung gestellt. So hat auch die aus der paracelsischen Tradition stammende Kräuterspagyrik mehr und mehr Freunde gefunden.

Die Zahl der spagyrisch arbeitenden Ärzte und Heilpraktiker nimmt stets zu. Dabei ist es ganz unterschiedlich, nach welchen Gesichtspunkten sie die Sparyrik anwenden. Einige machen es auf traditionell phytotherapeutische Art, andere beziehen sich auf homöopathische Erkenntnisse, manche auch auf die Astromedizin und zunehmend mehr auf die moderne Form der uralten Signaturenlehre, die Heinz-Spagyrik mit der Kristallisationsanalyse. Dazu nehmen sie Proben aus Blut oder Urin, lassen diese im Spagyrik-Labor analysieren und kommen so auf die dem jeweiligen Kranken entsprechenden Pflanzenessenzen. Dennoch kommt es selten vor, daß ein Therapeut in seiner Praxis ausschließlich mit Spagyrik arbeitet. In der Regel werden zum spagyrischen Verfahren noch zahlreiche andere biologische und naturheilkundliche Behandlungsmethoden angewendet, was gerade bei der Behandlung chronisch Kranker notwendig ist. Eine Kombination mit anderen Verfahren ist nicht nur erlaubt, sondern sogar erwünscht. Damit wird nämlich die Behandlung auf eine noch breitere Basis gestellt.

Böswillige mögen hier einwenden, dies sei doch nur eine Absicherung, falls die Spagyrik nicht hilft. Natürlich kann man so denken, warum auch nicht. Ebenso muß man sich als Behandler gefallen lassen, daß einer einwendet, so könne man ja niemals exakt bestimmen, welche Therapieform nun tatsächlich geholfen hat und welche wirkungslos blieben.

Dies mag sicherlich ein Nachteil einer kombinierten Therapie sein. Der in der Praxis stehende Therapeut ist nun aber in erster Hinsicht ein Praktiker und kein theoretischer Wissenschaftler. Der Spagyrik – und auch den anderen alternativen Heilmethoden – mit wissenschaftlicher Akribie nachzuspüren ist nicht seine Aufgabe.

Die Frage ist nicht die, wie jemand geheilt wird, sondern daß er überhaupt Heilung findet. Jeder erfahrene biologische Behandler weiß, daß sich gleichsinnige Therapiemethoden unterstützen können. Sie ergänzen sich und verstärken sich gegenseitig in ihrer Wirkung. Vor Jahren traf ich in einem Kurs in autogenem Training, den ich leitete, eine Frau mittleren Alters, die mit Depressionen und Migräne zu kämpfen hatte. Gleichzeitig war sie bei einem naturheilkundlichen Arzt, der ihr wegen ihrer Beschwerden Akupunkturnadeln setzte. Nach sechs Akupunktursitzungen und vier Wochen autogenem Training hatte sich ihr Zustand nicht im geringsten gebessert. Im Gegenteil: ihre seelische Verfassung war eher noch desolater geworden. Dies war verständlich, denn sie hatte große Hoffnungen in beide Methoden gesetzt, und es war für sie enttäuschend, daß sich nach dieser Zeit noch nichts tat. Der Geduldsmangel war also auch bei dieser Patientin recht stark ausgeprägt.

Ich gab ihr nun den Rat, doch einmal beide Methoden gleichzeitig anzuwenden. Sie sah mich verdutzt an. Wie denn – Akupunktur und autogenes Training gleichzeitig? Natürlich, warum denn nicht! Praktisch läßt sich dies ganz gut handhaben. Nachdem die Nadeln gesetzt sind, hat die Patientin ja genügend Zeit, denn sie sollen ja 20 bis 30 Minuten steckenbleiben. »Was hindert Sie daran, während dieser Zeit autogenes Training zu machen?« fragte ich meine Kursteilnehmerin. Und so machte sie es dann auch. Nach zwei Wochen kam sie strahlend zum Gruppenabend und berichtete überschwenglich, wie es ihr nun Schritt für Schritt besser ginge, seitdem sie die beiden Methoden kombiniere.

Diese Erfahrung kann man immer wieder machen und nicht nur mit Akupunktur und autogenem Training.

Wenn zwei oder auch mehrere Heilmethoden auf einen Kranken treffen, die in eine gleiche Richtung zielen, dann unterstützen sie sich und verstärken sich gegenseitig. Wenn sie allerdings gegensätzlicher Natur sind oder entgegengesetzte Wirkungen erzielen, dann können sie sich genausogut auch hemmen. Die klassische Homöopathie hat dieses Freund-Feind-Verhältnis sogar zwischen einzelnen homöopathischen Mitteln festgestellt, weshalb in der klassischen Form der Homöopathie mit ihren hohen Energiepotenzen auch oftmals nur ein einziges Mittel verwendet wird. Werden Mischungen homöopathischer Mittel verwendet, so sollten sie sich gegenseitig in der Wirkung nicht beeinträchtigen.

Hier muß der Frage nachgegangen werden, inwieweit chemotherapeutische Mittel und Arzneien der Schulmedizin die Kräuterspagyrik und andere alternative Heilmethoden beeinträchtigen. Wenn man weiß, daß selbst Kaffee oder Kampfer die Wirkung homöopathischer Potenzen hemmen können, so dürfte das auf chemische Medikamente auch zutreffen. Soll man dann alles absetzen, wenn man sich biologisch-alternativ behandeln läßt? Diese Frage ist nicht allgemeingültig zu beantworten. Jeder Therapeut wird dies im Einzelfall selbst entscheiden müssen. Ein abruptes Absetzen dieser Mittel ist sowieso nicht möglich, ohne daß die Gefahr eingegangen wird, daß dies für den Organismus schädlich sein kann. Auch ein eigenmächtiges Absetzen durch den Patienten ist von vornherein indiskutabel, denn nur der Therapeut kann wissen, ob die verordneten schulmedizinischen Mittel noch weiterhin notwendig bleiben oder nicht. Sicher ist nur eines: Je weniger zusätzliche Medikamente ein Kranker zusätzlich zur alternativen Behandlung einnimmt, desto sicherer kann diese ihre Wirkungen entfalten.

Zurück zur naturheilkundlichen Praxis. Meistens wird also die spagyrische Therapie ergänzend zu anderen alternativen Heilmethoden angewandt. Der naturheilkundliche Therapeut kann zur Spagyrik noch Neuraltherapie, Ozontherapie, Eigenblutbehandlungen oder Chiropraktik einsetzen. Praktisch das ganze Feld der Alternativmedizin bietet sich hier als Kombinationsmöglichkeit an. Sinnvoll ist auch der Einsatz verwandter Methoden. So können Homöopathie, Bach-Blütentherapie, anthroposophische Medizin oder auch die einfache Phytotherapie die Heilwirkung der Spagyrik unterstützen. Gleichgültig, welche alternative Therapie man zusätzlich einsetzt, alle biologischen Heilweisen zielen in eine Richtung. Sie richten sich nicht gegen das Kranke im Menschen wie die schulmedizinischen Arzneimittel, sondern wollen das Gesunde ansprechen, das noch Intakte stärken, unterstützen und anregen, damit die Lebensenergie aus der Unordnung, die sich Krankheit nennt, wieder die Ordnung Gesundheit macht.

Spagyrik in der Hausmedizin

Ich möchte an das Kapitel Selbstbehandlung vorsichtig herangehen. Grund dafür ist die Tatsache, daß eine unsachgemäße Selbstbehandlung mehr schaden als nützen kann. Im Extremfall können nicht mehr wiedergutzumachende Fehler begangen werden, die mitunter fatale Folgen nach sich ziehen. Dies muß jeder wissen, der an die Selbstbehandlung herangeht. Deshalb sind Vorsicht und Verantwortungsbewußtsein die nötigen Grundvoraussetzungen beim eigenverantwortlichen Handeln.

Bei der Selbstbehandlung müssen wir zweierlei unterscheiden. Eine Selbsthilfe ist in Fällen möglich, wo plötzlich Beschwerden auftreten, der Laie aber im Moment nicht weiß, was daraus werden wird. Ein Beispiel: Es tritt plötzlich Fieber auf, die Glieder schmerzen, völlige Erschöpfung zwingt den Betreffenden sich ins Bett zu legen. Natürlich kann das ein ganz einfacher fieberhafter Infekt werden, eine Erkältung wie man sagt. Aber wer sagt uns, daß dies nicht doch der Beginn einer schwerwiegenderen Infektionskrankheit ist? Hier ist der Laie im Zweifel – aber auch der Arzt, der in einem solchen Anfangsstadium meist selbst noch keine hundertprozentige Diagnose stellen kann. Abzuwarten, um später genau sehen zu können, was es nun tatsächlich ist, ist jedoch falsch. Hier ist eine schnelle Selbsthilfe immer angezeigt, da die Erfahrung besagt, daß die Selbstbehandlung gerade von fieberhaften Erkrankungen im Anfangsstadium am effektivsten ist. Nur gehört zu einer verantwortungsbewußten Selbstbehandlung stets gute Beobachtung und Kontrolle. Zeigt sich auf das eigene therapeutische Vorgehen nach einer gewissen Zeit keine Besserung und werden die Beschwerden noch schlimmer, dann ist das Kapitel Selbstbehandlung in diesem Fall abgeschlossen. Hier muß der Arzt nach dem Rechten sehen. Stets können in solchen Fällen eigene Maßnahmen eingesetzt und gleichzeitig der Arzt gerufen werden. So kann die Selbstbehandlung die Zeit bis zum Eintreffen des Arztes überbrücken.

Eine zweite Kategorie stellen bestehende Krankheiten dar, die vom Arzt bereits diagnostiziert wurden. Hier nun besteht nicht die Gefahr, eine schwerere Krankheit zu übersehen – vorausgesetzt der behandelnde Arzt hat gute Arbeit geleistet und eine einwandfreie Diagnose geliefert. In dieser Situation kann unterschiedlich vorgegangen werden.

Man kann zunächst den Arzt fragen, ob diese oder jene Methode der Selbstbehandlung zusätzlich durchgeführt werden kann. Ein verständiger Arzt wird die Methoden, die Sie selbsttätig machen können, mit ihnen genau durchsprechen. Stets werden Sie aber die ärztlich verordnete Therapie weiter durchziehen. Nur in wenigen, begründeten Einzelfällen ist es einmal möglich, ganz auf die Selbstbehandlung zu vertrauen. Welche Kriterien müssen dabei erfüllt sein?

Zum einen darf es sich nicht um eine akute, schwerwiegende Erkrankung handeln. Schon eine einfache Mandelentzündung zählt darunter, da diese Krankheit bei unsachgemäßer Therapie lebenswichtige Organe schädigen kann. Zum anderen kann man eine ausschließliche Selbstbehandlung dann versuchen, wenn bereits einiges an Therapiemöglichkeiten eingesetzt wurde, sich am krankhaften Zustand aber nichts änderte. Eine begrenzte, alleinige Selbstbehandlung kann also dann akzeptabel sein, wenn eine bereits ärztlich diagnostizierte Krankheit nicht schwerer, akuter oder chronischer Art auf unterschiedliche Heilversuche nicht angesprochen hat. Aber auch dabei muß der Zustand des Kranken gut beobachtet werden. Bei jeder Verschlechterung muß der Fachmann her! Am idealsten wäre in diesem Fall, die Behandlung durch einen naturheilkundlich ausgebildeten Behandler durchführen zu lassen.

Hauptanwendungsgebiet der Selbstbehandlung sind sicherlich die immer wiederkehrenden, häufigen Beschwerden, bei denen es erfahrungsgemäß auf relativ einfache Art gelingt, die Selbstheilkräfte anzuregen. Eine solche Selbstbehandlung ist mit spagyrischen Essenzen möglich, die entweder für sich allein, besser jedoch gemeinsam mit unterstützenden Maßnahmen angewandt werden. Setzt man spagyrische Essenzen eigenverantwortlich ein, dann muß man sich in deren praktischen Anwendungen gut auskennen. Die Praxis der spagyrischen Selbstbehandlung soll nun hier erläutert werden.

Kombinationen

Nachdem Sie nach einer der vorher beschriebenen Möglichkeiten für sich oder eines Ihrer Familienmitglieder die benötigten Pflanzenessenzen herausgefunden haben, stellt sich die Frage, wie diese am wirkungsvollsten eingesetzt werden können. Die übliche Regel, dreimal über den Tag verteilt die Arzneimittel einzunehmen, hat sich auch in der Kräuterspagyrik bewährt. Über notwendige Abweichungen von diesem Rhythmus lesen Sie später.

Manchmal wird es vorkommen, daß Sie nur eine Essenz anwenden wollen, zumal dann, wenn Sie diese nach dem homöopathischen Schlüssel-Schloß-Verfahren herausgefunden haben und sie exakt auf die Beschwerden paßt. Diese Essenz wird dann ganz einfach dreimal am Tag eingenommen. Wir sprechen hier vom »spagyrischen Solo«. Die erste Dosis nehmen Sie morgens gleich nach dem Aufstehen, die zweite vor dem Mittagessen und die dritte abends direkt vor dem Schlafengehen. Dieses einfache Einnahmeschema können Sie auf der unten abgebildeten Graphik auf einen Blick erkennen.

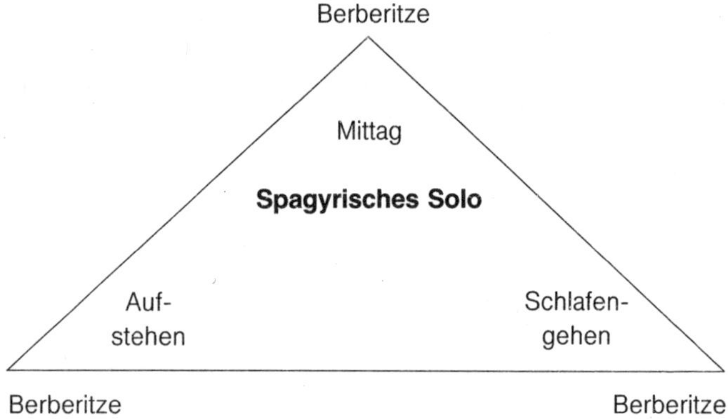

Spagyrisches Solo am Beispiel Berberitze

Haben Sie zwei spagyrische Pflanzenessenzen gefunden, die Sie gleichzeitig anwenden wollen, geschieht dies nach dem Schema des »spagyrischen Duos«. Hierbei werden die einzelnen Essenzen über den Tag verteilt eingenommen, am Mittag gemeinsam zu einer Einnahme zusammengefaßt. Nähere Einzelheiten hierzu stehen im Abschnitt »Dosierung« S. 218.

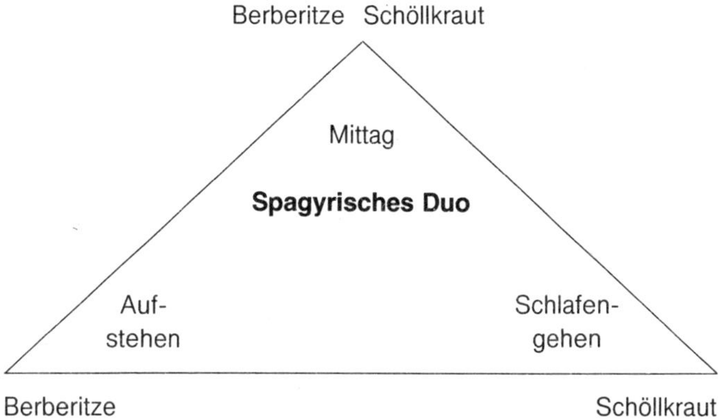

Spagyrisches Duo am Beispiel von Berberitze und Schöllkraut

Wollen Sie mit drei Pflanzenessenzen arbeiten, also ein »spagyrisches Trio« anwenden, ist die Einnahme ebenfalls recht einfach. Zu jeder der drei Einnahmezeiten wird eine andere Essenz angewendet.

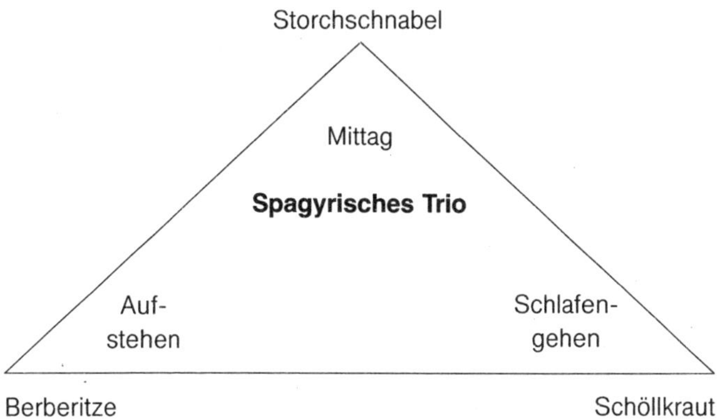

Spagyrisches Trio am Beispiel von Berberitze, Schöllkraut und Storchschnabel

Natürlich dürfen Sie auch mehr als drei Essenzen gleichzeitig anwenden. Dann jedoch werden sie zweckmäßigerweise in einer Flasche zusammengemischt. Von dieser Mischung nimmt man dann jeweils morgens, mittags und abends die entsprechende Tropfenzahl ein.

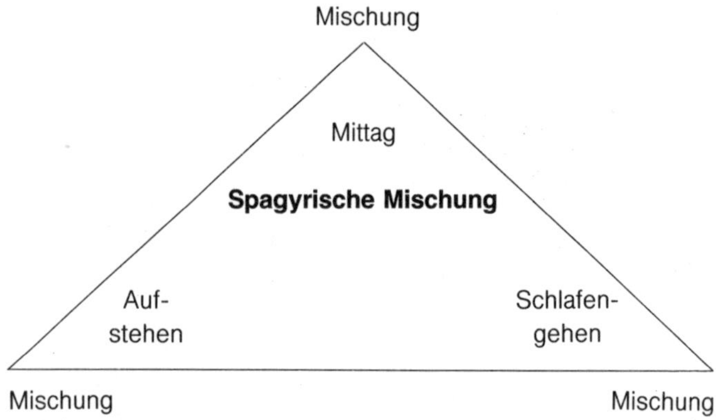

Einnahmeschema einer spagyrischen Pflanzenessenzmischung

Wieviele einzelne Essenzen zu einer Mischung zusammengefaßt werden dürfen, läßt sich nicht exakt beantworten. Schon aus praktischen Gründen heraus wird eine spagyrische Mischung wohl selten mehr als fünf oder sechs einzelne Kräuteressenzen enthalten.

Dosierung

Als Einzeldosis werden in der Kräuterspagyrik sieben Tropfen der jeweiligen Essenz eingenommen. Diese Dosis gilt für Erwachsene, Säuglinge bis zum 1. Lebensjahr bekommen 1, Kleinkinder bis 3 Jahre 2, Kinder bis 7 Jahre 3, Kinder bis 14 Jahre 4 und Jugendliche bis zum 18. Lebensjahr 5 Tropfen. Man muß zwischen zwei Anwendungsformen des Einnehmens unterscheiden. Beide Möglichkeiten haben die eingangs besprochene Dreigliedrigkeit des Lebens zum Vorbild. Streng betrachtet ist es nur eine einzige Methode, die sich nur in der Wahl des jeweiligen Mediums unterscheidet.

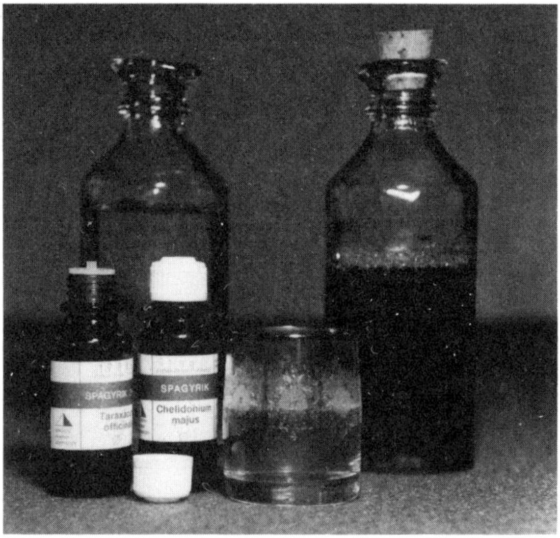

Das Wasser-Wein-Essenzgemisch ist eine klassische Form spagyrische Essenzen anzuwenden.

a) Wasser-Wein-Essenz-Gemisch

Drei Elemente prägen die Einnahme spagyrischer Essenzen: Wasser, Wein und die Essenz selbst. Das Wasser stellt innerhalb dieses Gefüges die Salkomponente dar. Hier gilt das Wasser als Vertreter der irdischen Substanz, als Element der Erde. Im Wein tritt uns die Mercuriuskomponente entgegen. Er ist der Vermittler, das eigentliche Medium für die Essenz, der in dieser Zusammenstellung die Sulphurkomponente zukommt. So haben wir selbst beim einfachen Einnehmen noch ein recht spagyrisches Vorgehen. Essenzen in Wein nehmen zu lassen, haben Paracelsus und andere spagyrische Ärzte stets gelehrt. Das Zufügen von Wasser zum Wein stammt eigentlich von Hildegard von Bingen. Sie riet, starken Wein immer mit etwas Wasser zu vermischen, da er pur genossen zu kraftvoll für den Menschen sei. Vom spagyrischen Denken her ist das Zufügen von etwas Wasser zum Wein sinnvoll, denn hier soll der Wein an sich ja nicht die Heilkraft darstellen, sondern lediglich Vermittler sein. Aus diesen Gründen wird bei der Einnahme der Essenzen immer etwas Wasser in den Wein gegeben.

Das spagyrische Wasser-Wein-Essenz-Gemisch ist einfach zubereitet: Gießen Sie Wein in ein Likörglas, so daß es fast zu dreiviertel gefüllt ist. Dann tropfen Sie sieben Tropfen der Essenz hinein und füllen das Gläschen mit Wasser auf. Am besten nehmen Sie hierzu kohlensäurefreies Mineralwasser. Diese Mischung wird nun aber nicht wie ein Schnaps hinuntergekippt. Nehmen Sie von dem Gemisch schluckweise ein, behalten Sie die Flüssigkeit jeweils für einige Zeit im Mund und schlucken Sie sie erst, wenn sie sich in der Mundhöhle erwärmt hat.

Mancher wird sich nun fragen, welcher Wein für dieses Gemisch wohl am geeignetsten ist. Für Heilzwecke sollte das beste gerade gut genug sein. Ideal wäre ein Wein aus kontrolliertem biologisch-dynamischen Anbau, um einen Restgehalt an chemischen Substanzen wie beispielsweise Spritzmitteln weitestgehend zu vermeiden. Ob Sie lieber Rot- oder Weißwein gebrauchen wollen ist Geschmackssache. In der Heilkunde wird allerdings oft dem Rotwein der Vorzug gegeben, da er kräftigt und stärkt. Auch eignet sich ein süßer Wein weniger als ein trockener, der garantiert nicht nachgezuckert wurde. Doch sind diese Dinge im Grunde von untergeordneter Bedeutung.

b) Wasser-Saft-Essenz-Gemisch

Schon der Name sagt, was hier anders ist. Hier ist die Einnahmemethode für Abstinenzler, aber nicht nur für diese. Es gibt genügend Gründe auf Alkohol zu verzichten: die spagyrische Behandlung von Kindern zum Beispiel, von Leberkranken und Alkoholabhängigen oder wenn man mehr als dreimal täglich einnehmen muß (siehe unten). Hier wird der Wein durch Traubensaft ersetzt. Die Herstellung ist genau wie beim Wasser-Wein-Essenz-Gemisch.

Die Einnahmehäufigkeit ist im allgemeinen dreimal täglich. Doch ist dies eine Grundregel, von der es nicht selten Abweichungen geben kann. Diese Ausnahmen werden durch den Charakter der jeweiligen Krankheit bestimmt. Haben wir eine akute, möglicherweise fieberhafte Erkrankung vor uns, dann sollte die Einnahmehäufigkeit erhöht werden, d. h., Sie müssen dann fünf- bis siebenmal am Tag die Essenz verabreichen. Zu Beginn einer fieberhaften Krankheit kann es sogar nötig sein, jede halbe Stunde die Essenz zu geben. Als Faustregel gilt: je akuter die Krankheit, desto häufiger die Gabe. Bei den gegenteiligen Erkrankungen gilt das entsprechende: je chronischer ein Geschehen, desto seltener die Gabe. Eine langjährige, eingesessene Krankheit ohne akute Erscheinungen verlangt die Essenz in der Regel nur ein- bis zweimal pro Tag. Hier haben wir es dann allerdings auch mit einer Langzeittherapie zu tun, die über Monate hinweg durchgehalten werden muß. Dabei sollte dann hin und wieder die Essenz oder die Essenzkombination gewechselt werden. Vor allem dann, wenn sich im Krankheitsgeschehen etwas tut, muß überprüft werden, welche Essenzen zum jetzigen Zeitpunkt besser passen. Diese sind dann zu geben. Am besten übernimmt diese Arbeit der Fachmann.

Abschließend eine Übersicht wie die Einnahme der spagyrischen Essenzen bei den jeweiligen Kombinationen aussehen wird. Als Beispiele dienen die Kombinationen, die im vorherigen Abschnitt dargestellt wurden.

1. Spagyrisches Solo:	morgens	Berberitze 7 Tropfen
	mittags	Berberitze 7 Tropfen
	abends	Berberitze 7 Tropfen
2. Spagyrisches Duo:	morgens	Berberitze 7 Tropfen
	mittags	Berberitze 3 Tropfen + Schöllkraut 4 Tropfen
	abends	Schöllkraut 7 Tropfen
3. Spagyrisches Trio:	morgens	Berberitze 7 Tropfen
	mittags	Storchschnabel 7 Tropfen
	abends	Schöllkraut 7 Tropfen
4. Spagyrische Mischung:	morgens	Mischung 7 Tropfen
	mittags	Mischung 7 Tropfen
	abends	Mischung 7 Tropfen

Sollten bei einer akuten Erkrankung mehr als drei Einnahmen notwendig sein, dann werden sie zwischen die drei Grundeinnahmezeiten morgens nüchtern, vor dem Mittagessen, vor dem Schlafengehen, eingeschoben, wobei ein Bezug zum Essen nicht besteht, sie zwischendurch auch ohne Mahlzeit genommen werden können.

Beim Beispiel für das »spagyrische Duo« sehen Sie, daß am Mittag beide Essenzen gleichzeitig einzunehmen sind, von der einen drei, von der andern vier Tropfen. Beide Essenzen kommen zusammen in das Einnahmegemisch.

Und noch ein wichtiger Hinweis: Aus der spagyrischen Tradition wird ersichtlich, daß spagyrische Heilmittel stets ohne Metallkontakt eingenommen wurden. Möglicherweise gehen die in den Essenzen enthaltenen Substanzen mit Metall Reaktionen ein, die ihre Wirkung beeinträchtigen. Somit verwendet man bei der Einnahme der Pflanzenessenzen auch keine Metallöffel!

Heilreaktionen

Die Kräuterspagyrik gehört wie die Homöopathie und viele andere alternative Behandlungsformen zu den sogenannten Reiztherapien. Die Essenz soll den Körper zu einer Reaktion reizen, denn es ist ja nie das von außen kommende Mittel, das letztendlich heilt, sondern stets die angefachten Selbstheilkräfte des Kranken. Diese heilende Reaktion herauszufordern ist Sinn und Zweck naturheilkundlicher Therapien. Jeder, der Spagyrik anwendet, muß also mit körpereigenen Reaktionen des Patienten rechnen. Manchmal sehen diese so aus, als ob sich plötzlich alles verschlimmern wolle. Besonders bei alten, eingesessenen Leiden kann ein gut gewähltes Mittel die schlafende Selbstheilkraft derart aufscheuchen, daß der Patient dies momentan ganz und gar nicht als heilsam empfindet. Im Kapitel über die spagyrische Theorie haben Sie ja schon darüber gelesen.

Man sollte sich bemühen solche Reaktionen als positiv anzusehen, auch wenn sie scheinbar eine Verschlimmerung des Zustandes bedeuten. Ohne eine solche Reaktion ist eine Heilung gerade chronischer Leiden oftmals nicht möglich. Doch treten diese Reaktionen bei weitem nicht immer auf. Manchmal zeigen sie sich auch nur andeutungsweise und unterschwellig, sind vielfach kaum spürbar oder zeigen sich lediglich in einer momentanen psychischen Unausgeglichenheit. Eine Verschlimmerung des gegenwärtigen Zustandes oder zusätzliche körpereigene »Reinigungsmaßnahmen« wie Schnupfen, Durchfall, Hautausschlag halten nicht länger als wenige Tage, maximal eine Woche an. Danach fühlt sich der Kranke wesentlich wohler und seine Beschwerden klingen nun nach und nach ab. Heilreaktionen bei leichten Gesundheitsstörungen treten so gut wie nicht auf. Hier ist der Organismus ja schon aktiv, wird durch die gezielte Behandlung nur dazu angeleitet, das Richtige zu tun. Sollten dennoch einmal kurzzeitige Verschlimmerungen auftreten, so ist die Erfahrung der modernen Spagyrik nach Heinz zu nutzen, wobei häufiger Gaben des spagyrischen Mittels die Reaktionen kanalisieren können. Wirkliche Heilreaktionen wird allerdings nur der naturheilkundliche Behandler zu Gesicht bekommen, der sich mit Spagyrik und anderen biologischen Heilmethoden daran macht, chronische Krankheiten auszuheilen. Doch dies ist nicht Thema dieses Buches.

Und wenn es einmal nicht hilft ...?

Die Einnahme spagyrischer Mittel kann sich auf dreifache Art und Weise auswirken: sie können helfen, sie können nicht helfen oder sie können die Beschwerden verschlechtern. Der letzte Punkt, das »Verschlechtern« wurde vorher in bezug auf die Heilreaktionen bewertet. Sie können sich bei der Therapie chronischer Krankheiten immer wieder einmal zeigen und sind als gutes Zeichen zu werten, daß das Mittel »anschlägt«. Menschen, die sich in der Wirkungsweise naturheilkundlicher Behandlung nicht auskennen, schlagen manchmal die Hände über dem Kopf zusammen, wenn sie eine Heilreaktion erleben und meinen entsetzt, die Nebenwirkungen seien ja noch schlimmer als bei der Schulmedizin.

Spagyrische Mittel kennen keine Nebenwirkungen. Es gibt nur die *eine* Wirkung, diejenige, welche die Lebenskraft anzuregen vermag. In einigen Fällen kann die aktivierte Selbstheilkraft des Patienten scheinbar einen Streich spielen, sozusagen in die falsche Richtung laufen. Ein naturheilkundlicher Therapeut kennt sich aber in der Behandlung solcher »Überreaktionen« bestens aus, und so sind die Heilreaktionen nur ein kurzes, ungefährliches, aber um so heilsameres Gewitter.

Das scheinbare, kurzzeitige »Verschlechtern« der Symptome ist also kein Mißerfolg der Therapie, sondern stellt in manchen Fällen die notwendige Vorstufe zur Heilung dar. Der einzige Mißerfolg einer spagyrischen Therapie ist das Nichtreagieren. Wenn ich alles versucht habe, die schlafende Selbstheilkraft zu wecken, und es rührt sich nichts, dann bin auch ich machtlos. Die Kräuterspagyrik ist nicht das lange gesuchte Allheilmittel, das fehlerlos jederzeit und umfassend hilft, ob bei Allergie, Rheuma, Herzinfarkt, Krebs oder Aids. Ebenso wie bei allen alternativen Behandlungsmethoden gibt es hier Erfolge und auch Mißerfolge. Einem hat die Homöopathie geholfen, dem anderen nicht, einer schwört auf die Akupunktur, der andere mehr auf Bach-Blütentherapie, wieder ein anderer hat mit der Hildegard-Medizin mehr Erfolg als mit allem anderen zusammen. Unser kopflastiges Denken hat schnell eine Erklärung hierfür: Die Mittel sind halt doch zu schwach ... es hilft halt doch nur noch ein starkes chemisches Medikament ... leider.

Können all diese Mittel und Methoden zu schwach sein? Eine Homöopathie, die in der Lage war, die Selbstheilkraft einer Patientin derart anzuregen, daß auf die Gabe eines homöopathischen Mittels eine Eierstockzyste innerhalb von 14 Tagen verschwand, eine Akupunktur, die jahrelange Migräne heilen konnte, was Professoren aller

Richtungen nicht vermochten? Sind sie alle zu schwach? Wirken sie nur, wenn sie wollen, oder besser gesagt, der Kranke in kindlichem Gemüt daran glaubt? Ist der Placeboeffekt nicht die einleuchtendere Erklärung dafür, daß ein Fall völlig geheilt wird, bei einem anderen aber nichts geschieht?

Wer jahrelang mit solchen Methoden und Heilmitteln umgegangen ist, wird seinen Mundwinkeln allerdings nur noch ein gequältes Lächeln abzwingen können, wenn immer noch behauptet wird, dies sei alles bloß Placebowirkung. Er weiß einfach um die hohe Kraft seiner Methoden und Mittel. Wenn sie einmal nicht wirken, obwohl vielleicht dieser Fall wesentlich leichter aussieht als ein anderer, bei dem die Methode wie ein Wunder wirkte, dann weiß er darauf vielleicht auch keine wissenschaftlich exakte Antwort. Lebendige Energie läßt sich vom Menschen zwar zähmen, bändigen, in Methoden zwängen, in Flaschen abfüllen, aber niemals wird sie es zulassen, sich ausschließlich nach mechanistischen Gesichtspunkten beurteilen zu lassen. So mathematisch exakt und logisch begründbar ist das Leben nun mal nicht. Die Kräuterspagyrik wird sich nie eine So-und-soviel-Prozent-Erfolgsquote aufstempeln lassen. Auch bei anderen energetischen Methoden ist dies unmöglich. Sie wirken auf einer Ebene, die unserem Verstand nicht zugänglich ist.

Es mag paradox klingen, aber würde der Erfolg solcher Methoden kalkulierbar, verlören sie an Wirkung. Dies mag eine Erklärung dafür sein, daß kräuterspagyrische Essenzen am besten wirken, wenn man sich ihnen vorbehaltlos überläßt, kein Anfangserwarten mitbringt, sie einfach vertrauensvoll auf sich wirken läßt. Mit dem Herzen, nicht mit dem Verstand muß man sich den Essenzen nähern und mit ihnen umgehen. Handhabe ich sie wie ein Aspirin, in derselben Erwartung und Einstellung, versagen sie mir die Wirkung. Dies liegt dann nicht an den Essenzen, sondern an der Person, die etwas von ihnen erwartet. Wenn spagyrische Essenzen nicht wirken, dann nicht deshalb, weil sie nicht helfen könnten, sondern weil die Umstände es momentan nicht zulassen.

Jean Evans hat sich dieses Problems in der Bach-Blütentherapie angenommen*). Auch sie hat in ihrer langjährigen Praxis erlebt, daß es Situationen gibt, wo die Therapie keinerlei Reaktionen erzeugt. Verständlicherweise kann dies auf Dauer beim Patienten wie auch beim Behandler Resignation hervorrufen, und die Therapie wird vorschnell

*) Mechthild Scheffer: Bach-Blütentherapie, München 1981

abgebrochen. Jean Evans nennt fünf Gründe, wegen der die Bach-Blütentherapie nicht ansprechen kann. Da die Kräuterspagyrik mit der Bach-Blütentherapie auf einer Stufe steht, lassen sich diese fünf Faktoren auch auf unsere Methode übertragen.

1. Geduldmangel:

Geduldiges Wartenkönnen ist unserer Zeit fremd. Je schneller, desto besser heißt die Devise. Wohl wir alle leiden mehr oder weniger unter diesem chronischen Geduldmangel, der wiederum die Wirkung der Essenzen vereiteln kann. Diese lassen sich nämlich nicht zwingen. Manche Patienten geben die Behandlung auf, bezeichnen sie als Fehlschlag und erklären gar die Essenzen als »unwirksam«. Doch nicht die Essenzen sind hieran schuld, dies ist einzig und allein der ungeduldige Kranke, der sie mit ganz falschen Vorstellungen belegt hat. Mit etwas mehr Ausdauer hätte sich vielleicht sehr bald die segensreiche Wirkung eingestellt.

2. Bewußte Abwehrhaltung:

Dies wird zwar nicht allzu häufig auftreten, doch gibt es auch Menschen, die von vornherein der Therapie eine Wirksamkeit absprechen, also erst gar keine Erfolge erhoffen. Manchmal wird jemand von besorgten Familienmitgliedern oder Freunden zu einer Therapie überredet, ohne daß bei ihm selbst eine positive Haltung der Behandlung gegenüber besteht. Wer von vornherein eine Behandlungsmethode ablehnt, sollte sie erst gar nicht beginnen. Die Erfolgsaussichten sind gering, auch wenn es einmal vorkommen kann, daß über Nacht aus einem Saulus ein Paulus wird.

3. Unbewußte Abwehrhaltung:

Häufiger kommt es vor, daß jemand Feuer und Flamme für eine neue Behandlungsmethode ist, sie begeistert aufnimmt und eifrig anwendet, geduldig, exakt und guten Mutes. Dennoch tritt keinerlei Reaktion auf. Hier könnte eine unbewußte Abwehrhaltung vorliegen. Der Enthusiasmus, mit dem die Therapie begonnen wurde, ist dann nur »gespielt«. Das Bewußtsein will zwar die Behandlung, d. h. der Patient lehnt sie nicht bewußt ab, doch klammert sich das Unterbewußtsein an das Kranksein. Im Grunde genommen will so ein Mensch seine Krankheit gar nicht verlieren. Möglicherweise benötigt das Unterbewußte das Mitleid der Umgebung, die verstärkte Aufmerksamkeit, die man einem Kranken entgegenbringt. Diese Patienten haben in der Regel schon viele Therapien ausprobiert, manche haben auch zeitweilig geholfen, so wie die Spagyrik auch zeitweise Erfolg haben kann, doch letztendlich hat das Unterbewußte stets gesiegt. Eine monate- oder gar jahrelange Kur mit der klassischen Homöopathie in Verbindung mit psychotherapeutischer Begleitung bietet hier wohl am ehesten noch die Chancen, das Unterbewußtsein umzustimmen.

4. Krankheit als Lernprozeß:

Manchmal verfolgen Krankheiten ein sehr sinnvolles Ziel. Sie wollen darauf hinweisen, daß eine Änderung in der Lebens- und Denkweise dringend nötig ist, will man nicht größeren Schaden auf sich ziehen. Eine Umstellung im alltäglichen Leben würde wohl ohne Krankheit nicht erreicht, denn wenn es mir gut geht, weshalb soll ich mich ändern? Hat eine Krankheit diesen tieferen Grund, dann ist jede vorschnelle Heilung eigentlich ein »Kunstfehler«. In solchen Fällen wird die Kräuterspagyrik solange nicht ansprechen, bis der Erkrankte aus ihr gelernt hat, umzudenken und sein Leben neu zu ordnen.

5. Falscher Zeitpunkt:

Dieser Aspekt ergibt sich aus dem vorhergehenden. Vielleicht ist der Kranke in seinem Lernprozeß noch nicht soweit, daß eine Heilung sinnvoll wäre. Möglicherweise muß das Leiden noch eine Zeitlang bestehen, um ihren Sinn voll zu erfüllen. Dann wäre die passende spagyrische Essenz momentan nicht angebracht. Später jedoch kann sie plötzlich eine beeindruckende Wirkung erzielen und die Beschwerden dann ganz ausheilen.

Aus der Praxis der Naturheilkunde und der biologischen Medizin läßt sich an diese fünf Punkte noch ein sechster anfügen. Hat ein Patient Störfelder, chronische Eiterherde oder Bakteriengifte aus früheren Infektionskrankheiten im Körper, so können auch diese eine Therapie vereiteln. Ähnliches wird von Erdstrahlen und elektromagnetischen Strömen berichtet. Dieser Aspekt sollte bei einem Nichtansprechen der spagyrischen Pflanzenessenzen stets mitberücksichtigt werden.

Eines sollte man im Umgang mit den Essenzen immer bedenken: In ihnen tritt uns die Pflanze in einer Art »verklärtem Leib« entgegen, voller hoher, lebendiger Kraft. Hier ist Ehrfurcht die beste Haltung, die angebracht ist. Diese Kraft arbeitet nach einem wahrhaft homöopathischen Prinzip. Sie entfaltet sich dort, wo die Umgebung ihr am ähnlichsten ist. Vorbehaltlos, einzig im Moment aufgehend, so sollten wir die Essenzen betrachten. Wir sollten uns innerlich leer machen, auf daß sie Platz haben, sich in uns zu entfalten. Sonst stehen wir uns oftmals selbst im Weg und verhindern die Heilkraft. Und noch in einer Situation werden spagyrische Mittel nicht helfen können, dann, wenn das »Ens dei« des Paracelsus mit im Spiel ist, wenn die Krankheit einen Zweck verfolgt, der sich unserem Verstehen entzieht. Hier sind einzig die »Fideles« gefragt, die gottbegnadeten Heiler durch Glauben und Gebet. Wenn hier überhaupt Heilung möglich ist, dann durch sie.

Begleitende Maßnahmen

Im Hausgebrauch läßt sich die Kräuterspagyrik sehr gut durch bewährte Hausmittel und Kneippanwendungen ergänzen. Pfarrer Kneipp arbeitete lange Jahre selbst lediglich mit Wasser und der Kräuterheilkunde. Im Laufe der Zeit bildete sich ein fünfgliedriges System, das den Forderungen des Hippokrates nach einer natürlichen Lebensweise nahe kam. Seither ruht die Kneipptherapie auf fünf wichtigen Säulen: Wasseranwendungen, Kräuterheilkunde, Bewegung, Ernährung und seelisch-geistige Ordnung. Nach diesem System werden in der Kneipptherapie Krankheiten angegangen. Es dient aber auch als allgemeingültiges Muster für eine gesunde Lebensweise und hat somit prophylaktische Bedeutung.

Die Kräuterspagyrik in dieses bewährte System einzugliedern bietet sich förmlich an. Eine Selbstbehandlung mit der spagyrischen Hausmedizin wird zusammen mit der Kneipptherapie umfassender, zielgerichteter und sicherer. Alle Maßnahmen arbeiten in eine Richtung. Sie wollen die Selbstheilkraft anregen. Dies geschieht auf verschiedenen Ebenen. Die physikalischen Maßnahmen alter Hausmittel oder der Kneippanwendungen beeinflussen gezielt das körperliche Geschehen. Die Ordnung der Lebensenergie wird durch die feinstofflichen Essenzen der Kräuterspagyrik auf einer höheren Ebene angeregt.

Wasseranwendungen:
Hierzu zählen nach Kneipp Bäder, Güsse, Wickel, Packungen, Auflagen, Dämpfe, kurzum alles was mit Wasser zu tun hat. Schon bei Paracelsus spielte das Wasser eine große Rolle. Nach seiner Auffassung wäscht es die kranken Stoffe ab, die durch die Wirkung spagyrischer Essenzen aus den Körpergeweben losgelöst wurden. Bei jeder Behand-

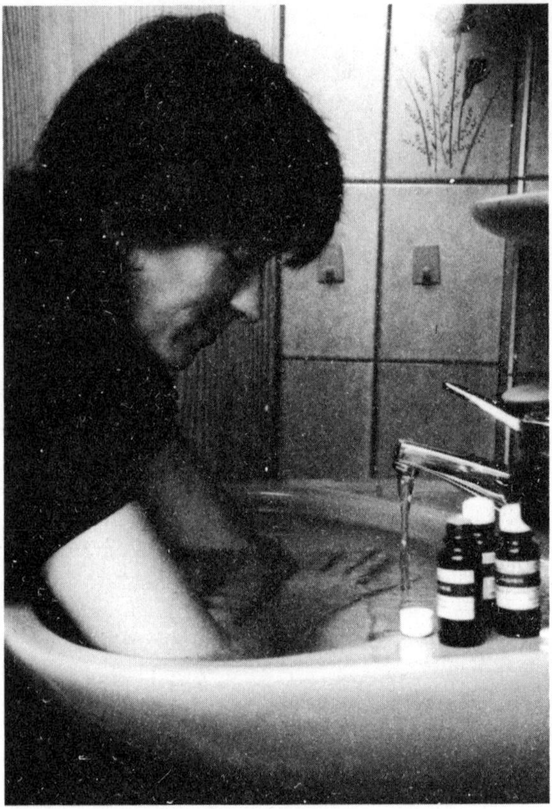

Beim ansteigenden Armbad kommt es über Reflexbahnen zur Durchblutungssteigerung im Brustraum. Spagyrische Essenzen geben dem Bad eine spezifische Wirkung.

lung sollten demnach Wasseranwendungen gemacht werden, um den Körper voll und ganz von Krankhaftem zu reinigen. Diese Meinung vertrat auch Sebastian Kneipp, der in seinem klassischen Werk »Meine Wasserkur« die kühne Behauptung aufstellte: »Das Wasser, speziell unsere Wasserkur heilt alle überhaupt heilbaren Krankheiten; denn ihre verschiedenen Wasseranwendungen zielen darauf hin, die Wurzeln der Krankheit auszuheben, sind im Stande a) die Krankheitsstoffe im Blute aufzulösen; b) das Aufgelöste auszuscheiden; c) das so gereinigte Blut wieder in die richtige Circulation zu bringen; d) endlich den geschwächten Organismus zu stählen, d. i. zu neuer Tätigkeit zu kräftigen.«

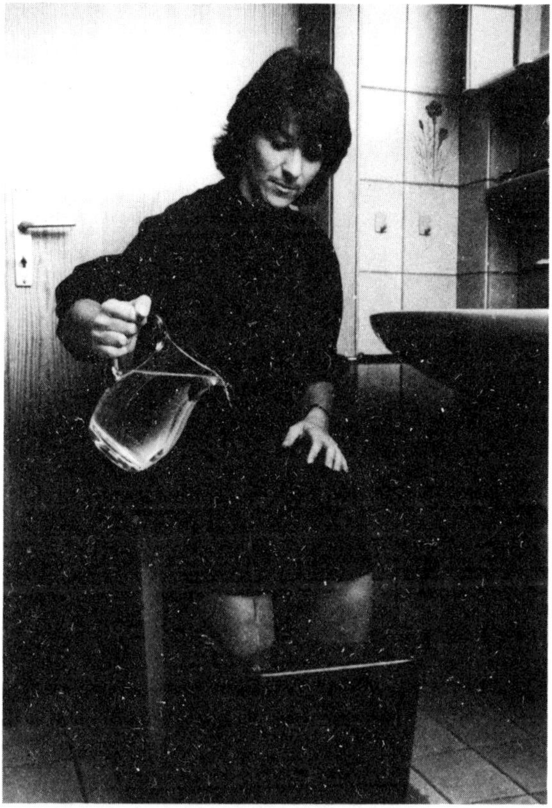

Reflektorische Duchblutungssteigerung erzielt das ansteigende Fußbad u. a. im Unterleib. Durch Beigabe spagyrischer Essenzen wird der therapeutische Effekt erhöht.

Mag sein, daß Kneipp hier etwas sehr euphorisch die Heilwirkung des Wassers beschreibt, doch stimmt es unwiderlegbar, wenn man den Wasseranwendungen entgiftende und durchblutungsfördernde Eigenschaften zuspricht. So kann das Wasser vollenden, was durch eine spagyrische Behandlung begonnen wurde, so wie Paracelsus schreibt. Nicht selten läßt sich das Wasserheilverfahren einfach und zweckdienlich mit der Kräuterspagyrik verknüpfen, beispielsweise wenn man Essenzen ins Badewasser gibt, dem Wickelwasser zutropft oder sie bei Dämpfen einsetzt.

In einer Lösung mit Honig und Essig erzielen spagyrische Essenzen lokale Heilwirkungen als Gurgellösung.

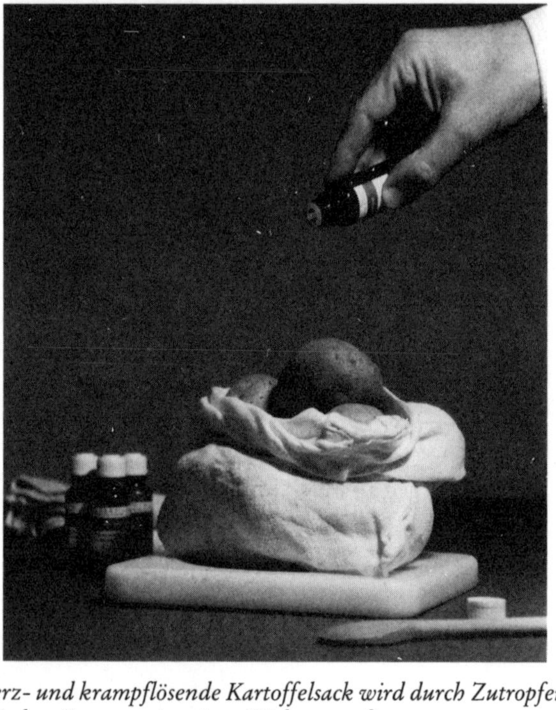

Der schmerz- und krampflösende Kartoffelsack wird durch Zutropfen geeigneter spagyrischer Essenzen in seiner Wirkung aufgewertet.

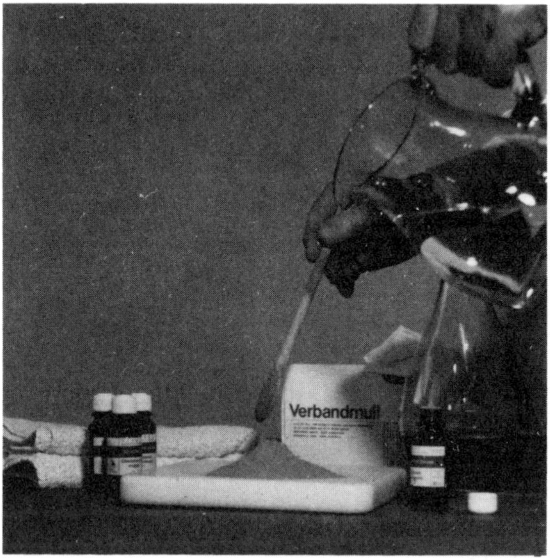

Das Lehmpflaster ist ein bewährtes Hausmittel bei Entzündungen. Passende spagyrische Essenzen werden dem Lehmbrei beigemischt.

Kräuterheilkunde:
Eine spagyrische Heilanwendung ist ja im übergeordneten Sinne eine Art Kräuterheilkunde, wenn auch nicht grobstofflich wie die heutige Phytotherapie, so doch feinstofflich sublimiert. Wir können deshalb ohne weiteres das spagyrische Verfahren zusammen mit den vier weiteren Säulen der Kneipptherapie – Wasser, Bewegung, Ernährung, seelisch-geistige Ordnung – anwenden und haben somit eine umfassende spagyrische Hausmedizin vor uns. Zusätzlich zur Spagyrik kann natürlich auch die klassische Kräuterheilkunde mit ihren Tees und Säften, Tinkturen und Elixieren hinzugefügt werden. Dies ist schon aus dem einen Grunde nützlich, da der Mensch heute oftmals zu wenig trinkt. Gerade wenn der Körper kranke Stoffe in verstärktem Maße ausscheiden muß, braucht er genügend Flüssigkeit. Die Niere gehört ja zu den Ausscheidungsorganen, da über den Harn viele Schlackenstoffe den Körper verlassen können. Dies verlangt eine gut durchspülte Niere. Um die zusätzliche Flüssigkeitsmenge von mindestens einem Liter zu decken, eignen sich gut die dünngebrühten Kräutertees. Am besten wählt man Kräuter aus, die zur jeweiligen Krankheit passen, nicht unbedingt aber jene, die schon in einer spagyrischen Essenz

gegeben werden sollen. Kräuter, die die Entschlackung anregen, sollten stets mitverordnet werden. Oftmals eignen sich sehr gut die einfachen Haustees, die in der Regel auch noch recht gut schmecken. Bewährt hat sich, jeder Kräutermischung einen gewissen Anteil an Fenchelsamen beizugeben. Erstens verbessert dies den Geschmack des Tees und zweitens bildet Fenchel einen ausgezeichneten Grundstock für die therapeutische Wirkung, da nach Hildegard von Bingen Fenchel die Heilkraft anderer Arzneien verstärken soll.

Diese Tees kann man recht gut morgens zubereiten und in der Thermoskanne warmhalten. Bei der Zubereitung ist darauf zu achten, daß die Tees nicht zu stark gemacht werden. Bei Mischungen, die keine harten, holzigen Bestandteile enthalten, genügt es meist, einen Teelöffel der Teemischung mit einem viertel Liter Wasser zu überbrühen, drei Minuten ziehen zu lassen und dann abzugießen und warmzuhalten.

Folgende Kräuter eignen sich besonders für solche Mischungen: Hagebuttenschalen, Waldmeister, Erdbeerblätter, Pfefferminze, Holunderblüten, Lindenblüten, Brombeerblätter, Schlehenblüten.

Bewegung:
Bewegung gehört zum Leben. Wie wichtig ausreichende und vor allem sinnvolle Bewegung ist, hat die Medizin in den letzten Jahren beweisen können. Bewegungsmangel ist ein Risikofaktor in unserer Zivilisationsgesellschaft. Zu Kneipps Zeiten war dieses Problem noch nicht so bedeutend wie heute. Dennoch verordnete auch er seinen Patienten Bewegungsübungen, z. B. wenn er sie regelmäßig Holz hacken ließ. Auch Gymnastik stand bei ihm hoch im Kurs. Heute kennen wir neben der Gymnastik weitere wichtige Bewegungsarten, die in erster Linie dazu dienen, den Körper gesund zu erhalten: Schwimmen, Radfahren, Jogging oder Trim-Trab, Skilanglauf und alle Freizeitsportarten, welche die Ausdauer trainieren und das Herz-Kreislaufsystem in Schwung bringen, gehören hierher.

Durch ein Bewegungstraining wird nicht nur die Körperkraft trainiert, sondern auch der Stoffwechsel angeregt, was für die stets notwendige Entgiftung bedeutsam ist. Eine Mindestanforderung an ein gesundheitsförderliches Bewegungstraining lautet denn auch: einmal am Tag den Puls auf 120 bringen und ins Schwitzen kommen. Während akute Erkrankungen sicherlich selten nach viel Bewegung verlangen, ist die Behandlung chronischer Leiden oftmals auf Bewegungstraining angewiesen. Eines gilt aber auch hier: Nicht übertreiben! Halten Sie sich stets an das bewährte Sprichwort: mäßig aber regelmäßig.

Ernährung:
Mit der Ernährung ist es wie mit der Bewegung. Sie kann zum Risikofaktor werden, wenn sie nicht naturgemäß ist. Essen müssen wir alle, solange wir leben. Mit einer vernünftigen Ernährungsweise können wir uns länger gesund erhalten und schneller wieder gesund werden. Obwohl Kneipp die Erkenntnisse der modernen Ernährungswissenschaft noch nicht kennen konnte, plädierte er in seinen Schriften immer wieder für eine ausgewogene, naturbelassene und vor allem einfache Kost.

Es gehört heute zum Allgemeinwissen, daß die Ernährung für das Wohlergehen des Menschen von wichtiger Bedeutung ist. Das gesamte Stoffwechselgeschehen ist von der Ernährung abhängig, auch die gezielte Entgiftung und Ausschleusung von Schlacken aus dem Körper. Eine Entgiftungskur ist bei ungesunder Ernährung nicht möglich, und noch so gut gewählte Medikamente aus dem biologischen Bereich wirken nur unzureichend oder gar nicht, wenn die Ernährung ein Störfaktor ist.

Je mehr die moderne Forschung die Zusammenhänge von Nahrung und Gesundheit erkannt hat, desto mehr Diätsysteme haben sich entwickelt. Mögen gewisse Diätformen für bestimmte Krankheiten segensreich sein, so kann die ausschließliche Ausrichtung auf eine Spezialdiät oftmals mehr schaden als nützen. »Laßt die Nahrung so natürlich wie möglich«, dieser legendäre Ausspruch des Ernährungsforschers Werner Kollath ist auch heute noch die Basis für eine gesundheitlich ausgerichtete Ernährungsweise. Ein weiterer einfacher Hinweis ist die VAM-Formel: vernünftig, ausgewogen, maßvoll. In ihr sind alle wichtigen Forderungen der modernen Ernährungsforschung zusammengefaßt:

V wie vernünftig: Essen, was die Vernunft mir sagt. Die Ernährungswissenschaft hat immer mehr Erkenntnisse erlangt, wie durch eine gezielte Nahrungszusammenstellung die Gesundheit geschützt und Krankheiten vorgebeugt oder sie bekämpft werden können. Die wichtigste Erkenntnis ist wohl die, daß eine vollwertige Kost mit einem hohen pflanzlichen Anteil die Basis einer jeden Ernährungsumstellung sein muß.

A wie ausgewogen: Einseitigkeit ist ungesund. All das, was uns die Erde an gesunder Nahrung bietet, sollen wir auch gebrauchen. Hieraus ergibt sich auch der dritte Aspekt der Formel: M wie maßvoll: Von jedem etwas, aber von keinem zuviel. Wer diese Formel beherzigt, ernährt sich naturgemäß, hält seinen Körper gesund und unterstützt die Heilungsbestrebungen der Lebenskraft.

In letzter Zeit hat eine Ernährungsweise aus der Hildegard-Medizin für Schlagzeilen gesorgt. Auch hier steht die VAM-Formel zentral im Mittelpunkt, doch hat Hildegard noch ganz eigene Erkenntnisse über die Subtilität der einzelnen Nahrungsmittel und ihren Nutzen für den Menschen. Als Zentralpunkt der Hildegard-Ernährung wird der Dinkel bezeichnet, jenes Getreide, das über Jahrhunderte in Vergessenheit geraten war und heute nun zu neuen Ehren kommt. Mit einer Umstellung auf Dinkelkost haben schon viele Naturheilkundler verblüffende Erfolge bei verschiedenen Krankheiten gesehen, hauptsächlich bei Störungen des Verdauungstraktes. Für die moderne Gesundheitskost ist es deshalb nur dienlich, wenn man täglich einmal Dinkel in irgendeiner Form zu sich nimmt.

Seelisch-geistige Ordnung: Sebastian Kneipp war Pfarrer. Schon deshalb war es für ihn selbstverständlich, den Menschen als leiblich-seelisch-geistige Einheit zu betrachten. Aber ähnlich wie bei den Faktoren Bewegung und Ernährung hat sich seit Kneipps Zeiten auch auf diesem Gebiet vieles zum Schlechten hin entwickelt. Wie viele sind durch Naturferne, Hektik und kalten Materialismus unserer Tage seelisch aus dem Gleichgewicht geraten. Die Zahl der Selbstmorde und der Drogentoten spricht Bände, ebenso wie die Millionen und Milliarden, die für Beruhigungsmittel, Psychologen und Psychiater bezahlt werden.

Wahre Gesundheit kann ohne Harmonie zwischen Körper, Seele und Geist nicht bestehen. Und auch Heilung ist unmöglich, wenn sie nicht den Ausgleich zwischen diesen Wesenheiten des Menschen schafft. Autogenes Training, Yoga und Meditationsübungen sind heute wichtiger denn je. Zum einen dienen sie der ganzheitlichen Gesunderhaltung, zum anderen schaffen sie die Voraussetzungen für eine umfassende Heilung des ganzen Menschen. Doch nicht nur das Zu-sich-selbst-Kommen ist bei diesem fünften Aspekt der Kneipptherapie angesprochen. Es geht auch um den naturgemäßen Rhythmus.

Viele Krankheiten sind eigentlich Rhythmuskrankheiten. Sie entwickeln sich durch die ständige Mißachtung naturgegebener Rhythmen im Leben. Einer davon ist der Wach-Schlaf-Rhythmus. Wie oft mißachten wir diesen, dem äußeren Tagnachtrhythmus angepaßten Wechsel? Schichtarbeiter mit Nachtdienst können ein Lied davon singen, wie schwer sich der Körper an eine Änderung des Rhythmus gewöhnen kann und wie oft Störungen hierdurch entstehen. Dem Rhythmus von Arbeit und Ruhe wird ebenfalls häufig entgegengelebt: Hektik und Ärger im Büro von morgens bis abends, dann schnell nach

Hause, Fernseher an, Krimistunde bei Bier und Chips bis Sendeschluß. Morgens kommt man kaum aus den Federn, gießt einige Tassen Kaffee hinunter und stürzt sich wieder in den Streß. Von wirklicher Erholung ist da kaum die Rede, so wie ja auch unser Urlaub mehr dem streßgeplagten Alltag gleicht als man vielleicht glauben möchte. Wer gesund werden will, muß sich den naturgegebenen Rhythmen anpassen. Er muß mit ihnen leben und nicht gegen sie. Er muß täglich wenigstens einmal innehalten, in sich hineinhorchen und der anderen Seite seines Wesens genügend Raum lassen. Man mag es kaum glauben, aber auch das ist reinste Kneipptherapie.

Wenn wir diese fünf Säulen der Kneipptherapie betrachten, so erkennen wir unschwer, wie umfassend naturgerechte Heilung sein kann. Krönung dieses Systems könnte die spagyrische Essenz sein, die in diese Methode eingegliedert werden kann und zusammen mit Wasser, Tee, Bewegungsübungen, natürlicher Ernährung und einem geordneten, den gegebenen Naturrhythmen angepaßten Seelenleben eine wirksame Hausmedizin ergibt, die sicher, sanft und tiefgreifend die Krankheiten beeinflußt.

Kombinierte Auswahlmethode

Sie haben nun verschiedene Anwendungsmöglichkeiten für die spagyrischen Essenzen kennengelernt. Nun stellt sich die rein praktische Frage, wie man mit all den unterschiedlichen Methoden in der praktischen Arbeit umgeht und wie man am schnellsten aber auch am sichersten die passende Auswahl aus der großen Zahl verschiedener Pflanzenessenzen trifft.

In den einzelnen Abschnitten des Kapitels über die spagyrischen Methoden haben Sie gesehen, daß man anhand von Übersichten und Tabellen eine individuelle Auswahl treffen kann. Dabei mag der eine ausschließlich die Auflistungen der phytotherapeutischen Spagyrik benutzen, ein anderer mehr das Schlüssel-Schloß-Verfahren, das von der Homöopathie her kommt. Am sichersten ist jedoch das Kombinieren der verschiedenen Methoden, d. h. man vergleicht in verschiedenen Tabellen. Das erfordert zwar etwas Zeit, bietet aber die Gewähr, die individuell passendsten Essenzen herauszufinden.

Um dieses kombinierte Auswahlverfahren zielsicher und dennoch einfach durchzuführen, eignet sich ein Schema, das nun aufgezeigt werden soll.

Schema zur Findung der passenden Essenzen

1. Notieren Sie kurz und stichwortartig die Beschwerden, für die Sie spagyrische Mittel finden wollen. Achten Sie dabei auch auf vielleicht unscheinbare, aber dennoch individuell seltsame Erscheinungen, da sie für das Schlüssel-Schloß-Verfahren wichtig sein können.

2. Nehmen Sie sich die Übersicht »Eigenschaften spagyrischer Pflanzenessenzen nach phytotherapeutischen Erkenntnissen« im Kapitel »Phytotherapeutische Spagyrik« S. 68 vor. Suchen Sie hier jene Arzneieigenschaften, die zu den notierten Beschwerden passen, z. B. »Antineuralgisch« bei Nervenschmerzen, »Krampflösend« bei Bauchkrämpfen oder »Stopfend« bei Durchfall. Dabei können Sie mehrere Rubriken verwenden (z. B. bei Husten nicht nur »Hustenreizstillend« sondern auch »Schleimlösend« und »Auswurffördernd«).
   Lesen Sie unter »Spezifische Wirkung« die Kurzbezeichnung des Wirkungsspektrums der aufgeführten Pflanzen durch und schreiben Sie all jene Pflanzennamen heraus, die auf das entsprechende Beschwerdebild des Erkrankten passen. Pflanzen, die in mehreren Rubriken auftauchen, werden unterstrichen.

3. Schlagen Sie sodann im »Schlüssel-Schloß-Verzeichnis« des Kapitels »Homöopathische Spagyrik« S. 122 nach und suchen Sie die Körperregionen, in denen sich Beschwerden zeigen. Vergleichen Sie die aufgeführten Symptome mit den tatsächlich vorhandenen Beschwerden. Seien Sie bei der Auswahl der Pflanzen strenger als zuvor bei der phytotherapeutischen Übersicht, da nach homöopathischer Überzeugung ja die Symptomatik gut mit dem Mittel übereinstimmen muß. Ein fast passender Schlüssel öffnet die Tür ebensowenig wie ein gar nicht passender. Finden Sie hierbei ein gut treffendes Symptom, dann fügen Sie den entsprechenden Pflanzennamen zu den bereits gefundenen Mitteln hinzu. Umranden Sie den Namen kästchenförmig, was bedeuten soll, daß diese Essenz auf jeden Fall benutzt wird.
   Nur selten dürfte mehr als ein treffendes Symptom gefunden werden. Sollte dies dennoch einmal der Fall sein oder ist man sich unschlüssig, kann man auch einmal zwei oder drei Essenzen aus dem Schlüssel-Schloß-Verzeichnis herausnehmen. Ist ein so gefundenes Mittel bereits auf der Liste der nach der phytotherapeutischen Übersicht gefundenen Essenzen verzeichnet, dann wird es neben der Einkästelung zudem unterstrichen.

4. Hat ein nach dem Schlüssel-Schloß-Verfahren gefundenes Mittel einen Stern (*), so finden Sie es auch im Abschnitt über die Pflanzentypen des Kapitels »Homöopathische Spagyrik« S. 98. Lesen Sie in diesem Fall dort nach, und falls das Typenbild der Pflanze mit dem des Erkrankten in wesentlichen Zügen übereinstimmt, unterstreichen Sie gleichfalls den Pflanzennamen in Ihrer Liste.

5. Abschließend vergleichen Sie alle gefundenen Mittel mit der Tabelle »Geburts-Blütemonat-Methode« des Kapitels »Astromedizinische Spagyrik« S. 183. Jene Pflanzen Ihrer Liste, die sich unter dem Geburtsmonat des Erkrankten finden, werden wiederum unterstrichen.

6. Nun haben Sie eine Übersicht von Pflanzen erhalten, die auf die Beschwerden des Patienten passen, allerdings durch die Unterstreichungen in unterschiedlichster Wertigkeit. Das oder die Mittel mit den meisten Unterstreichungen, und auf jeden Fall das eingekästelte Mittel, können als die individuell für den bestimmten Kranken passendsten spagyrische Pflanzenessenzen angesehen werden und werden nun eingesetzt.

7. Erhalten Sie durch dieses Vergleichen der verschiedenen Tabellen keine Klarheit, welche Essenzen nun die treffendsten sind, halten Sie sich an die allgemeinen Empfehlungen, die unter dem jeweiligen Krankheitsnamen im Abschnitt »Spagyrische Behandlungsvorschläge« S. 241 gegeben sind, und verwenden Sie die dort empfohlenen Mittel. Dies wird auch der Fall sein, wenn es einmal schnell gehen muß und für ein Vergleichen keine Zeit ist.

Beispiel:
Das Handhaben dieses Schemas soll nun mit einem Beispiel verdeutlicht werden.

1. Schritt: Notieren der Beschwerden
Eine erwachsene Frau klagt schon seit vielen Jahren über periodisch auftretende Migräneanfälle. Von der Schulmedizin wurden die verschiedensten Therapien durchgeführt – ohne Erfolg. Sie ist nun auf Schmerztabletten als einzige Hilfe angewiesen. Notiert werden alle Beschwerden, die bei den Anfällen auftreten:

»Der Kopfschmerz beginnt regelmäßig morgens im Hinterkopf, zieht nach vorne und setzt sich über dem linken Auge fest. Dabei Schwindel mit Übelkeit und Ekel vor Speisen. Bauchkrämpfe, Blähungen. Es kommt ihr vor, als sei sie betrunken. Geräusche und Bewegung kann sie nicht vertragen.«

2. Schritt: Auswahl nach der phytotherapeutischen Übersicht
Hier sind mehrere Rubriken durchzusehen und die passenden Mittel herauszuschreiben.

In fünf Rubriken finden sich zum Beschwerdebild passende Pflanzen: antineuralgisch (Bitterklee), brechreizstillend (Herbstzeitlose), krampflösend (Bitterklee, Safran, Sumpfdotterblume, Wasserschierling), magenstärkend (Amerikanischer Faulbaum, Lavendel) und schmerzstillend (Lavendel, Sumpfdotterblume). Die Liste sieht demnach so aus (mehrfach genannte Pflanzen werden unterstrichen):

Bitterklee, Herbstzeitlose, Safran, Sumpfdotterblume, Wasserschierling, Amerikanischer Faulbaum, Lavendel

3. Schritt: Auswahl nach dem Schlüssel-Schloß-Verfahren
Unter der Rubrik »Kopf« finden sich zwei Symptome, die gut zu diesem Fall passen:

»Kopfschmerzen beginnen am Hinterkopf, ziehen über den Kopf nach vorne und setzen sich über dem linken Auge fest. Treten periodisch von Sonnenaufgang bis Sonnenuntergang auf, schlimmer durch Lärm oder Bewegung.«
= Wurmkraut

»Anfälle von Schwindel mit Übelkeit, wie betrunken.«
= Kokkelskörner

Beide Mittel werden eingekästelt und in die Liste aufgenommen:

Bitterklee, Herbstzeitlose, Safran, Sumpfdotterblume, Wasserschierling, Amerikanischer Faulbaum, Lavendel, *Wurmkraut* *Kokkelskörner*

4. Schritt: Kontrolle des Pflanzentyps
Im Schlüssel-Schloß-Verzeichnis weisen die Kokkelskörner einen Stern auf, so daß man diesen Pflanzentyp nachlesen und mit den Eigenheiten und Beschwerden des Kranken vergleichen kann. In unserem Beispiel nehmen wir an, daß dieses Mittel einige Züge der Patientin aufweist, so daß es in der Liste unterstrichen wird:

Bitterklee, Herbstzeitlose, Safran, Sumpfdotterblume, Wasserschierling, Amerikanischer Faulbaum, Lavendel, *Wurmkraut* *Kokkelskörner*

5. Schritt: Vergleich mit der Geburts-Blütemonat-Tabelle
Wir nehmen an, die Kranke ist im Mai geboren und vergleichen unsere Liste mit den unter »Mai« aufgeführten Pflanzen. Solche, die auch hier zu finden sind, werden in der Liste unterstrichen:

Bitterklee, Herbstzeitlose, Safran, Sumpfdotterblume, Wasserschierling, Amerikanischer Faulbaum, Lavendel, *Wurmkraut* *Kokkelskörner*

6. Schritt: Auswahl der am häufigsten gekennzeichneten Pflanzen:
In unserem Beispiel sieht die Liste nach der Wertigkeit so aus, wobei Kokkelskörner das Hauptmittel ist:

Kokkelskörner	Bitterklee
Wurmkraut	Sumpfdotterblume
Lavendel	

7. Schritt: Anwendung der gefundenen Essenzen und begleitende Maßnahmen
Diese geschieht nach den Regeln, die in den Abschnitten zuvor beschrieben wurden. Gleichzeitig sollten Sie im Abschnitt »Spagyrische Behandlungsvorschläge« unter »Kopfschmerzen« die begleitenden Maßnahmen durchlesen und anwenden. Beim Punkt »Wasseranwendungen« kann die dort als allgemeiner Vorschlag angegebene Schwertlilienessenz jetzt z. B. durch die Bitterkleeessenz ersetzt werden, da diese individuell besser paßt. In diesem Beispiel würde es so aussehen, daß die Essenzen von Kokkelskörner, Wurmkraut und vielleicht auch Sumpfdotterblume innerlich, jene von Lavendel und Bitterklee äußerlich als Beigabe zu den Wasseranwendungen gebraucht werden.

Bezug der Essenzen

Spagyrische Pflanzenessenzen zählen zu den apothekenpflichtigen Arzneimitteln und sind somit ausschließlich über Apotheken erhältlich. Obwohl diese Essenzen nach den von Dr. med. Carl Friedrich

Zimpel in Anlehnung an die paracelsischen Vorschriften schon seit über 100 Jahren hergestellt werden, zählen sie noch immer zu den sogenannten »ausgefallenen« Präparaten, die nicht jede Apotheke am Lager hat. Dennoch ist es für die Apotheken in der Regel kein Problem, jede der rund 500 lieferbaren Essenzen in kurzer Zeit über den Großhandel zu besorgen. Mit der in den letzten Jahren zunehmenden Verordnung dieser Mittel ist auch der Großhandel zunehmend mit spagyrischen Arzneimitteln eingedeckt. Bei selten gebrauchten Essenzen erhalten die Apotheken die Mittel innerhalb weniger Tage vom Hersteller selbst. Es besteht auch keine Gefahr, daß die spagyrischen Essenzen durch gesetzliche Maßnahmen vom Markt genommen werden, da die Herstellungsvorschriften ins amtliche Homöopathische Arzneibuch (HAB) übernommen wurden.

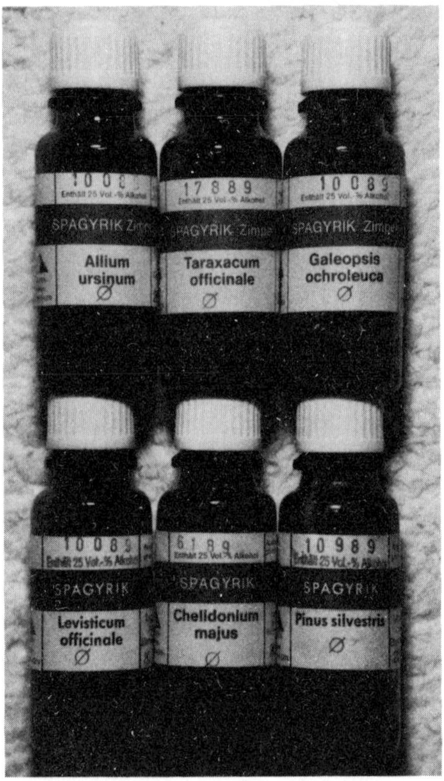

Damit es beim Kauf von spagyrische Pflanzenessenzen keine Schwierigkeiten gibt, sollte man folgendes beachten:

1. Die Essenzen sind nur in ihrer botanischen Bezeichnung handelsüblich, nicht aber unter der deutschen Bezeichnung. Suchen Sie deshalb die Namen der zu verwendenden Essenzen in der Tabelle am Schluß des Buches und schreiben Sie sich die betreffenden botanischen Bezeichnungen heraus.

2. Um eine Verwechslung mit homöopathischen Potenzen gleicher Bezeichnung zu vermeiden, sollte stets der Zusatz »spagyrische Urtinktur« gegeben werden.

3. Wenn Sie gleichzeitig den Hersteller »Staufen-Pharma« und die Flaschengröße 20 ml angeben, kann es in der Apotheke keinerlei Probleme geben.

4. Aus praktischen Gesichtspunkten hat es sich am sinnvollsten erwiesen, wenn Sie die benötigten Essenzen mit allen wichtigen Angaben auf einen separaten Zettel schreiben und diesen in der Apotheke abgeben.
   Beispiel: Equisetum arvense, spagyrische Urtinktur, 20 ml, Staufen-Pharma
   Hypericum perforatum, spagyrische Urtinktur, 20 ml, Staufen-Pharma
   Rhus toxicodendron, spagyrische Urtinktur, 20 ml, Staufen-Pharma.

Spagyrische Behandlungsvorschläge

Die folgenden Ratschläge sind als Hinweise zur Selbstbehandlung gedacht. Wie schon mehrmals angedeutet, darf eine Selbstbehandlung nicht dazu verleiten, alles auf eigene Faust machen zu wollen. Bei akuten Störungen soll die spagyrische Therapie das Ausbreiten der Krankheit verhindern. Sie wirkt deshalb um so besser, je früher sie angewandt wird. Gelingt es einmal nicht, mit den angegebenen Ratschlägen die Krankheit einzudämmen, d. h. wenn sie trotz Selbstbehandlung weiter um sich greift, muß ein Behandler hinzugezogen werden. Bei bereits länger bestehenden Krankheitszuständen kann die spagyrische Therapie zusätzlich zur verordneten Behandlung genutzt werden. Am idealsten wäre es, wenn ein naturheilkundlicher Behandler diese Selbsthilfemaßnahmen überwacht.

Die folgenden Hinweise beziehen sich nicht ausschließlich auf die spagyrischen Essenzen, sondern geben auch Ratschläge aus dem Bereich der Kneipptherapie, so daß wir hier eine umfassende spagyrische Hausmedizin zur Verfügung haben. Zu jedem Krankheitsbild sind die wichtigsten spagyrischen Essenzen angegeben, zusätzlich hilfreiche Wasseranwendungen, Teemischungen zur Reinigung über die Niere, Bewegungsübungen zur Kreislaufanregung, Ernährungstips zur Stoffwechselankurbelung und Möglichkeiten der seelisch-geistigen Ordnung.

Aus der Natur der Dinge ergibt es sich, daß bei zahlreichen Beschwerdebildern ähnliche Ratschläge für wirksame Begleitmaßnahmen gegeben werden. Körpertraining z. B. ist eine umfassende natürliche Therapieform bei fast allen Krankheiten. Somit können die Forderungen nach Ausdauersport mit Wandern, Schwimmen oder Waldlauf bei einer Vielzahl von vornehmlich chronischen Beschwerden angezeigt erscheinen. Auch auf die Gefahr der Wiederholung hin, sind diese Hinweise immer mit aufgeführt, nicht zuletzt deshalb, um die Bedeutung dieser begleitenden Therapie herauszustellen. Denn nur eine umfassende Behandlung ist eine ganzheitliche Behandlung.

Die unter den jeweiligen Krankheitsnamen angegebenen spagyrischen Essenzen sollen nur allgemeine Hinweise sein. Hier wurden jene Pflanzen aufgeführt, die sich bei den entsprechenden Krankheiten allgemein bewährt haben. Auf sie kann zurückgegriffen werden, wenn z. B. durch das Schlüssel-Schloß-Verfahren oder andere Methoden keine individuellen Mittel gefunden werden. Diese Auflistung bietet insbesondere dem Heilpflanzenkenner die Möglichkeit, nach seinen Erfahrungen die Mittel hieraus auszuwählen. Ansonsten gibt man in solchen Fällen jene Essenzen, die bei den Wasseranwendungen aufgeführt sind. Hierbei können diese sowohl innerlich wie auch äußerlich gebraucht werden.

Und nochmals: Beachten Sie stets den Grundsatz der überlieferten Heilkunde: »Primum nihil nocere – Das wichtigste ist es, niemals zu schaden«. Dies ist auch oberstes Leitmotiv einer verantwortungsbewußten Selbstbehandlung.

Akne

Es handelt sich um eine entzündliche Talgdrüsenentzündung mit Pickelbildung, die häufig im Zusammenhang mit der Pubertät auftritt.

Spagyrische Essenzen:	Ackerstiefmütterchen, Birke, Blasentang, Brennessel, Eberraute, Erdrauch, Faulbaum, Große Kapuzinerkresse, Löffelkraut, Sauerklee, Wacholder.

Wasser-anwendungen:	Einmal täglich Wechselgesichtsbäder. Technik: Sie nehmen zwei große Schüsseln, von der die eine mit kaltem, die andere mit 37 bis 38°C warmem Wasser gefüllt wird. In die Schüssel mit dem warmen Wasser geben Sie je 12 Tropfen Schafgarbe- und Salbeiessenz. Zunächst über die Schüssel mit dem warmen Wasser beugen, tief Luft holen und das Gesicht so lange eintauchen, bis man das Gefühl verspürt, Luft holen zu müssen. Dann richtet man sich auf, atmet erneut tief ein und taucht das Gesicht für kurze Zeit in das kalte Wasser. Das wird einige Male wiederholt. Immer mit warm beginnen und mit kalt aufhören. Anschließend gut abtrocknen.
Kräutertee:	Mischung aus Salbeiblätter, Ackerstiefmütterchen, Brombeerblätter und Fenchel. Zubereitung: 1 Teelöffel pro ¼ l Wasser, überbrühen, 3 Minuten ziehen lassen. 1 l über den Tag verteilt trinken.
Bewegung:	Alle Ausdauersportarten, die den Stoffwechsel ankurbeln wie Schwimmen, Radfahren, Gymnastik usw.
Ernährung:	Kein Schweinefleisch. Kein Zucker. Vollwertkost, Weizenkeime, Hefeflocken, Karotten, Rohkost soweit verträglich. Vermeidung von Genußmitteln und Weißmehlprodukten.
Seelisch-geistige Ordnung:	Da die Akne besonders im Jungendalter psychisch sehr belasten kann, sind Entspannungsübungen oder Meditationstechniken sehr ratsam.

Angina pectoris

Es handelt sich um einen durch Sauerstoffmangel entstandenen starken Schmerz im Brustkorb, der bis in den linken Arm ausstrahlen kann. Ärztliche Hilfe notwendig!

Spagyrische Essenzen:	Brechnuß, Echter Eisenhut, Königin der Nacht, Maiglöckchen, Melisse, Rosmarin, Tabak, Weißdorn, Wurmkraut, Zahnstocher-Ammel
Wasser-anwendungen:	Im Anfall lindert ein temperaturansteigendes Armbad rechts. Technik: Das Waschbecken wird mit Wasser von 34°C gefüllt (Badethermometer benutzen). Dann werden je 12 Tropfen Königin-der-Nacht-Essenz und Melissenessenz hinzugegeben. Man setzt sich vor das Waschbecken und legt den rechten Arm ins Wasser. Indem Sie den Wasserhahn ganz leicht aufdrehen und heißes Wasser zulaufen lassen, erhöht sich die Wassertemperatur innerhalb von 15 bis 20 Minuten auf 39°C. Dann den Hahn

	zudrehen und noch etwa fünf Minuten im Wasser bleiben. Bad beenden und abtrocknen.
Kräutertee:	Mischung aus Weißdornblüten, Melissenblättern, Rosmarinblättern und Fenchel. Zubereitung: 1 Teelöffel pro ¼ l Wasser, überbrühen, 3 Minuten ziehen lassen. 1 l über den Tag verteilt trinken.
Bewegung:	Leichte Gymnastik, besonders Atemgymnastik, Wandern.
Ernährung:	Fett-, fleisch- und salzarme Kost. Vorsicht mit cholesterinhaltigen Nahrungsmitteln wie Eigelb, Butter, Käse, Innereien. Fette und Öle mit mehrfach ungesättigten Fettsäuren bevorzugen (z. B. Distelöl), Vollwertkost mit Dinkelspeisen.
Seelisch-geistige Ordnung:	Autogenes Training zur Stabilisierung der Herznerven und der psychischen Gesamtverfassung.

Arthrose

Es handelt sich um eine fortschreitende Zerstörung des Gelenkknorpels, besonders an Hüft- und Kniegelenken.

Spagyrische Essenzen:	Alraune, Birke, Brennessel, Brunnenkresse, Farnkraut, Heilziest, Herbstzeitlose, Knoblauch, Löwenzahn, Sumpfporst, Wacholder.
Wasseranwendungen:	Kartoffelsack, zwei- bis dreimal wöchentlich. Technik: Kartoffeln werden mit der Schale weichgekocht und ungeschält in ein Leinensäckchen gefüllt. Dann werden 12 Tropfen Löwenzahnessenz hineingetropft, das Ganze zugebunden und zu Brei zerstampft. Den Sack legt man behutsam auf das kranke Gelenk, wickelt ihn mit Handtüchern zu und deckt mit der Bettdecke ab. Nach 30 bis 40 Minuten, spätestens aber wenn er ausgekühlt ist, wird der Sack weggenommen. Anschließend warmhalten.
Kräutertee:	Mischung aus Brennesselkraut, Birkenblättern, Brombeerblättern und Fenchel. Zubereitung: 1 Teelöffel pro ¼ l Wasser, überbrühen, 3 Minuten ziehen lassen, 1 l über den Tag verteilt trinken.
Bewegung:	Spezielle Rheumagymnastik. Bei Kniearthrose auch Kniependeln: Der Kranke setzt sich auf den Tisch und läßt 5 Minuten beide Beine kräftig seitwärts baumeln, wobei die Unterschenkel bis zur Horizontalen ausgestreckt werden sollen. Ein- bis zweimal täglich durchführen.

Ernährung:	Soweit Übergewicht besteht, abbauen. Vollwertkost, Rohkost soweit verträglich, fleisch-, fett- und salzarme Kost. Täglich Dinkelspeisen.
Seelisch-geistige Ordnung:	Meditation oder autogenes Training.

Asthma bronchiale

Es handelt sich um eine meist anfallsweise auftretende Verengung der unteren Atemwege.

Spagyrische Essenzen:	Alant, Amerikanische Narde, Brechnuß, Brechwurzel, Echter Ehrenpreis, Eisenkraut, Lobelie, Zahnstocher-Ammel.
Wasser-anwendungen:	Im direkten Anfall oder zur allgemeinen Behandlung zwei- bis dreimal wöchentlich ein temperaturansteigendes Armband. Technik: Füllen Sie das Waschbecken mit 34°C warmem Wasser (Badethermometer benutzen), geben Sie 12 Tropfen Lobelienessenz hinzu und tauchen dann beide Unterarme gleichzeitig ins Wasser. Durch den leicht geöffneten Hahn fließt stets etwas heißes Wasser hinzu, so daß in 15 bis 20 Minuten 40°C erreicht sind. Dann wird der Wasserhahn zugedreht und noch 5 Minuten im Wasser geblieben. Zum Schluß die Arme hinausnehmen und gut abtrocknen.
Kräutertee:	Mischung aus Anis, Erdbeerblättern, Ysop und Fenchel. Zubereitung: 1 Teelöffel pro ¼ l Wasser, überbrühen, 3 Minuten ziehen lassen, 1 l über den Tag verteilt trinken.
Bewegung:	Atemgymnastik zur Lockerung der Brustmuskulatur.
Ernährung:	Vitalstoffreiche Vollwertkost, wenig Fleisch, Rohkost soweit verträglich.
Seelisch-geistige Ordnung:	Da es wohl kaum einen Asthmaanfall gibt, bei dem nicht eine psychische Komponente mit dabei ist, spielt eine Harmonisierung im Seelisch-Geistigen eine entscheidende Rolle. Insbesondere sind autogenes Training und Yoga angezeigt.

Bandscheibenbeschwerden

Es handelt sich um Rückenschmerzen, die durch krankhafte Veränderungen der Wirbelsäulenbandscheiben entstanden sind.

Spagyrische Essenzen:	Alpenrose, Berglorbeer, Bittersüßer Nachtschatten, Brennessel, Echter Sturmhut, Farnkraut, Herbstzeitlose,

	Kermesbeere, Löwenzahn, Tollkirsche, Wacholder, Wiesenkönigin, Zaunrübe.
Wasseranwendungen:	Kartoffelsack, einmal täglich. Technik: siehe unter Arthrose. Essenz: Wacholder
Kräutertee:	Mischung aus Brennessel, Löwenzahn, Brombeerblättern und Fenchel. Zubereitung: 1 Teelöffel pro ¼ l Wasser, überbrühen, 3 Minuten ziehen lassen, 1 l über den Tag verteilt trinken.
Bewegung:	Im akuten Fall: Ruhe. Sonst leichte Ausdauersportarten, Rückenschwimmen, Rückengymnastik.
Ernährung:	Soweit bestehend, Übergewicht abbauen. Fleisch-, fett- und salzarme Kost. Vollwertkost mit Dinkel, Rohkost soweit verträglich.
Seelisch-geistige Ordnung:	Meditation oder autogenes Training.

Bettnässen

Es handelt sich um ein unwillkürliches nächtliches Wasserlassen, besonders im Kindesalter.

Spagyrische Essenzen:	Breitwegerich, Johanniskraut, Kuhschelle, Tollkirsche.
Wasseranwendungen:	Ansteigendes Fußbad, zwei- bis dreimal wöchentlich abends. Technik: Eine Fußbadewanne oder ein genügend großer Eimer wird mit 35°C warmen Wasser gefüllt und je 12 Tropfen Breitwegerich- und Johanniskrautessenz zugegeben. Das Kind setzt sich vor die Wanne und taucht beide Beine ein, so daß der Wasserspiegel etwa eine Handbreit unter das Knie reicht. Nun wird laufend etwas heißes Wasser hinzugegossen. Die Temperatur, die mit einem Badethermometer ständig kontrolliert wird, soll in etwa 20 Minuten auf 42°C angestiegen sein. Bei dieser Endtemperatur bleibt das Kind noch 5 Minuten sitzen, zieht die Beine anschließend heraus und trocknet sie gut ab. Dann sollte es gleich ins Bett gehen.
Kräutertee:	Mischung aus Johanniskraut, Brombeerblättern, Lavendelblüten und Fenchel. Zubereitung: 1 Teelöffel pro ¼ l Wasser, überbrühen, 3 Minuten ziehen lassen, 1 l über den Tag verteilt trinken.

Bewegung:	Alle Arten von Ausdauersport, Gymnastik.
Ernährung:	Vollwertkost mit Dinkel. Wichtig: Nach 17 Uhr keine Flüssigkeit mehr geben! Das Kind notfalls nachts wecken und zum Wasserlassen anhalten.
Seelisch-geistige Ordnung:	Dieser Aspekt verdient beim Bettnässen größte Bedeutung. Manchmal ist ohne psychologische Führung eine Heilung kaum möglich. Bei älteren Kindern ist autogenes Training anzuraten.

Blähungen

Es handelt sich um vermehrte Gasbildung im Verdauungskanal mit Spannungs- und Völlegefühl, in der Regel verursacht durch Störungen der Verdauungsorgane und der fermentbildenden Drüsen (Leber, Bauchspeicheldrüse).

Spagyrische Essenzen:	Alraune, Bärlapp, Fenchel, Herbstzeitlose, Kamille, Knoblauch, Kümmel, Muskatnuß, Wasserfenchel.
Wasseranwendungen:	Kartoffelsack-Leibwickel, einmal täglich nach dem Mittagessen. Technik: siehe unter Arthrose. Essenz: Kümmel.
Kräutertee:	Mischung aus Kümmel, Fenchel, Anis und Kamille. Zubereitung: 1 Teelöffel pro ¼ l Wasser, überbrühen, 3 Minuten ziehen lassen, 1 l über den Tag verteilt trinken.
Bewegung:	Viel Freizeitsport, Spaziergang nach dem Essen, Bauch- und Atemgymnastik.
Ernährung:	Vollwertkost unter Ausschluß belastender Nahrungsmittel wie Hülsenfrüchte, Zwiebeln, Lauch, Kohlgemüse, Bratkartoffeln, Ölsardinen, Süßwaren, schwere Vollkornbrote, kohlensäurereiche Mineralwässer. Rohkost nicht abends essen. Immer gut kauen und langsam essen.
Seelisch-geistige Ordnung:	Entspannungsübungen jeglicher Art, autogenes Training jeweils vor der Hauptmahlzeit.

Blutarmut

Es handelt sich um eine Verminderung der Anzahl roter Blutkörperchen oder um einen zu geringen Blutfarbstoffgehalt im Blut (Hämoglobin).

Spagyrische Essenzen:	Bärlauch, Brennessel, Brunnenkresse, Chinarinde, Johanniskraut, Knoblauch, Kuhschelle, Tausendgüldenkraut, Wermut.

Wasser-anwendungen:	Ansteigendes Fußbad, zwei- bis dreimal wöchentlich abends. Technik: siehe unter Bettnässen. Essenz: Je 12 Tropfen Brennessel- und Tausendgüldenkrautessenz.
Kräutertee:	Mischung aus Brennesselkraut, Erdbeerblättern, Johanniskraut und Fenchel. Zubereitung: 1 Teelöffel pro ¼ l, überbrühen, 3 Minuten ziehen lassen, 1 l über den Tag verteilt trinken.
Bewegung:	Bei der Behandlung der Blutarmut sehr wichtig. Leichte Gymnastik, Wandern, Schwimmen, Radfahren. Nicht überanstrengen. Mäßig aber regelmäßig.
Ernährung:	Leicht verdaulich, rohkostreich, Wildsalate, Wildgemüse (Brennessel, Löwenzahn), täglich zwei große Karotten, eine rote Rübe und einen Apfel auspressen und den Saft schluckweise trinken.
Seelisch-geistige Ordnung:	Nach den Naturrhythmen leben. Meditation.

Bluthochdruck

Es handelt sich um eine krankhafte Steigerung des Blutdruckes in den arteriellen Gefäßen.

Spagyrische Essenzen:	Arnika, Bärlauch, Echte Nelkenwurz, Echter Ehrenpreis, Hanfartiger Hundswürger, Heilziest, Knoblauch, Melisse, Mistel, Pfefferminze, Rauwolfie, Weißdorn.
Wasser-anwendungen:	Eine Woche ansteigendes Armbad, zwei- bis dreimal wöchentlich abends. Die andere Woche ansteigendes Fußbad. So im Wechsel fortfahren. Technik: Armbad siehe unter Asthma. Fußbad siehe unter Bettnässen. Essenzen: Armbad: 12 Tropfen Mistelessenz. Fußbad: Je 12 Tropfen Knoblauch- und Weißdornessenz.
Kräutertee:	Mischung aus Weißdornblüten, Melisse, Ehrenpreis und Fenchel. Zubereitung: 1 Teelöffel pro ¼ l Wasser, überbrühen, 3 Minuten ziehen lassen, 1 l über den Tag verteilt trinken.
Bewegung:	Ausdauersport ohne Überanstrengungen.
Ernährung:	Fleisch-, fett- und salzarme Kost, Fruchtsäfte, Rohkost, soweit verträglich. Jede Woche einen Safttag: Ausschließ-

lich Fruchtsäfte, ungesalzene Gemüsesäfte, natriumarme Mineralwässer, Kräutertee. Bis zu 3 l pro Tag.

Seelisch-geistige Ordnung: Entspannungsübungen, Leben mit den Naturrhythmen.

Blutniederdruck

Es handelt sich um eine Verringerung des Blutdruckes in den arteriellen Gefäßen.

Spagyrische Essenzen: Brennessel, Chinarinde, Maiglöckchen, Mistel, Rosmarin, Schafgarbe, Weißdorn.

Wasseranwendungen: Kaltes Armbad, einmal täglich nach dem Mittagessen. Technik: Das Waschbecken wird mit kaltem Wasser gefüllt und 12 Tropfen Rosmarinessenz hinzugegeben. Dann werden die Unterarme in das Becken getaucht, so daß der Wasserspiegel etwa die Mitte der Oberarme erreicht. Nach 10 bis 30 Sekunden (je nach Stärke des empfundenen Kältegefühls) die Arme wieder herausziehen, Wasser abstreifen, nur flüchtig abtrocknen, Kleidung überstreifen und die Arme tüchtig bewegen, bis sie warm geworden sind. Nicht bei kalten Händen anwenden.

Kräutertee: Mischung aus Rosmarin, Weißdorn, Erdbeerblättern und Fenchel. Zubereitung: 1 Teelöffel pro ¼ l Wasser, überbrühen, 3 Minuten ziehen lassen, 1 l über den Tag verteilt trinken.

Bewegung: Konsequentes Kreislaufprogramm: Gymnastik, Wandern, Radfahren, Schwimmen ohne Übertreibungen.

Ernährung: Vollwertkost unter Ausschluß belastender Nahrungsmittel.
Frischkost.

Seelisch-geistige Ordnung: Alltag den Naturrhythmen anpassen. Regelmäßige Entspannungsübungen.

Brechdurchfall

Es handelt sich um ein akutes Krankheitsgeschehen mit Übelkeit, Erbrechen und Durchfall, hervorgerufen durch eine Magen-Darm-Infektion. Meist ärztliche Hilfe notwendig!

Spagyrische Essenzen: Aloe, Blutwurz, Brechnuß, Brechwurzel, Fußblatt, Gänsefingerkraut, Herbstzeitlose, Ignatiusbohne, Kamille, Tollkirsche, Weißer Germer.

Wasser-anwendungen:	Mehrmals täglich Kartoffelsack-Leibwickel. Technik: siehe unter Arthrose. Essenz: 12 Tropfen Brechnußessenz.
Kräutertee:	Mischung aus Kamille, Pfefferminze, Gänsefingerkraut und Fenchel. Zubereitung: 1 Teelöffel pro ¼ l Wasser, überbrühen, 3 Minuten ziehen lassen. Soweit vertragen, einen Liter über den Tag verteilt. Sonst löffelweise weniger.
Bewegung:	Bettruhe.
Ernährung:	Fasten. Reichlich Flüssigkeit zuführen, um den Wasserhaushalt auszugleichen. Nach eintretender Besserung Bananendiät: 10 Bananen pro Tag zerdrücken, mit dem Schneebesen feinschlagen. Löffelweise einnehmen.
Seelisch-geistige Ordnung:	Autogenes Training auch in der akuten Phase grundsätzlich möglich.

Bronchitis

Es handelt sich um eine entzündliche Erkrankung der Bronchien.

Spagyrische Essenzen:	Amerikanische Narde, Brechwurzel, Bilsenkraut, Echter Sturmhut, Grindeliakraut, Königskerze, Kreuzblume, Krausblättriger Ampfer, Meerschwamm, Senega-Kreuzblume, Sonnentau, Spitzwegerich, Thymian, Wasserfenchel, Wohlriechendes Veilchen, Zahnstocher-Ammel, Zaunrübe.
Wasser-anwendungen:	Bei chronischer Bronchitis: Kartoffelsack-Brustwickel, dreimal wöchentlich, abends. Technik: siehe unter Arthrose. Essenz: 12 Tropfen Königskerzenessenz Bei akuter Bronchitis: Senfmehlbrustwickel, einmal täglich. Technik: Eine Handvoll Senfmehl wird in einem Liter lauwarmem Wasser verrührt. Sobald brennende Dämpfe aufsteigen, den Brei fingerdick auf ein dünnes Handtuch streichen, das dann um den Brustkorb gewickelt wird. Mit trockenen Tüchern und einer Wolldecke wird gut zugedeckt. Wenn ein starkes Brennen auftritt, wird der Wickel abgenommen. Die nun gerötete Haut wird abgewaschen und der Kranke anschließend nochmals gut zugedeckt. Dem Senfmehlbrustwickel können 12 Tropfen Thymianessenzen beigegeben werden.
Kräutertee:	Mischung aus Spitzwegerich, Königskerze, Thymian und Fenchel. Zubereitung: 1 Teelöffel pro ¼ l Wasser, überbrü-

hen, 3 Minuten ziehen lassen, 1 l über den Tag verteilt trinken.

Bewegung: Hauptsächlich Atemgymnastik.

Ernährung: Im akuten Fall: Fasten. Sonst vitalstoffreiche Vollwertkost, wenig Fleisch, Dinkelspeisen.

Seelisch-geistige Ordnung: Bei chronischer Bronchitis sind Entspannungsübungen wichtig, besonders autogenes Training.

Depressionen

Es handelt sich um einen Sammelbegriff für psychische Zustände mit Mutlosigkeit, Traurigkeit, Erschöpfung und vegetativen Fehlreaktionen.

Spagyrische Essenzen: Alraune, Baldrian, Bitterklee, Hopfen, Ignatiusbohne, Johanniskraut, Lavendel, Melisse, Wanzenkraut.

Wasser-anwendungen: Wassertreten, täglich, abends.
Technik: Sie füllen eine Fußbadewanne oder einen genügend großen Eimer mit kaltem Wasser. Setzen Sie sich vor das Gefäß und tauchen Sie abwechselnd die Unterschenkel ins Wasser: wenn ein Bein im Wasser ist, wird das andere jeweils hochgehoben. Nach 10 bis 30 Sekunden (je nach empfundenem Kältegefühl) das Wassertreten beenden, Wasser abstreifen, nur leicht abtrocknen und sich kräftig bewegen (auf der Stelle laufen), bis die Füße warm werden. Anschließend 12 Tropfen Johanniskrautessenz in das rechte und 12 Tropfen Baldrianessenz in das linke Bein einreiben (von unten nach oben streichen), Strümpfe anziehen und sich nochmals tüchtig bewegen.
Nicht bei kalten Füßen anwenden.

Kräutertee: Mischung aus Lavendelblüten, Johanniskraut, Melisse und Fenchel. Zubereitung: 1 Teelöffel pro ¼ l Wasser, überbrühen, 3 Minuten ziehen lassen, 1 l über den Tag verteilt trinken.

Bewegung: Tägliches Körpertraining in frischer Luft: Wandern, Radfahren, Schwimmen etc.

Ernährung: Vollwertkost, Dinkelspeisen, viel Fenchelgemüse, wenig Fleisch, keine belastenden Speisen.

Seelisch-geistige Ordnung: Sie ist entscheidender Aspekt der Depressionsbehandlung. Angleichung des Alltags an die Naturrhythmen, Meditation, Yoga, autogenes Training. Oftmals ist psychotherapeutische Führung unerläßlich.

Dickdarmentzündung

Es handelt sich um eine Entzündung im Dickdarm mit oder ohne Geschwürsbildung, verbunden mit Durchfällen, die auch blutig sein können.

Spagyrische Essenzen:	Aloe, Blutwurz, Eberraute, Fußblatt, Gänsefingerkraut, Kamille, Tollkirsche.
Wasser-anwendungen:	Kartoffelsack-Leibwickel, täglich abends. Technik: siehe Arthrose. Essenz: 12 Tropfen Blutwurzessenz.
Kräutertee:	Mischung aus Kamille, Gänsefingerkraut, Himbeerblättern und Fenchel. Zubereitung: 1 Teelöffel pro ¼ l Wasser, überbrühen, 3 Minuten ziehen lassen, 1 l über den Tag verteilt trinken.
Bewegung:	Im akuten Fall: Bettruhe. Sonst schonendes Bewegungstraining (Wandern, Radfahren etc.)
Ernährung:	Unverträgliche Nahrungsmittel ausschalten. Falls Milchgenuß verschlechtert, 14 Tage milchfreie Diät einhalten. Sonst vollwertige Schonkost ohne schwerverdauliche Lebensmittel. Wichtig: Dinkelkost.
Seelisch-geistige Ordnung:	Die geschwürige Dickdarmschleimhautentzündung (Colitis ulcerosa) ist eine typische psychosomatische Krankheit. Deshalb ist die Harmonisierung hier unerläßlich: geordnete Lebensrhythmen, Entspannungsübungen, Psychotherapie.

Durchfall

siehe unter Brechdurchfall

Ekzeme

Es handelt sich um eine trockene oder nässende Hauterkrankung mit Ausschlag und vielfältigem Erscheinungsbild: Jucken, Brennen, Blasenbildung, Krusten etc.

Spagyrische Essenzen:	Ackerstiefmütterchen, Birke, Brennessel, Giftsumach, Klette, Löwenzahn, Sarsaparille, Wasserschierling, Walnuß, Zinnkraut.
Wasser-anwendungen:	Bei akut nässendem Ekzem: dreimal täglich feuchte Umschläge. Technik: Ein genügend großes Tuch wird in kaltes Wasser getaucht, dem 12 Tropfen Ackerstiefmütterchenessenz zugefügt wurden. Gut ausdrücken und auf den Ausschlag legen, mit trockenem Tuch gut umwickeln. Sobald der

Umschlag warm wird (nach ca. 15 bis 20 Minuten), wird er abgenommen.

Kräutertee: Mischung aus Brennessel, Walnußblättern, Birkenblättern und Fenchel. Zubereitung: 1 Teelöffel pro ¼ l Wasser, überbrühen, 3 Minuten ziehen lassen, 1 l über den Tag verteilt trinken.
Mit dem erkalteten Tee können auch die oben beschriebenen feuchten Umschläge gemacht werden.

Bewegung: Aktive Körperkräftigung durch regelmäßiges Ausdauertraining.

Ernährung: Fleisch-, fett- und salzarme Vollwertkost, Rohkost soweit verträglich. Täglicher Genuß von Lebensmitteln mit Gehalt an hautaktiven Stoffen: Karotten, Weizenkeime, Hefeflokken, Hefeextrakt.
Nach Hildegard: Dinkelnudeln, in deren Teig Quendelpulver eingerührt wurde.
Wichtig: Kein Schweinefleisch. Kein Zucker.

Seelisch-geistige Ordnung: Da Hautkrankheiten oft psychische Ursachen haben, ist eine Harmonisierung dieses Bereiches ein wichtiger Bestandteil der Behandlung: Meditationsübungen, Yoga, autogenes Training.

Fieber

Es handelt sich um eine Erhöhung der Körpertemperatur, bedingt durch eine Stoffwechselsteigerung, in der Regel als Folge einer Infektion.

Spagyrische Essenzen: Chinarinde, Echter Sturmhut, Grüner Germer, Holunder, Linde, Tollkirsche, Wasserhanf, Wilder Indigo, Wilder Jasmin, Zaunrübe.

Wasseranwendungen: Wadenwickel, mehrmals täglich.
Technik: Um beide Waden wird je ein Handtuch gewickelt, das zuvor in kaltes Wasser getaucht wurde. Die Tücher werden nur leicht ausgewrungen und dicht anliegend um die Waden gewickelt. Ein trockenes Tuch und eine Wolldecke schließen den Wickel nach außen hin ab. Wadenwikkel bleiben nicht länger als 20 Minuten liegen und werden spätestens dann erneuert, wenn sie warm geworden sind. Nach dem Abnehmen reibt man je Wade 12 Tropfen einer passenden spagyrischen Essenz ein, ehe ein neuer Wickel angelegt wird.

Kräutertee: Mischung aus Lindenblüten, Holunderblüten, Königskerzenblüten und Fenchel. Zubereitung: 1 Teelöffel pro ¼ l

	Wasser, überbrühen, 3 Minuten ziehen lassen, 1 l über den Tag verteilt trinken.
Bewegung:	Bettruhe.
Ernährung:	Fasten. Aber viel trinken lassen: Tee, Saft (Johannisbeere, Trauben, Sanddorn, Hagebutten).
Seelisch-geistige Ordnung:	Selbst bei banalem Erkältungsfieber nicht unwichtig. Autogenes Training im Akutfall ohne weiteres möglich.

Furunkulose

Es handelt sich um eine umschriebene, akut eitrige, in die Tiefe gehende Entzündung einer Haartalgdrüse der Haut. Meist ärztliche Hilfe notwendig!

Spagyrische Essenzen:	Arnika, Bockshornklee, Giftsumach, Kegelblume, Kuhschelle, Sarsaparille.
Wasseranwendungen:	Bockshornkleeauflagen, einmal täglich. Technik: Zwei bis drei Handvoll Bockshornkleepulver werden mit kaltem Wasser angesetzt, dem 12 Tropfen Kegelblumenessenz beigefügt wurden. Unter ständigem Rühren wird das Ganze zum Kochen gebracht. Den dickflüssigen Brei streicht man auf einen Leinenlappen, überdeckt ihn mit einer dünnen Schicht Mull und legt die Auflage vorsichtig auf die erkrankte Stelle. Mit einem Handtuch und einer Wolldecke wird abgedeckt. Nach etwa 30 Minuten soll die Auflage abgenommen werden.
Kräutertee:	Mischung aus Kamille, Holunderblüten, Ringelblumen und Fenchel. Zubereitung: 1 Teelöffel pro ¼ l Wasser, überbrühen, 3 Minuten ziehen lassen, 1 l über den Tag verteilt trinken.
Bewegung:	–
Ernährung:	Saftfasten mit Fruchtsäften, Gemüsesäften, Kräutertee und Mineralwasser, bis die akuten Erscheinungen abgeklungen sind.
Seelisch-geistige Ordnung:	Autogenes Training auch beim akuten Geschehen gut möglich.

Gallenblasenentzündung

Es handelt sich um eine Entzündung der Schleimhaut der Gallenblase mit Schmerz, Übelkeit, Erbrechen. In akuter Phase meist ärztliche Hilfe notwendig.

Spagyrische Essenzen:	Alraune, Berberitze, Chinarinde, Fußblatt, Kegelblume, Löwenzahn, Mariendistel, Schöllkraut, Tollkirsche, Virginischer Zauberstrauch.
Wasseranwendungen:	In chronischen Fällen: Kartoffelsack-Leibwickel auf den rechten Oberbauch, zwei- bis dreimal wöchentlich, abends. Technik: siehe unter Arthrose. Essenz: 12 Tropfen Schöllkrautessenz.
Kräutertee:	Mischung aus Kamille, Pfefferminze, Löwenzahn und Fenchel. Zubereitung: 1 Teelöffel pro ¼ l Wasser, überbrühen, 3 Minuten ziehen lassen, 1 l über den Tag verteilt trinken.
Bewegung:	Bei akuten Fällen: Bettruhe. Sonst regelmäßiges schonendes Bewegungstraining nach dem Motto: Mäßig aber regelmäßig.
Ernährung:	Alle schlecht verträglichen Nahrungsmittel ausschalten. Fleisch-, fett- und salzarme Kost mit viel Gemüse und verträglicher Rohkost. Keine Rohkost abends. Dinkelspeisen.
Seelisch-geistige Ordnung:	Hier spielt die Psyche in vielen Fällen mit. Deshalb Entspannungsübungen und Ausrichtung des Alltags nach den Naturrhythmen.

Gallensteine

Es handelt sich um Steinbildungen in der Gallenblase, die Gallenkoliken auslösen können.

Behandlungsvorschläge siehe unter Gallenblasenentzündung.

Gehirnerschütterung

Es handelt sich um einen Zustand nach Stoß, Fall oder sonstiger Kopfverletzung mit Bewußtseinsstörungen, Übelkeit, Erbrechen, zeitlich begrenztem Gedächtnisverlust.
Röntgenologische Abklärung notwendig!

Spagyrische Essenzen:	Arnika, Johanniskraut, Tollkirsche
Wasseranwendungen:	Kopfwickel, mehrmals täglich. Technik: Ein oder zwei Stoffwindeln werden in kaltes Wasser getaucht, dem 12 Tropfen Arnikaessenz beigegeben wurden. Die Tücher werden gut ausgewrungen und über Stirn, Schläfen und Nacken gewickelt. Anschließend wird mit einem trockenen Tuch und einem Schal abgedeckt.

	Nach zwanzig Minuten erneuern. Zwischendurch können auch einige Tropfen Arnikaessenz auf die Stirn eingerieben werden.
Kräutertee:	–
Bewegung:	Bettruhe.
Ernährung:	–
Seelisch-geistige Ordnung:	Autogenes Training nach einsetzender Besserung möglich.

Gicht

Es handelt sich um eine akute Gelenkentzündung aufgrund erhöhter Harnsäurewerte im Blut.

Spagyrische Essenzen:	Alpenrose, Berglorbeer, Bittersüßer Nachtschatten, Brennessel, Echter Sturmhut, Farnkraut, Giftsumach, Herbstzeitlose, Kermesbeere, Löwenzahn, Sumpfporst, Tollkirsche, Wacholder, Wiesenkönigin, Zaunrübe.
Wasser-anwendungen:	Bei chronischen Zuständen: Kartoffelsack auf das betroffene Gelenk, zwei- bis dreimal wöchentlich, abends. Technik: siehe unter Arthrose. Essenz: 12 Tropfen Herbstzeitlosenessenz.
Kräutertee:	Mischung aus Löwenzahn, Brennessel, Birkenblättern und Fenchel. Zubereitung: 1 Teelöffel pro ¼ l Wasser, überbrühen, 3 Minuten ziehen lassen, 1 l über den Tag verteilt trinken.
Bewegung:	Im nicht akuten Stadium regelmäßiges Körpertraining (Gymnastik, Schwimmen etc.).
Ernährung:	Vollwertkost, Rohkost soweit verträglich. Alle Nahrungsmittel ausschalten, die viele harnsäurebildende Stoffe enthalten wie Innereien, Hefepräparate, Sojaprodukte, Hülsenfrüchte, Hering, Ölsardinen, Muscheln. Kein Alkohol.
Seelisch-geistige Ordnung:	Regelmäßige Entspannungsübungen.

Gürtelrose

Es handelt sich um eine durch Viren ausgelöste entzündliche Erkrankung eines Nervenknotens, die zu halbseitiger Bläschenbildung auf der Haut entlang des Nervens führt.

Spagyrische Essenzen:	Giftsumach, Ostindische Elefantenlaus, Seidelbast.
Wasser-anwendungen:	Quarkpackungen, mehrmals täglich. Technik: Rühren Sie normalen Magerquark mit etwas Wasser zu einem weichen Brei an und geben Sie 12 Tropfen Seidelbastessenz dazu. Gut verrühren (keinen Metallöffel verwenden!) Den Quark fingerdick auf einen feuchten Lappen aufstreichen und auf die befallene Stelle legen. Decken Sie mit einem trockenen Tuch ab. Der Quarkwickel wird erst dann entfernt, wenn der Quark eingetrocknet ist (nach ca. 45 Minuten). Anschließend kann eine passende Essenz leicht eingerieben werden.
Kräutertee:	Mischung aus Brennessel, Holunderblüten, Birkenblättern und Fenchel. Zubereitung: 1 Teelöffel pro ¼ l Wasser, überbrühen, 3 Minuten ziehen lassen, 1 l über den Tag verteilt trinken.
Bewegung:	Nach Abheilung der akuten Phase ausreichend Körpertraining mit Übungsarten, die einem persönlich zusagen.
Ernährung:	Grundsätzlich vollwertige Kost, Fleisch einschränken. Ebenso Zucker. Täglich Dinkelspeisen.
Seelisch-geistige Ordnung:	Umfassende Harmonisierung des Alltagsrhythmus mit regelmäßigen Entspannungsübungen.

Hämorrhoiden

Es handelt sich um krankhaft erweiterte Venen und arterielle Stauungen am After.

Spagyrische Essenzen:	Aloe, Brechnuß, Kanadische Grießwurzel, Mariendistel, Roßkastanie, Schafgarbe, Tollkirsche, Virginischer Zauberstrauch.
Wasseranwendungen:	Kaltes Sitzbad, dreimal wöchentlich, abends (im akuten Fall täglich). Technik: Eine Sitzbadewanne mit kaltem Wasser füllen und je 12 Tropfen Roßkastanienessenz, Virginischer-Zauberstrauch-Essenz und Schafgarbenessenz dazugeben. Für wenige Sekunden setzt man sich in die Wanne, trocknet sich anschließend ab und geht ins Bett.
Kräutertee:	Mischung aus Löwenzahn, Kamille, Schafgarbe und Fenchel. Zubereitung: 1 Teelöffel pro ¼ l Wasser, überbrühen, 3 Minuten ziehen lassen, 1 l über den Tag verteilt trinken.

Bewegung:	Für die Heilung von Venenerkrankungen ist regelmäßige Bewegung unerläßlich. Nach Abflauen der akuten Erscheinungen umfangreiches Bewegungstraining beginnen (Schwimmen, Radfahren, Wandern etc.).
Ernährung:	Bei bestehendem Übergewicht muß abgenommen werden. Ansonsten vitalstoffreiche Kost, fleischarm, balaststoffreich. Täglich Dinkelspeisen.
Seelisch-geistige Ordnung:	Entspannungsübungen wie autogenes Training, Yoga, auch Atemübungen und Harmonisierung der Alltagsrhythmen.

Halsentzündung

Es handelt sich um eine akute entzündliche Reizung von Rachen, Mandeln oder Kehlkopf. Bei schwerer Mandelentzündung mit Fieber ist ärztliche Behandlung erforderlich!

Spagyrische Essenzen:	Guajakholz, Kamille, Kegelblume, Kermesbeere, Lebensbaum, Meerschwamm, Salbei, Sonnentau, Tollkirsche.
Wasser-anwendungen:	Gurgellösung, mehrmals täglich anwenden. Technik: In einem Glas lauwarmem Wasser einen Teelöffel Honig und einen Teelöffel Essig auflösen und jeweils 12 Tropfen Salbeiessenz und Kamillenessenz dazugeben. Oftmals am Tag gurgeln und den Mund spülen.
Kräutertee:	Mischung aus Kamille, Salbei, Thymian und Fenchel. Zubereitung: 1 Teelöffel pro ¼ l Wasser, überbrühen, 3 Minuten ziehen lassen, 1 l über den Tag verteilt trinken.
Bewegung:	Nach akuter Phase regelmäßiges Bewegungstraining an frischer Luft.
Ernährung:	Im akuten Fall ein bis zwei Tage Saftfasten mit Frucht- und Gemüsesäften, Kräutertee (bis zu 3 l am Tag). Später Umstellung auf Vollwertkost, fleischarm.
Seelisch-geistige Ordnung:	Regelmäßige Entspannungsübungen, Regulierung der Alltagsrhythmen.

Harnblasenentzündung

Es handelt sich um eine Entzündung der Harnblase und eventuell der Harnröhre durch aufsteigende Bakterien.

Spagyrische Essenzen:	Bärentraube, Bärlapp, Bittersüßer Nachtschatten, Bruchkraut, Grießwurz, Hagebutte, Koloquinten, Sarsaparille, Tollkirsche.

Wasser-anwendungen:	Ansteigendes Fußbad, zwei- bis dreimal wöchentlich, abends. Technik: siehe Bettnässen. Essenzen: Je 12 Tropfen Bärentraubenessenz und Grießwurzessenz.
Kräutertee:	Mischung aus Hagebuttenschalen, Waldmeister, Brombeerblättern und Fenchel. Zubereitung: 1 Teelöffel pro ¼ l Wasser, überbrühen, 3 Minuten ziehen lassen, 1 l über den Tag verteilt trinken.
Bewegung:	Nach der akuten Phase Beginn eines regelmäßigen Bewegungstrainings. Stets auf gut durchblutete Füße achten.
Ernährung:	Während der akuten Phase ein bis zwei Tage Saftfasten mit Frucht- und Gemüsesäften, Kräutertee, Mineralwasser (bis zu 3 l täglich). Dann vitalstoffreiche Vollwertkost. Viel trinken.
Seelisch-geistige Ordnung:	Umorientierung eines falschen Alltagsrhythmus, ausreichend Entspannungsübungen: autogenes Training, Yoga etc.

Herzschwäche

Es handelt sich um eine verminderte Leistung des Herzmuskels mit oder ohne Herzkranzgefäßbeteiligung. Ärztliche Behandlung notwendig!

Spagyrische Essenzen:	Adonisröschen, Arnika, Berglorbeer, Hanfartiger Hundswürger, Königin der Nacht, Maiglöckchen, Oleander, Rosmarin, Roter Fingerhut, Strophanthussamen, Weißdorn, Zahnstocher-Ammel.
Wasser-anwendungen:	Warmes Armbad, zwei- bis dreimal wöchentlich, abends. Technik: Das Waschbecken wird mit 37° warmem Wasser gefüllt und 12 Tropfen Weißdornessenz beigefügt. Man setzt sich vor das Becken und badet beide Arme fünf Minuten im Wasser. Dann abtrocknen und ins Bett.
Kräutertee:	Mischung aus Weißdornblüten, Lavendelblüten, Rosmarin und Fenchel. Zubereitung: 1 Teelöffel pro ¼ l Wasser, überbrühen, 3 Minuten ziehen lassen, 1 l über den Tag verteilt trinken.
Bewegung:	Vorsichtiges, abgestuftes Trainingsprogramm ohne Überanstrengung nach dem Motto: Mäßig, aber regelmäßig.
Ernährung:	Falls Übergewicht: abnehmen. Sonst fleisch-, fett- und salzarme Kost, Rohkost soweit verträglich, Dinkel. Auf hohen Anteil mehrfach ungesättigter Fettsäuren achten.

Seelisch-geistige Ordnung: Tägliche Entspannungsübungen sehr wichtig, besonders günstig: autogenes Training.

Herzneurose

Es handelt sich um nervlich bedingte Herzstörungen wie Stiche, Klopfen, unregelmäßiger Puls.

Spagyrische Essenzen: Arnika, Baldrian, Lavendel, Melisse, Maiglöckchen, Oleander, Rosmarin.

Wasseranwendungen: Täglich kaltes Armbad nach dem Mittagessen.
Technik: siehe unter Blutniederdruck.
Essenz: 12 Tropfen Melissenessenz.

Kräutertee: Mischung aus Rosmarinblüten, Melissenblättern, Lavendelblüten und Fenchel. Zubereitung: 1 Teelöffel pro $^1/_4$ l Wasser, überbrühen, 3 Minuten ziehen lassen, 1 l über den Tag verteilt trinken.

Bewegung: siehe unter Herzschwäche.

Ernährung: siehe unter Herzschwäche.

Seelisch-geistige Ordnung: siehe unter Herzschwäche.

Heuschnupfen

Es handelt sich um eine allergische Reaktion insbesondere der Nasenschleimhaut und der Augenbindehaut auf äußere Einflüsse z. B. Blüten- und Gräserpollen.

Spagyrische Essenzen: Amerikanische Narde, Brechnuß, Brechwurzel, Kuhschelle, Lobelie, Quitte, Zahnstocher-Ammel, Zitrone.

Wasseranwendungen: Wechselfußbad, zwei- bis dreimal wöchentlich.
Technik: Es werden zwei Fußbadewannen oder genügend große Eimer benötigt. Der eine Behälter wird mit 37° bis 38° warmem Wasser, der andere mit kaltem Wasser soweit gefüllt, daß beim Eintauchen der Unterschenkel der Wasserspiegel bis etwa eine Handbreit unter die Knie reicht. Ins warme Wasser kommen je 12 Tropfen Zitronen- und Quittenessenz. Zunächst werden beide Unterschenkel etwa 5 Minuten warmgebadet, dann kommt ein 10- bis 30sekündiger Wechsel ins kalte Wasser und wieder zurück. Nach diesem Schema kann zwei- bis dreimal gewechselt werden. Wichtig: Immer mit warm beginnen und mit kalt aufhören. Bei Krampfaderbeschwerden wird nur 3 Minuten warm,

	dafür aber 1 Minute kalt gebadet. Nach dem Wechselfußbad gut abtrocknen und bewegen.
Kräutertee:	Mischung aus gleichen Teilen Löwenzahn, Brennessel, Lindenblüten und Fenchel. Zubereitung: 1 Teelöffel pro ¼ l Wasser, überbrühen, 3 Minuten ziehen lassen, 1 l über den Tag verteilt trinken.
Bewegung:	Ausreichendes tägliches Körpertraining zur Stärkung der Gesamtverfassung ist wichtig, jedoch Vorsicht im Freien bei Pollenflug.
Ernährung:	Grundsätzlich vitalstoffreich essen, Rohkost, soweit verträglich. Kein Schweinefleisch. Kein Zucker.
Seelisch-geistige Ordnung:	Wichtig: Leben nach den Naturrhythmen, mit täglichen Entspannungsübungen wie autogenes Training, Yoga oder Meditation.

Hexenschuß

Es handelt sich um eine plötzlich einsetzende Schmerzhaftigkeit im Rücken bedingt durch krankhafte Veränderungen im Bereich der Wirbelsäule.

Behandlung siehe unter Bandscheibenbeschwerden.

Insektenstich

Es handelt sich um eine entzündliche Stelle des Hautgewebes durch einen Stich von Bienen, Wespen, Mücken etc. Im Kopfbereich ist ärztliche Hilfe notwendig!

Spagyrische Essenzen:	Arnika, Kegelblume, Ringelblume, Sumpfporst.
Wasseranwendungen:	Quarkpackungen auf die Stichstelle, mehrmals täglich. Technik: siehe unter Gürtelrose. Essenz: 12 Tropfen Sumpfporstessenz.
Kräutertee:	Mischung aus Brennessel, Brombeerblättern, Ringelblume und Fenchel. Zubereitung: 1 Teelöffel pro ¼ l Wasser, überbrühen, 3 Minuten ziehen lassen, 1 l über den Tag verteilt trinken.
Bewegung:	Schonung des betroffenen Körperteils.
Ernährung:	Bis zum Abschwellen Saftfasten mit bis zu 3 l Frucht- und Gemüsesaft, Kräutertee und Mineralwasser.
Seelisch-geistige Ordnung:	Zur Ruhigstellung bei ausgedehnten Stichen ist autogenes Training auch im Akutfall möglich.

Ischias

Es handelt sich um eine Reizung des Ischiasnerven mit Rückenschmerzen, die über das Gesäß bis in die Beine ziehen.

Behandlung siehe unter Bandscheibenbeschwerden.

Kopfschmerzen

Es handelt sich um Schmerzen im Bereich des Kopfes, die durch mannigfaltige Ursachen auftreten und den ganzen Kopf oder nur umschriebene Stellen befallen können.

Spagyrische Essenzen:	Brechnuß, Chinarinde, Einbeere, Ignatiusbohne, Kaffeestrauch, Kanadische Blutwurzel, Kokkelskörner, Koloquinten, Kuhschelle, Lavendel, Lebensbaum, Melisse, Schwertlilie, Tollkirsche, Wanzenkraut, Wilder Jasmin, Wurmkraut, Zahnstocher-Ammel, Zaunrübe.
Wasser-anwendungen:	Wassertreten, täglich abends. Technik: siehe unter Depression. Essenzen: Je 12 Tropfen Lavendelessenz (rechtes Bein) und Schwertlilienessenz (linkes Bein).
Kräutertee:	Mischung aus Lavendelblüten, Rosmarinblättern, Melissenblättern und Fenchel. Zubereitung: 1 Teelöffel pro ¼ l Wasser, überbrühen, 3 Minuten ziehen lassen, 1 l über den Tag verteilt trinken.
Bewegung:	Zwischen den einzelnen Schmerzanfällen Bewegungstraining an frischer Luft: Radfahren, Wandern etc.
Ernährung:	Vitalstoffreich, fettarm, kein Schweinefleisch, genügend trinken.
Seelisch-geistige Ordnung:	Sie nimmt einen großen Stellenwert in der Kopfschmerz- und Migränebehandlung ein. Harmonisierung der Lebensrhythmen. Autogenes Training.

Krampfadern

Es handelt sich um krankhaft erweiterte Venen im Bereich der Beine, hauptsächlich im Unterschenkel-Waden-Bereich.

Spagyrische Essenzen:	Arnika, Bärlapp, Kuhschelle, Mariendistel, Roßkastanie, Schafgarbe, Virginischer Zauberstrauch, Zinnkraut.
Wasser-anwendungen:	Wassertreten, täglich abends. Technik: siehe unter Depression. Essenzen: Je 12 Tropfen Roßkastanienessenz (rechtes Bein) und Schafgarbenessenz (linkes Bein).

Kräutertee:	siehe unter Hämorrhoiden.
Bewegung:	siehe unter Hämorrhoiden.
Ernährung:	siehe unter Hämorrhoiden.
Seelisch-geistige Ordnung:	siehe unter Hämorrhoiden.

Magengeschwür

Es handelt sich um einen geschwürigen Defekt in der Magenschleimhaut mit Schmerzen, besonders im nüchternen Zustand, der durch Essen gebessert wird.

Spagyrische Essenzen:	Brechnuß, Condurangorinde, Falsche Akazie, Ignatiusbohne, Kamille, Käsepappel, Kuhschelle, Tollkirsche.
Wasser-anwendungen:	Kartoffelsack-Leibwickel auf die Magengrube, einmal täglich, bei akuten Beschwerden auch öfters. Technik: siehe unter Arthrose. Essenz: 12 Tropfen Käsepappelessenz.
Kräutertee:	Mischung aus Kamille, Ringelblume, Pfefferminze und Fenchel. Zubereitung: 1 Teelöffel pro ¼ l Wasser, überbrühen, 3 Minuten ziehen lassen, 1 l über den Tag verteilt trinken.
Bewegung:	Außerhalb der akuten Erscheinungen viel Ausgleichssport je nach Veranlagung.
Ernährung:	Alles ausschalten, was erfahrungsgemäß belastet, besonders aber säurehaltige Lebensmittel, Hülsenfrüchte, Fettiges, Süßes, Alkohol. Ansonsten Vollwertkost mit verträglichen Lebensmitteln. Dinkelspeisen. Kein Schweinefleisch.
Seelisch-geistige Ordnung:	Magengeschwüre sind eine klassische Managerkrankheit und entstehen in vielen Fällen durch psychische Überlastung. Deshalb: Regelmäßige Entspannungsübungen sehr wichtig. Vor jeder Mahlzeit kurzes autogenes Training.

Magenschleimhautentzündung

Es handelt sich um eine entzündliche Reizung der Magenschleimhaut mit Übelkeit, Erbrechen, Magenschmerz. Bei dauernder Reizung besteht die Gefahr, daß die Magenschleimhautentzündung eine Vorstufe zu Magengeschwüren wird.

Spagyrische Essenzen:	Bärlapp, Brechnuß, Brechwurzel, Chinarinde, Gänsefingerkraut, Herbstzeitlose, Ignatiusbohne, Kamille, Käsepappel, Kuhschelle, Ringelblume, Tollkirsche, Wasserfenchel.
Wasser-anwendungen:	Im akuten Stadium Kartoffelsack-Leibwickel, mehrmals täglich. Technik: siehe unter Arthrose. Essenz: 12 Tropfen Gänsefingerkrautessenz.
Kräutertee:	siehe unter Magengeschwür.
Bewegung:	siehe unter Magengeschwür.
Ernährung:	Im akuten Fall: Fasten. Nach Abheilung: siehe unter Magengeschür.
Seelisch-geistige Ordnung:	siehe unter Magengeschwür.

Migräne

Es handelt sich um ein eigenständiges Krankheitsbild mit anfallsweise auftretenden Kopfschmerzen, oft verbunden mit Übelkeit, Erbrechen, Schweißausbrüchen, Schwindel, Sehstörungen.

Behandlung siehe unter Kopfschmerzen.

Monatsblutung, schmerzhaft

Es handelt sich um ein Unwohlsein während der weiblichen Periode mit krampfartigen Schmerzzuständen, die auch kurz vor oder kurz nach der Blutung einsetzen können.

Spagyrische Essenzen:	Alpenveilchen, Blauer Hahnenfuß, Frauenmantel, Gänsefingerkraut, Gelbwurz, Kamille, Kanadische Gelbwurz, Koloquinten, Kuhschelle, Melisse, Schafgarbe, Schneeball, Tollkirsche, Wanzenkraut.
Wasser-anwendungen:	Während der Regel täglich ansteigendes Fußbad, abends. Technik: siehe unter Bettnässen. Essenzen: Je 12 Tropfen Schafgarben- und Frauenmantelessenz.
Kräutertee:	Mischung aus Kamille, Schafgarbe, Frauenmantel und Fenchel. Zubereitung: 1 Teelöffel pro ¼ l Wasser, überbrühen, 3 Minuten ziehen lassen, 1 l über den Tag verteilt trinken.
Bewegung:	Zwischen den Periodenblutungen tägliches Körpertraining: Schwimmen, Radfahren, Wandern, Waldläufe etc.

Ernährung:	Umstellung auf Vollwertkost, Rohkost soweit verträglich, bei Verstopfung balaststoffreich essen. Dinkelspeisen! Kein Schweinefleisch!
Seelisch-geistige Ordnung:	Gerade bei diesem Beschwerdebild ist die Harmonisierung des Seelisch-Geistigen sehr wichtig durch regelmäßiges autogenes Training, Yoga oder Meditation.

Nasenbluten

Es handelt sich um Blutungen aus der Nase, oft auftretend nach Sturz, Schlag, aber auch durch vielfältige innere Ursachen, z. B. Bluthochdruck.

Spagyrische Essenzen:	Arnika, Blutwurz, Gänseblümchen, Hirtentäschelkraut, Kanadische Gelbwurz, Virginischer Zauberstrauch, Wiesenknopf.
Wasser-anwendungen:	Kalte Nackenumschläge, mehrmals erneuert bis zum Blutstillstand. Technik: In eine Schüssel mit kaltem Wasser, dem 12 Tropfen Hirtentäschelessenz zugefügt wurden, wird ein Waschlappen getaucht, gut ausgewrungen und in den Nakken gelegt. Der Kopf wird dabei nach hinten geneigt und mit Daumen und Zeigefinger die Nasenflügel direkt unterhalb des Knochenansatzes für fünf Minuten zusammengedrückt. Weitere Maßnahmen sind in der Regel nicht notwendig. Kommt das Blut nicht zum Stillstand, kann der Blutverlust zu groß werden, weshalb in einem solchen Fall ein Arzt aufgesucht werden muß.

Nebenhöhlenentzündung

Es handelt sich um eine Erkrankung der Nasennebenhöhlen mit Kopfdruck, Schnupfen und Eiterabsonderung.

Spagyrische Essenzen:	Bärlapp, Eukalyptus, Kamille, Katzenkraut, Kiefer, Lungenflechte, Majoran, Salbei, Salbei-Gamander, Tollkirsche, Walnuß.
Wasser-anwendungen:	Kamillendampf, im akuten Fall täglich, sonst zwei- bis dreimal wöchentlich. Technik: Stellen Sie eine große Schüssel auf einen Stuhl und legen Sie zwei Handvoll Kamillenblüten hinein. Auf die Blüten werden je 12 Tropfen Lungenflechten- und Kiefernessenz getropft und ein Liter kochendes Wasser vorsichtig darübergegossen. Der Kranke setzt sich mit freiem Ober-

körper vor die Schüssel, beugt sich darüber und zieht sich ein Leintuch über den Kopf, so daß Schüssel, Kopf und Oberkörper völlig eingehüllt sind. Die aufsteigenden Dämpfe sollen etwa 15 Minuten durch die Nase eingeatmet werden.

Kräutertee: Mischung aus Kamille, Eukalyptus, Thymian und Fenchel. Zubereitung: 1 Teelöffel pro ¼ l Wasser, überbrühen, 3 Minuten ziehen lassen, 1 l über den Tag verteilt trinken.

Bewegung: Nach der akuten Phase täglich Körpertraining in frischer Luft: Wandern, Laufen, Schwimmen, Radfahren, Gymnastik etc.

Ernährung: Vollwertkost, Rohkost soweit verträglich, Dinkelspeisen. Kein Schweinefleisch.

Seelisch-geistige Ordnung: Tägliche Entspannungsübungen wie autogenes Training, Yoga oder Meditationsübungen.

Neuralgie

Es handelt sich um Nervenschmerzen, häufig im Gesichtsbereich (Trigeminusneuralgie), am Brustkorb (Interkostalneuralgie) und an den Hüften zu den Beinen ziehend (Ischiasneuralgie).

Spagyrische Essenzen: Brechnuß, Echter Eisenhut, Farnkraut, Johanniskraut, Katzenkraut, Knolliger Hahnenfuß, Koloquinten, Königskerze, Lebensbaum, Sandstrohblume, Schlüsselblume, Tollkirsche, Wanzenkraut, Weide, Wiesenkönigin, Wilder Jasmin, Wurmkraut.

Wasseranwendungen: Wenn Wärme gut vertragen wird und lindert, ein- bis zweimal täglich bei Trigeminusneuralgie Kamillendämpfe (Essenz: 12 Tropfen Königskerze), bei Interkostalneuralgie Kartoffelsack-Brustwickel (Essenz: 12 Tropfen Knolliger Hahnenfuß), bei Ischiasneuralgie Kartoffelsack-Hüftwickel (Essenz: 12 Tropfen Sandstrohblume).

Kräutertee: Mischung aus Johanniskraut, Lavendel, Melisse und Fenchel. Zubereitung: 1 Teelöffel pro ¼ l Wasser, überbrühen, 3 Minuten ziehen lassen, 1 l über den Tag verteilt trinken.

Bewegung: Nach der akuten Phase aufbauendes Körpertraining ohne Überlastung.

Ernährung: Vollwertkost, wenig Fleisch, viel Frischkost.

Seelisch-geistige Ordnung: Alltag den Naturrhythmen angleichen, tägliche Entspannungsübungen.

Nierenentzündung

Es handelt sich um eine entzündliche Erkrankung der Nierenkörperchen oder des Nierenbeckens, im akuten Fall mit heftigen Symptomen. Ärztliche Hilfe notwendig!

Spagyrische Essenzen:	Bärlapp, Berberitze, Bittersüßer Nachtschatten, Goldrute, Hagebutte, Orthosiphon, Sarsaparille, Tollkirsche.
Wasser-anwendungen:	Nur bei chronischen Fällen: Ansteigendes Fußbad, zwei- bis dreimal wöchentlich, abends. Technik: siehe unter Bettnässen. Essenzen: Je 12 Tropfen Berberitzen- und Goldrutenessenz.
Kräutertee:	Nur in chronischen Fällen: Mischung aus Hagebutte, Rosmarin, Goldrute und Fenchel. Zubereitung: 1 Teelöffel pro ¼ l Wasser, überbrühen, 3 Minuten ziehen lassen, 1 l über den Tag verteilt trinken.
Bewegung:	Nach Abheilung der akuten Phase regelmäßiges Bewegungstraining unter Vermeidung von Unterkühlung in der Nierengegend und den Füßen.
Ernährung:	Kein Kochsalz. Alle Speisen ausschalten, die viel Natrium enthalten. Vitalstoffreiche Kost mit vermindertem Eiweißgehalt (wenig Milch, Quark, Eier, Käse; Eiweißhöchstmenge: 60 g pro Tag). Öfters Saftfasten. Wenig Fleisch, viel Dinkel.
Seelisch-geistige Ordnung:	Regulierung der Alltagsrhythmen. Regelmäßige Entspannungsübungen.

Nierensteine

Es handelt sich um Steinbildungen in der Niere, die in den Harnleiter gelangen können und Koliken verursachen.

Spagyrische Essenzen:	Bärlapp, Berberitze, Goldrute, Hagebutte, Krapp, Löwenzahn, Maiglöckchen, Rosmarin, Wacholder.
Wasser-anwendungen:	Ansteigendes Fußbad zwei- bis dreimal wöchentlich, abends. Technik: siehe Bettnässen. Essenzen: Je 12 Tropfen Berberitzenessenz und Krappessenz.
Kräutertee:	Mischung aus Hagebutte, Goldrute, Löwenzahn und Fenchel. Zubereitung: 1 Teelöffel pro ¼ l Wasser, überbrühen, 3 Minuten ziehen lassen, 1 l über den Tag verteilt trinken.

Bewegung:	Regelmäßiger Ausgleichsport mit Wandern, Radfahren, Laufen etc. Dabei Nierengegend immer warmhalten.
Ernährung:	Salzlose Kost, eiweißarme Vollwerternährung. Wichtig: Zusätzlich zu dem 1 l Kräutertee sollte noch mindestens 1 l natriumarmes Mineralwasser oder Frucht- bzw. Gemüsesaft getrunken werden, damit die Niere stets gut durchspült wird.
Seelisch-geistige Ordnung:	Nierensteine können auch psychosomatisch bedingt sein. Deshalb regelmäßige Entspannungsübungen.

Prostataadenom

Es handelt sich um eine gutartige Vergrößerung der Prostata, die mit zunehmendem Alter mit Beschwerden beim Wasserlassen auftritt.

Spagyrische Essenzen:	Doldenblütiges Wintergrün, Espe, Goldrute, Kürbis, Roter Fingerhut, Zwergpalme.
Wasseranwendungen:	Ansteigendes Fußbad, zwei- bis dreimal wöchentlich, abends. Technik: siehe unter Bettnässen. Essenzen: Je 12 Tropfen Zwergpalmen- und Espenessenz.
Kräutertee:	Mischung aus Hagebutte, Goldrute, Brennessel und Fenchel. Zubereitung: 1 Teelöffel pro ¼ l Wasser, überbrühen, 3 Minuten ziehen lassen, 1 l über den Tag verteilt trinken.
Bewegung:	Körpertraining mit Schwimmen, Laufen, Radfahren, Wandern, etc.
Ernährung:	Vollwertkost, wenig Fleisch, Rohkost soweit verträglich. Täglich 3 bis 4 Eßlöffel Kürbissamen unter Müsli mischen.
Seelisch-geistige Ordnung:	Harmonisierung der Alltagsrhythmen, autogenes Training, Yoga oder Meditationsübungen.

Rheumatismus

Es handelt sich um einen Sammelbegriff für rheumatische Erkrankungen in den Weichteilen (Muskeln, Bindegewebe, Fettgewebe etc.) mit ausgeprägten Schmerzen.

Spagyrische Essenzen:	Alraune, Arnika, Alpenrose, Bittersüßer Nachtschatten, Echter Eisenhut, Guajakholz, Giftsumach, Löwenzahn, Wacholder, Zaunrübe.
Wasseranwendungen:	Bei chronischen Zuständen: Heublumenvollbad, zwei- bis dreimal wöchentlich, abends.

Technik: 500 g Heublumen werden mit 4 bis 5 l Wasser kalt angesetzt und zum Kochen gebracht. Bei kleiner Hitze 10 Minuten köcheln, abgießen, je 12 Tropfen Guajakholz-, Löwenzahn- und Wacholderessenz beifügen und die Abkochung ins Badewasser gießen. Badedauer: 15 bis 20 Minuten bei 37° bis 38°. Anschließend geht man gleich ins Bett.

Kräutertee:	Mischung aus Brennessel, Löwenzahn, Birkenblättern und Fenchel. Zubereitung: 1 Teelöffel pro ¼ l Wasser, überbrühen, 3 Minuten ziehen lassen, 1 l über den Tag verteilt trinken.
Bewegung:	Im chronischen Zustand gezielte Rheumagymnastik.
Ernährung:	Fleisch-, fett- und salzarme Vollwertkost, Rohkost, Dinkelspeisen.
Seelisch-geistige Ordnung:	Autogenes Training, Yoga, Meditation.

Schlaflosigkeit

Es handelt sich um Störungen des Einschlafens oder des Durchschlafens mit nächtlichem Aufwachen und innerer Unruhe.

Spagyrische Essenzen:	Baldrian, Bilsenkraut, Hafer, Kamille, Kaffeestrauch, Kokkelskörner, Lavendel, Melisse, Passionsblume, Stephanskörner.
Wasseranwendungen:	Kalte Leibwaschung abends im Bett. Technik: Nachdem man sich im Bett genügend erwärmt hat, deckt man sich auf, taucht einen Waschlappen in ein bereitstehendes Eimerchen mit kaltem Wasser, dem 12 Tropfen Haferessenz beigefügt wurden, drückt den Lappen aus und fährt mit ihm in kreisenden Bewegungen spiralförmig um den Bauch. Dabei den Lappen öfters umdrehen und neu eintauchen, wenn er sich erwärmt hat. Insgesamt etwa 30 Kreisbewegungen ausführen. Ohne abzutrocknen, deckt man sich wieder zu.
Kräutertee:	Mischung aus Melisse, Lavendel, Kamille und Fenchel. Zubereitung: 1 Teelöffel pro ¼ l Wasser, überbrühen, 3 Minuten ziehen lassen, abends 1 bis 2 Tassen trinken.
Bewegung:	Da Schlaflosigkeit, wie jede andere Krankheit auch, nicht isoliert gesehen werden kann, spielt ausreichendes Körpertraining eine wichtige Rolle. Abendlicher Freizeitsport mit nachfolgender Entspannung.

Ernährung:	Vitalstoffreiche Vollwertkost. Besonders abends leicht verdaulich und in der Menge mäßig essen.
Seelisch-geistige Ordnung:	Den Alltag den Naturrhythmen angleichen. Wichtig: Erlernung des autogenen Trainings, das auch abends im Bett durchgeführt werden kann und oftmals schnell zu einem ungestörten Schlaf führt.

Schnupfen

Es handelt sich um eine entzündliche Reizung der Nasenschleimhaut mit wäßrigen oder schleimigen Absonderungen.

Spagyrische Essenzen:	Alpenveilchen, Eukalyptus, Kamille, Kanadische Gelbwurz, Katzenkraut, Kiefer, Kuhschelle, Tollkirsche, Walnuß, Zwiebel.
Wasser-anwendungen:	Täglich Kamillendampf. Technik: siehe unter Nebenhöhlenentzündung. Essenzen: Je 12 Tropfen Zwiebel- und Kieferessenz.
Kräutertee:	siehe unter Nebenhöhlenentzündung.
Bewegung:	siehe unter Nebenhöhlenentzündung.
Ernährung:	siehe unter Nebenhöhlenentzündung.
Seelisch-geistige Ordnung:	siehe unter Nebenhöhlenentzündung.

Schuppenflechte

Es handelt sich um eine Hauterkrankung, die oft in der Pubertät beginnt, mit silbrigweißen, schuppenden, abgegrenzten Hautstellen.

Spagyrische Essenzen:	Ackerstiefmütterchen, Klette, Lebensbaum, Mahonie, Sarsaparille.
Wasser-anwendungen:	Heublumenvollbad, zwei- bis dreimal wöchentlich, abends. Technik: siehe unter Rheumatismus. Essenzen: Je 12 Tropfen Ackerstiefmütterchen-, Mahonien- und Sarsaparilleessenz.
Kräutertee:	siehe unter Ekzem.
Bewegung:	siehe unter Ekzem.
Ernährung:	siehe unter Ekzem.
Seelisch-geistige Ordnung:	siehe unter Ekzem.

Sehnenscheidenentzündung

Es handelt sich um eine Entzündung des Sehnenscheidengewebes mit Beteiligung der Sehne selbst, häufig am Unterarm durch Überanstrengung.

Spagyrische Essenzen:	Arnika, Beinwell, Weinraute, Zaunrübe.
Wasser-anwendungen:	Lehmpflaster, mehrmals täglich. Technik: Rühren Sie Heilerde mit kaltem Wasser, einem Schuß Essig und 12 Tropfen Beinwellessenz zu einem dicken Brei an und streichen Sie diesen auf einen Leinenlappen. Darüber wird eine dünne Lage Mull gelegt. Mit der mullbedeckten Seite wird das Pflaster auf die erkrankte Stelle gelegt und mit einem Handtuch gut umwickelt. Die Packung bleibt bis zum Trockenwerden des Lehms liegen. Anschließend wird abgewaschen, und die Haut mit einer Creme oder einem Hautfunktionsöl eingerieben.
Kräutertee:	Mischung aus Holunderblüten, Erdbeerblättern, Hagebuttenschalen und Fenchel. Zubereitung: 1 Teelöffel pro ¼ l Wasser, überbrühen, 3 Minuten ziehen lassen, 1 l über den Tag verteilt trinken.
Bewegung:	Ruhigstellung des kranken Körperteils.
Ernährung:	Grundsätzlich Umstellung auf Vollwertkost, fleischarm.
Seelisch-geistige Ordnung:	Autogenes Training auch im Akutfall praktizierbar.

Unterschenkelgeschwüre

Es handelt sich um einen offenen Gewebedefekt im Verlauf von venösen Stauungen durch Krampfadern und Venenentzündungen.

Spagyrische Essenzen:	Arnika, Bärlapp, Beinwell, Kegelblume, Mariendistel, Ringelblume, Roßkastanie, Schafgarbe, Virginischer Zauberstrauch, Zinnkraut.
Wasser-anwendungen:	Lehmpflaster, mehrmals täglich. Technik: siehe unter Sehnenscheidenentzündung. Essenz: 12 Tropfen Virginischer Zauberstrauch-Essenz.
Kräutertee:	siehe unter Hämorrhoiden.
Bewegung:	siehe unter Hämorrhoiden.
Ernährung:	siehe unter Hämorrhoiden.
Seelisch-geistige Ordnung:	siehe unter Hämorrhoiden.

Venenentzündung

Es handelt sich um eine Entzündung der Venen, hauptsächlich in den Beinen vorkommend, mit oder ohne Pfropfbildung (Thrombose).

Spagyrische Essenzen:	Arnika, Beinwell, Kegelblume, Roßkastanie, Schafgarbe, Tollkirsche, Virginischer Zauberstrauch.
Wasser-anwendungen:	Lehmpflaster, mehrmals täglich. Technik: siehe unter Sehnenscheidenentzündung. Essenz: 12 Tropfen Roßkastanienessenz.
Kräutertee:	siehe unter Hämorrhoiden.
Bewegung:	siehe unter Hämorrhoiden.
Ernährung:	siehe unter Hämorrhoiden.
Seelisch-geistige Ordnung:	siehe unter Hämorrhoiden.

Verstopfung

Es handelt sich um eine Trägheit der Darmmuskulatur mit zu geringer Häufigkeit der Stuhlentleerung und Ansammlung von Kotmassen im Darm.

Spagyrische Essenzen:	Alraune, Bärlapp, Brechnuß, Kanadische Grießwurzel, Mariendistel, Zaunrübe.
Wasser-anwendungen:	Leibwaschung jeden Abend. Technik: siehe unter Schlaflosigkeit. Essenz: 12 Tropfen Brechnußessenz.
Kräutertee:	Mischung aus Erdbeerblättern, Schlehenblüten, Brombeerblättern und Fenchel. Zubereitung: 1 Teelöffel pro ¼ l Wasser, überbrühen, 3 Minuten ziehen lassen, 1 l über den Tag verteilt trinken.
Bewegung:	Da Verstopfung oft mit körperlicher Trägheit zusammenhängt, ist ausreichendes Körpertraining ein entscheidender Faktor in der Behandlung: täglich Schwimmen, Laufen, Radfahren etc.
Ernährung:	Neben der Bewegung zweiter, wichtiger Aspekt: Vollwertkost mit ausreichend ballaststoffreichen Lebensmitteln (Vollkornprodukte, Dinkel, Rohkost soweit verträglich, milchsäurehaltige Nahrung wie Sauerkraut, Bioghurt, Kefir, Sauermilch, Kurmolke).
Seelisch-geistige Ordnung:	Alltag an die Naturrhythmen angleichen mit täglichen Entspannungsübungen.

Wechseljahrbeschwerden

Es handelt sich um körperliche und seelische Beschwerden bei der Hormonumstellung in den Wechseljahren mit z. B. Schweißausbrüchen, Hitzewallungen, depressiver Verstimmung etc.

Spagyrische Essenzen:	Frauenmantel, Ignatiusbohne, Kamille, Kuhschelle, Schafgarbe, Taubnessel, Wanzenkraut.
Wasseranwendungen:	Wechselfußbad, zwei- bis dreimal wöchentlich. Technik: siehe unter Heuschnupfen. Essenzen: je 12 Tropfen Frauenmantel und Schafgarbenessenz.
Kräutertee:	Mischung aus Kamille, Schafgarbe, Johanniskraut und Fenchel. Zubereitung: 1 Teelöffel pro ¼ l Wasser, überbrühen, 3 Minuten ziehen lassen, 1 l über den Tag verteilt trinken.
Bewegung:	Tägliches Körpertraining in frischer Luft: Laufen, Schwimmen, Radfahren, Gymnastik etc.
Ernährung:	Vollwertkost mit hohem Anteil an Frischkost, Fleisch, fett- und salzarm. Viel Dinkelspeisen. Öfters Schalttage mit Saftfasten einlegen. Für guten Stuhlgang sorgen.
Seelisch-geistige Ordnung:	Da die Psyche bei Beschwerden der Wechseljahre immer mitbetroffen ist, ist ein konsequentes Entspannungstraining unerläßlich: entweder Yoga, Meditation oder autogenes Training.

Zahnfleischentzündung

Es handelt sich um Entzündungserscheinungen am Zahnfleisch mit Blutungen.

Spagyrische Essenzen:	Arnika, Blutwurz, Kamille, Kanadische Grießwurzel, Katzenkraut, Käsepappel, Kegelblume, Kuhschelle, Salbei, Walnuß.
Wasseranwendungen:	Mundspülungen, mehrmals täglich. Technik: Je 1 Teelöffel Salbei- und Walnußblätter werden mit ¼ l heißem Wasser überbrüht und 10 Minuten ziehen gelassen. Danach seiht man ab und gibt 12 Tropfen Kegelblumenessenz hinzu. Mit dem auf lauwarme Temperatur abgekühlten Aufguß wird der Mund häufig gespült.
Kräutertee:	–
Bewegung:	Da Zahnfleischbluten Ausdruck einer inneren Störung sein kann, muß auch bei dieser Beschwerde eine umfassende

	Grundbehandlung gemacht werden. Hierzu gehört Körpertraining mit regelmäßigem Ausgleichssport.
Ernährung:	Vollwertkost, vitalstoffreich und fleischarm. Lebensmittel mit hohem Vitamin-C-Gehalt bevorzugen.
Seelisch-geistige Ordnung:	–

Zwölffingerdarmgeschwür

Es handelt sich um einen geschwürigen Defekt in der Schleimhaut des Zwölffingerdarms mit Schmerzen im Oberbauch einige Zeit nach dem Essen.

Behandlung siehe unter Magengeschwür.

IV
Tabellen spagyrischer Pflanzenessenzen

Von rund 500 Pflanzen gibt es spagyrische Essenzen im Handel. Jede Apotheke kann sie besorgen. Sie unterstehen nicht der Rezeptpflicht, da alle schädlichen Substanzen, selbst die von Giftpflanzen wie Tollkirsche oder Fliegenpilz, nicht mehr in der fertigen Essenz nachzuweisen sind. Ihre Anwendung ist daher gefahrlos.

Die Essenzen sind ausschließlich unter ihren botanischen Bezeichnungen handelsüblich. Auch ist darauf zu achten, stets den Hinweis »Urtinktur spagyrisch« hinter den botanischen Pflanzennamen anzufügen, um Verwechslungen mit homöopathischen Potenzen gleicher Bezeichnung auszuschließen. So ist z. B. die spagyrische Essenz des Löwenzahns unter dem Namen »Taraxacum Ø spagyrisch« über Apotheken lieferbar (Ø ist das Zeichen für Urtinktur und wurde aus der Homöopathie entlehnt).

In den folgenden Tabellen finden Sie die Pflanzen aufgelistet, von denen spagyrische Essenzen hergestellt werden. Die erste Spalte bringt sie nach deutschen Pflanzennamen alphabetisch geordnet, die zweite mit den botanischen Bezeichnungen.

Deutsch – botanisch

Ackergünsel	Ajuga chamaepitys
Acker-Skabiose	Scabiosa arvensis
Ackerstiefmütterchen	Viola tricolor
Ackerwinde	Convolulus arvensis
Adonisröschen	Adonis vernalis
Afrikanische Tamariske	Tamarix africana
Afrikanische Teufelskralle	Harpoagophytum procumbens
Akelei	Aquilegia vulgaris
Alant	Inula helenium
Aloe	Aloe
Alpenfrauenmantel	Alchemilla alpina
Alpenrose	Rhododendron ferrugineum
Alpenveilchen	Cyclamen europeum
Alraune	Mandragora officinarum
Amerikanischer Faulbaum	Cascara sagrada
Amerikanische Narde	Aralia racemosa
Amerikanisches Wintergrün	Gaultheria procumbens
Andorn	Marrubium vulgare
Anis	Anisum

Deutsch – botanisch

Apfelbaum	Pirus malus
Arnika	Arnica montana
Aronstab	Arum maculatum
Aschenpflanze	Cineraria maritima
Attich	Sambucus ebulus
Augentrost	Euphrasia officinalis
Bachnelkenwurz	Geum rivale
Baldrian	Valeriana officinalis
Bartflechte	Usnea barbata
Basilienkraut/Basilikum	Basilicum
Baumartige Hortensie	Hydrangea arborescens
Baumwollstaude	Gossypium herbaceum
Bärenklau	Heracleum sphondylium
Bärlauch	Allium ursinum
Bärentraube	Uva ursi
Bärlapp	Lycopodium
Beifuß	Artemisia vulgaris
Beinwell	Symphytum officinale
Benediktendistel	Carduus benedictus
Berberitze	Berberis vulgaris
Berggünsel	Ajuga montana
Berglorbeer	Kalmia latifolia
Bergnymphe	Dryas octopetala
Besenginster	Sarothamnus scoparius
Bibernell	Pimpinella saxifraga
Bilsenkraut	Hyoscyamus niger
Bingelkraut	Mercurialis perennis
Birke	Betula alba
Bittere Mandeln	Amygdalae amarae
Bittere Schleifenblume	Iberis amara
Bitterholz	Quassia amara
Bitterklee	Menyanthes trifoliata
Bittersüßer Nachtschatten	Dulcamara
Blasentang	Fucus vesiculosus
Blauer Hahnenfuß	Caulophyllum thalictroides
Blutwurz	Tormentilla
Bocksdorn	Lycium berberis
Bockshornklee	Foenum graecum
Bohne	Phaseolus vulgaris
Bohnenkraut	Satureja hortensis
Boldobaum	Boldo
Borretsch	Borago officinalis
Braunwurz	Scrophularia nodosa
Brechnuß	Nux vomica
Brechwurzel	Ipecacuanha
Breitwegerich	Plantago major
Brennessel, große	Urtica dioica

Deutsch – botanisch

Brennessel, kleine	Urtica urens
Brombeere	Rubus fruticosus
Brunnenkresse	Nasturtium officinale
Buchsbaum	Buxus sempervirens
Buchweizen	Fagopyrum esculentum
Bukkoblätter	Bucco
Buschbohne	Phaseolus nanus
Buschwindröschen	Anemone nemorosa
Ceylonzimt	Cinnamomum zeylanicum
Chinarinde	China
Chinesischer Götterbaum	Ailanthus glandulosa
Christophskraut	Actaea spicata
Christrose	Helleborus niger
Cochenille	Coccus cacti
Condurangorinde	Condurango
Cypressenwolfsmilch	Euphorbia cyparissias
Damiana	Damiana
Deutscher Bertram	Anacyclus officinarum
Deutsche Schwertlilie	Iris germanica
Deutsche Tamariske	Tamarix germanica
Dill	Anethum graveolens
Diptam	Dictamnus albus
Doldenblütiges Wintergrün	Chimaphila umbellata
Dolden-Habichtskraut	Hieracium umbellatum
Dost	Origanum vulgare
Eberraute	Abrotanum
Eberwurz	Carlina acaulis
Echte Nelkenwurz	Geum urbanum
Echter Ehrenpreis	Veronica officinalis
Echter Sturmhut	Aconitum napellus
Edelgarbe	Achillea eupatorium
Efeu	Hedera helix
Eibe	Taxus baccata
Eibisch	Althaea officinalis
Eicheln	Quercus e glandibus
Eichenrinde	Quercus e cortice
Einbeere	Paris quadrifolia
Eisenkraut	Verbena officinalis
Engelsüß	Polypodium vulgare
Engelwurz	Angelica archangelica
Entenfuß	Podophyllum peltatum
Erdbeere	Fragaria vesca
Erdrauch	Fumaria officinalis
Eschenahorn	Acer negundo
Eselsdistel	Onopordon acanthium

Espe	Populus temula
Eukalyptus	Eucalyptus
Falsche Akazie	Robinia pseudacacia
Faulbaum	Frangula
Färberginster	Genista tinctoria
Feigen-Kaktus	Opuntia vulgaris
Feldmannstreu	Eryngium campestre
Feldrüster	Ulmus campestris
Felsenpfeffer	Sedum repens
Fenchel	Foeniculum vulgare
Fettkraut	Penguicula vulgaris
Feuerkraut	Erechthites hieracifolia
Flachs	Linum usitatissimum
Flieder	Syringa vulgaris
Fliederblättriger Jaborandi	Jaborandi
Fliegenpilz	Agaricus muscarius
Flohknöterich	Polygonum persicaria
Flußschwamm	Badiaga
Frauenhaar	Adiantum capillus veneris
Frauenmantel	Alchemilla vulgaris
Frauenminze	Tanacetum balsamita
Froschlöffel	Alisma plantago-aquatica
Fuchs-Kreuzkraut	Senecio fuchsii
Fußblatt	Podophyllum peltatum
Galgant	Galanga
Gänseblümchen	Bellis perennis
Gänsefingerkraut	Potentilla anserina
Gartenbohne	Phaseolus vulgaris
Gartenlattich	Lactuca sativa
Gartenrose	Rosa centifolia
Gauchheil	Anagallis arvensis
Geißfuß	Aegopodium podagraria
Geißraute	Galega officinalis
Gelber Enzian	Gentiana lutea
Gelber Fingerhut	Digitalis lutea
Gelbe Taubnessel	Lamium galeobdolon
Gelbe Teichrose	Nuphar luteum
Gelbwurzel	Curcuma longa
Gemeine Quecke	Triticum repens
Gemeiner Wasserdost	Eupatorium cannabium
Gemeines Labkraut	Gallium mollugo
Gewürznelke	Caryophyllus
Giftlattich	Lactuca virosa
Giftsumach	Rhus toxicodendron
Gingkobaum	Gingko biloba
Ginsengwurzel	Ginseng

Deutsch – botanisch

Glatte Gänsedistel	Sonchus oleacerus
Goldenes Kreuzkraut	Senecio aureus
Goldfingerkraut	Potentilla aurea
Goldlack	Cheiranthus cheiri
Goldregen	Cytisus laburnum
Goldrute	Solidago virga aurea
Gottesgnadenkraut	Gratiola officinalis
Granatapfel	Punica granatum
Grindeliakraut	Grindelia robusta
Grießwurzel	Pareira brava
Großblütige Königskerze	Verbanscum thapsiforme
Große Brennessel	Urtica dioica
Große Fetthenne	Sedum telephium
Große Kapuzinerkresse	Tropaeolum majus
Großer Klappertopf	Rhinanthus major
Große Sterndolde	Astrantia major
Grüne Nieswurz	Helleborus viridis
Grüner Germer	Veratrum viridis
Grüner Tee	Thea viridis
Guajakholz	Guajacum officinalis
Gundelrebe	Glechoma hederacea
Hafer	Avena sativa
Hagebutten	Cynosbatus e fructibus
Hanfartiger Hundswürger	Apocynum cannabium
Haselwurz	Asarum europaeum
Hauhechel	Ononis spinosa
Hauswurz	Sempervivum tectorum
Heckenrose	Rosa canina
Hederich	Raphanus raphanistrum
Heidekraut	Erica vulgaris
Heidelbeere	Myrtillus
Heilziest	Betonica officinalis
Herbstzeitlose	Colchicum autumnale
Herzgespann	Leonurus cardiaca
Himbeere	Rubus ideus
Hirschzunge	Scolopendrium vulgare
Hirtentäschelkraut	Capsella bursa pastoris
Hohes Fingerkraut	Potentilla recta
Hohlzahn	Galeopsis ochroleuca
Holunder	Sambucus nigra
Hopfen	Lupulus
Huflattich	Farfara
Hundspetersilie	Aethusa cynapium
Hundszunge	Cynoglossum officinale
Ignatiusbohne	Ignatia
Immergrün	Vinca minor

Deutsch – botanisch

Ingwer	Zingiber officinale
Isländisches Moos	Cetraria islandica
Jacobskraut	Senecio jacobaea
Jambulfrüchte	Syzygium jabolanum
Johanniskraut	Hypericum perforatum
Juckbohne	Dolichos pruriens
Judenkirsche	Physalis alkekengi
Kaffeestrauch	Coffea arabica
Kalmus	Calamus
Kamille	Chamomilla
Kanadische Blutwurzel	Sanguinaria canadensis
Kanadische Gelbwurzel	Hydrastis canadensis
Kanadisches Berufskraut	Erigeron canadensis
Kanadische Grießwurzel	Collinsonia canadensis
Kanadisches Sonnenröschen	Cistus canadensis
Kardamomen	Cardamomum
Kartoffel	Solanum tuberosum
Kaskarillrinde	Cascarilla
Katzenklee	Trifolium arvense
Katzenkraut	Marum verum
Käsepappel	Malva silvestris
Kermesbeere	Phytolacca decandra
Keuschlamm	Agnus castus
Kiefer	Pinus silvestris
Kirschlorbeer	Laurocerasus
Klatschmohn	Papaver rhoeas
Kleblabkraut	Galium aparine
Kleiner Sauerampfer	Rumex acetosella
Klette	Arctium lappa
Knabenkraut	Orchis morio
Knoblauch	Allium sativum
Knolliger Hahnenfuß	Ranunculus bulbosus
Knollige Seidenpflanze	Asclepias tuberosa
Kokkelskörner	Cocculus
Kolanuß	Kola vera
Koloquinten	Colocynthis
Koriander	Coriandrum sativum
Kornblume	Centaurea cyanus
Kornrade	Argostemma githago
Königin der Nacht	Cactus grandiflorus
Körnersteinbrech	Saxifraga granulata
Krapp	Rubia tinctorum
Krausblättriger Ampfer	Rumex crispus
Krauseminze	Mentha crispa
Kreuzblättrige Wolfsmilch	Euphorbia lathyrus
Kreuzblume	Polygala amara

Deutsch – botanisch

Kreuzdorn	Rhamnus cathartica
Kreuzenzian	Gentiana cruciata
Kriechender Günsel	Ajuga reptans
Kubebenpfeffer	Piper cubeba
Küchenzwiebel	Cepa
Kuhschelle	Pulsatilla partensis
Kuspa-Baum	Angustura
Kümmel	Carum carvi
Kürbis	Cucurbita pepo
Labkraut	Galium verum
Lauch-Gamander	Teucrium scordium
Lavendel	Lavandula officinalis
Lärche	Larix decidua
Lärchenschwamm	Boletus laricis
Läusesamen	Sabadilla officinalis
Lebensbaum	Thuja occidentalis
Leberblümchen	Hepatica triloba
Leinkraut	Linaria vulgaris
Lerchensporn	Corydalis cava
Liebstöckel	Levisticum officinale
Linde	Tilia
Lobelia	Lobelia inflata
Lorbeer	Laurus nobilis
Löffelkraut	Cochlearia officinalis
Lungenflechte	Sticta pulmonaria
Lungenkraut	Pulmonaria officinalis
Mahonie	Berberis aquifolium
Maiglöckchen	Convallaria majalis
Maisbrand	Ustilago maydis
Mais-Narben	Stigmata maydis
Majoran	Majorana
Mariendistel	Carduus marianus
Matico-Pfeffer	Matico
Männertreu	Veronica chamaedrys
Meerrettich	Armoracia
Meerschwamm	Spongia officinalis
Meertäubchen	Ephedra vulgaris
Meerzwiebel	Scilla maritima
Meisterwurz	Imperatoria ostruthium
Melisse	Melissa officinalis
Milchstern	Ornithogalum umbellatum
Mistel	Viscum album
Morgenländische Zackenschote	Bunias orientalis
Moschuswurzel	Sumbulus moschatus
Möhre	Daucus carota

Deutsch – botanisch

Muskatnuß	Nux moschata
Mutterkorn	Secale cornutum
Myrte	Myrtus
Nachtkerze	Oenothera biennis
Nachtschatten	Solanum nigrum
Natterwurz	Polygonum bistorta
Nelkenpfeffer	Myrtus pimenta
Ochsenzunge	Anchusa officinalis
Odermennig	Agrimonia eupatoria
Oleander	Oleander
Oleanderblättrige Thevetie	Thevetia neriifolia
Ontario-Pappel	Populus canadensis
Orthosiphon	Orthosiphonis stamineus
Ostindische Elefantenlaus	Anacardium orientale
Palm-Lilie	Yucca filamentosa
Panamarinde	Quillaya saponaria
Paprika	Capsicum annuum
Paraguay-Mate	Mate
Para-Kresse	Spilathes oleracea
Passionsblume	Passiflora incarnata
Pastinak	Pastinaca sativa
Pestwurz	Petasites officinalis
Petersilie	Petroselinum sativum
Peyotl	Peyotl
Pfaffenhütchen	Evonymus europaeus
Pfefferminze	Mentha piperita
Pfingstrose	Paeonia officinalis
Pflaumenblättriger Schneeball	Viburnum prunifolium
Pomeranze	Aurantium
Portulak	Portulaca sativa
Potenzholz	Muira puama
Preiselbeere	Vaccinium vitis-idaea
Purgierkörner	Croton tiglium
Purpurblütiger Spindelbaum	Evonymus atropurpurea
Purpurweide	Salix purpurea
Quendel	Serphyllum
Quitte	Cydonia vulgaris
Rainfarn	Tanacetum vulgare
Ratanhiawurzel	Ratanhia
Rauher Sonnenhut	Rudbeckia hirta
Rauhes Veilchen	Viola hirta
Rauke	Sisymbrium officinale
Rauwolfie	Rauwolfia serpentina

Deutsch – botanisch

Rebendolde	Oenanthe crocata
Reiherschnabel	Erodium cicutarium
Rhabarber	Rheum palmatum
Riesenbovist	Bovista
Ringelblume	Calendula officinalis
Roggen	Secale cereale
Rosenschwamm	Cynosbatus
Rosmarin	Rosmarinus officinalis
Roßkastanie	Aesculus hippocastanum
Rotbuche	Fagus silvatica
Roter Fingerhut	Digitalis purpurea
Rotes Sandelholz	Santalum rubrum
Römische Kamille	Chamomilla romana
Rundblättriges Wintergrün	Pirola rotundifolia
Ruprechtskraut	Geranium Robertianum
Saatplatterbse	Lathyrus sativus
Sadebaum	Sabina
Safran	Crocus sativus
Salbei	Salvia officinalis
Salbei-Gamander	Teucrium scorodonia
Sandsegge	Carex arenaria
Sandstrohblume	Gnaphalium arenarium
Sanikel	Sanicula europaea
Sarsaparille	Sarsaparilla
Sassafrasholz	Sassafras officinale
Sauerklee	Oxalis acetosella
Schafgarbe	Achillea millefolium
Scharbockskraut	Ficaria verna
Scharfer Hahnenfuß	Ranunculus acer
Scharfer Mauerpfeffer	Sedum acre
Scharfes Berufskraut	Ericeron acris
Scharte	Serratula tinctoria
Schierling	Conium maculatum
Schlehe	Prunus spinosa
Schlüsselblume	Primula veris
Schmalblättrige Kegelblume	Echinacea angustifolia
Schneeball	Viburnum opulus
Schöllkraut	Chelidonium majus
Schönes Johanniskraut	Hypericum pulchrum
Schwalbenwurz	Vincetoxicum officinale
Schwarze Johannisbeere	Ribes nigra
Schwarzer Rettich	Raphanus sativus
Schwarzer Senf	Sinapis nigra
Schwarzkümmel	Nigella sativa
Schwärzliche Weide	Salix nigra
Schwertlilie	Iris versicolor
Seckelblume	Ceanothus americanus

Deutsch – botanisch

Seidelbast	Mezereum
Seidenpflanze	Asclepias incarnata
Seifenkraut	Saponaria officinalis
Sellerie	Apium graveolens
Senega-Kreuzblume	Senega
Senna	Senna
Silberpappel	Populus alba
Silberweide	Salix alba
Sonnenblume	Helianthus annuus
Sonnentau	Drosera rotundifolia
Spargel	Asparagus officinalis
Speiteufel	Agaricus emeticus
Spitzwegerich	Plantago lanceolata
Stechapfel	Stramonium
Stechpalme	Ilex aquifolium
Steife Waldrebe	Clematis recta
Steinklee	Melilotus officinalis
Stephanskörner	Staphisagria
Sternanis	Anisum stellatum
Strophanthussamen	Strophanthus gratus
Studentenblume	Tagetes erectus
Sumpfdotterblume	Caltha palustris
Sumpfpost	Ledum palustre
Sumpf-Weidenröschen	Epilobium palustre
Süßholz	Glycyrrhiza glabra
Tabak	Tabacum
Taubnessel	Lamium album
Tausendgüldenkraut	Erythraea centaurium
Teufelskralle	Phyteuma spicatum
Teufelszwirn	Cuscuta europaea
Thymian	Thymus vulgaris
Tigerlilie	Lilium tigrinum
Tollkirsche	Belladonna
Tormentill	Tormentilla
Traubenkirsche	Prunus padus
Türkenbund	Lilium martagon
Vergißmeinnicht	Myosotis arvensis
Verschiedenfarbige Schwertlilie	Iris versicolor
Virginischer Ehrenpreis	Leptandra virginica
Virginischer Schneeflockenbaum	Chionanthusvirginica
Virginischer Wolfsfuß	Lycopus virginicus
Virginischer Zauberstrauch	Hamamelis virginica
Virginischer Zeder	Juniperus virginiana
Vogelbeere	Sorbus aucuparia
Vogelknöterich	Polygonum aviculare
Vogelmiere	Stellaria media

Deutsch – botanisch

Wacholder	Juniperus communis
Wachsbeere	Myrica cerifera
Waldmeister	Asperula odorata
Waldplatterbse	Lathyrus silvestris
Walnuß	Juglans regia
Wanzenkraut	Cimicifuga racemosa
Wasserfenchel	Phellandrium aquaticum
Wasserhanf	Eupatorium perfoliatum
Wasserlinse	Lemna minor
Wasserminze	Mentha aquatica
Wasserpfeffer	Hydropiper
Wasserschierling	Cicuta virosa
Wegwarte	Cichorium intybus
Weicher Bärenklau	Acanthus mollis
Weinraute	Ruta graveolens
Weinstock	Vitis vinifera
Weißdornblüten	Crataegus oxyacantha e floribus
Weißdornbeeren	Crataegus oxyacantha e baccis
Weiße Birke	Betula alba
Weiße Esche	Fraxinus americana
Weiße Lilie	Lilium candidum
Weißer Germer	Veratrum album
Weißer Quebracho	Quebracho
Weißer Senf	Sinapis alba
Weißes Sandelholz	Santalum album
Weiße Seerose	Nymphaea alba
Weißtanne	Abies alba
Wermut	Absinthium
Wiesenknopf	Sanguisorba officinalis
Wiesenkönigin	Spiraea ulmaria
Wiesenschaumkraut	Cardamine partensis
Wiesenstorchschnabel	Geranium partense
Wilder Indigo	Baptisia tinctoria
Wilder Jasmin	Gelsemium sempervirens
Wilder Wein	Ampelopsis quinquefolia
Winterschachtelhalm	Equisetum hiemale
Wohlriechender Gänsefuß	Chenopodium ambrosioides
Wohlriechender Storchschnabel	Geranium odoratissimum
Wohlriechendes Veilchen	Viola odorata
Wolfsfuß	Lycopus europaeus
Woll-Ballote	Ballota lanata
Wunderbaum	Ricinus communis
Wundklee	Anthyllis vulneraria
Wurmfarn	Filix mas
Wurmkraut	Spigelia anthelmia
Yagé	Yagé
Yamswurzel	Dioscorea villosa

Yerba Santa	Yerba Santa
Yohimberinde	Yohimbe
Zahnstocher-Ammel	Ammi visnaga
Zaunrübe	Bryonia alba
Zinnkraut	Equisetum arvense
Zitrone	Citrus limonum
Zitwersamen	Cina
Zitwerwurzel	Zedoaria
Zwergpalme	Sabal serrulatum
Zwiebel	Cepa

Botanisch – deutsch

Abies alba	Weißtanne
Abrotanum	Eberraute
Absinthium	Wermut
Acanthus mollis	Weicher Bärenklau
Acer negundo	Eschenahorn
Achillea eupatorium	Edelgarbe
Aconitum napellus	Echter Sturmhut
Actaea spicata	Christophskraut
Adiantum capillus veneris	Frauenhaar
Adonis vernalis	Adonisröschen
Aegopodium podagraria	Geißfuß
Aesculus hippocastanum	Roßkastanie
Aethusa cynapium	Hundspetersilie
Agaricus emeticus	Speiteufel
Agaricus muscarius	Fliegenpilz
Agnus castus	Keuschlamm
Agrimonia eupatoria	Odermennig
Agrostemma githago	Kornrade
Ailanthus glandulosa	Chinesischer Götterbaum
Ajuga chamaepitys	Ackergünsel
Ajuga montana	Berggünsel
Ajuga reptans	Kriechender Günsel
Alchemilla alpina	Alpenfrauenmantel
Alchemilla vulgaris	Frauenmantel
Alisma plantago-aquatica	Froschlöffel
Allium sativum	Knoblauch
Allium ursinum	Bärenlauch
Aloe	Aloe
Alpinia officinarum	Galgant
Althaea officinalis	Eibisch
Ammi visnaga	Zahnstocher-Ammel
Ampelopsis quinquefolia	Wilder Wein
Amygdalae amarae	Bittere Mandeln
Anacardium orientale	Ostindische Elefantenlaus
Anacyclus officinarum	Deutscher Bertram
Anagallis arvensis	Gauchheil
Anchusa officinalis	Ochsenzunge
Anemomene nemorosa	Buschwindröschen
Anethum graveolens	Dill
Angelica archangelica	Engelwurz
Angustura	Kuspa-Baum
Anisum stellatum	Sternanis
Anisum	Anis
Anthyllis vulneraria	Wundklee
Apium graveolens	Sellerie
Apocynum cannabium	Hanfartiger Hundswürger
Aquilegia vulgaris	Akelei
Aralia racemosa	Amerikanische Narde

Botanisch – deutsch

Arctium lappa	Klette
Armoracia	Meerrettich
Arnica montana	Arnika
Artemisia vulgaris	Beifuß
Arum maculatum	Aronstab
Asarum europaeum	Haselwurz
Asclepias incarnata	Seidenpflanze
Asclepias syriaca	Syrische Seidenpflanze
Asclepias tuberosa	Knollige Seidenpflanze
Asparagus officinalis	Spargel
Asperula odorata	Waldmeister
Astrantia major	Große Sterndolde
Aurantium	Pomeranze
Avena sativa	Hafer
Badiaga	Flußschwamm
Ballota lanata	Woll-Ballote
Banjagé/Yagé	Yagé
Baptisia tinctoria	Wilder Indigo
Basilicum	Basilienkraut (Basilikum)
Belladonna	Tollkirsche
Bellis perennis	Gänseblümchen
Berberis aquifolium	Mahonie
Berberis vulgaris	Berberitze
Betonica officinalis	Heilziest
Betula alba	Weiße Birke
Boldo	Boldobaum
Boletus laricis	Lärchenschwamm
Borago officinalis	Borretsch
Bovista	Riesenbovist
Brassica nigra	Schwarzer Senf
Bryonia alba	Zaunrübe
Bucco	Bukkoblätter
Bunias orientalis	Morgenländische Zackenschote
Buxus sempervirens	Buchsbaum
Cactus grandiflorus	Königin der Nacht
Calamus	Kalmus
Calendula officinalis	Ringelblume
Caltha palustris	Sumpfdotterblume
Capsella bursa pastoris	Hirtentäschelkraut
Capsicum annuum	Paprika
Cardamine partensis	Wiesenschaumkraut
Cardamomum	Kardamomen
Carduus benedictus	Benediktendistel
Carduus marianus	Mariendistel
Carex arenaria	Sandsegge
Carlina acaulis	Eberwurz

Botanisch – deutsch

Carum carvi	Kümmel
Caryophyllus	Gewürznelke
Cascara sagrada	Amerikanischer Faulbaum
Cascarilla	Kaskarillrinde
Caulophyllum thalictroides	Blauer Hahnenfuß
Ceanothus americanus	Seckelblume
Centaurea cyanus	Kornblume
Cepa	Küchenzwiebel
Cetraria islandica	Isländisches Moos
Chamomilla	Kamille
Chamomilla romana	Römische Kamille
Cheiranthus cheiri	Goldlack
Chelidonium majus	Schöllkraut
Chenopodium ambrosioides	Wohlriechender Gänsefuß
Chimaphila umbellata	Doldenblütiges Wintergrün
China	Chinarinde
Chionanthus virginica	Virginischer Schneeflockenbaum
Cichorium intybus	Wegwarte
Cicuta virosa	Wasserschierling
Cimicifuga racemosa	Wanzenkraut
Cina	Zitwersamen
Cineraria maritima	Aschenpflanze
Cinnamomum zeylanicum	Ceylonzimt
Cistus canadensis	Kanadisches Sonnenröschen
Citrus limonum	Zitrone
Clematis recta	Steife Waldrebe
Cocculus	Kokkelskörner
Coccus cacti	Cochenille
Cochlearia officinalis	Löffelkraut
Coffea arabica	Kaffeestrauch
Colchicum autumnale	Herbstzeitlose
Collinsonia canadensis	Kanadische Grießwurzel
Colocynthis	Koloquinten
Colombo	Kolombowurzel
Condurango	Condurangorinde
Conium maculatum	Schierling
Convallaria majalis	Maiglöckchen
Convolvulus arvensis	Ackerwinde
Coriandrum sativum	Koriander
Corydalis cava	Lerchensporn
Crataegus oxyacantha e braccis	Weißdornbeeren
Crataegus oxyacantha e floribus	Weißdornblüten
Crocus sativus	Safran
Croton elateria	Kaskarillrinde
Croton tiglium	Purgierkörner
Cubeba	Kubebenpfeffer
Cucubita pepo	Kürbis
Curcuma longa	Gelbwurzel

Botanisch – deutsch

Cuscuta europaea	Teufelszwirn
Cyclamen europaeum	Alpenveilchen
Cydonia vulgaris	Quitte
Cynoglossum officinale	Hundszunge
Cynosbatus	Rosenschwamm
Cynosbatus e fructibus	Hagebutten
Cytisus laburnum	Goldregen
Damiana	Damiana
Daucus carota	Möhre
Dictamnus albus	Diptam
Digitalis lutea	Gelber Fingerhut
Digitalis purpurea	Roter Fingerhut
Dioscorea villosa	Yamswurzel
Dolichos pruriens	Juckbohne
Drosera rotundifolia	Sonnentau
Dryas octopetala	Bergnymphe
Dulcamara	Bittersüßer Nachtschatten
Echinacea angustifolia	Schmalblättrige Kegelblume
Ephedra vulgaris	Meertäubchen
Epilobium palustre	Sumpf-Weidenröschen
Equisetum arvense	Zinnkraut
Equisetum hiemale	Winterschachtelhalm
Erechthites hieracifolia	Feuerkraut
Erica vulgaris	Heidekraut
Erigeron acris	Scharfes Berufskraut
Erigeron canadensis	Kanadisches Berufskraut
Erodium cicutarium	Reiherschnabel
Eryngium campestre	Feldmannstreu
Erthraea centaurium	Tausendgüldenkraut
Eucalyptus	Eukalyptus
Eupatorium cannabium	Gemeiner Wasserdost
Eupatorium perfoliatum	Wasserhanf
Euphorbia cyparissias	Cypressenwolfsmilch
Euphorbia lathyris	Kreuzblättrige Wolfsmilch
Euphrasia officinalis	Augentrost
Evonymus atropurpuraea	Purpurblütiger Spindelbaum
Evonymus europaeus	Pfaffenhütchen
Fagopyrum esculentum	Buchweizen
Fagus silvatica	Rotbuche
Farfara	Huflattich
Ficaria verna	Scharbockskraut
Filix mas	Wurmfarn
Foeniculum vulgare	Fenchel
Foenum graecum	Bockshornklee
Fragaria vesca	Erdbeere

Botanisch – deutsch

Frangula	Faulbaum
Fraxinus americana	Weiße Esche
Fucus vesiculosus	Blasentang
Fumaria officinalis	Erdrauch
Galanga	Galgant
Galega officinalis	Geißraute
Galeopsis ochroleuca	Hohlzahn
Galium aparine	Kleblabkraut
Galium mollugo	Gemeines Labkraut
Galium verum	Labkraut
Gaultheria procumbens	Amerikanisches Wintergrün
Gelsemium sempervirens	Wilder Jasmin
Genista tinctoria	Färberginster
Gentiana cruciata	Kreuzenzian
Gentiana lutea	Gelber Enzian
Geranium odoratissimum	Wohlriechender Storchschnabel
Geranium Robertianum	Ruprechtskraut
Geum rivale	Bachnelkenwurz
Geum urbanum	Echte Nelkenwurz
Gingko biloba	Gingkobaum
Ginseng	Ginsengwurzel
Glechoma hederacea	Gundelrebe
Glycyrrhiza glabra	Süßholz
Gratiola officinalis	Gottesgnadenkraut
Grindelia robusta	Grindeliakraut
Guajacum officinalis	Guajakholz
Hamamelis virginica	Virginischer Zauberstrauch
Harpagophytum procumbens	Afrikanische Teufelskralle
Hedera helix	Efeu
Helianthus annuus	Sonnenblume
Helleborus niger	Christrose
Helleborus viridis	Grüne Nieswurz
Hepatica triloba	Leberblümchen
Heracleum sphondylium	Bärenklau
Herniaria glabra	Bruchkraut
Hieracium umbellatum	Dolden-Habichtskraut
Hydrangea arborescens	Baumartige Hortensie
Hydrastis canadensis	Kanadische Gelbwurz
Hydropiper	Wasserpfeffer
Hyoscyamus niger	Bilsenkraut
Hypericum perforatum	Johanniskraut
Hypericum pulchrum	Schönes Johanniskraut
Iberis amara	Bittere Schleifenblume
Ignatia	Ignatiusbohne
Ilex aquifolium	Stechpalme

Botanisch – deutsch

Imperatoria ostruthium	Meisterwurz
Inula helenium	Alant
Ipecacuanha	Brechwurzel
Iris germanica	Deutsche Schwertlilie
Iris versicolor	Verschiedenfarbige Schwertlilie
Jaborandi	Fiederblättriger Jaborandi
Juglans regia	Walnuß
Juniperus communis	Wacholder
Juniperus virginiana	Virginische Zeder
Kalmia latifolia	Berglorbeer
Kola vera	Kolanuß
Lactuca sativa	Gartenlattich
Lactuca virosa	Giftlattich
Lamium album	Taubnessel
Lamium galeobdolon	Gelbe Taubnessel
Larix decidua	Lärche
Lathyrus sativus	Saat-Platterbse
Lathyrus silvestris	Wald-Platterbse
Laurocerasus	Kirschlorbeer
Laurus nobilis	Lorbeer
Lavandula officinalis	Lavendel
Ledum palustre	Sumpfporst
Lemna minor	Wasserlinse
Leonurus cardiaca	Herzgespann
Leptandra virginica	Virginischer Ehrenpreis
Levisticum officinale	Liebstöckel
Lilium candidum	Weiße Lilie
Lilium martagon	Türkenbund
Lilium tigrinum	Tigerlilie
Linaria vulgaris	Leinkraut
Linum usitatissimum	Flachs
Lobelia inflata	Lobelia
Lupulus	Hopfen
Lycium berberis	Bocksdorn
Lycopodium	Bärlapp
Lycopus europaeus	Wolfsfuß
Lycopus virginicus	Virginischer Wolfsfuß
Majorana	Majoran
Malva silvestris	Käsepappel
Mandragora officinarum	Alraune
Marrubium vulgare	Andorn
Marum verum	Katzenkraut
Mate	Paraguay-Mate
Matico	Matico-Pfeffer

Botanisch – deutsch

Melilothus officinalis	Steinklee
Melissa officinalis	Melisse
Mentha aquatica	Wasserminze
Mentha crispa	Krauseminze
Mentha piperita	Pfefferminze
Menyanthes trifoliata	Bitterklee
Mercurialis perennis	Bingelkraut
Mezereum	Seidelbast
Millefolium	Schafgarbe
Muira puama	Potenzholz
Myosotis arvensis	Vergißmeinnicht
Myrica cerifera	Wachsbeere
Myrtillus	Heidelbeere
Myrtus communis	Myrte
Myrtus pimenta	Nelkenpfeffer
Nasturtium officinale	Brunnenkresse
Nigella sativa	Schwarzkümmel
Nuphar luteum	Gelbe Teichrose
Nux moschata	Muskatnuß
Nux vomica	Brechnuß
Nymphaea alba	Weiße Seerose
Oenanthe crocata	Rebendolde
Oenanthera biennis	Nachtkerze
Oleander	Oleander
Ononis spinosa	Hauhechel
Onopordon acanthium	Eselsdistel
Opuntia vulgaris	Feigen-Kaktus
Orchis morio	Knabenkraut
Origanum vulgare	Dost
Ornithogalum umbellatum	Milchstern
Orthosiphonis stamineus	Orthosiphon
Oxalis acetosella	Sauerklee
Paeonia officinalis	Pfingstrose
Papaver rhoeas	Klatschmohn
Pareira brava	Grießwurz
Paris quadrifolia	Einbeere
Passiflora incarnata	Passionsblume
Pastina sativa	Pastinak
Petasites officinalis	Pestwurz
Petroselinum sativum	Petersilie
Peyotl	Peyotl
Phaseolus nanus	Buschbohne
Phaseolus vulgaris	Gartenbohne
Phellandrium aquaticum	Wasserfenchel
Physalis alkekengi	Judenkirsche

Botanisch – deutsch

Phyteuma spicatum	Teufelskralle
Phytolacca decandra	Kermesbeere
Pimpinella saxifraga	Bibernell
Pinguicula vulgaris	Fettkraut
Pinus silvestris	Kiefer
Piper cubeba	Kubebenpfeffer
Pirola rotundifolia	Rundblättriges Wintergrün
Pirus malus	Apfelbaum
Plantago lanceolata	Spitzwegerich
Plantago major	Breitwegerich
Podophyllum peltatum	Fußblatt
Polygala amara	Kreuzblume
Polygonum aviculare	Vogelknöterich
Polygonum bistorta	Natterwurz
Polygonum persicaria	Flohknöterich
Polypodium vulgare	Engelsüß
Populus alba	Silberpappel
Populus candicans	Ontario-Pappel
Populus pyramidalis	Pyramidenpappel
Populus tremula	Espe
Portulaca sativa	Portulak
Potentilla anserina	Gänsefingerkraut
Potentilla aurea	Goldfingerkraut
Potentilla recta	Hohes Fingerkraut
Primula veris	Schlüsselblume
Prunus padus	Traubenkirsche
Prunus spinosa	Schlehe
Pulmonaria officinalis	Lungenkraut
Pulsatilla partensis	Kuhschelle
Punica granatum	Granatapfel
Quassia amara	Bitterholz
Quebracho	Weißer Quebracho
Quercus e cortice	Eichenrinde
Quercus e glandibus	Eicheln
Quillaya saponaria	Panamarinde
Ranunculus acer	Scharfer Hahnenfuß
Ranunculus bulbosus	Knolliger Hahnenfuß
Raphanus raphanistrum	Hederich
Raphanus sativus	Schwarzer Rettich
Ratanhia	Ratanhiawurzel
Rauwolfia serpentina	Rauwolfie
Rhamnus cathartica	Kreuzdorn
Rheum palmatum	Rhabarber
Rhinanthus major	Großer Klappertopf
Rhododendron ferrugineum	Alpenrose
Rhus toxicodendron	Giftsumach

Botanisch – deutsch

Ribes nigra	Schwarze Johannisbeere
Ricinus communis	Wunderbaum
Robinia pseudacacia	Falsche Akazie
Rosa canina	Heckenrose
Rosa centifolia	Gartenrose
Rosmarinus officinalis	Rosmarin
Rubia tinctorum	Krapp
Rubus fruticosus	Brombeere
Rubus idaeus	Himbeere
Rudbeckia hirta	Rauher Sonnenhut
Rumex acetosella	Kleiner Sauerampfer
Rumex crispus	Krausblättriger Ampfer
Ruta graveolens	Weinraute
Sabadilla officinalis	Läusesamen
Sabal serrulatum	Zwergpalme
Sabina	Sadebaum
Salix alba	Silberweide
Salix nigra	Schwärzliche Weide
Salix puruprea	Purpurweide
Salvia officinalis	Salbei
Sambucus ebulus	Attich
Sambucus nigra	Holunder
Sanguinaria canadensis	Kanadische Blutwurzel
Sanguisorba officinalis	Wiesenknopf
Sanicula europaea	Sanikel
Santalum album	Weißes Sandelholz
Santalum rubrum	Rotes Sandelholz
Saponaria officinalis	Seifenkraut
Sarothamnus scoparius	Besenginster
Sarsaparilla	Sarsaparille
Sassafras officinale	Sassafrasholz
Satureja hortensis	Bohnenkraut
Saxifraga granulata	Körnersteinbrech
Scabiosa arvensis	Acker-Skabiose
Scilla maritima	Meerzwiebel
Scolopendrium vulgare	Hirschzunge
Scrophularia nodosa	Braunwurz
Secale cereale	Roggen
Secale cornutum	Mutterkorn
Sedum acre	Scharfer Mauerpfeffer
Sedum repens	Felsenpfeffer
Sedum telephium	Große Fetthenne
Sempervivum tectorum	Hauswurz
Senecio aureus	Goldenes Kreuzkraut
Senecio fuchsii	Fuchs-Kreuzkraut
Senecio jacobaea	Jacobskraut
Senega	Senega-Kreuzblume

Botanisch – deutsch

Senna	Senna
Serphyllum	Quendel
Serratula tinctoria	Scharte
Sinapis alba	Weißer Senf
Sinapis nigra	Schwarzer Senf
Sisymbrium officinale	Rauke
Solanum nigrum	Nachtschatten
Solanum tuberosum	Kartoffel
Solidago virga aurea	Goldrute
Sonchus oleraceus	Glatte Gänsedistel
Sorbus aucuparia	Vogelbeere
Spigelia anthelmia	Wurmkraut
Spilanthes oleracea	Para-Kresse
Spiraea ulmaria	Wiesenkönigin
Spongia officinalis	Meerschwamm
Staphisagria	Stephanskörner
Stellaria media	Vogelmiere
Sticta pulmonaria	Lungenflechte
Stigmata maydis	Mais-Narben
Stramonium	Stechapfel
Strohanthus	Strophanthussamen
Sumbulus moschatus	Moschuswurzel
Symphytum officinalis	Beinwell
Syringa vulgaris	Flieder
Syzygium jabolanum	Jambulfrüchte
Tabacum	Tabak
Tagetes erectus	Studentenblume
Tamarix africana	Afrikanische Tamariske
Tamarix germanica	Deutsche Tamariske
Tanacetum balsamita	Frauenminze
Tanacetum vulgare	Rainfarn
Taraxacum officinale	Löwenzahn
Taxus baccata	Eibe
Teucrium scordium	Lauch-Gamander
Teucrium scorodonia	Salbei-Gamander
Thea viridis	Grüner Tee
Thevetia neriifolia	Oleanderblättrige Thevetie
Thuja occidentalis	Lebensbaum
Thymus vulgaris	Thymian
Tilia	Linde
Tormentilla	Blutwurz
Trifolium arvense	Katzenklee
Triticum repens	Gemeine Quecke
Tropaeolum majus	Große Kapuzinerkresse
Ulmus campestris	Feldrüster
Uritca dioica	Große Brennessel

Botanisch – deutsch

Uritca urens	Kleine Brennessel
Usnea barbata	Bartflechte
Ustilago maydis	Maisbrand
Uva ursi	Bärentraube
Vaccinium vitis-idaea	Preiselbeere
Valeriana officinalis	Baldrian
Veratrum album	Weißer Germer
Veratrum viride	Grüner Germer
Verbascum thapsiforme	Großblütige Königskerze
Verbene officinalis	Eisenkraut
Veronica chamaedrys	Männertreu
Veronica officinalis	Echter Ehrenpreis
Viburnum opulus	Schneeball
Viburnum prunifolium	Pflaumenblättriger Schneeball
Vinca minor	Immergrün
Vincetoxicum officinale	Schwalbenwurz
Viola hirta	Rauhes Veilchen
Viola odorata	Wohlriechendes Veilchen
Viola tricolor	Ackerstiefmütterchen
Viscum album	Mistel
Vitis vinifera	Weinstock
Yagé	Yagé
Yerba Santa	Yerba Santa
Yohimbe	Yohimberinde
Yucca filamentosa	Palmlilie
Zedoaria	Zitwerwurzel
Zingiber officinale	Ingwer

Literaturverzeichnis

Beske, Fritz: »*Krank, was tun?*«, Mannheim 1986

Bingen, Hildegard von: »*Ursachen und Behandlung der Krankheiten*«, Heidelberg 1985

Boericke, Oscar: »*Homöopathische Mittel und ihre Wirkungen*«, Leer 1972

Braun, Artur: »*Methodik der Homöopathie*«, Regensburg 1975

Braunger, Günther: »*Astromedizin*«, München 1984

Brüggemann, Wolfgang (Hrsg.): »*Kneipptherapie*«, Berlin 1980

Bund der Freunde Hildegards (Hrsg.): »*Die kleine Hildegard-Apotheke*«, St. Georgen i. A. 1983

Charette, Gilbert: »*Homöopathische Arzneimittellehre für die Praxis*«, Stuttgart 1958

Deutsche Homöopathie Union (Hrsg.): »*Homöopathisches Repetitorium*«, Karlsruhe 1985

Dinkelaker, Helmut / Kars, Karl Anton: »*Die Mistel in der Therapie*«, Heidelberg 1982

Ebertin, Reinhold: »*Kombination der Gestirneinflüsse*«, Freiburg 1983

Ebertin, Reinhold: *Sterne helfen heilen*«, Freiburg 1981

Fischer, Susanne: »*Medizin der Erde*«, München 1984

Flach, Grete: »*Aus meinem Rezeptschatzkästlein*«, Freiburg 1984

Freehow, Friedrich: »*Astrologie als Grundlage der Heilkunde*«, Warpke-Billerdeck o. J.

Fritschi, Hans-Josef: »*Mit Wasser, Kraut und Wärme*« in »Naturheilpraxis« 4/86

Fritschi, Hans-Josef: »*Die Kur daheim – gesund ohne Chemie*«, Hüfingen 1986

Fritschi, Hans-Josef: »*Kräuterrezepte – gesund ohne Chemie*«, Hüfingen 1987

Fritschi, Hans-Josef: »*Kranke Beine – gesund ohne Chemie*«, Hüfingen 1989

Geyer, Erwin: *Spagyrik – Was ist Spagyrik und warum ist sie heute wichtig*« in »Heilpraktiker-Jahrbuch 1988/89, Bonn 1988

Gutmann, William: »*Grundlage der Homöopathie und Wesen der Arznei*«, Heidelberg 1979

Heilmann, Karl Eugen: »*Kräuterbücher in Bild und Geschichte*«, München 1966

Heinz, Ulrich Jürgen: »*Das spagyrische Blutkristallisat*« in »HP-Heilkunde«, 6/85

Heinz, Ulrich Jürgen: »*Spagyrik – der medizinische Teil der Alchimie*« in »Auf dem Weg sein – Esoterik heute«, Freiburg 1987

Heinz, Ulrich Jürgen: »*Spagyrik*«, Freiburg 1985

Heinz, Ulrich Jürgen: »*Heilchance Spagyrik*«, Freiburg 1988

Heinz, Ulrich Jürgen: »*Das Handbuch der modernen Pflanzenheilkunde*«, Freiburg 1984

Helmrich, Hermann: »*Spagyrik – Alter Wein in neuen Schläuchen*«, Heidelberg 1977

Heits, Edward: »*Kent's Arzneimittelbilder*«, Heidelberg 1977

Hertzka, Gottfried / Strehlow, Wighard: »*Der Dinkel als Heilmittel*« in »*Hildegard-Heilkunde*«, Sonderheft o. J.

Hertzka, Gottfried: »*Das Wunder der Hildegard-Medizin*«, Stein am Rhein 1978

Kaiser, Josef (Hrsg.): »*Das neue große Kneippbuch*«, München 1964

Keller, Georg von / Fimelsberg, Künzli von: »*Kent's Repertorium*«, Band 1–3, Heidelberg 1979

Klöckler, Herbert Freiherr von: »*Kursus der Astrologie*«, Band 1–3, Freiburg 1983

Klossowski de Rola, Stanislaus: »*Alchimie – die geheime Kunst*«, München 1972
Kneipp, Sebastian: »*Meine Wasserkur*«, Faksimile-Nachdruck von 1886
Kneipp, Sebastian: »*So sollt ihr leben*«, Faksimilie-Nachdruck von 1889
Kneipp, Sebastian: »*Rathgeber für Gesunde und Kranke*«, Faksimilie-Nachdruck von 1891
Kneipp, Sebastian: »*Mein Testament für Gesunde und Kranke*«, Faksimilie-Nachdruck von 1894
Kölbl, Konrad: »*Kölbl's Kräuterfibel*«, Grünwald 1961
Krebs, Harald: »*Entgiftung mit spagyrischen Mitteln*«, Bondorf 1984
Künzle, Johann: »*Das große Kräuterheilbuch*«, Olten 1945
Leers, Hans: »*Sammlung seltener Symptome*«, Heidelberg 1983
Lingen, Helmut: »*Heilpflanzen und ihre Kräfte*«, Köln 1978
Mertz, Bernd A.: »*Psychologische Astrologie*«, Band 1–3, Interlaken 1982
Miers, Horst E.: »*Der Stein der Weisen*« in »*Esoterik-Almanach 88/89*«, München 1988
Nash, Eugene B.: »*Leitsymptome nach Körperregionen*«, Bochum 1983
Nash, Eugene B.: »*Leitsymptome in der homöopathischen Therapie*«, Heidelberg 1979
Paracelsus: »*Vom Licht der Natur und des Geistes*«, Stuttgart 1976
Rau, Hans-Joachim: »*Phönix-Spagyrik*« in »*Naturheilpraxis*«, 1/78
Rauch, Erich / Kruletz, Peter: »*Heilkräuter-Kuren*«, Heidelberg 1985
Reckeweg, Hans-Heinrich: »*Homoeopathia antihomotoxica*«, Band 1 und 2, Baden-Baden 1981 und 1983
Reckeweg, Hans-Heinrich: »*Schweinefleisch und Gesundheit*«, Baden-Baden 1977
Reckeweg, Hans-Heinrich: »*Die Homotoxinlehre als Fundament der allgemeinen Pathologie und Therapie*«, Baden-Baden 1961
Ring, Thomas: »*Tierkreis und menschlicher Organismus*«, Freiburg 1979
Rosenberg, Alfons: »*Zeichen am Himmel*«, München 1984
Scheffer, Mechthild: »*Bach-Blütentherapie*«, München 1981
Scheller, Emil Fritz: »*Langlebigkeit mit Paracelsus-Arzneien*«, Heidelberg 1979
Schipperges, Heinrich: »*Paracelsus*«, Stuttgart 1974
Schlegel, Emil: »*Religion der Arznei*«, Regensburg 1986
Staufen-Pharma (Hrsg.): »*Spagyrische Pflanzen-Einzelessenzen nach Dr. med. Zimpel*«, Göppingen o. J.
Staufen-Pharma (Hrsg.): »*Spagyrisches Heilverfahren nach Dr. med. Zimpel*«, Göppingen 1978
Storl, Wolf-Dieter: »*Vom rechten Umgang mit heilenden Pflanzen*«, Freiburg 1986
Surya, G. W.: »*Die verborgenen Heilkräfte der Pflanzen*«, Freiburg 1978
Surya, G. W.: »*Astrologie und Medizin*«, Bietigheim 1980
Voegeli, Adolf: »*Leit- und wahlanzeigende Symptome der Homöopathie*«, Heidelberg 1984
Voegeli, Adolf: »*Heilkunst in neuer Sicht*«, Heidelberg 1978
Weiss, Rudolf Fritz: »*Phytotherapie*«, Stuttgart 1982
Wendelberger, Elfrune: »*BLV-Naturführer Heilpflanzen*«, München 1980
Zepernick, Bernhard / Langhammer, Liselotte / Lüdcke, Jörg: »*Lexikon der offizinellen Arzneipflanzen*«, Berlin 1983

Weitere Titel aus unserem Programm

Edward Bach

Blumen, die durch die Seele heilen

Die wahre Ursache von Krankheit – Diagnose und Therapie

169 Seiten mit 38 Farbtafeln. Pappband

Unzufrieden mit den Erfolgen herkömmlicher Therapie, kam Edward Bach nach langer Beobachtung zu der Überzeugung, daß die Wesensart eines Menschen maßgebend ist für die Krankheit, unter der er leidet. Viele Jahre suchte er nach einer natürlichen Methode, die primär unsere Seele beeinflußt und somit auch unseren Körper. Mit der ihm eigenen Sensitivität fand er 38 Pflanzen und beschreibt deren subtile Wirkung auf die Psyche.

Die Herstellung der Essenzen erfolgt nach einer von ihm gefundenen Prozedur, der »Sonnen-Methoden«. Hierbei werden frische Blüten auf Quellwasser gelegt und einige Stunden in die Sonne gestellt. Die Sonne imprägniert das Wasser mit der Blumen-Seele-Idee und wir erhalten ein feines, harmonisierendes Blüten-Konzentrat.

Das Buch enthält im Anschluß an die 38 Charakter-Typologien ein Verzeichnis seelischer Zustände, das ein schnelles Auffinden der in Frage kommenden Blüten erleichtert.